KB019296

번역된 근대

문부성 〈백과전서〉의 번역학

이 저서는 2018년 대한민국 교육부와 한국연구재단의 지원을 받아 수행된 연구임.
(NRF-2018S1A6A3A01023515)

문부성 〈백과전서〉의 번역학

번역된 근대

訳された近代

나가누마 미카코 지음
김도형 · 김태진 · 박삼헌 · 박은영 옮김

성균관대학교
출 판 부

한국어판 서문

문부성 『백과전서』는 메이지 시대 초기 일본의 대규모 국가 프로젝트였다. 2017년에 출판된 이 책 『번역된 근대』는 문부성 『백과전서』를 번역학의 시점으로 분석한 것이다. 일본뿐만 아니라 동아시아의 근대화를 생각할 때 대단히 중요한 텍스트로, 번역학을 넘어선 학제적인 연구의 필요성을 느끼던 터였다. 이번에 이 책이 한국에서 번역·출판되는 것을 계기로, 새로운 연구의 가능성이 열릴 수도 있으리라는 기대에 가슴이 두근거린다.

돌이켜보면, 이 만남은 갑작스러운 것이었다. 2019년 10월에 성균관대학교 동아시아학술원에서 개최된 국제학술회의 'Translators as Political Actors: Reception of the Western Intellectual Discourse in Modern East Asia'의 초대장을 받았던 것이 계기가 되었다. 일본 근대사상사를 논의하는 회의에서 '번역'이라는 공통 테마를 중심으로 각기 다른 분야의 연구자들과 나눈 교류는 대단히 의미 깊었고, 동시에 나의 시야를 넓혀주는 경험이었다. 그리고 여기에서의 강연이 졸저의 한국어판 출판으로 이어지게 되었다. 문부성 『백과전서』 연구의 다음 단계로의 진전을 통해서 한일 양국을 포함한 동아시아 전체의 근대에 대한 참신한 지견의 탄생을 기대해 본다.

또한 개인적인 경험이기는 하나, 2019년의 한국 방문은 실로 거의 40년 만의 두 번째 방문이었다. 첫 번째는 1981년경, 이웃나라에 대한 소박한 흥미에서 여학생 세 명이 기분 내키는 대로 여행을 기획하여, 흔들리는 야간 페리에 몸을 싣고 시모노세키에서 바다를 건넜었다. 히로시마에서 알게 된 유학생에게 소개받은 한국인 교수와, 그 지인의 친구라는 작은 인연에 기대어 한국 사람들의 따뜻함을 느끼면서 부산, 경주, 대전, 서울 등 각지를 2주나 돌아다녔던 여행이었다. 무지한 젊은이들이었기에 도리어 실현할 수 있었던 꿈같은 여행에서 나는 몇 가지 숙제를 가지고 돌아왔을 터였다. 오랜 시간이 지나버렸지만 이번 한국에서의 졸저 출판을 계기로 다시 한 번 그 시절의 자신과도 대화해보고자 한다.

마지막으로 이 책의 번역을 맡아주신 김도형, 김태진, 박삼헌, 박은영(이상 가나다순) 네 분 선생님들을 비롯하여, 번역서의 기획 단계부터 출판에 이르기까지 지원해주신 성균관대학교 동아시아학술원과 성균관대학교 출판부의 관계자 여러분들께 깊은 존경과 감사의 뜻을 전하면서 한국어판 서문을 마치고자 한다.

2021년 고베에서

나가누마 미카코

차례

| 서장 |

문부성 『백과전서(百科全書)』로의 초대

1. 번역 텍스트의 연구

이 책의 목적은 지금까지 하나의 전체로서는 본격적으로 읽히지 않았던 문부성 『백과전서(百科全書)』라는 메이지 시대 초기의 번역 텍스트를 연구 대상으로 하여, 번역학의 시점에서 탐구하는 데에 있다. 넓은 의미의 번역을 메타포로 하여 애매하게 파악한다든지, 또는 오역을 지적하거나 번역물로서 이 텍스트를 평가하려는 것은 아니다.[1] 그보다 본 연구는 특정한 번역 텍스트를 동시대의 콘텍스트 안에 위치시키고 기점 텍스트와 함께 읽어냄으로써 역사의 변곡점에 있던 일본의 근대를 번역의 문제라는 관점으로부터 재고하려는 시도이다. 그것은 언어론적 전회(리처드 로티)를 거친 서양철학의 경험에 입각한다면 '번역론적 전회'를 주장하는 것이며, 일본의 근대를 '번역된 근대'로 재파악하는 일이 될 것이다.[2] 메이지 시대는 —이 연구가 대상으로 하는 문부성의 『백과전서』가 번역된 메이지 시대 초기는 특히— 근대 일본어를 고찰할 때 획기적인 시간이며, 이 번역을 둘러싼 사건이 현대를 살아가는 우리의 사고에도 뿌리 깊게 작동하고 있다고 생각된다. 그것은 무의식의 레벨에 가까운 심층이므로 보통은 그다지 눈치채지 못할지도 모르겠다. 게다가 번역이라는 현상은 언제나 투명한 불가시성(不可視性)을 바르다고 하며, 그 존재를 스스로 보이지 않게 하려고 하는 역학도 작동한다.

일본에서의 번역론, 특히 번역어와 번역문체에 대한 이론연구로는 1970년대부터 야나부 아키라(柳父章)가 선구적으로 매달려 왔다.[3] 번역학이라는 새로운 학제 영역이 서양을 중심으로 싹을 틔운 시기와 신기하게도 겹치면서, 야나부의 번역연구는 일본이라는 고유의 문맥 안에서 독자적인 사상을 형성했다. 그것은 우리가 자명하다고 한 일본어를 의심하고, 그 의태(擬態, 호미 바바)를 문제시하며, 번역론을 통해서 우리의 생

---

1 그런 의미에서 이 책에서의 번역 텍스트에 대한 접근은 어떻게 번역할 것인가라는 규정적(prescriptive) 연구가 아니라, 번역이란 무엇인가에 대한 기술적(descriptive) 연구, 즉 번역연구자 기데온 투리(Gideon Toury)가 제창한 '기술적 번역연구'에 가깝다. 기점 텍스트(source text)와 번역 텍스트 – 또는 목표 텍스트(target text) – 의 '등가'(equivalence)를 규정적으로 묻는 것이 아니라, 이미 사전에 상정된 것으로서의 '등가'를 문제화한다. 단 번역자의 규범(norm)까지도 직접적으로 연구의 대상으로 삼는 것은 아니다. 참고로 기점 텍스트란 일반적으로는 '원저'나 '원문'이라고 일컬어지는 것이다. 그러나 '오리지널'이라는 뉘앙스로부터 자유롭기 위해서 이 책에서는 기점 텍스트라는 용어를 의도적으로 사용하고자 한다. 또한 언어에 관해서는 가령 영어에서 일본어로 번역에서는 영어가 기점 언어(source language), 일본어가 목표 언어(target language)가 된다.

2 여기에서 '번역론적 전회'라는 말은 서양 번역학에서의 'translational turn'(혹은 translation turn이나 turn to the translation)에서 아이디어를 얻은 것이 아니다. 비슷한 말인 것은 우연일 뿐이고, 그대로 번역한 말도 아니지만, 반드시 관계가 없다고는 말할 수 없을지도 모르겠다. 일본의 근대를 '번역된 근대'라고 하는 본 연구의 주제에 관통하는 키워드로서 마지막 장에서 다시 언급하기로 한다.

3 柳父章, 『未知との出会い—翻訳文化論再説』(法政大学出版局, 2013)에서의 인터뷰 「번역과의 만남(翻訳との出会い)」, pp.199~250과 '저작목록'을 참조.

각에 균열을 일으킨다. 본 연구에서는 문부성의 『백과전서』라는 번역 텍스트를 읽어내기 위해 야나부의 방법론을 답습하여 '일본어의 사건'으로서 근대 일본의 번역에 관해 논하고자 한다. 그것은 가령 번역어를 그 어원으로 거슬러 올라가고자 하는 한자어 연구와는 수법을 달리하여, 근대 일본에서의 번역 행위가 수행한 '말의 사건'으로서 번역의 '등가(等價, equivalence)'라는 허구성을 드러내는 것이다. 이런 번역에 대한 시선을 메이지 초기에 문부성 주도로 이루어진 번역 프로젝트 『백과전서』에 맞추어 본다면 거기에는 어떠한 상이 만들어지게 되는 것일까. 문부성 『백과전서』를 독해함으로써 근대 일본과 번역 간의 공범관계를 되묻고자 하는 것이다.

개화계몽기의 일본이 서양 국가들로부터 많은 영향을 받았다는 역사적 사실 가운데 그 매개가 되었던 번역의 여러 모습들은 잘 보이지 않는다. 그것은 '등가'라는 관념에 기대어 번역 행위를 무색투명한 행위로 치부해왔기 때문이다. 이 은폐된 번역의 스캔들을 폭로하고, 번역이란 어떤 사건이었는지 되묻는 것으로 번역이라는 언어행위의 수행성을 밝히고자 한다. 근대 일본의 문명개화란 무엇이었을까. 본 연구는 그 불가시적인 측면을 가시화하려는 시도이다. 여기에서의 불가시성이란 번역을 말한다. 등가라는 환상에 묻힌 번역 행위의 수행성이 근대 일본어에 남긴 흔적을 문부성 『백과전서』에서 찾아본다.

이 책은 그 타이틀을 '번역된 근대—문부성 『백과전서』의 번역학'으로 한다. 이 안에 숨어있는 의미는 연구가 전개됨에 따라서 점차 밝혀질 것이다. 그렇다고 해도 오해가 없도록 약간의 설명이 사전에 필요할지도 모르겠다. '번역된' '근대' '문부성『백과전서』'의 '번역학'에 대해서 각각의 의미 부여를 잠정적으로 해 두고자 한다.

'번역된'

'translated=번역된'이라는 행위의 주체는 누구인가. 여기에는 번역의 행위자가 은폐되어 있다. 자칫하면 보이지 않게 되어버리기 쉬운 번역자들. 일본에서는 서양 나라들과 비교하면 좀 더 가시성이 높을지도 모르지만, 그것이나마 상대적으로 그런 정도에 지나지 않는다. 번역 텍스트를 고찰하는 과정 속에서는 근대 일본에 있어서 번역 행위를 수행한 주체를 가시화해 나간다.

'근대'

시대 구분으로서의 '근대'란 일본에서는 일반적으로 메이지 시대부터 쇼와 시대의 전쟁 패전까지를 가리킨다. 그렇지만 동시에 이 말은 '근대의 초극'처럼 어떤 가치매김을 반영한 번역어의 전형적인 사례이다. 야나부 아키라는 '지옥(地獄)의 근대, 동경(憧憬)의 근대'처럼 근대는 가치가 부여된 말이라고 하였다. 게다가 "의미라는 관점에서 말하자면, 의미는 도리어 없다고 말하는 편이 낫다. 그리고 의미가 없기 때문에야말로 도리어 사람들을 끌어당기고 남용되며 유행한다"고 분석한다.[4] 서양에서 유래한 개념

---

4 柳父章, 「近代—地獄の'近代', あこがれの'近代'」, 『翻訳語成立事情』, 岩波新書, 1982, pp.43~64.

을 번역하는 행위는 특히 한자어를 중간에 개입시킴으로써 그 권위에 기대어 번역어의 가치를 매기는 작업이 이루어진다.

일본사나 일본문학 분야에서는 메이지 유신(明治維新) 이후의 역사나 문학을 근대사나 근대문학으로서 그 연구 대상으로 하는 데에 비해서, 일본어학에서는 근대어의 성립을 에도 시대로 보고 연구의 대상으로 하는 것만 보아도 '근대'라는 말의 허구성이 잘 드러난다.

영어 'modern'은 프랑스어 'moderne'(라틴어 modernus)로부터 파생한 단어로 명사로도 형용사로도 쓰일 수 있다. 『옥스포드 영어사전』(OED) 제2판에서 modern의 어원에 대한 설명에서 반복되는 present(현재의)나 current(지금 통용되는)로부터 연상되는 것처럼, 지나가 버린 antiquity(옛날)에 대한 present(현재) 사람·언어·건축 등을 가리키는 단어로 그 기원이 거슬러 올라간다. 그러므로 직시(直視, deixis)하는 상태(常態)로서 의미하는 바는 그 문맥에 의존하는 것이다.

'문부성 『백과전서』'

이제부터 우리가 독해하고자 하는 것은 소위 또 하나의 '백과전서'이다. '또 하나의'라는 쓸데없는 수식어를 붙인 이유는, 그냥 '백과전서'라고 하면 18세기의 프랑스 혁명에 영향을 준 디드로와 달랑베르 등의 '백과전서'(*Encyclopedie, ou Dictionnaire raisonne des sciences, des arts ot des metiers, par une societe de gens de lettres*)가 유명한 만큼 이를 가장 먼저 떠올리게 된다.[5] 게다가 헷갈리게도 그들은 영국의 이프레임 체임버스의 『사이클로페디아, 또는 제예제학(諸芸諸学)의 백과사전』(*Cyclopaedia, or, An Universal*

Dictionary of Arts and Sciences)으로부터 영향을 받았다. 프랑스의 계몽사상가에 의한 '백과전서'는 널리 세상의 이목을 모았고, 현재는 이쪽이 지명도도 높다(디드로 등 안시클로페디스토를 '백과전서파'라고 말하는 호칭이 일본에서 정착하는 것은 꽤 늦었지만 문부성『백과전서』 이후의 일이다).

그 외에도 '백과전서'라고 불리는 것은 국내외에 몇 종류나 존재하지만, '백과전서'라는 번역어의 연원이 문부성『백과전서』에 있다는 사실은 올바르게 이해되어야 한다.

문부성『백과전서』는 민간출판사에 의해 번각되거나 합본판이 간행되기도 하였으므로 문부성만 출판하고 있었던 것은 아니다. 그러나 불필요한 혼동을 피하고 메이지 시대 초기에 문부성의 의도로 시작된 국가적 번역 프로젝트인 해당 서적을 다른 것과 구별하기 위해서 19세기 영국 에든버러를 중심으로 활약한 체임버스 형제(윌리엄과 로버트)가 편집·출판한 *Chamber's Information for the People*을 기점 텍스트로 해서 일본어로 번역한 텍스트를 '문부성 백과전서'로 한다.

단, 문맥상 분명한 경우는 번잡함을 피하기 위해 단지 '백과전서'로 지칭하는 경우도 있다.

---

5 프랑스의 '백과전서'에 대해서는, 桑原武夫 編,『フランス百科全書の研究』(岩波新書, 1954) 및 ジャック·プルースト『百科全書』平岡昇·市川慎一 訳(岩波新書, 1979) 등 문헌도 적지 않다.

'번역학'

'translation studies = 번역학'이라는 등가는 과연 어느 정도까지 정착되었던 것일까. '번역연구'나 '트랜슬레이션 스터디즈'라고 하는 경우도 있으며 일본어로 정해진 번역은 아직 없다. 제레미 먼디(Jeremy Munday)의 번역이론 개설서 *Introducing Translation Studies*가 『번역학 입문(翻訳学入門)』으로 번역되었고[6], 일본 통역번역학회의 학회지가 『통역번역연구(通訳翻訳研究, *Interpreting and Translation Studies*)』인 점에서 '번역학', '번역연구' 등이 비교적 흔히 사용되는데, 인구에 회자될 정도까지 되었다고는 말할 수 없을지도 모르겠다. 그런 의미에서 개별적인 '번역론'이 아니라 번역 그 자체를 학술연구의 대상으로 한 점을 명확히 하기 위해서 이 책의 부제에 '번역학'을 넣었다.

참고로 '번역학'이라는 말은 1970년대 초반부터 이미 사용되고 있었다. 성서 번역 연구자인 유진 나이다(Eugene Albert Nida)에 의한 *Toward a Science of Translating*가 1972년에 『번역학서설(翻訳学序說)』이라는 제목의 일본어판으로 출판되었다. 그러나 원래 제목에는 translation studies 라는 말은 포함되지 있지 않았다.[7]

또 '서양'이라는 말에 대해서도 이 책에 자주 등장하는 것으로 설명해두는 편이 좋을 것이다. 사이토 쓰요시(齋藤毅)는 이 말이 지닌 '독특한

6 ジエレミー·マンデイ,『翻訳学入門』, 鳥飼玖美子 訳, みすず書房, 2009.

7 ユージン·ナイダ,『翻訳学序說』,,成瀬武史 訳, 開文社出版, 1972.

울림'을 '유럽이나 미국을 가리키는 지리상의 구분'뿐만 아니라, '배워야 하는 문명이 번성하고 있는 지역' 혹은 '뛰어난 이질적 문명권'으로, '어떤 종류의 동경의 관념이나 선망감'과 함께 쓰이기 때문에 생겨난 것이라고 설명한다.[8] 달리 말하자면 '지리상의 명사라기보다는, 일종의 이데올로기'로서의 '서양'이라는 것이다.[9] 에도 시기에도 이미 아라이 하쿠세키(新井白石)의 『서양기문(西洋紀聞)』 같은 책이 있었지만, 이 말이 정착된 것은 역시 막부시대 말기에서 메이지 시대에 걸쳐 후쿠자와 유키치(福沢諭吉)의 『서양사정(西洋事情)』이 베스트셀러가 된 영향이 크다고 생각된다. '서양'이라는 한 덩어리의 실체가 존재하는 것은 아니라는 점을 전제로 하면서도 본 연구에서는 편의적으로 이 말을 사용하기로 한다.

우리가 무의식적으로 상정하고 있는 번역에 대한 어떤 확신이 우리가 사용하는 말의 심층을 가리고 있다. 번역이라는 프리즘을 통해서 일본의 근대를 마주하려는 시도는 번역을 거울로 삼아 현재 우리의 사고를 비추어 내는 일이기도 할 것이다. 문부성 『백과전서』라는 번역 텍스트를 메이지 시대 일본의 콘텍스트에 위치시키면서 번역학의 시점에서 읽어내는 의의는 지금 현재와 이어지는 것이다. 즉 근대 일본을 둘러싼 사색이 근본적으로 번역론적인 전회를 필요로 하는 것으로, 일본의 문명개화를 근대 일본어라는 번역어를 둘러싼 사건으로서 바라보게 되는 것이다.

---

8 齊藤毅, 『明治のことば—文明開化と日本語』, 講談社学術文庫, 2005, pp.43~77.

9 橋川文三·飛鳥井雅道·河野健二, 「近代主義と反近代主義」; 古田光·佐田啓一·生松敬三 編, 『近代日本社會思想史』, 有斐閣, 1968, pp.143~190.

2. 『백과전서』 연구의 의의

문부성 백과전서는 영국 빅토리아 왕조시대의 계몽서 *Chamber's Information for the People*을 기점 텍스트로 하는 번역 텍스트로, 여기에는 이제까지 개별적으로 연구되어온 것도 포함되어 있다. 가령 대표적인 텍스트로서는 기쿠치 다이로쿠(菊地大麓)가 번역한 『수사 및 화문(修辭及華文)』(RHETORIC AND BELLES-LETTERS)이 있다. 이것은 쓰보우치 쇼요(坪内逍遥)가 『소설신수(小說神髓)』에서 길게 인용하기도 하는 등 메이지 시대 초기의 '문학'이나 '수사학'에 대한 이론개설서로 알려져 있다.[10] 그렇지만 같은 시대의 『메이로쿠잡지(明六雜誌)』 등의 연구와 비교하여도 『백과전서』는 전체로서 자세하게 연구되지 않은 부분들이 다수 남아 있다. 소위 연구의 미개발지인 것이다. 따라서 본 연구에서는 문부성 『백과전서』를 둘러싼 서지정보를 상세히 조사하고 메이지 초기에 실시된 대

10 가령 亀井秀雄, 『「小說」論—『小說神髓』と近代』(岩波新書, 1999) 등의 연구가 있다.

규모적인 번역 프로젝트로서 검증하는 작업을 수행할 필요가 있다. 지금까지는 잊혀져 왔던 텍스트를 번역학의 시점에서 다시 독해함과 동시에, 이 국가적 번역 사업에 관한 꼼꼼한 사실관계의 확인 작업을 수행하는 것 또한 이 연구가 갖는 의의 중 하나일 것이다. 국립공문서관, 국립국회도서관, 도쇼문고(東書文庫), 전국의 대학도서관, 나아가서는 영국도서관을 비롯한 해외 도서관들이 소장한 일차자료를 계속 조사할 각오도 필요할 것이다.

문부성 『백과전서』에 관한 몇 안 되는 선행연구 중 하나는 후쿠카마 다쓰오(福鎌達夫)의 연구서 『메이지 초기 백과전서의 연구(明治初期百科全書の研究)』(風間書房, 1968)로, 저자가 병사한 이후에 간행되었다. 저자가 입원 중이던 병실에 자료를 들고 가서 마지막까지 집필했던 모습이 편자의 '후기'에 생생하게 전해지고 있다. 이 책은 문부성 『백과전서』에 관한 포괄적인 연구로 명저에 속한다는 점에서는 의심의 여지가 없으나, 저자가 의도한 형태로의 완성은 아쉽게도 병마로 인하여 달성되지 못하였다. 같은 시기 또 다른 한 권인 스기무라 다케시(杉村武)의 『근대일본대출판사업사(近代日本大出版事業史)』(出版ニュース社, 1967)에서는 출판문화사의 관점에서 메이지 초기의 문부성 출판사업에 주목하고 그 안에서 『백과전서』 역시 대상으로 다루었는데, 다만 텍스트 내용에 대한 고찰까지 한 것은 아니었다.[11] 그리고 후쿠카마의 연구에서 10년 후에 중요한

11 이 책의 아시히신문(朝日新聞) 사내용 프린트판은 이보다도 14년 전에 나왔다(「朝日新聞調査研究室報告 社内用44」, 1953).

전개를 이룬 것이 스가야 히로미(菅谷廣美)의 『「수사 및 화문」의 연구(「修辭及華文」の硏究)』(教育出版センター, 1968)였다. 책 제목에서도 알 수 있듯이 스가야의 관심은 『수사 및 화문』에 있는데, 전체의 기초자료에 대한 새로운 사실도 밝힘으로써 후쿠카마와 스기무라에 의해 이루어진 선행연구를 보완하고 있다.

모두가 귀중한 길잡이지만 본 연구는 이러한 시대의 시련을 거친 대표적 선행연구에 입각하면서 단순한 사실오인은 정정하고 번역학에 의한 새로운 가능성으로 이 번역 텍스트를 이끌어 보고자 한다.

문부성 『백과전서』에 대한 이제까지의 연구는 번역학에서의 접근이 아니었고, 이미 스가야의 연구도 30년 이상 이전의 것이다. 이 사이에 새로운 관련 연구논문이 산발적으로 발표되기도 하였다. 이 책에서는 상대적으로 새로운 연구들의 성과도 최대한으로 활용하면서 때로는 상반된 정보의 단편들을 신중하게 조합하여 새로운 지견(知見)을 만들어내고, 나아가 기존 연구들 위에 번역이라는 시각을 다이내믹하게 보완하는 데에 의의를 둘 것이다.

3. 이 책의 구성

이 책의 각 장을 요약하여 간단히 소개한다.

서장 '문부성 『백과전서』로의 초대'에서는 우선 본 연구의 목적과 의의를 명확히 하면서 전체의 개요를 제시한다.

제1장에서는 '등가'를 키워드로 하여 서구권의 번역학사를 재구축하고 스캔들을 보조선으로 하여 일본에서의 번역론으로 이어간다. 일본의 문맥에서 노가미 도요이치로(野上豊一郎)와 야나부 아키라의 언설을 대비적으로 검토하는 것으로 번역과 등가를 둘러싼 주요한 논점을 정리하고, 이 책에서의 등가 개념의 자리매김을 명확히 할 것이다.

제2장에서는 본 연구가 분석대상으로 하는 문부성 『백과전서』라는 텍스트 생성으로 이어지는 번역기관의 역사적 변천에 입각하여 이 국가적 사업의 윤곽을 묘사한다. 메이지 시대 초기 대규모적인 국가적 번역 프로젝트로서의 전체상에 초점을 맞춘다. 메이지 정부의 문명개화 번역이라는 시점에서 고찰하면서 『백과전서』에 관계한 사실, 인물, 서지정보 등을 전

면에 배치하고 이후에 이어지는 텍스트 분석에 대한 준비작업으로 삼는다.

제3장부터 제9장까지는 문부성 『백과전서』를 총체로서 독해하기 위해 각 장에서 테마를 설정하여 이하의 텍스트에 대한 접근을 시도할 것이다.[12]

> 천문학(天文学) 기중현상학(気中現象学) 지질학(地質学) 지문학(地文学) 식물생리학(植物生理学) 식물강목(植物綱目) 동물 및 인신생리(動物及人身生理) 동물강목(動物綱目) 물리학(物理学) 중학(重学) 동정수학(動静水学) 광학 및 음학(光学及音学) 전기 및 자석(電気及磁石) 시학 및 시각학(時学及時刻学) 화학편(化学篇) 도자공편(陶磁工篇) 직공편(織工篇) 광물편(鉱物篇) 금류 및 연금술(金類及錬金術) 증기편(蒸汽篇) 토공술(土工術) 육운(陸運) 수운(水運) 건축학(建築学) 온실통풍점광(温室通風点光) 급수욕조굴거편(給水浴澡掘渠篇) 농학(農学) 채원편(菜園篇) 화원(花園) 과원편(果園篇) 양수편(養樹篇) 마(馬) 우 및 채유방(牛及採乳方) 양편(羊篇) 돈토식용조롱조편(豚兎食用鳥籠鳥篇) 밀봉편(蜜蜂篇) 견 및 수렵(犬及狩猟) 조어편(釣魚篇) 어렵편(漁猟篇) 양생편(養生篇) 식물편(食物篇) 식물제방(食物製方) 의학편(医学篇) 의복 및 복식(衣服及服式) 인종(人種) 언어(言語) 교제 및 정체(交際及政体) 법률연혁사체(法律沿革事体) 태고사(太古史) 희랍사(希臘史) 로마사(羅馬史) 중고사(中古史) 영국사(英

12 문부성 『百科全書』의 출판을 둘러싼 여러 사정들은 매우 복잡해서, 제2장에서 상세히 다루는 것처럼 타이틀의 변동이 존재한다. 여기에서는 현대판 이본(異本)이라고도 말할 수 있는 세이시샤(青史社)에서 나온 복각판(1983-86, 문부성판과 유린도판 등의 혼합)에 의거하기로 한다.

国史) 영국제도국자(英国制度国資) 해육군제(海陸軍制) 구라파지지(欧羅巴地誌) 런던 및 웨일즈지지(英倫及威爾斯地誌) 스코틀랜드지지(蘇格蘭地誌) 아일랜드지지(愛倫地誌) 아세아지지(亜細亜地誌) 아프리카 및 대양주지지(亜弗利加及大洋州地誌) 북아메리카지지(北亜米利加地誌) 남아메리카지지(南亜米利加地誌) 인심론(人心論) 골상학(骨相学) 북구귀신지(北欧鬼神誌) 논리학(論理学) 양교종파(洋教宗派) 회교 및 인도교불교(回教及印度教仏教) 세시기(歳時記) 수신론(修身論) 접물론(接物論) 경제론(経済論) 인구구궁 및 보험(人口救窮及保険) 백공검약훈(百工倹約訓) 국민통계학(国民統計学) 교육론(教育論) 산술 및 대수(算術及代数) 호내유희방(戸内遊戯方) 체조 및 호외유희(体操及戸外遊戯) 고물학(古物学) 수사 및 화문(修辞及華文) 인쇄술 및 석판술(印刷術及石版術) 조각 및 착영술(彫刻及捉影術) 자연신교 및 도덕학(自然神教及道徳学) 기하학(幾何学) 성서연기 및 기독교(聖書縁起及基督教) 무역 및 화폐은행(貿易及貨幣銀行) 화학 및 조상(画学及彫像) 백공응용화학(百工応用化学) 가사검약훈(家事倹約訓)

(세이시샤[青史社]에서 나온 복각판 타이틀 91편)

제3장에서는 우리들의 신체행위를 번역어로 되짚는다. '신체교육'에서 '체육'이라는 근대 일본어가 성립하는 한편 '스포츠'의 번역 한자어가 아직 성립되지 않았던 데에 주목하고 '체조' '운동'이라는 번역어와 맞물려 근대 국가 안에서 국민의 신체가 규율, 훈련되는 상황을 밝힌다.

제4장은 '언어'에 대해서 오쓰키 후미히코(大槻文彦)의 번역 행위에 주목한다. 일본 최초의 근대 국어사전인 『언해(言海)』의 편찬자가 문부성 『백

과전서』에 번역자로 관계하며 사전편찬과 같은 시기에 『언어편』이라는 텍스트를 번역하고 있던 것은 잘 알려지지 않았다. 그의 번역 행위에 따라 무엇이 수행되었는지를 '언어'라는 근원적인 주제 아래에서 논해 간다.

제5장에서 다루는 '종교'가 메이지 10년대에 성립한 번역어라는 사실은 종교학의 선행연구에서 잘 밝혀져 있으나, 이제까지 문부성 『백과전서』의 종교 관련 텍스트군이 종교학 연구에서 주목받은 경우는 없었다. '종교'라는 번역어는 역설로서 비'종교'를 탄생시켜 야스쿠니 체제의 주형을 성립시키게 되었다. 이러한 콘텍스트 안에서 '종교'가 흔들리면서 만들어지는 번역 텍스트를 읽고 그 귀결을 묻고자 한다.

제6장에서는 '대영 제국'이라는 불가해한 말을 생각해 본다. '제국'이라는 번역어가 난학(蘭学)의 번역어로부터 영학(英学)으로 이어진 결과 무슨 일이 일어났는가. 대일본 제국이 모범으로 한 것은 과연 '대영 제국'이었던 것일까. 제국이라는 말이 지금도 여전히 계속 갱신되고 있는 이유를 묻는다.

제7장 '골상학'에서는 근대의 시선이 무엇을 보게 되었는지를 살피면서 '신경'이나 뇌기능으로부터 문학의 이야기까지 다각적으로 논한다. 여기에서는 '보는 것'의 근대가 문화를 넘어서 번역된 텍스트를 읽는다. '과학'과 유사과학의 근대가 '골상학'적인 시선과 어떻게 교차했던 것일까를 살펴본다.

제8장에서 탐구하는 것은 문부성 『백과전서』의 이과계열 분야의 텍스트들이다. 『백과전서』 전체의 대략 반수를 점하는 이 자연과학의 텍스트들의 독후감에는 근세 난학에서 근대 영학으로의 계승이 일단 드러난

다. 게다가 그 계승은 언뜻 보아서는 잘 나타나지 않는다. 거기에는 난학으로부터의 허구적인 이탈이 있었던 것은 아닐까.

제9장에서는 문부성 『백과전서』를 둘러싼 제도의 유통과 소비라는 관점에서 다시 한 번 이 번역 텍스트 전체를 읽어낸다. 그리고 『백과전서』라는 서책을 총체적으로 조망하는 가운데 제9장까지의 테마에서 충분히 다루지 못하였던 번역 텍스트를 중심으로 근대의 시각과 학지의 제도화에 대해 생각하고, 나아가 신문 광고라는 제도로부터도 '백과전서'라는 근대에 접근해보고자 한다.

마지막 종장에서는 이제까지 논의한 내용을 돌아보며 근대의 한자어 명사로서 번역어의 성립을 생각한다. 최후로 '번역'이라는 어휘 그 자체에 대해서도 일본의 근대화를 재고하는 한편 번역론적 전회를 주장하며 문부성 『백과전서』 독해를 총괄할 것이다.

또한 이 책에서의 외국어 문헌의 인용에서는 기존 번역을 참조하고 있지만, 부분적으로는 개역한 부분도 있으며, 기존 번역이 없는 것은 직접 번역했다. 일본어 문헌에서는 기본적으로 신자체(新字體)를 써서 인용하였고, 번역 텍스트의 중요한 루비나 방선은 가능한 한 재현하였다. 단 참고문헌으로 사용한 인용출처의 표기가 원본과 다른 경우도 있다. 괄호 친 것은 인용자에 의한 강조이다. 연대표기에 대해서는 '서력'을 편의적으로 사용했다. 메이지 초기의 문부성 『백과전서』를 독해하는 가운데 같은 시대의 사전으로는 주로 제임스 커티스 헵번(James Curtis Hepburn)의 『화영어림집성(和英語林集成)』(초판 1867년, 재판 1872년, 제3판 1886년) 및 시바타 쇼키치(柴田昌吉), 고야스 다카시(子安峻)편 『부음삽도 영화자휘(附

音挿図英和字彙)』(1873)를 중심으로 확인하고 그 외 사전류도 필요에 따라 활용하였다.

| 제1장 |

번역연구에서의 '등가' 언설
—스캔들의 덫

1. 번역의 이론과 '등가'

최근 번역의 이론과 실천을 대상으로 하여 왕성하게 연구가 이루어지고 있는 번역학 분야에서는 '등가(equivalence)'를 둘러싼 언설이 논의되어 왔다.[1] 이제까지 번역과 등가에 대해서는 많이 언급되어 왔다고 여길 수도 있겠지만, 본 연구에서는 서양과 일본의 다른 역사적 전제라는 입장의 차이에 입각하여 재고해 볼 필요가 있다고 생각한다.[2] 본 장에서는 먼저 서양에서의 번역학 성립과 등가의 계보를 개관하고자 한다. 등가라는 개념에 대해서 필자는 언어형성에 대해서든 의미내용에 대해서든, 다른

1 이 장에서의 키워드 '등가'는 equivalence의 번역어로, equal(동등하다) + value(가치)라는 의미의 단어이다. 번잡해지므로 이하 기본적으로는 인용부호를 생략하고 사용한다.

2 가령 モナ·ベイカー(Mona Baker), ガブリエラ·サルダーニャ(Gabriela Saldanha) 編, 『翻訳研究のキーワード』, 藤濤文子 監修·翻訳(研究社, 2013)의 'Equivalence 등가'에서는 "등가는 번역이론의 중심개념"인 한편, "등가 개념을 어떻게 다루는가에 대해서는 입장이 크게 나뉜다"(p.53)고 해설하고 있지만, 이 해설은 모두 유럽과 미국의 맥락 위에서만 이루어지고 있다.

언어텍스트 간의 등가성에 대한 나이브한 추구와는 선을 긋는 데에 주목할 것이다. 이 점을 명확히 하기 위해 포스트콜로니얼 번역연구를 다루는 한편, 근대 일본의 번역론에도 눈을 돌려 등가 논의에 대한 노가미 도요이치로와 야나부 아키라의 언설을 대비해 본다.

번역 행위는 이문화(異文化) 간 커뮤니케이션을 수행하는 복잡한 언어행위이다. 그리고 번역이 낳는 등가는 스캔들을 초래하게 되는 번역의 사건인 것이다. 영어의 스캔들(scandal)이라는 말은 '추문(醜聞)' 등으로 번역되기도 하지만, 이 책에서는 발음 그대로 표기하는 '스캔들(スキャンダル)'을 쓰기로 한다. '추문'도 '스캔들'도 scandal의 번역어로, 모두 원어와의 미묘한 차이는 어쩔 수 없는 것이다. 옥스퍼드 영어사전에 따르면, scandal의 어원에는 trap(덫)이라는 의미가 숨어있다고 한다.[3] 성서학자 사다케 아키라(佐竹明)에 따르면 영단어 '스캔들'은 그리스어 '스캔다론'(scandalon)에서 유래하는데, 이 말은 70인 번역 성서에서 헤브라이어 '모케슈'(moqesh)와 '미크숄'(mikhshol)의 번역어로 쓰였다.[4] 전자는 '덫'을 의미하고, 후자는 '발에 걸리다'라는 동사 '카샤르'(kashal)로부터 나온 파생어이다. 스캔들이라는 말로부터는 번역연구 영역에서 잘 알려진 로렌스 베누티(Lawrence Venuti)의 1998년 저술 *The Scandals of*

---

3 현대 일본의 영어사전에서도 그 어원에 대해 그리스어 skandalon에 대해서 '덫, 발부리 채는 돌' 『ジーニアス英和辞典』(大修館書店, 2001), '덫, 정신적 응어리의 원인' 『ランダムハウス英和大辞典』(小学館, 1994) 등으로 해설한다.

4 佐竹明, 「スキャンダルの思想—聖書にそくして」, 『現代思想』, 第4巻 第6号, 1976, pp.110~115.

*Translation: Toward an Ethics of Difference*도 상기될 터인데, 여기에서는 말 본래의 의미도 동시에 확인하고자 한다. 이 책에서는 등가와 스캔들을 불즉불리(不卽不離)라는 키워드를 가지고(말의 의미는 미끄러지면서도 반복되는 것이 일상이지만) 논의를 진행한다.

번역과 등가의 관계를 논하기 위해서는 다층적인 분석이 불가결하다. 번역 행위에 등가라는 개념을 개입시키는 것은 위험한 도박이기도 하고, 메리 스넬 혼비(Mary Snell-Hornby)가 비판하였듯이 등가라는 개념은 다른 언어 간에 대칭성(symmetry)이 존재하는 것 같은 환상을 낳을 수도 있다.[5] 그렇지만, '그렇더라도'라고 말할 것인가, '그렇기 때문에'라고 말할 것인가. 번역학에서 등가의 기억을 끊어내는 일은 불가능하다. 등가 개념을 번역에서 말소한다면 등가라는 스캔들을 보지 못하는 채로 망각하게 되기 때문이다. 등가가 환상이기 때문에, '그렇기 때문에' 더욱 등가라는 환상을 가시화하기 위한 메타적 사고가 필요하다. 앤서니 핌(Anthony Pym)도 "번역의 유저(user)가 번역에 대해서 믿고 있는 것 다수는 사실 환상이며, 환상은 환상으로서 분석 가능"하다고 언급한다.[6]

일본의 문맥에서는 어떠한가. 일본에는 번역의 실천과 격투했던 한문훈독 이래의 긴 경험이 있다. 그 과정에서의 이론적 관심은 어떤 것이었을까. 가령 우리는 근세의 국학자(国学者), 한학자(漢学者), 양학자(洋学

5 Snell-Hornby, M.(1988). *Translation studies: An integrated approach*. Amsterdam and Philadelphia: John Benjamins.

6 アンソニー·ピム,『翻訳理論の探求』, 武田珂代子訳, みすず書房, 2010, p.66.

者)가 남긴 논고 가운데 번역에 대한 언설을 만나볼 수 있다. 반 고케이(伴蒿蹊)의 『국문세세의 자취(國文世世の跡)』 『역문동유(譯文童喩)』나 오규 소라이(荻生徂徠)의 『역문전제(譯文筌蹄)』와 같은 글들은 에도 시대의 번역론으로서 읽어낼 수 있다.[7] 거기에는 쇼와 초기 다니자키 준이치로(谷崎潤一郎)의 『문장독본(文章讀本)』에 나오는 "서양의 문장과 일본의 문장"까지 연면히 이어지는 문장론적 번역론의 계보가 있다.[8] 다만 이번 장에서는 번역학에 있어서 등가 개념과의 대응을 살피되 이와 같은 전통적인 번역론과는 일단 거리를 두는 논고를 다룬다. 일본에서 번역의 등가와 마주한 대척적인 언설로서 로맨틱한 등가 환상에 사로잡혔던 노가미 도요이치로의 번역론, 번역어와 번역문체에 은폐된 등가스캔들을 폭로한 야나부 아키라의 번역론에 주목할 것이다.

---

7 杉本つとむ, 『江戸の文苑と文章学』(早稲田大学出版部, 1996)도 참조.

8 谷崎潤一郎, 『文章読本』, 中央公論社, 1934.

2。서양 번역학의 시작

| 번역에서의 언어학적 측면 |

20세기 후반부터 서양을 중심으로 번역에 대한 학술연구는 번역과 등가에 관한 언어학적인 연구를 계기로 하여 체계화되었다.

등가라는 말을 쓴 초기의 번역연구로는 프랑스어와 영어 사이에서의 비교문체론이 있다. 장 폴 비네(Jean-Paul Vinay)와 장 다블네(Jean Darbelnet)에 의한 1958년의 저작 *Stylistique comparee du francais et de langlais*(영어번역본 제목은 *Comparative Stylistics of French and English: A Methodology for Translation*)에서는 번역방법의 하나로서 등가에 대한 논의가 이루어지고 있다.[9] 그들은 '직접적 번역'(direct translation)과 '간접적 번역'(oblique translation)이라는 번역방법을 제시하고, 그것을 일곱 개의 순서(직접적 번역을 차용[borrowing], 모방[calque], 직역[literal translation]의 세 가지, 간접적 번역을 전위[transposition], 조정

[modulation], 등가[equivalence], 번안[adaptation]의 네 가지)로 분류한 것이다. 여기에서 등가란 속담이나 숙어 등 정형적 표현을 번역하기 위해서 쓰이는 방법의 하나로, 핌은 이러한 방법에 의한 등가를 '자연적 등가(natural equivalence)'라고 하였다.[10]

언어학자 로만 야콥슨(Roman Jakobson)도 같은 시기의 번역연구에서 메타언어로서의 등가 개념에 대해 언급하였다. 번역의 언어학적 측면을 다룬 논문 가운데에서 그는 언어기호(verbal signs)를 대상으로 하여 '언어 내 번역(intralingual translation)'이라는 '환언(換言)'으로서의 '동일 언어 내의 다른 기호에 의한 언어기호의 해석', '언어 간 번역(interlingual translation)'이라는 '본래의 번역'으로서의 '다른 언어에 의한 언어기호의 해석', '기호 간 번역(intersemiotic translation)'이라는 '변이'로서의 '비언어 기호체계의 기호에 의한 언어기호의 해석'이라는 세 종류로 번역을 분류하였다. 그리고 '언어 간 번역'의 경우를 다음과 같이 설명하였다.

> 어떤 언어로부터 다른 언어로의 번역은 어느 언어의 메시지를 다른 언어의 한 개개의 코드단위로 치환하는 것이 아니라 메시지 전체에서 치환하는 것이다. 그러한 번역은 간접화법이며 번역자는 다른 정보원에서 받은 메시지를 다시 코드화하여 전달한다. 이렇게 번역이란 두 가지 다른 코드

9 Vinay, J.P. and Darbelnet, J.(1985/1995). *Comparative stylistics of French and English: A methodology for translation*. Amsterdam and Philadelphia: John Benjamins.

10 アンソニー·ピム,『翻訳理論の探求』, pp.11~41.

에서의 두 개의 등가적인 메시지를 수반하는 것이다.[11]

야콥슨은 언어학적인 관점에서 등가관계에 있는 메시지로서 번역 텍스트를 파악했다. 소위 '직역'인가 '의역'인가라는 고대 그리스의 키케로 이래 수세기에 걸친 '무모한 논의'[12]에서 한 걸음 나아가 번역은 언어학적 연구의 대상이 되었던 것이다.[13] 단, 언어학적 접근은 이후 번역학의 '문화적 전회'(cultural turn)를 제창하는 연구자로부터 비판받게 된다.[14] 좁은 의미의 정적인 언어적 등가성은 번역학의 스캔들이 되었다고도 말할 수 있을 것이다. 그래도 조금 더 등가의 계보를 추적해 보자.

---

11 Jakobson, R.(1959/2004). On linguistic aspects of translation. In Venuti, L.(Ed.), *The translation studies reader, second edition*(pp.138~143). London and New York: Routledge.

12 Steiner, G.(1975/1998). *After Babel: Aspects of language and translation*. London, Oxford and New York: Oxford University Press.

13 여기에서는 '직역', '의역'이라는 말을 편의적으로 사용한 데 지나지 않는다. 영어의 literal translation과 free translation 혹은 word-for-word translation과 sense-for-translation 등에 엄밀히 대응되는 것은 아니다.

14 번역학에서 '문화적 전회'(cultural turn)라는 용어는 Snell-Hornby, M.(1990). Linguistic transcoding or cultural transfer: A critique of translation theory in Germany. In Bassnett S. and Lefevere, A.(Eds.) *Translation, history and culture*(pp.79~86). London and New york: Boutledge에 의함.

| 등가의 여러 모습 |

1960년대에는 아메리카에서 성서 번역에 종사하던 나이다(Eugene Albert Nida)에 의한 등가언설이 등장하였다. 그의 대표적 저서 두 권은 1970년대에 일본어로 번역되어 일찍부터 일본에 소개되었다. 1964년의 *Toward a Science of Translating*은 1972년에 『번역학서설(飜譯學序說)』로, 1969년의 *The Theory and Practice of Translation*은 1973년에 『번역-이론과 실제(飜譯-理論と實際)』로 간행되었다. 전자는 생성문법에 기초하여 번역을 '과학'으로서 연구한다고 하는 자세가 당시로는 획기적이었다. 또 후자의 기점 텍스트는 찰스 테이버(Charles Russel Taber)와의 공저인데, 일본어판에서는 다시 노아 브래넌(Noah S. Brannen)이 가담함으로써 번역을 위해 개작된다는 독특한 방법을 채용하여 일본에서 많은 독자를 얻었다.[15]

나이다의 유명한 분류는 기점 텍스트 지향의 '형식적 등가'(formal equivalence)와 수용자 지향의 '동적 등가'(dynamic equivalence)이다.[16] 그리고 나이다 자신은 동적 등가에 의해서 번역으로부터 이질성을 배제하

---

15 ユージン·ナイダ, 『翻訳—理論と実際』, 沢登春仁·升川潔 訳(研究社出版, 1973)는 기점 텍스트 그대로의 번역은 아니다. 플라넨이 쓴 '일본어판 서문'에는 나이다의 감수 하에서 "원저에 있는 성서의 예문을 크게 삭제하거나 다른 문학에서의 사례를 대신하여 삽입하건, 새로운 사례를 덧붙이거나 하기도 했으므로 번역이라기보다는 원저를 살린 개작"(p. viii)이라고 설명하고 있다.

16 '형식적 등가'(formal equivalence)는 '형식적 대응'(formal correspondence)이라고 언급되기도 한다.

고, '기점언어의 메시지에 대해서 가장 가까운 자연스러운 등가'를 목표로 했다. 이 지향성은 나이다가 성서 번역자였던 것과 밀접한 관련이 있다. 즉 절대적인 신의 말을 다른 언어로 번역함으로써 이교도를 개종시킨다는 절박한 요청이 있었던 것이다.

독일의 번역연구자 베르너 콜러(Werner koller)는 대조언어학이 랑그[17]의 '대응'(Korrenspondenz)을 연구하는 한편, 번역연구에서는 파롤[18] 간의 등가가 대상이 된다고 지적하였다.[19] 이렇게 번역을 언어적으로 분석하는 가운데 등가에 관한 논의는 몇 가지의 변주로 이어지면서 그 분류가 다양화하게 되었다. 그리하여 등가에 대한 관심은 번역유형의 이항대립으로 발전해 갔다. 가령 줄리안 하우스(Juliane House)의 '현재화 번역'(overt translation)과 '잠재화 번역'(convert translation)[20], 피터 뉴마크(Peter newmark)의 '의미 중시의 번역'(semantic translation)과 '커뮤니케이션 중시의 번역'(communicative translation)[21], 크리스티안 노드(Christiane Nord)의 '기록으로서의 번역'(documentary translation)과 '도구로서의 번

---

17 langue. 소쉬르(F. Saussure) 언어학에서 파롤(parole)과 구분하여 언어의 형식적 체계를 가리키는 말로 쓰인다(옮긴이).

18 parole. 언술(speech)처럼 랑그를 실생활에 이용하는 언어행위이며 과정을 가리킨다.

19 Koller, W.(1979/1989). Equivalence in translation theory. In chesterman, A.(Ed), *Readings in translation theory*(pp. 99~104). Helsinki: Oy Finn Lectura Ab.

20 House, J.(1977). *A model for translation quality assesment.* Tübingen: Gunter Narr. 및 House, J.(1997). *Trnaslation quality assesment: A model revisited.* Tübingen: Gunter Narr.

21 Newmark, P.(1981). *Approaches to translation.* Oxford and New York: Pergamon.

역'(instrumental translation)[22] 등의 이항적인 번역방법은 커뮤니케이션 행위로서의 번역이 어떤 등가를 규정적으로 지향하고 있는지를 파악한 것이다. 핌에 따르면 이것들은 '방향적 등가'(directional equivalence)라는 개념으로 정리할 수 있다.[23]

| 등가를 넘어서 |

번역에 대한 언어학적 연구는 이(異)언어공간에서의 등가에 대한 탐구로부터 출발하여 등가를 유형화하고 분류한다고 하는 점에서는 일정한 정교화도 이루어졌다. 그러나 기데온 투리(Gideon Toury)의 '기술적 번역연구'(descriptive translation studies)에서는 등가를 넘어서 반대방향을 바라보게 되었다. 즉 번역에서의 등가는 이미 거기에 존재한다고 규정하였던 것이다.[24]

'번역이란 무엇인가'라는 난문에 대한 투리의 답은 명쾌하다. 그것은 번역이라고 간주되고 있는 것이 번역이라는, 동의반복이라고 생각할 수 있는 것의 허를 찌른 정의였다. 그리고 번역 텍스트가 주어진 기점 텍

---

22 Nord, C.(1997). *Translating as a purposeful activity*. Manchester: St. Jerome.

23 アンソニー·ピム,『翻訳理論の探求』, p.55.

24 Toury, G.(1995). *Descriptive Translation Studies and beyond*. Amsterdam and Philadelphia: John Benjamins.

스트의 번역이라면 거기에는 등가의 관계가 이미 성립하고 있다는 것을 전제로 한다. 이처럼 번역과 등가를 원래 거기에 부여되어 있는(a priori) 것으로 가정해 버린다면, 그 관계를 성립시키는 사회문화적인 '번역규범'(translational norm)의 분석을 지향하는 일이 가능해진다.

투리에 따르면 번역이란 '규범에 지배된 활동'(norm governed activity)이다.[25] 번역자의 번역 행위는 구속력이 있는 규칙과 개인적인 특이성의 사이에서 확산하는 연속체로서의 '규범'(norm)에 의해 제약되면서 수행된다. 이 규범이라는 개념은 사회학으로부터 가져온 것으로 불안정한 사회문화적 특성을 갖는 것이기 때문에 그로 인해 교섭가능하다. 등가를 전제로 하여 번역규범의 교섭을 분명하게 하고자 하는 투리 등의 연구는 번역의 등가를 규정적 개념으로부터 역사적 개념에로 변용시켰다. 그리고 번역규범의 연구는 '번역의 보편성'(universal of translation)을 추구하는 방향으로 나아갔는데, 등가 그 자체를 생성하는 번역 행위의 이데올로기성은 불문에 부쳐졌다.

| 스캔들, 불가시성, 포스트콜로니얼 |

번역 텍스트에 대한 언어학적인 등가분석을 거부하고 기술적 번역연구의 규범개념이 가치관을 방기한 것에 이의를 제기한 이가 미국에서 활

---

25 *Ibid.*, pp.53~69.

약하는 이탈리아어와 영어 간 번역자이자 번역연구자 베누티이다. 또 포스트 구조주의의 영향을 받은 테자스위니 니란자나(Tejaswini Niranjana)는 포스트콜로니얼의 관점에서 19세기 인도에서의 식민지정책과 번역의 문제계를 논의하였다. 양자의 주장에서 공통적인 것은 기점언어와 목표언어 간의 힘의 불균형이 있을 경우 번역은 비대칭적인 권력관계로부터 벗어나는 일이 불가능하다는 입장에서 영어로의 번역에 실제로 나타나는 폭력성에 항의하는 자세이다. 포스트콜로니얼 번역연구에서는 언어학적인 등가성의 분석 그 자체가 스캔들이 되었다.

| 번역의 스캔들과 불가시성 |

베누티는 번역의 스캔들과 번역자의 '불가시성'(invisibility)을 문제 삼는다. 특히 영어권에서 문화적, 경제적, 정치적으로 번역과 번역자가 주변화되고 있는 현실에 주의를 환기하고, 영국이나 북미 등 소위 앵글로 아메리카문화에서의 번역의 자리매김을 문제시하는 것이다. 베누티에 따르면 '투명성이라는 환상'을 낳아 번역 행위가 은폐되는 상황이 번역의 스캔들이다.[26]

일반적으로 현대의 앵글로 아메리카 문화에서는 위화감이 없는 매

---

26 Venuti, L.(1995/2008). *The translator's invisibility: A history of translation, second edition*. London and New York: Routledge.

끄러운 번역문체, 즉 번역이면서 번역이 아닌 듯한 번역이 선호되는 경향이 있다. 여기에는 출판사, 편집자, 평론가, 독자 등 출판업계 내외 관계자의 지향이나 의견이 깊이 관련된다. 그러한 환경 아래에서의 번역 실천의 결과물로 이질성이나 타자성을 소거한 번역 작품이 생산된다. 번역은 원작의 이차적인 파생물로서 소비되고, 번역자는 보이지 않는 존재가 되는 것이다.[27]

'수용화 번역'(domesticating translation)과 '이질화 번역'(foreignizing translation)이라는 두 개의 방법을 제시하는 베누티는 이질적인 외국어로 쓰인 기점 텍스트를 자민족중심적인 번역 텍스트로 하여 수용하는 동화적 번역방법을 맹렬히 비판한다.[28] 동화와 이화라는 번역방법의 기원이 되는 것은 독일 낭만주의의 신학자 프리드리히 슐라이어마허(Friedrich Ernst Daniel Schleiermacher)에 의한 1813년의 강의록 '번역의 다양한 방법에 관하여'이다.[29]

---

27 *Ibid*., pp.1~34.

28 이외에도 가령 현대 프랑스의 번역이론가 베르만(Antoine Berman 1942~1991)과 같은 경우는 자민족중심주의 번역을 비판하는 입장을 취하면서 '번역의 윤리학'을 주장하였다(アントーヌ·ベルマン, 『他者という試練—ロマン主義ドイツの文化と翻訳』, 藤田省一 訳, みすず書房, 2008, pp.12~16). 또 시대와 장소는 다르지만, 메이지 시대 일본에서 '번역왕'으로 알려졌던 모리타 시켄(森田思軒)은 「번역의 고심(翻訳の苦心)」이라는 제목의 담화에서 "그 언어의 모습이 서양과 동양이 다른 것을, 어느 정도는 다른 모습 그대로 보여주고 싶다"며 '낯설게 만들기의 지향'이라는 문제에 대해 언급하고 있다(加藤周一·丸山真男 校注, 『翻訳の思想』, 岩波書店, 1991. pp.292~293).

29 フリードリヒ·シュライアーマハー, 「翻訳のさまざまな方法について」, 三ッ木道夫 編 訳, 『思想としての翻訳—ゲーテからベンヤミン, ブロッホまで』, 白水社, 2008, pp.24~71.

> 번역자가 다다르는 길은 어떠한 것일까. 내가 본 바로는 길은 두 가지밖에 없다. 저자를 가능한 한 내버려두고 독자를 저자 쪽으로 움직이거나, 혹은 독자를 가능한 한 내버려두고 저자를 독자 쪽으로 움직이거나, 이 둘 중 하나이다.[30]

슐라이어마허는 이화작용(異化作用)의 수법에 의해서 '저자를 가능한 한 내버려두고 독자를 저자 쪽으로 움직'이기를 장려하였는데, 이것이 베누티의 이질화 번역으로 이어졌다. 단 베누티는 '마이너리티화 번역'(minoritizing translation)이라는 말을 사용한다.[31] 영어로의 번역 행위에서 이화(異化)적 방법의 호소에서 영어제국주의에 대한 마이너리티 언어의 저항이라는 구도를 읽어낼 수 있다.[32]

베누티는 앵글로 아메리카문화에서의 근대 일본문학 수용 방식에 관해 제2차 세계대전 이후 1950~60년대에 영역된 가와바타 야스나리(川端康成), 미시마 유키오(三島由紀夫), 다니자키 준이치로 등의 '일본적' 작품들이 다른 작가들을 제치고 정전이 된 경위에 대해서도 언급한다.[33] 패권적인 언어로서의 영어로의 번역이라는 사건에서는 어느 작가가 누구에 의해서 선택되고 그것이 어떤 방식으로 번역되었는가를 검증하는

---

30 フリードリヒ·シュライアーマハー, 「翻訳のさまざまな方法について」, p.38.

31 Venuti, L.(1998). *The scandals of translation: Towards an ethics of difference*. London and New York: Routledge.

32 *Ibid*., pp.9~20.

33 *Ibid*., pp.67~75.

것을 통해 번역 행위의 '오리엔탈리즘'을 드러낼 수도 있을 것이다.

| 포스트콜로니얼 번역연구 |

포스트콜로니얼한 접근에서의 번역연구로는 다른 언어 간의 불균형적인 권력관계가 문제가 된다. 그리고 번역 행위가 가져오는 언어 간의 불평등성에서 투쟁이 촉발된다. 이러한 비대칭성은 현대의 번역학에서는 특히 영어라는 지배적인 언어로 번역될 때에 현저해진다. 수잔 바스넷(Susan Bassnett)과 하리쉬 트리베디(Harish Trivedi)가 편집한 *Postcolonial Translation: Theory and Practice*는 그런 입장의 논고들을 집성한 논문집이다.[34] 또 가야트리 스피박(Gayatri Chakravorty Spivak)은 '번역의 정치학'에서 서양의 페미니즘을 비난하면서 억압당한 아이덴티티가 영어로 번역됨으로써 계속해서 왜곡되어 왔다고 주장한다.[35]

니란쟈나의 저술 *Siting Translation: History, Post-structuralism, and the Colonial Context*에서는 포스트콜로니얼의 문맥에서 민족이나 언어 사이의 불평등과 비대칭성을 밝히기 위해서 번역 실천의 역

---

34 Bassnett, S. And Trivedi, H.(Eds.).(1999). *Postcolonial translation: Theory and practice*. London and New York: Routledge.

35 ガヤトリ·スピヴァック, 「翻訳の政治学」, 鵜飼哲·本橋哲也·崎山正毅 訳, 『現代思想』, 第24巻 第8号, 1996. pp.28~52.

할을 규정한다.[36] 폴드만(Paul Deman), 자크 데리다(Jacques Derrida), 발터 벤야민(Walter Benjamin) 등을 독해하며 식민지에서의 '종속화(주체화)'(subjection/subjectification)가 어떻게 실천되어 왔는지라는 관점을 가지고 거기에서 번역이 한 역할을 규정하는 것이다.

> 정합적으로 투명한 텍스트와 주체를 창출할 때에 번역은 다양한 언설을 횡단하여 식민지의 문화를 정치(定置)하는 데에 참여한다. 그리고 식민지의 문화가 역사적으로 구축되는 것이 아니라 흡사 정적이며 불변하는 것인 양 생각된다. 번역은 이미 존재하는 무엇인가의 투명한 현전으로 기능한다. 그러나 그 '오리지널'은 실제로는 번역을 통해서 초래되는 것이다. 역설적으로 말하자면, 번역은 또 식민지의 사람들에게 있어서 '역사'에서의 장소마저도 제공하는 것이다.[37]

이렇게 니란자나는 영어로의 번역을 통해서 식민지의 주체(신민)나 역사가 역설적으로 구축되어 '동양'의 이미지가 다시 쓰인 점을 규탄하고 '지배자 없는 식민지주의'(absentee colonialism)라는 표현을 통해 번역의 책임을 묻고 있다.[38]

---

36 Niranjana, T.(1992). *Siting translation: History, post-structuralism, and the colonial context*. Berkeley, CA: University of California Press.

37 *Ibid*., p.3.

38 *Ibid*., p.8.

언어 간 비대칭성의 역학은 근대 일본에서의 번역 실천에서도 간과할 수 없는 문제이다. 단 여기에는 서양어와 일본어, 일본어와 구식민지의 언어들이라는 이중의 비대칭적인 권력관계가 존재한다. 이 중에서 서양어로부터의 번역에 대해서 말하자면, 서양의 식민지 지배하에는 없었음에도 불구하고 일본이 서양언어에 대한 과도한 모방과 의태(擬態)를 보여준 점에서 니란쟈나의 '지배자 없는 식민주의'는 고모리 요이치(小森陽一)의 '자기식민지화'와도 맥을 같이 하는 바가 있다.[39] 고모리에 따르면 자기식민지화란 근대 일본에서 '서양열강이라는 타자에게 반강제된 논리에 의해서 자발성을 치장하면서 식민지화하는 상황'이다.

> 마치 자발적 의지인 양 '문명개화'라는 슬로건을 내걸고 서양열강을 모방하는 것에 내재하는 자기식민지화를 은폐하고 망각하는 것으로 식민지적 무의식이 구조화된다.[40]

후쿠자와 유키치는 1875년의 『문명론지개략(文明論之概略)』에서 문명개화의 정도를 '문명, 반개, 야만'이라는 3단계로 상대화하였다.[41] 이런 관점에서는 서양열강의 '문명'에 대해서는 '반개'일 뿐인 일본이 '야만'적인 주변지역을 영토화하기 위해서 '야만'을 계속해서 발견함과 동시에

39 小森陽一,『ポストコロニアル』, 岩波書店, 2001.

40 小森陽一,『ポストコロニアル』, p.15.

41 福澤諭吉,『文命論之概略』戸沢行夫編, 慶應義塾大学出版会, 2009.

‘문명’에 대한 의태와 모방을 언제나 요청하게 된다.

나라 전체가 문명개화를 내걸었던 근대 일본에서는 잘 알려져 있듯이 번역주의가 채용되었다.[42] 그 결과 야노 후미오(矢野文雄)의 『역서독법(譯書讀法)』 ‘서(序)’에서 언급되듯이 “지금 역서출판이 왕성하여 그 수가 수만 권에 이르니, 한우충동(汗牛充棟)에 그치는 정도가 아니다”라는 상황이 생겨났던 것이다.[43] 메이지 정부에게 있어서 서양의 과학기술이나 사회제도 등을 번역하는 일은 사활을 건 중요한 국가사업으로, 개화계몽기 일본의 번역은 서양어와 등가였(라고 허구되었)던 번역어와 그것을 통사적으로 배열하는 번역문체로부터 서양문명을 표상하고 있었(다고 믿고 있었)다. 이를 포스트콜로니얼한 시점으로 바라본다면 번역 행위에 의해서 수행된 등가가 서양문명에 대한 의태를 가능하게 하고, 모방으로 가려진 자기식민지화로 이끈 것이었다고 말할 수 있을 것이다.

42 加藤周一, 「明治初期の翻訳」, 加藤·丸山 校注 앞의 책, pp.342~380. 및 丸山真男·加藤周一, 『翻訳と日本の近代』(岩波書店, 1998) 등을 참조.

43 야노 후미오(矢野文雄, 호는 류케이(龍溪))에 의한 『역서독법』은 1883년에 간행된 번역서 안내서이다. 그 서문은 요시우라 세이(吉浦生)가 썼다.

3. 근대 일본의 번역론

이상이 현대의 번역학으로부터 파악한 근대 일본의 번역상황의 기본적 구도이다.

이제부터는 일본의 번역론 가운데에서도 특히 등가에 대해 이룰 수 없는 꿈을 품었던 노가미 도요이치로와, 번역어와 번역문체에서의 스캔들을 밝힌 야나부 아키라의 언설에 초점을 맞추어 논의해보고자 한다. 양자의 번역론을 대비적으로 읽어냄으로써 일본 등가언설의 양극을 엿보게 될 것이다.

---

44 roman을 '낭만'이라고 한자로 표기한 효시는 나쓰메 소세키(夏目漱石)이다. 그는 1908년 「創作家の態度」라는 소설론에서 "한번 이런 식으로 밀어붙이면 스콧(Walter Scott)은 낭만주의이고 낭만주의는 스콧이라는 식으로 규정되게 됩니다"라고 적었다. 그렇지만 여기에서는 노가미와의 동시대성을 고려하여, 그 후에 문학기관지 『日本浪漫派』(1935~38)에 따라 '낭만'이라고 표기하기로 한다. 일본낭만파에 대해서는 橋川文三, 『日本浪漫派批判序說』(講談社文芸文庫, 1992) 및 ケヴィン·ドーク, 『日本浪漫派とナショナリズム』, 小林宜子訳(柏書房, 1999) 등을 참조.

| 노가미 도요이치로의 번역론-낭만적 등가[44] |

나쓰메 소세키 문하의 영문학자 노가미 도요이치로는 노(能) 연구자로도 유명하지만, 일본의 번역학사에서 큰 의미를 갖는 「번역론—번역의 이론과 실제(飜訳論—飜訳の理論と実際)」를 저술하였다. 먼저 1932년에 소책자 『번역론(飜訳論)』이 '이와나미강좌 세계문학' 시리즈의 한 책으로 간행되었고, 이것이 1938년의 『번역론—번역의 이론과 실제』에서 「번역의 이론(飜訳の理論)」이라는 장으로 재차 수록되었으며, 이후 「번역의 태도(飜訳の態度)」 「일본문학의 번역(日本文学の飜訳)」 「요곡의 번역에 관하여(謡曲の飜訳について)」 「구약문답(蒟蒻門答)」 등이 추가되었다. 이 1938년판 『번역론』은 200쪽이 넘는 본격적인 번역이론서이다. 동시대의 평판은 대채로 양호하였으며 많은 서평도 나왔다. 특히 고바야시 히데오(小林秀雄)는 "대단히 흥미롭게 읽어 배우는 바가 많았다. 아마 외국에도 비슷한 책은 없을 것이다. 있다 해도 이렇게 번역상의 문제들을 면밀하게 논평한 것은 없을 것이다"라고 절찬했던 바 있다.[45]

---

45 小林秀雄, 「野上豊一郎の『飜訳論』」, 『東京堂月報』(1938年 3月号)(『小林秀雄全集 第四巻』, 新潮社, 1968, pp.254~256에 수록) 이외에도 동 시대의 평가는 여러 서평들로부터 확인할 수 있다. 阿部知二, 「野上豊一郎 『飜訳論』」(『文學界』 1938年 5月号); 本多顯彰, 「野上氏の創見多き飜訳論」(『東京日日新聞』 1938年 4月25日); 小林英夫, 「野上豊一郎著 『飜訳論』」(『東京朝日新聞』 1938年 5月9日); 中島健蔵, 「『飜訳論』の示唆—野上豊一郎の近著について」(『帝国大学新聞』 1938年) 등이 주목할 만한데, 모두 긍정적인 논조로 적고 있다. 한편 오야마 데이이치(大山定一)와 요시카와 고지로(吉川幸次郎)의 『洛中書問』(筑摩書房, 1974. 초출은 1944년 6월부터 12월의 『学海』)에서 노가미의 『飜訳論』에 대한 부정적인 의견을 내고 있다.

그러나 노가미 도요이치로의 번역론이 그 후에 번역이론으로 딱히 계승발전되지는 않았다고 말할 수 있다. 그리고 1970년대 이후에는 일본어의 '번역어투(飜譯調)'에 대한 비판을 배경으로 노가미의 '직역' 옹호적인 주장은 실무자들로부터 엄밀한 비판을 받았다.[46] 근래에 들어서는 번역의 문화사라는 관점에서 노가미의 번역론을 재평가하는 주장도 제기되었다.[47] 그러나 필자는 노가미의 언설은 등가의 함정에 빠진 스캔들로서 다시 읽어낼 수 있다고 생각한다. 노가미 도요이치로의 번역론은 소위 낭만적인 등가였던 것이다.

노가미가 번역론을 발표한 1930년대는 어떤 시대였을까. 야스다 요주로(保田与重郎) 등이 문학동인지 『일본낭만파(日本浪漫派)』를 창간한 것이 1935년이었다. 노가미 자신은 『일본낭만파』의 동인은 아니었지만, 전통미로의 회귀와 서양 근대에 대한 굴절된 시선이 존재하는 상황 속에서 그의 번역론이 발표되었다. 『번역론』의 도입부분은 "세계가 하나의 독서서클을 만들려고 한 것은 제법 이전의 일이었다. 서양에서는 일찍부터 그 형태가 갖추어지면서 사상적으로 국경은 벌써 제거되었고, 동양에서는 일본이 앞장서서 거기에 참가하였다"라는 문장으로 시작한다.[48] 번역에 대한 노가미의 사고방식은 일본이 서양 국가들과 어깨를 나란히

46 가령 別宮貞徳, 『翻訳を学ぶ』(八潮出版社, 1975) 등

47 鈴木貞美, 「野上豊一郎の「創作」的翻訳論をめぐって」, 『文学』, 第13巻 第4号, 2012, pp.150~169.

48 野上豊一郎, 『飜訳論—翻訳の理論と実際』, 岩波書店, 1938, p.1.

하려고 했던 시대의 사조와 겹쳐진다.

노가미는 색깔(色)의 메타포를 여러 곳에서 사용하면서 번역이 궁극적으로 목표로 하는 투명성에 대해 언급한다. '무색적 번역'이나 '단색판적 번역'과 같은 말은 서양어와 일본어의 관계가 대등하다는 관념을 전제로 한 것이다. 그리고 다른 언어 간에 존재하는 벽을 부인하려는 강한 욕망이 숨어있다. 더욱 주목되는 점은 또 하나의 키워드인 '등량(等量)적 번역'이다. 이에 관해서는 『번역론』 이전의 논고인 『번역가능의 표준에 대하여(飜訳可能の標準について)』에서도 다음과 같이 표현되고 있다.

> 번역은 A의 국어로 표현되어 있는 일이나 마음을 그대로 B의 국어로 표현하려고 하는 것으로, 그 원래 사물 안에 가득 차 있는 사상·감정과 같은 분량이 복제 안에서도 가득 차 있지 않으면 안 되는 것이다. 가득 차 있는 것이 원 사물에 비교하여 과다하게 소실된 경우도 부족한 경우와 마찬가지로 실패이다. 단 표현하는 언어가 다른 만큼, 내용은 완전히 같은 본질로서 같은 분량이어야 한다.[49]

여기에서 언급된 '사상·감정의 같은 분량', '같은 본질로서 같은 분량'이라는 생각이, 『번역론』에서는 '등량적 번역'으로 명확하게 개념화되었다. '서양의 것을 일본의 것처럼 다시 쓴다'는 의미에서의 등가표현 양식을 창출하려고 했던 것으로, 서양을 일본어로 표상할 수 있다고 하는

---

49 野上豊一郎, 「飜訳可能の標準について」, 『英文学研究』 第三冊, 1921, pp.131~153.

어떤 종류의 낭만주의적인 등가성을 추구하였던 것이다.

그렇지만 사실 이 개념화 그 자체가 노가미의 독자적인 생각이라 말할 수 있을까. 사실 『번역론』의 이론적 저술 전체에는 서양 근대의 번역론이 짙게 그림자를 드리우고 있기 때문이다.[50]

노가미와 거의 동시대를 살았던 영국의 고전학자 존 퍼시벌 포스트게이트(John Percival Postgate)는 1922년에 *Translation and Translations: Theory and Practice*를 간행하였다.[51] 포스트게이트는 '동등'(commensurateness)이라는 말을 반복해 사용하는데, 이 말이 의미하는 바는 "번역은 양과 질에서 원저에 충실하지 않으면 안 된다. 양과 질은 자립한 것이 아니며, 양에 대한 무관심은 질에 영향을 끼치지 않을 수 없다"는 것으로, 양과 질의 양면에서의 등가에 대한 주장이었다.[52] 노가미의 '등량적 번역'이라는 개념은 즉 그가 읽었던 포스트게이트를 그대로 답습하고 있는 것이다.

완전한 번역은, 첫째로 원작의 표현이 한 단어 한 단어의 마지막까지 정확한 의미를 파악하여 전하지 않으면 안 된다. 다음으로 사용된 국어의 특성

---

50 長沼美香子, 「野上豊一郎の翻訳論」, 『通訳翻訳研究』 第10号, 2010, pp.58~83.

51 Postgate, J. P.(1922). *Translation and translations: Theory and practice*. London: G. Bell and Sons.

52 *Ibid*., p. 65. 참고로 기점 텍스트의 해당 부분을 인용하면 "A translation must be true to its original in Quantity as well as Quality. The two are not independent, and inattention to the former cannot fail to affect the latter."

이 원저의 국어의 특성을 가장 근사(近似)한 정도로까지 연상시켜야 한다. 마지막으로 그렇게 해서 정리된 번역은 전체로서 언어의 배치, 어법상에서 문장의 기세와 힘, 격조라는 점에서 보아도 원작의 그것들과 동질, 동량으로 옮긴 것이 아니면 안 된다.[53]

노가미는 번역상의 충실함이라는 이상을 내걸지만, 그것은 서양어와 일본어와의 투명한 등가성이라는 환상에 입각한 귀결이었다. 서양의 번역론, 특히 포스트게이트의 이론적 논고를 받아들인 노가미의 번역론은 이중의 의미에서 등가의 스캔들에 농락당했다 말할 수 있지 않을까. 소위 '일본회귀'와 같은 이데올로기와는 거리를 두었다고는 해도, 제2차 세계대전 직전의 시대적 공기 안에서 말하자면 낭만적 등가라는 덫에 걸려들었던 것이 아니었을까.

| 야나부 아키라의 번역론-일본어의 스캔들 |

'translation studies'라는 명칭은 1972년 국제응용언어학회에서 제임스 홈즈(James Stratton Holmes)의 발표로 처음 제창되었다.[54] 일본에서는 이

---

53 野上豊一郎, 「飜訳可能の標準について」, p.93.

54 Holms, J. S.(1988/2004). The name and nature of translation studies. In venuti, L.(Ed.), *The translation studies reader, second edition*(pp. 180~192). London and New York: Routledge.

해에 야나부 아키라의 첫 저작 『번역어의 논리—언어로 보는 일본문화의 구조(飜譯語の論理—言語にみる日本文化の構造)』가 간행되었다.[55] 본 저작에서도 그 후 일련의 번역론에서도 '등가'라는 말을 직접 사용하는지와는 별개로, 야나부의 번역론은 근대 일본어에 잠재한 등가 환상을 밝히는 작업이 되었다. 『번역어성립사정(翻訳語成立事情)』에서 야나부는 번역어가 성립한 역사를 생각할 때 "단지 단어의 문제로서, 사서적인 의미만을 좇는 방식을 택하지 않는다. 단어를, 인간과의 관계에 있어서, 문화적인 사건의 요소라는 측면에서 보고자 한다. 특히 단어가 인간을 움직이고 있다고 하는 시점을 중시하려고 한다"고 언급하였다.[56] 또한 『근대일본어의 사상—번역문체성립사정(近代日本語思想—翻訳文体成立事情)』에서는 "일본의 근대를 서양근대로부터 도래한 문명의 단어의 사건으로 하여, 그 문자의 번역이라는 측면에서 살펴보고자 한다"고 언급한다.[57] 이렇게 '문자의 사건'으로서 번역어와 번역문체에 숨겨진 일본어의 스캔들이 밝혀지게 된 것이다.

---

55 柳父章, 『翻訳語の論理—言語にみる日本文化の構造』, 法政大学出版局, 1972.

56 柳父章, 『翻訳語成立事情』, 岩波書店, 1982, p.47.

57 柳父章, 『近代日本語思想—翻訳文体成立事情』, 岩波書店, 2004, pp.195~196.

| 번역어의 성립 |

번역어라는 '불투명'한 단어를 대량으로 생산한 근대 일본어의 역사를 되돌아보면서, 야나부는 니시 아마네(西周)의 술회를 인용한다.[58]

> 일본에는 이제까지 유럽의 성리(性理)에 관한 서적을 번역한 것이 매우 드물다. 그러므로 번역글자로 원래 적절히 따를 만한 것이 없고, 또 한토(漢土)의 유가(儒家)가 말한 바를 따르자니 저들의 심성(心性) 구분이 한층 미세할 뿐만 아니라 그 가리키는 바 또한 원래 다른 뜻이 있으므로, 별도로 글자를 선택하여 말을 만드는 것은 역시 달리 방도가 없기 때문에 그렇게 된 것이다.

이것은 1869년의 조셉 헤븐(Joseph Haven)의 저술인 *Mental Philosophy*를 니시가 번역한 『심리학(心理學)』(1875~1876)에서의 범례에 나오는 구절이다. 니시로 대표되는 당시의 지식인 번역자가 "원래 적절히 따를 만한 것이 없다"고 하는 번역글자에 대해서, "말을 만드는 것은 역시 달리 방도가 없기 때문에 그렇게 된 것"이라는 방침에 따라 번역과 격투를 벌이고 있었음을 알 수 있다. 서양어로부터의 번역을 위해서 사용된 방대한 한자어에는 한적(漢籍)으로부터의 차용도 있고 신조어도 있

---

58 柳父章, 『翻訳語の論理—言語にみる日本文化の構造』, p.10.

어서, 이 현상 자체는 종래의 국어학 연구들에서도 지적된 바 있다.[59] 그렇지만 번역연구로서 중요해지는 것은 그러한 어휘들이 번역 프로세스에서 등가로서 선택되었다, 혹은 선택되었기 때문에 등가라는 환상이 생겨났다는 점이다.

번역 행위의 수행에 의해서야말로 등가는 성립한다. 등가한 단어가 번역어가 되는 것이 아니라, 번역어가 되는 것으로 등가로 간주된다고 하는 패러독스. 옛날부터 존재하고 있었는지 아니면 새롭게 조어되었는지 여하를 불문하고, 근대 일본어에서의 번역어로서의 한자어가 과거를 계승하면서도 단절하며 서양어의 등가물로서 탄생했던 것이다.

야나부는 번역어를 의미가 결핍해 있는 단어라고 언급한다.[60] 게다가 그 사실은 누구라도 눈치채기 어렵다. 소위 일본어에서의 번역어의 스캔들인 것이다. 번역어는 다른 언어와의 참조관계에 있기 때문에 의미는 이쪽에는 없고 저쪽에는 있는 것인지도 모르(혹은 어디에도 없다)지만, 그 사실 자체는 등가 환상에 의해서 은폐된다. 번역 행위는 허구로서의 등가를 낳는데, 이 일본어의 사건은 원래 일본인이 한자라는 문자를 받아들인 고대로까지 거슬러 올라간다고 한다.

철학자 나카무라 유지로(中村雄二郎)는 국어학자 도키에다 모토키(時

---

59 가령 森岡健二 編, 『近代語の成立—明治期語彙編』(明治書院, 1969), 佐藤亨, 『幕末·明治初期語彙の研究』(桜楓社, 1968), 高野繁男, 『近代漢語の研究—日本語の造語法·訳語法』(明治書院, 2004) 등.

60 야나부가 반복해 온 주장으로, 가령 최근의 저작으로는 柳父章, 『未知との出会い—翻訳文化論再説』, 法政大学出版局, 2013, p.228.

枝誠記)의 일본어 문법론에 대해 이하와 같이 언급하면서 도키에다의 '언어과정설(言語過程說)'은 '일(事)로서의 언어관'의 위에서 구축된 것이라고 지적한다.

> 도키에다에 따르면, 일반적으로 유럽의 언어학이 언어를 사물(物)로서 보는 경향이 강한 데 비해, 일본의 전통적 언어론은 말(言)과 일(事)을 동일시하는 것과 같은 사고방식이 강한 데에 그 특색이 있다. 그러나 어째서 그런 특색이 생겨났을까. 그것은 말하는 일(言う事)의 근본에 마음(心)이 있고, 그 마음이 발동되어 언어가 된다고 하는 것처럼 간주되어 왔기 때문이리라.[61]

나카무라는 『고킨와카슈(古今和歌集)』의 서문 "야마토의 우타(歌)는 사람의 마음을 씨앗으로 삼고, 만사(萬事 よろづ)를 말의 이파리(葉)로 하여 이루어졌다"는 문장을 인용하면서 "마음이 발동되어 언어가 된다"는 말을 설명한다. 그러나 "말과 일을 동일시하는 것과 같은 사고방식"이라는 것은 문자사용 이전의 상황을 상정하면 상상하기 어렵지 않은 것은 아닐까. 문자를 붙이기 전에는 '말(言)'과 '일(事)'라는 구별은 없고, 단지 '고토(こと)'라는 '야마토말'의 음성이 있었던 데 지나지 않는다[62](원래 그

---

61 『中村雄二郎著作集Ⅶ 西田哲学』, 岩波書店, 1993, p.69.

62 일본어의 '언(言)'과 '사(事)'의 발음은 모두 '고토(こと)'이다. 즉 한자가 사용되기 이전에는 말도 일도 모두 '고토'로 사용되었기에 문장 안에서의 쓰임으로부터 의미를 분별하는 상황이었을 것이라고 나카무라는 추정하고 있다(옮긴이).

것을 알 방법은 없고, 지금이 되어서는 문자만이 남아 있을 뿐인 것이지만).

『만요슈(萬葉集)』 안에서는 '일(事)'와 '말(言)'의 문자가 모두 '고토(こと)'에 붙여져 있다.[63] 그렇지만 야나부에 따르면 고대인들은 '일(事)'과 '말(言)'이라는 별개의 개념을 가진 차자(借字)를 신경 쓰지 않고 혼용하고 있었으며 그 구별에 무지했던 것도 아니다. 즉 '일(事)'와 '말(言)'을 '동일시'하고 있는 것이 아니라, 양자는 야마토말의 '고토(こと)'라는 근원적으로 동일한 단어였으므로 의식적으로 혼용할 수 있었던 것이다.[64]

야나부는 『만요슈』에서 '타마(タマ)'에 관해서도, '옥(玉)' '주(珠)' '령(靈)' '혼(魂)'의 표기문자가 쓰이고 있는 점을 분석한다. '고토'와 '타마'를 합하면 '고토다마'라는 말이 되어 현재에서는 '언령(言靈)'이라는 문자로 보통은 표기된다. 이 결과 고대 일본인의 언령신앙을 해석할 때에 이 해석의 방향이 이미 해석 이전에 부여되어 버렸다는 점을 날카롭게 지적한다.

> 이 '고토'는 '言'인가 '事'인가, 또 이 다마는 '玉'인가 '靈'인가. 문제는 어떤 문자인가에 있다. "과연 모든 문자의 개념으로 나눌 수 있는가"라는 문제. 그것만이 아니다. "대체 어떤 한자로 치환할 수 있는 말인가"라는 것은 지

---

63 柳父章, 『翻訳語の論理—言語にみる日本文化の構造』, pp.88~135.

64 단 廣松渉, 『もの·こと·ことば』(ちくま文芸文庫, 2007, p.19)이나 藤井貞和, 『日本人と時間—〈時の文法〉をたどる』(岩波書店, 2010, pp.10~18) 등에서도 인용되고 있는 『岩波古語辞典』의 오노 신(大野晋)의 주장에 따르면, 고대사회에서는 '言'과 '事'가 분화되지 않았으며 나라시대 이후에 점차 분리되게 되었다고 한다.

금까지 거의 문제시되어 오지 않았던 것으로 생각된다.[65]

고대 일본어와 한자의 등가성이라는 생각은 이렇게 의식되게 된다.

> 일반적으로 말해서 일본인은 외래의 문자를 꼭 그 원어의 개념대로 받아들여 왔던 것이 아니라고 나는 생각한다. 이것은 근대 이후 유럽 문명의 언어를 번역어로 받아들인 이후의 사정에서도 기본적으로 다르지 않다고 본다.[66]

고대에서 한자라는 문자를 받아들였고, 또 메이지 시대에는 한자 두 글자로 이루어진 많은 번역어가 탄생했다. 근대의 번역어에서는 서양어라는 다른 언어의 의미를 다시 또 다른 언어에서 기원한 한자로 표기한다는 사실은 무의식 속으로 가라앉으면서 서양어와 등가적인 의미를 가진다고 여겨지는 근대 일본어가 성립하였다. 여기에서의 기원의 망각은 도리어 기원의 재이용이라고도 말할 수 있는 것일지도 모른다. 사이토 마레시(齋藤希史)는 "한자세계의 기원을 바꿔 쓰려고 하는 새로운 시도"로서, "일본이라는 국가를 위한 고전이 정립되고, 한자어의 기원이 거기에서 찾아진다"고 지적한다.[67]

---

65 柳父章, 『翻訳語の論理—言語にみる日本文化の構造』, p.89.

66 柳父章, 『翻訳語の論理—言語にみる日本文化の構造』, pp.89~90.

67 齊藤希史, 『漢字世界の地平—私たちにとって文字とは何か』, 新潮社, 2014, pp.52~53.

근대 일본의 번역론으로 가장 유명한 언설 중 하나는 아마도 후타바테이 시메이(二葉亭四迷)에 의한 예의 "원문에 콤마가 셋, 피리어드가 하나 있으면, 번역문에도 역시 피리어드가 하나, 콤마가 셋"이라는 구분을 포함하는 「내 번역의 표준(余が飜訳の標準)」일 것이다. 이어지는 부분은 다음과 같다.

> 완성된 결과물은 어떠한가. 자신의 번역문을 보니, 아니, 실로 읽기 어렵다, 길굴오아(佶屈聱牙)다, 엉망진창이어서 어찌됐건 만듦새가 엉망이다. 따라서 세상의 평판도 나쁘다, 칭찬해주는 자도 있었지만, 대체로 비난하는 목소리가 많았다.[68]

이후에 시메이가 일본 근대문학에서의 획득한 언문일치문체에 대한 높은 평가와는 정반대인 이 '길굴오아'의 번역문체란 무엇이었을까. 이 점을 생각하는 단서를 야나부 아키라 『근대 일본어의 사상—번역문체성립사정』이 보여준다. 그것은 대일본 제국 헌법의 문체에 빈번히 등장하는 것과 같은 '주어' 구문으로, 소설에서는 3인칭대명사 '그' '그녀', 학술논문에서는 미지의 난해한 추상명사로 시작되는 '센텐스(sentence)'

---

68 二葉亭四迷, 「余が飜訳の標準」, 『二葉亭四迷全集 第四巻』, 筑摩書房, 1965, pp.166~170(또한 초출은 『成功』 第八巻 第三号, 1906).

의 성립을 가리킨다. 근대 일본어는 언문일치라는 과정을 거쳐 성립했다고 일컬어지지만, 문자 그대로 '언(言, 음성언어)'과 '문(文, 쓰기언어)'을 일치시키는 것은 불가능하며, 서양어로부터의 번역이 근대 일본어 구문의 형성에 깊이 관여하고 있는 것이다.

> 근대 일본어에 '주어'스러운 문법요소가 만들어지고, 또 이 '주어'를 받아서 문장을 맺는 '이다(である)'라는 문장의 마지막을 맺는 양식도 만들어졌다. 그것은 (…) 위로부터 아래로 내려오는 연역적 논리를 도출해내는 새로운 기능이었는데, 특히 서양어 주어의 번역이라는 사명을 감당하고 있었다. 그것을 통해서 근대 서양의 법률, 문학 등의 사상내용을 운반해 오는 역할을 담당했다. 특히 최첨단의 새로운 미지의 개념을 가지고 운반해 오는 데에 효과적이었던 듯하다.[69]

일본어 문체의 여러 모습들을 니시다 기타로(西田幾多郎)의 철학이나 도키에다 모토키의 일본어 문법론 등과 관련하여 논하는 경우도 있다. 니시다의 '술어논리(述語論理)'와 도키에다의 '언어과정설'을 연결하여 양자의 공통성으로부터 '일본어의 논리'를 언어주체가 아닌 '장소의 논리'로 삼는 관점이다.[70]

야나부는 이런 견해를 한편으로 인정하면서도 번역문체에 주목하

69 柳父章, 『近代日本語思想—翻訳文体成立事情』, p.141.

70 『中村雄二郎著作集Ⅶ 西田哲学』, pp.63~74.

여 독자적인 논리를 전개하였다. 오쓰키 후미히코 이래로 서양문법을 모델로 하여 일본어 문법을 논해 왔던 반성으로 이단의 언어학자 미카미 아키라(三上章)의 「주어폐지론」에 대해 일정부분 동의하면서도, 근대 일본어의 '주어'를 괄호매기면서 사용하는 입장이 그것이다.

야나부 번역론의 핵심에 있는 것은 번역과의 만남을 계기로 일본어가 받아들이게 된 모순이다. 일본열도에서 한자가 사용되기 시작한 이래로 이어져 왔던, 이질적인 문화의 문자와 어휘 문법을 수용하면서 일본어가 품은 등가에 대한 굳은 확신이 호출된다. 번역에 의한 다른 문화와의 만남은 일본어 문체의 사상마저도 받아들이도록 했던 것이다.

> 도키에다가 말하는 '진술'은 전통적인 일본 문장에서는 '말과 진술을 객체적인 것으로부터 분리하여, 주체적인 것의 표현'이라고 생각하고 있다. 그 문법구조로부터 생각해 보면 근대 이후에 번역의 장에서 만들어진 '~이다(である)'나 '~다(だ)', '~루 형태(ル形)'는 객관적인 판단의 내용을 내포하고 있다고도 말할 수 있을 것이다. 즉 객관적 판단내용을 '주체적인 것의 표현'으로 포함한다는, 말하자면 모순된 구조를 가진다. 그것은 결국 근대 일본어에서의 번역문이 가지는 본질적 모순이라고도 말할 수 있지 않을까. 서양에서 건너온 객관적, 논리적 내용이나 인간세계에 대한 객관적 서술은 일단 번역자나 학자나 작가의 '주체적인 것의 표현'으로 수납되고, 거기에서 '주체적'인 변용을 겪게 된다.[71]

---

71 柳父章, 『近代日本語思想—翻訳文体成立事情』, p.162.

가령 영어의 be동사에 의해서 A=B라는 관계를 정의하는 구문은 '(주어)는 ~이다(である)'로 근대 일본어에서는 번역되는데, 그 의미는 "발언자의 입장에서 정서되고 색이 입혀지며 재구축되"는 것이다. 그리고 '주어'의 공간에 놓인 명사가 추상적인 번역어인 경우에는 그 객관적인 의미 내용이 명확하지 않아도 주체적인 해석을 통해서 가치매겨져 평가되고 점차 정착되어 간다. 이러한 구문장치에 가탁하면서 많은 서양의 사상이나 학술텍스트가 일본어로 번역되어 왔다.

야나부가 지적하듯이 "미지의 개념을 미지인 채로 남겨두면서, 그 구문을 통해서 받아들이는 것에 우리들은 그 나름대로 익숙해져 왔던 것"인지도 모른다.[72] 동시에 번역 행위의 수행성을 무의식의 심연에 가둬두었기 때문에 등가가 환상에 지나지 않는다는 것은 망각되고, 마치 자명한 의미가 존재하고 있는 듯이 구는 데에도 익숙해져 왔다. 바로 여기에 등가라는 스캔들의 덫이 쳐져 있는 것이다.

---

72 柳父章, 『近代日本語思想—翻訳文体成立事情』, p.167.

4. 일본의 번역학

여기까지 번역학에서의 '등가'라는 키워드를 확인하고, 일본의 번역 언설과 접합하여 노가미 도요이치로가 꿈꾸고 야나부 아키라가 폭로한 등가 환상에 대해 살펴보았다. 종래에는 따로따로 언급되어 왔던 서양계의 번역학과 일본의 번역론에 등가라는 보조선을 그어 본 것이다. 그로부터 떠오르는 것은 원래 다른 언어라는 사실뿐이다. 두 개의 언어가 같은 의미를 가진다고 생각해버리는, 스캔들로 가득한 덫이다.

번역불가능론에도 불구하고 현실에 번역은 존재하고 다른 언어 간의 커뮤니케이션 행위는 수행되고 있다. 등가라는 개념은 변덕스럽기까지 하다. 번역의 등가는 없다고 말하면 없고, 있다고 하면 있는 것이다. 그런 의미에서 상상된 등가 개념을 허구라고 부르는 일도 가능하다. 서양의 번역학사에서는 등가로의 구심력이 원심력으로 바뀌어서 번역의 등가라는 개념은 시대에 뒤쳐진 환상으로 간주되고 있다. 등가의 탐구가 번역학의 성립에 기여한 반면, 문화적 전회가 등가를 스캔들로 만들었던 것이다. 그러나 일본에서는, 특히 메이지 시대 이후의 근대화과정 안에서 번역이라는 문제를 고찰하기 위해서도 등가라는 개념은 환상이든 아니든, 게다가 환상이기 때문에라도 더더욱 가시화해야 하는 것이라고 필자는 생각한다. 야나부도 지적하듯이 타자와의 '미지의 불가해한 만남'의 장에서 생겨나는 번역은 일본어를 둘러싼 사건이다. 특히 '근대화=서양화'라는 계몽의 도식을 성립시키기 위해서는 서양의 언어와 등가라는 허구로나마 구축된 번역어와 번역문체가 필요했다.

원작의 파생물로서의 번역, 저자성을 갖지 않는 번역자는 불가시한 존재로 간주되는 경향이 있다. 번역 실천의 역사에는 이미 오랜 시간이 흘렀지만, 번역학으로서 학술적으로 체계화되기 시작한 것이 20세기 후반인 데에도 이유가 없지 않다. 젊은 학문의 전형으로서 번역학 역시 학제성이 풍부한 영역으로 언어학, 문학, 역사학, 철학, 사회학, 심리학, 인류학, 커뮤니케이션학 등의 학문 및 그 하위영역들과의 관련성이 깊다. translation studies라는 명칭은 cultural studies를 상기시키는데, 모두 현대적인 문제에 대한 관심을 공유한다. 현재의 일본에서는 특히 3.11 동일본 대지진과 원전사고를 계기로 한 사고와 맞물려 정치, 문화, 자연과학이나 기술에 관한 여러 가지 텍스트의 재독해가 요구되고 있다. 이러한 시대 안에서 번역 텍스트를 읽을 때 일본어로 기억된 등가 환상의 가시화는 불가피하다고 여겨진다. 그것을 위한 논의에 일말의 단서를 제공하는 것이 이 책의 목적이다.

| 제2장 |

문부성 『백과전서』라는 근대

─불완전한 백과사전

1. 국가적 번역 프로젝트

일본이 근대화를 모색하는 역사의 전환점에서 나라 전체가 문명개화를 슬로건으로 내걸었던 그 시대에 번역은 그야말로 국가적인 사업이었다. 이번 장에서는 이제 메이지 신정부의 문부성이 주도하여 실현시켰던 번역 프로젝트인 『백과전서』에 집중하여 그 서지사항 및 인물 군상을 둘러싼 기초자료를 정밀히 조사하여 기본정보를 정리함으로써 이 국가사업을 검증해보고, 이로부터 번역 텍스트를 둘러싼 콘텍스트까지 포함하여 사업의 전체상을 살펴보고자 한다.

메이지 시대 초기에는 잘 주지하듯이 지조개정(地租改正), 징병령, 학제, 개력(改曆) 등 신정부에 의한 개혁이 연이어 실시되었다. 1871년 7월, 폐번치현(廃藩置県)이 단행되고 4일 후에 '대학을 폐지하고 문부성을 설치하는 건(大学ヲ廃シ文部省ヲ被置候事)'이라는 태정관(太政官) 포고로 급히 설치된 문부성은, 메이지 초기 출판 활동의 중심이기도 하였다. 스기무라 다케시는 출판문화사의 관점에서 "출판인쇄가 우선 정부 스스로

의 손으로 행해지고, 각 성 역시 왕성하게 출판활동을 행하는데 그 첫 번째 시작은 문부성이었음"을 지적하였다.[1] 1873년부터 10여 년에 걸쳐서 간행된 문부성 『백과전서』는 영국 빅토리아 시대의 계몽서 *Chamber's Information for the People*를 번역한 텍스트이다. 국가적 번역 프로젝트로 착수되어 문자 그대로 백과전서적인 내용이 많은 양학자들의 손에 의해 근대 일본어로 번역되고, 화한학자(和漢學者)의 교정을 거쳐 연이어 출판되었다.

이 프로젝트의 스케일은 대단히 커서 메이지 정부의 번역 사업으로는 최대급 규모였으며, 그 관련자들은 문부성을 중심으로 한 네트워크를 느슨하게 형성하고 있었다. 당시의 양학자들이 총동원되었다는 표현도 과장이 아니어서, 그 안에는 미쓰쿠리 린쇼(箕作麟祥)나 니시무라 시게키(西村茂樹)를 비롯하여 젊은 날의 다카하시 고레키요(高橋是清), 기쿠치 다이로쿠, 오쓰키 후미히코 등 쟁쟁한 인물들이 다수 포함되어 있었다. 양학자만이 아니라 국학자나 한학자도 가담하고, 이전 막부의 신하로 이미 공적이 있던 자들로부터 후대에 눈부시게 활약하게 되는 신진기예까지 포함하는 다채로운 인재들이 도쿠가와 막부와 메이지 정부, 관과 민, 양학과 한학(漢学), 영학과 난학 등의 대립적 요소가 뒤섞인 혼란의 시대에 이 번역 사업을 위해 모여들었던 것이다. 그만큼 중층적인 인맥이 다양하게 교차하였던 것만은 분명하다.

문부성의 『백과전서』 번역 사업에 관한 공식문서는 거의 남아 있지

---

1 杉村武, 『近代日本大出版事業史』, 出版ニュース社, 1967, p.93.

않기 때문에 저본이나 출판상황에 관해서는 불명확한 점도 있다. 게다가 편명의 오기나 기점 텍스트의 신판을 사용한 다른 번역자에 의한 개역 등으로 전체상을 파악하기 쉽지 않다. 일본 각지의 민간 서점이 번각하여 다양한 장정으로 간행한 각종 이본(異本)들이 아직 도서관이나 고서점의 구석에 남아 있기도 하다. 잡다하게 현존하는 복수의『백과전서』는 디지털화가 진행된 정보화사회에 있어서 시대의 파도에 뒤처져서 잊혀진 '불완전한 백과사전'에 지나지 않을지도 모른다. '불완전하다'는 말과 '백과사전'이라는 단어는 모순적이지만, 그야말로 그렇게밖에 형용할 수 없는 것이 문부성『백과전서』인 것이다. 이 점은 서지정보에서 상세히 다룬다.

시대에 뒤처진 '불완전한 백과사전'에서 우리는 무엇을 독해할 것인가. 텍스트에 접근하기 위한 준비 작업으로서, 우선은 번역 사업으로 이어지는 역사적 배경에 입각하여 번역 행위를 둘러싼 사정들을 개관하고자 한다.

2. 번역기관의 변천

| 페튼호 사건 이후 |

근대 일본의 개막은 1853년의 흑선(黒船) 내항(페리 원정, 쿠로후네 사건), 그리고 이듬해의 미일화친조약(神奈川条約)이라는 불평등조약의 조인을 계기로 한다. 그러나 영국을 대상으로 하는 학문의 역사를 돌아보면 1808년의 페튼호 사건까지 거슬러 올라갈 필요가 있다. 개국까지 반세기를 남긴 에도 막부의 쇄국체제하에서 네덜란드선으로 위장한 영국 군함이 나가사키항에 입항하여 식량 등을 요구한 사건이 일어났고, 그 충격으로 영국 학습에 의한 일본의 근대화가 시작되었다. 에도 막부는 네덜란드어 통역사들에게 영어 학습을 명령함과 동시에, 첫 일영사전인 『앵글리아흥학소전(諳厄利亞興學小筌)』이나 『앵글리아어림대성(諳厄利亞語林大成)』을 편찬시켰다.

또 근대 일본 번역기관의 시작은 페튼호 사건으로부터 3년 후인

1811년 5월에 설치된 막부천문대번역국(幕府天文臺飜譯局, 蠻書和解御用 혹은 和蘭書籍和解御用)에 그 기원을 둔다. 이곳은 난학자들에 의한 서양백과사전 『후생신편(厚生新編)』 번역 사업의 무대가 되기도 하였다. 이 번역국의 신설은 천문방(天文方) 다카하시 가게야스(高橋景保)의 제안에 의한 것으로, "당시 외국문서 번역의 필요가 외교관계에서 촉발되는 것이 점차 많아져, 그것을 나가사키 통역사에게 맡겨두어서는 긴급할 때에 맞지 않는 경우가 많았기 때문"이라고 알려져 있다.[2] 가게야스는 에도 막부의 천문방, 서물봉행(書物奉行)으로 활약하면서 이노 다다타카(伊能忠敬)의 측량을 지원하기도 했고, 실측에 기초한 일본지도 '대일본연해여지전도(大日本沿海與地全圖)'를 완성시키는 데에도 공헌했으나, 1828년 지볼트(Philipp Franz von Siebold) 사건[3] 때 투옥되어 이듬해 옥사했다. 비극적인 마지막을 맞이한 가게야스가 일부를 감수하고 네덜란드 통역사 바바 사다요시(馬場貞由, 佐十郎)나 센다이번 번의(藩医)이자 난학자 오쓰키 겐타쿠(大槻玄沢, 磐水) 등 복수의 번역자가 협력하여 나온 것이 『후생신편』으로, "난학자라면 반드시 가지고 있어야 하는 책이며, 서양문화 이입에 큰 역할을 했다"는 평가를 받는 서양백과사전 번역 텍스트이다.[4]

에도 시대의 한정된 해외정보 창구 가운데 가장 잘 알려진 것이 나

2 杉村武, 『近代日本大出版事業史』, p.127.

3 네덜란드 동인도회사 소속으로 나가사키 데지마(出島)에서 의학을 가르치던 독일인 의사 지볼트가 당시 해외유출이 금지되어 있던 일본 지도를 반출하려고 했던 사실이 발각된 사건(옮긴이).

4 杉村武, 『近代日本大出版事業史』, pp.125~137.

가사키에서 활약하던 네덜란드 통역사이다. 그들은 막부의 하급관리로서 어학능력을 구사하여 통역이나 번역을 포함하는 폭넓은 외교 및 무역 업무를 다루었다.[5] 그러나 다른 한편으로 페튼호 사건 이후 에도에 설치된 번역국에서 막부 말기 양학 역사상 최대급의 『후생신편』이라는 번역 프로젝트가 착수되었던 사실은 잘 알려져 있지 않다.

일본 최초의 번역 백과사전인 『후생신편』은 프랑스인 노엘 쇼메르(Noël Chomel)가 1709년에 편찬한 『일용가정백과*Dictionaire economique*』를 개정한 네덜란드어역 증보판 *Huishoudelijk Woordenboek*를 중역한 것으로, 일본어판은 의학이나 본초학을 중심으로 한 발췌번역본이었다. 바바 사다요시의 번역을 오쓰키 겐타쿠가 보좌하는 형태로, 지리서 번역을 위해 에도의 천문방에서 일하던 바바가 자기 역할을 끝내고 나가사키로 돌아갈 시기가 되자 어학 재능이 뛰어난 그를 붙잡아두기 위해서 이 번역 사업을 계획했다고도 알려져 있다. 이것이 장기사업이 되면서 바바와 오쓰키 이외에도 우다가와 겐신(宇田川玄真)·요안(榕菴), 오쓰키 겐칸(大槻玄幹)·겐도(玄東), 미나토 조안(湊長安), 고제키 산에이(小関三英), 미쓰쿠리 겐포(箕作阮甫), 스기타 릿케이(杉田立卿)·세이케이(成卿), 다케우치 겐도(竹内玄同) 등 다수의 난학자들이 이 사업에 관계하게 되었다. 부문별 분류가 이루어졌고 다양한 방면에 걸친 내용을 담고 있었는데, 항목 수로는 본초와 식물에 관한 것이 가장 많았고,

5 片桐一男, 『阿蘭陀通詞の研究』, 吉川弘文館, 1985.

이어서 의료관계가 많은 것이 특징이었다.[6]

이 『후생신편』은 에도 막부의 번역 사업이었다. 대략 30년에 걸쳐 시행된 결과 1839년에는 번역이 70권에 이르렀는데, 원고는 막부에 수납되어 보관된 채로 남았다.[7] 막부가 붕괴하면서 원고도 시즈오카로 옮겨졌다가 이후 1937년이 되어서야 아오이(葵)문고에서 출판되었으니 숨겨진 백과사전이라고도 할 만하다. 오랜 기간 간행되지 못하면서 『후생신편』은 일반인들에게 널리 활용될 기회를 놓치기는 하였으나, 그 번역에 종사한 난학자의 지식욕은 크게 자극하였을 터이다.

이렇게 보면 일본의 근대화 안에서 번역은 메이지 정부가 에도 막부로부터 계승한 주요 사업의 하나이기도 했다. 메이지 초기의 문부성 『백과전서』는 일본에서 간행된 근대적 백과사전 출판의 역사상에서 기념비적인 지위를 점함과 동시에 그때까지의 번역 행위를 계승한 텍스트이기도 한 것이다. 오쓰키 죠덴(大槻如電, 修二)이 쓴 『신찬양학연표(新撰洋學年表)』의 메이지 「십년정축(十年丁丑)」 란에는 다음과 같이 적혀 있다.

> 백과전서 제일편 천문지문지질기상 문부성 간행
>
> 문화신미(文化辛未)년 막부 천문대에 번역국을 두고 그 첫 번째로 착수한

---

6 『厚生新編』에 대해서는 杉本つとむ 編著, 『江戸時代西洋百科事典—『厚生新編』の研究』, 雄山閣出版, 1998.에 상세하다.

7 오쓰키 겐타쿠는 번역원고 사본을 『생계찬요(生計纂要)』라는 제목으로 고쳐서 몰래 센다이번에 보냈다. 『생계찬요』에 대해서는 佐藤昌介, 『洋学史論考』, 思文閣出版, 1993, pp.119~145. 을 참조.

것이 후생신편 백과전서였다. 이 번역국이 바뀌어 62년이 지나 대학이 되었으니, 문부성에서 이 책을 간행하는 것은 수미일관한 일이라고 말할 수 있을 것이다.[8]

보충하면 '문화신미'는 1811년, '바뀌어 62년'은 문부성 창설에 이르기까지 번역기관의 변천 기간을 가리킨다. 일본에서 최초로 번역 출판된 서양식 백과사전인 『후생신편』은 에도 막부의 번역 사업에 의한 성과물로, 이로부터 이어지는 메이지 정부가 간행한 문부성 『백과전서』와 함께 '수미일관'을 이룬 것으로 규정되고 있는 것이다.

| 그 이후의 번역기관 |

1853년의 페리 내항으로 막부의 외교 사무는 더욱 증가하였고 천문대 번역국의 업무도 확대되었다. 1855년에는 번역국이 천문대에서 분리되어 양학소가 되었고, 그 이듬해에는 막부 직할의 양학연구 교육기관으로 번서조소(蕃書調所)가 창설되었다.[9]

'양학'에서 '번서'으로의 회귀는 막부 한학자들의 의향을 반영한 것

8 大槻如電, 『新撰洋学年表』 大槻茂雄, 1927, p.157.; 大槻如電原著·佐藤栄七 增訂, 『日本洋学編年史』(錦正社, 1965)도 참조.

9 原平三, 『幕末洋学史の研究』, 新人物往来社, 1992, pp.31~65.

이었던 듯한데, 어쨌든 고가 긴이치로(古賀謹一郎)가 교장에 취임하여 당시 이름 높은 양학자들이 모여들었다. 번역서의 출판에 있어서도 초고의 검열업무가 천문방에서 계승되어 그 검열 기록이 『개판견개원장(開板見改元帳)』이라는 이름의 기록으로 남아 있다. 1860년 이후에는 수업과목도 늘어나서 네덜란드어 이외에 영어, 프랑스어, 독일어 등의 어학이 충실해지고, 나아가 '화학(化學), 기계학, 물산학, 화학(畫學), 수학' 등이 추가되었다. 그 후에 기관명은 바뀌면서도 번역업무는 계속 이어져서 외교문서 이외에도 외국 신문이나 잡지 등도 취급하였던 듯하다. *Nederlandsch Magazijin*(『화란보함和蘭寶函』으로 알려진 네덜란드 잡지)을 초역한 내용은 『관판옥석지림(官板玉石志林)』이나 『도일한언(度日閑言)』에서 찾아볼 수 있고, '신문'이라는 이름이 붙은 일본 최초의 『관판바타비야신문(官板バタビヤ新聞)』은 바타비아(현재 자카르타)의 네덜란드 총독부에서 나오던 기관지를 초역한 것이다(이후 『관판해외신문[官板海外新聞]』으로 계승). 단 이것들은 공간(公刊)되지는 않았고 주로 막부 내에서 열람되었다.

번서조소는 1862년에 양서조소(洋書調所), 1863년에는 개성소(開成所)로 개칭되었으나 번역기관으로서의 기능은 계속 이어졌다. 개칭된 이름을 보자면 '번서'라고 부르는 한학자 측의 저항은 약해졌던 것 같다. 이 기관은 이후 1868년의 개성학교(開成学校), 1869년의 대학교(大学南校, 大学東校), 1871년 7월의 문부성, 1877년 4월의 도쿄대학(東京大学)으로 이어졌다.[10]

『도쿄제국대학오십년사(東京帝国大学五十年史)』에 따르면, 1869년

10월에 "일본에 유익실용이 있는 양서를 번역하여 국가정교(國家政敎)를 익찬함으로써 개화를 진전시키는 것"을 목적으로 하여 대학남교(大学南校)에 '번역국'이 설치되고, 그 규칙도 상세하게 정해졌다.[11]

대학남교 번역국(大学南校繙訳局)

1869년 10월 본교 내에 번역국을 설치한다. 이하에 나오는 동 국 규칙에 따라, 동 국의 목적은 유익한 양서를 번역하여 그 유통을 맡고, 이로써 정교를 익찬하며 개화를 진전시키는 데 있다. 대개 지금 민간에는 아직 유력한 번역 출판 기관이 없고, 서양학술의 소개도 미미한 것이므로, 정부 스스로 역서 출판의 일을 관할하고자 하여 이 국을 설치하기로 한다.

대학남교 번역국 규칙(大学南校繙訳規則)

하나. 본교에 번역국을 여는 까닭은 일본에 유익하고 실용이 있는 서양 서적을 번역하고 국가정교를 익찬함으로써 개화를 진전시키는 데 있다.

하나. 번역문은 실질간결하게 하는 것을 중시하여 힘쓰고, 자칫 문화(文華)를 자랑하기를 금한다.

하나. 교합자(校合者)가 의문이 드는 부분이 있을 경우 번역자에게 질문하여 이를 교합해야 하며, 함부로 자기 뜻대로 개찬(改竄)해서는 안 된다.

하나. 글자를 옮기는 데에는 물론, 번역 정서본 및 초고라도 자면을 단정하게 하는 데에 힘써야 하며, 초서체와 같은 읽기 어려운 글자를 써서는

---

10 大久保利謙, 『日本の大学』, 創元社, 1943, pp.125~195.

11 東京帝国大学 編, 『東京帝国大学五十年史上冊』, 東京帝国大学, 1932, pp.179~181.

안 된다.

하나. 번역서의 조각(彫刻) 작업에는 글자를 옮기는 이들 가운데 조각 담당 두 사람을 두어 이를 관장하게 한다.

하나. 번역국 안에서 보관하는 서적은 글자를 옮기는 이들 가운데 서적 담당 두 사람을 정하여 그 관할 및 출납을 관장하게 한다. 단 박사조교 이하 교합자에 이르기까지 서적을 반출할 때에는 위 담당자 두 사람에게 상담해야 한다.

하나. 급한 번역이나 급한 교합, 급한 글자작업 등이 있을 때에는 시간에 관계없이 일찍 나오고 늦게 나가며 일에 힘써야 한다. 휴가일이라도 시의에 따라서 번역국에 나오거나 또는 집에서라도 그 일에 종사해야 한다.

하나. 질병으로 출근을 거를 때는 박사는 서로 간에 그 뜻을 사전양해 통지하고, 조교 및 글자작업감독자는 박사감독에게 사전 양해 통지하며, 글자작업자는 글자작업 감독자에게 사전 양해 통지하여 이를 장관(長官)이 알게 한다. 단 병이 나서 퇴근할 때에는 해당자가 직접 이야기하는 것으로 위에 준한다.

1871년 7월 문부성 설립 이후 곧 동 국은 문부성으로 이관된다.

그리고 문부성 창설 2개월 후에는 문부성 편집료(編輯寮)가 설치되고, 이듬해인 1872년 9월에 그것이 편서과(編書課)와 반역과(反譯課)로 나뉘었다. 그 후 여러 차례 변천을 겪으면서 1877년 도쿄대학 창립에 이르는 것인데, 이처럼 양학교육 행정기관에 의해 번역 행위의 실천이 착실하게 계승되면서 문부성 『백과전서』라는 대규모 사업이 실현되었던 것이다.

| 문부성의 『백과전서』 착수 |

1. 미쓰쿠리 린쇼의 역할

문부성 『백과전서』라는 번역 프로젝트는 문부성 편집료의 수장이었던 20대의 젊은 미쓰쿠리 린쇼가 중심이 되어 기획한 사업이었다. 미쓰쿠리 가문은 학자집안으로 린쇼(麟祥, 또는 아키요시라고도 읽는다. 아명은 사다타로[貞太郎], 이후 사다이치로[貞一郎])의 조부는 난학자 미쓰쿠리 겐포, 아버지는 겐포의 양자 쇼고(省吾)였다. 종형제이자 수학자인 기쿠치 다이로쿠(도쿄대 총장, 문부대신 등을 역임)도 이 프로젝트에서 『수사 및 화문』의 번역을 맡았다. 린쇼는 어렸을 때부터 한학과 난학을 배웠다(영학은 나카하마 만지로[中浜万次郎]에게 사사). 일본 최초의 번역 백과사전 『후생신서』의 번역 작업에 가담했던 겐포를 조부로 두었던 것이 문부성 『백과전서』 착수에 직간접적으로 어떤 영향을 끼쳤으리라 생각된다. 린쇼는 10대 후반에 번서조소 교관이 된 준재(俊才)로, 조부 겐포에게 가독을 상속받았다. 프랑스어를 단기간에 익히고 1867년에 도쿠가와 아키다케(徳川昭武)의 파리박람회행을 수행하였으며, 이듬해 귀국하여 메이지 정부에 들어갔다. 그리고 효고현 어용괘(御用掛)를 역임한 이후 1869년에는 번역어용괘(翻訳御用掛), 대학중박사(大学中博士)가 되었다. 또한 린쇼가 만든 가숙(家塾)에는 오이 겐타로(大井憲太郎)나 나카에 도쿠스케(中江篤介, 兆民) 등이 있었다고 한다. 1870년에 제도취조겸임(制度取調兼任), 이듬해에 문부소박사 겸 사법소판사(文部少博士兼司法少判事), 편집료전무(編輯寮専務)에 취임하였다. 1873년에는 태정관 번역국장이 되었는데, 그 무렵에 『메이로쿠잡지』에도 투고

하였다. 태정관 번역국에 대해서는 다음과 같은 설명이 있다.

> 정부는 1872년 10월 4일, 태정관 정원(正院) 가운데 외사(外史)의 소관으로, 이하의 업무(외국인이 정부요인 앞으로 보낸 서간이나 외국법제의 번역, 외국 신문의 초역 등)를 관장시키기 위해서 번역국을 창설하였다. 이듬해인 1873년 5월 2일에는 태정관 직제장정을 고쳐서 동 국을 내사(内史) 소관으로 옮겼다. 1875년 9월 22일에, 태정관 정원에는 법제국, 수사국의 두 국만을 남기고 다른 국과 과를 전부 폐지하였으므로 번역국도 당연히 폐지되었다. 이 기간 동안인 1873년 5월 4일부터 동 1875년 9월 15일까지 미쓰쿠리 린쇼가 번역국장에 임명되었다.[12]

또한 오쓰키 후미히코에 의한 『미쓰쿠리린쇼군전(箕作麟祥君傳)』에서는 그의 인망에 대해서 「오쿠마 시게노부(大隈重信) 씨의 이야기」를 소개한다.

> 처음에 메이지 정부에서 가장 필요를 느꼈던 것은 외국어, 그리고 외국의 문장을 번역하는 것이었다. 새롭게 정부를 조직하고 모든 외교를 받아들임과 동시에 외정(外政)의 개혁을 행하는 데 있어서 외국인을 고용한다던가, 외국인과 왕래한다던가, 계약을 하던가 하는데 단지 보통의 통변으로는 불

12 国立公文書館, 「『訳稿集成』『翻訳集成原稿』解題」, 『内閣文庫未刊史料細目下』, 国立公文書館内閣文庫, 1967, p.200.

명확하여서 상당한 학문이 있는 자이면서 동시에 인격이 분명하고 신용할 만한, 그리고 다소 일반의 정치상에 대해서도 사회상에 대해서도 상당한 인격을 갖춘 자가 아니면 정부의 기밀 혹은 정부의 장래 방침과 같은 일을 터놓고 이야기하는 일이 불가능하다. 그런 사람이 필요한데, 그런 사람은 대단히 부족하였던 것이다. 그런데 미쓰쿠리 린쇼 군은 영학과 프랑스학 양쪽이 가능한데다가 그러한 사람이었기에 충분히 신용할 수 있어 무슨 일이라도 터놓고 이야기할 수 있었으니, 그 사람의 학력과 입을 빌어서 충분한 일을 하게 할 필요가 있었고, 또 실제로 충분한 효과를 내게 하였던 것이다. 그런 이유로 미쓰쿠리군은 정부에 두루두루 중용되었다.[13]

미쓰쿠리 린쇼

이렇게 미쓰쿠리 린쇼는 그 학식과 어학능력으로 메이지 정부의 절대적인 신임을 얻었으므로 대사업인 문부성 『백과전서』도 착수할 수 있었다. 그리고 그의 활약은 문부성에 그치지 않고 사법성 민법편찬 등의 사업에도 이름을 남기게 되었다.[14]

13 大槻文彦, 『箕作麟祥君伝』, 丸善, 1907, pp.72~73.

14 프랑스민법을 번역하는 가운데 droit civil을 '민권'으로 번역하여 물의를 빚었다는 유명한 에피소드가 남아 있다. 미쓰쿠리 린쇼는 근대 일본의 법전편찬에 깊이 관여한 인물로, 그의 법학분야에 대한 공적에 대해서는 山中永之佑, 「箕作麟祥」, 潮見俊隆·利谷信

그런데 창설 당초의 문부성에서는 학제반포(린쇼는 그 중심에도 있었다)에 수반한 교과서 편찬이 급한 임무였다. 『문부성제일년보(文部省第一年報)』의 '편서사무(編書事務)'의 설명을 참고로 살펴보자.[15]

○ **편서사무**

처음 문부성을 설치하자 학과에서 가르칠 만한 책이 없어서 1871년 9월 편집료를 두고 교과서를 편집하면서부터 이후 대학에 어휘괘(語彙掛)와 속역괘(俗訳掛)가 생겨나고, 남교에 반역국(反訳局)과 동교에 의서반역괘(医書反訳掛)를 설치하게 되었다. 이런 상황이 되자 다시 이들 모두를 편집료로 합쳤는데, 여기에서 편찬하는 책이 모두 마땅하지 않자 1872년 9월에 마침내 이를 폐지하고 다시 도쿄사범학교 안에서 이를 편찬하였고, 별도로 문부성 내에 편서과를 설치하여 교과서의 부족을 보충하는 데에 전념하였으니, 거기에서 출판한 서책의 수가 다음과 같다.

政法書	反訳和文	13 部	23 冊	経済書	同	1 部	7 冊
物理書	同	2 部	5 冊	化学書	同	1 部	2 冊
植物書	同	2 部	2 枚	地理書	同	4 部	書 21 冊 図 4 帖
農学書	同	1 部	8 冊	地質書	同	1 部	2 冊
医書	同	2 部	2 冊	兵書	同	3 部	7 冊
修身学	同	1 部	2 冊	歴史	編輯和文	6 部	21 冊
文典	同	1 部	2 冊	読本	同	1 部	1 冊
習字書	同	1 部	1 冊	画学書	同	2 部	3 冊
字書	同	1 部	7 冊	統計学	反訳和文	2 部	3 冊

義 編, 『日本の法学者』, 日本評論社, 1974, pp.1~26.

15 『文部省第一年報』, 1973, p.177.

語学書	編輯和文	2部	2冊	単語編	同	2部	5冊
図	反訳和文	2部	2枚	雑書	編輯和文	2部	2冊
幼童翫嬉品		7種	図 102枚 器6種	地球儀		1基	

총계 '서책 52부(133책·2매·그림2매·그림4첩)' '완희품(翫嬉品) 7종(그림 102매·기구 6종)' '지구의 1기'로 정리되었다. 이 『문부성제일년보』는 1873년의 것으로, 같은 해에 간행이 시작된 문부성 『백과전서』의 최초 1편, 마키야마 고헤이(牧山耕平)가 번역하고 가와모토 세이이치(川本清一)가 됴주한 『백공응용화학편(百工應用化學篇)』과 미쓰쿠리 린쇼가 번역한 『교도설(教導說)』이 포함되어 있는지 여부는 분명하지 않다.

2. 니시무라 시게키의 역할

1873년 11월에 모리 아리노리(森有礼)의 추천으로 니시무라 시게키가 문부성 편서과장이 되었다.[16] 니시무라는 문부성 『백과전서』의 또 한 명의 공로자로, 스스로 『천문학』을 번역하기도 하였고, 동시에 프로젝트 안의 교정자 그룹을 모으는 입장이었다. 당시 문부성의 상황에 대해서는 니시무라 본인이 「왕시록(往時錄)」에서 만년에 회고한 것이 남아 있다. '체임버스 씨의 원서를 번역한 것'이라는 부분 전후를 인용해 둔다.

1873년 11월 25일, 문부성 5등출사에 임명되면서 편서과장의 일을 맡게 되었다. 문부성 창립 이래 주로 중학소학의 과업서(課業書)를 편집해야 하

16 高橋昌郎,『西村茂樹』, 吉川弘文館, 1987, p.72.

니시무라 시게키

는 것으로 정해지긴 했었지만, 아직 어떻게 할 것인지에 대한 방법을 알지 못했고, 또 이전의 문부경 오키 다카토(大木喬任) 씨가 있을 때부터 여러 책의 편찬에 착수해 있어서 상황이 자못 번잡한 느낌이었다. 내가 편서과장이 되었을 때 편서과원들의 분담 상황을 보자면 이토 게이스케(伊藤圭介)가 일본산물지를 편찬하였고, 사카타 유(阪田莠)가 자치통감에 훈점을 붙이고 있었으며, 다나카 요시카도(田中義廉)가 소학교독본을, 사카키바라 요시노(榊原芳野)와 이나가키 지카이(稲垣千頴)는 다른 종류의 독본을 편찬하고 있었고, 오노데라 단카(小野寺丹下)가 러시아 사전을 편집하고 있었다. 아사오카 하지메(浅岡一)는 화불(和佛)사전의 편찬, 구와타 진고(桑田親五)는 합중국소사, 오쓰키 슈지(大槻修二), 구보 요시토(久保吉人), 오자와 게이지로(小澤圭二郎)는 일본의 사전을, 야마모토 신시쓰(山本信実)는 산술서(算術書)를, 기무라 마사코토(木村正辞)와 구로카와 마요리(黒川真頼)는 일본의 역사를, 가와타 고(川田剛, 관리가 아니라서 보수를 주면서 편집시켰다)는 대일본사의 뒤를 이어 역사를 편찬하고, 우치다 이쓰미(内田五観)는 책력을(이 때 책력은 문부성이 관리하는 것으로 되어 있었다), 난부 요시카즈(南部義籌)는 가나자사전(仮字文典)을 편찬 중이었다. 또 문부성 안에는 번역과가 있어서 가와즈 스케유키(河津祐之)가 과장을 맡았으며 양학자들이 과원으로 있으면서 역시 교육용의 서양서적을 번역하였다. 그런데 이 무렵은 양서를 읽는 자는 대개 화한(和漢)의 서적에 정통하지 못하였으므로 번역을 완성할 때마다 반드시 한문에 정통한 자로 하여금 그 문장을 수정시켰는데, 이를 교정(校正)이라고 하였다. 또 이전 문부경 때부터 백과전서를 편찬하고 있었는데, 이는 영국인 체임버스 씨의 원서를 번역하는 것으로 그 번역자는 본 성의 관리만이 아니라 널리 세상의 양학자들에게 의탁하였고, 이 또한 탈고 후에 본 과에서 교정하여 출판하였다. 교정자는 모두 편서과 안에 있었는데, 나카 미치타카(那珂通高), 오이 준이치(大井潤一), 시미즈 세이신(清水世信), 미야자키 구(宮崎愚), 우치무라 고노스케(内村耿之介), 고바야시 헤이오(小林病翁), 나가카와 신고(長川新吾) 등이었다. 본 과에 속하는 화가로는 가노 요시노부(狩野良信), 기타즈메 유케이(北爪有卿)가 있었고, 판하(板下) 제작자로 마쓰이 코타로(松井甲太郎)가 있었다. 또 가토 히로유키(加藤弘之)의 『국법범론(国法汎論)』, 우치다 마사오(内田正雄)의 『여지지략(輿地誌略)』도 본 과에서 교정해 출판하였다. 그러므로 본 과는 편집 이외에도 조각제본(彫刻製本)의 분과를 두어서 관리로 하여금 이를 관장하게 하였다. 그 후 1877년 1월에 조정에서 관제의 대개혁을 실시하였는데, 문부성에서도 같은 개혁을 하여 편서과에서도 교과로 반드시 사용할 서적 이외에는 그 편찬을 모두 폐지하였다.[17]

양학자가 번역한 원고에 한학자가 손을 대는 것을 '교정(校正)'이라고 언급하는 점이 흥미롭다. 『백과전서』뿐만 아니라 "이 무렵은 양서를 읽는 자는 다수 화한의 서적에 정통하지 못하였으므로 번역을 완성할

17 西村茂樹, 「往時録」, 『西村茂樹全集 第三卷』, 思文閣, 1976, pp.622~623.

때마다 반드시 한문에 정통한 자로 하여금 그 문장을 수정시켰는데, 이를 교정이라고 하였다"는 수순이 일반화되어 있었음을 알 수 있다. 이와 같은 교정 작업을 담당하는 화한의 학자들을 편서과장의 입장에서 총괄하고 있던 니시무라의 경험은 이후 더욱 큰 규모의 편찬사업으로 이어진다. 이 점에 대해서는 마지막 장에서 다시 언급한다.

| 번역 비즈니스와 '임역(賃譯)' |

현대에는 '번역가'라는 직업이 있으므로 번역이 비즈니스라는 사고에도 위화감이 없다. 전문서나 문학서 등의 경우 연구자나 문학자가 번역하는 경우도 많은데, 모두 번역 행위에는 어떠한 대가가 지불된다.

민간 번역회사의 선구는 사회주의자 사카이 도시히코(堺利彦)가 1910년 12월에 설립한 '바이분샤(売文社)'라고 알려져 있다.[18] 아카하타 사건(赤旗事件)[19]으로 투옥 중이었기 때문에 대역사건(大逆事件)[20]을 피할 수 있었던 사카이는 출옥 이전부터 문필 비즈니스의 구상을 갖고 있었

18 黒岩比佐子, 『パンとペン―社会主義社·堺利彦との「売文社」の闘い』, 講談社, 2010, p.14.

다. 『바이분샤』의 서문에 따르면 단골들에게 배포한 '바이분샤 영업안내'에는 "(첫째) 신문, 잡지, 서적의 원고제작 (둘째) 영, 불, 독, 기타 외국어의 일본어 번역 (셋째) 일본 문장의 외국어 번역(영역, 불역, 독역 등) (넷째) 연설, 강의, 담화 등의 필기 (다섯째) 취의서, 의견서, 보고서, 축사, 축문, 광고문, 서간문, 기타 모든 문장의 입안, 대작, 및 첨삭(이하 생략)"이라고 되어 있다. 영어는 사카이 자신, 프랑스어는 오스기 사카에(大杉栄), 독일어는 다카바타케 모토유키(高畠素之) 등이 담당하고, 게다가 "회사 내부에서 불가능한 건은 각각 특별히 계약한 전문가에게 맡기므로 부디 안심하시고 이용을 부탁드립니다"라고도 적혀 있어[21], 지금의 번역회사에서 일반화 된 아웃소싱 방식을 채용한 점이 흥미롭다.

이 바이분샤의 힌트가 된 것은 겐유샤(硯友社)의 사칙 제6조였다.[22] 이것은 오자키 고요(尾崎紅葉)가 초안을 잡고, 『가라쿠타문고(我樂多文庫)』 제1호(1888년 5월 발행)에 실린 것이다. 사칙 총9조 가운데 제6조에는 "본

---

19 1908년 6월 22일 도쿄의 긴키칸(錦輝館)에서 열린 사회주의자 야마구치 요시조(山口義三) 출옥환영회가 끝나자 참석자들이 혁명가를 부르고 '무정부공산'이라고 적힌 붉은 깃발(赤旗, 아카하타)을 들고 행진하자 경찰이 이를 습격하여 참석자들을 체포한 사건(옮긴이).

20 1910년 5월 사회주의자 미야시타 다키치(宮下太吉)가 메이지천황 암살계획을 꾸미다가 체포되는 사건이 일어나자, 정부는 천황의 신변을 위협했다는 대역죄(大逆罪)를 구실삼아 수백 명의 사회주의자, 무정부주의자들을 탄압하고 검거했다. 이들 중 26명이 메이지천황암살계획용의자로 기소되었고, 고토쿠 슈스이(幸徳秋水)를 비롯한 12명은 1911년 1월에 사형, 5명은 옥사, 2명은 징역, 7명은 가석방되었다. 이 사건으로 메이지 일본의 사회주의운동은 소위 '겨울시대(冬の時代)'라 일컬어지는 침체기를 맞이하였다(옮긴이).

21 堺利彦, 『売文集』, 丙午出版社, 1912, p.619.

22 畑有三, 「民友社と硯友社」, 西田毅·和田守·山田博光·北野昭彦 編, 『民友社とその時代—思想·文学·ジャーナリズム集団の軌跡』, ミネルヴァ書房, 2003.

사는 소설의 기초. 극장의 정본. 소설의 번역(윤필은 한 글자당 천금씩 접수). 광고의 안문. 가구희문(歌句戯文)의 첨삭비평 등 의뢰에 따라서 가능. 단 건백서의 초안기고 및 기타 정치관련 문서는 목숨이 걸리더라도 거절함"이라는 내용이 농담조 말투로 적혀 있다.

주목할 만한 것은 이러한 번역 비즈니스의 초기 형태가 문부성 『백과전서』 번역 사업에서 엿보인다는 점이다. 메이지 초기의 문부성에서는 이런 종류의 외주 비즈니스를 당시 이미 채용하고 있었다. 번역의 완성도에 따라서 요금을 지불하는 형태는 이전부터 '임역(賃譯)'이라고 일컬어지고 있었다.

이시이 겐도(石井研堂)의 저서 『메이지사물기원(明治事物起源)』의 「임역소(賃譯所)의 시작」에 따르면 "의뢰를 받아서 서양문장 번역을 하는 곳은 1872년 가을에 시작되었다"고 되어 있다. "이 시대는 번역일이 많아서 임역이라는 새로운 말마저 생겨났다"고 한다. 그리고 번역소(간다 기지초 30번지[神田雉子町三十番地])의 잡지광고로 "10행 20자 1매당 영문 일본어역 1엔(円), 일본어문 영어역 3분(分)"을 내걸고 있다.[23]

이 시기는 마침 문부성 『백과전서』 프로젝트가 착수된 무렵이다. 이시이는 『메이지사물기원』에 '백과전서의 임역(百科全書の賃譯)'이라는 항목에서 오쓰키 후미히코의 『미쓰쿠리린쇼군전』을 인용하여 사와라 준이치(佐原純一)의 담화를 소개하고 있다.

---

23 石井研堂, 『明治事物起原 四』, ちくま学芸文庫, 1997, pp.259~270.

나는 남교에 있으면서 1871년 7월인가 8월에 편집료 대속(大屬)이 되었는데, 당시 미쓰쿠리 린쇼 선생이 편집두(編輯頭)를 하고 있었습니다. 그때 선생이 수장이 되어서 페어벡이 가지고 있던 체임버스의 백과전서—인포메이션 오브 피플이라는 것이 백과(百科) 정도 있으니, 이걸 나눠서 번역하자고 권유하여 임역으로 냈습니다. 편집료에서 근무하고 있는 자도, 학교의 교원으로 있는 자도, 후쿠자와의 제자들도 영어책을 읽을 수 있는 자라면 모두 번역시켰던 것입니다. (…)

무다구치 겐가쿠(牟田口元学)는 소외사(小外史)인가 뭔가를 하고 있었는데, 미쓰쿠리 선생을 싫어해서, 관리가 임역을 하는 것은 천부당만부당하다는 것을 누누이 말하고 있었습니다. 원래 미쓰쿠리 선생의 수입은 많은 편으로 많을 때는 급료보다 많은 경우도 있었습니다. 백과전서 안의 심리학 등은 어려워서 아무도 번역하려고 하지 않았습니다. 그런 것을 10행 20자의 초고를 1매당 4엔으로 미쓰쿠리 선생이 번역하셨습니다. 쉬는 날에는 하루에 제법 완성했습니다. 다른 사람의 번역은 가장 싼 것이 10행 20자 1매에 1엔이었습니다.[24]

단 이 내용은 『미쓰쿠리린쇼군전』의 실제 기술과 차이도 있으므로 부분적으로 이시이 자신의 의견이 혼재되어 있다고 여겨진다. 가령 "페어벡이 가지고 있던 체임버스의 백과전서"라는 부분이 조금 다르다. 이 점은 저본의 입수경로와도 관계되는 중요한 내용이므로 뒤에서 상세히

---

24 石井研堂, 『明治事物起原 四』, pp.333~335.

검토하겠지만, 지금은 이시이의 사견도 포함하여 『메이지사물기원』의 '백과전서의 임역'에 대한 기술로서 참조해두고자 한다.

이시이는 또한 문부성의 『백과전서』에 대해서 "급하게 이루어진 탓에 오류가 많아(速成杜撰) 메이지 초년 국민의 신지식을 보급시키기에는 다소의 효과만 있었다"는 비판적인 코멘트도 첨부하고 있다. '속성두찬' 운운의 진위는 별도로 하고, 10행 20자 1매 1~4엔이라는 대단한 고액의 번역료가 사실이라면 무다구치 겐가쿠와 같은 비판적인 시선들도 당연히 있었을 것이다. 어쨌든 『백과전서』는 시간적으로도 예산적으로도 방대한 '임역' 사업이었던 것은 분명하다. 오쓰키 후미히코의 회상에도 "당시 여러 번에서 양서의 번역을 부탁하러 왔다. 어려운 것은 10행 20자 1매 2~3엔 정도, 쉬운 것이라도 50전~1엔 정도였다. 이것을 임역이라고 하였다. 서생에게는 좋은 돈벌이로, 나도 많이 했다"는 담화가 남아 있다.[25] '임역'의 시세로 이시이의 기술을 뒷받침하는 귀중한 증언이라 하겠다.

다구치 우키치(田口卯吉)는 "1882년 초, 우리 회사에서 처음으로 예약 간행 방법을 채택하여 널리 구매희망자를 모집하고 경제서적 가운데 중요한 것을 번역 출판하는 일에 착수하였다. 원래 예약 간행이 되는 책은 양이 많은 것들이어서 출판하는 데 자본이 필요했기에 이런 방법을 쓴 것이다"라고 적고, 이어서 『백과전서』의 번역료에 대해서 언급한다.[26]

---

25 大槻文彦, 「大槻博士自伝」 『国語と国文学』, 第五巻 第七号, 1928, p.43.

26 문부성 『백과전서』의 예약 출판 상황에 대해서는, 이 책 제9장에서 상세히 서술한다.

요새 우리 문부성에서 번역되고 있는 체임버스 씨의 백과전서라는 것을 마루야(丸屋)서점에서 예약을 받아 간행하는데, 듣기로는 이러한 책은 1매(10행 20자) 1엔 이상 2엔의 번역료를 주고 다수의 학사들로 하여금 수년간에 걸쳐 번역시킨 것이라고 한다. 그 비용이 대단히 클 것인데, 일본의 정치류 서적들 중에는 뒤지지 않는 것이 많다. 그런데 우리 회사에서는 이시카와 에이사쿠(石川暎作) 한 사람이 번역을 하고 다른 사람이 약간 도움을 주어 기간을 어기지 않고 24개월이면 완비한다. 관과 민 사이에 사업을 하는데 이렇게 차이가 있음이 분명하다. 그러나 이것이 어찌 우리 회사만의 공이겠는가. 모두 강호(江湖)의 은덕일 따름이다.[27]

여기에서의 '1매 1엔 이상 2엔'은 앞에서 든 시세를 약간 낮춘 번역료인데, 그것으로도 당시로서는 꽤 고액이었다. 맹아적인 번역 비즈니스 시장에서도 문부성 『백과전서』의 규모는 튀는 것이었다. 문부성의 미쓰쿠리 린쇼와 니시무라 시게키가 주도한 출판사업에 '임역'이라는 비즈니스 형태가 포함되어 문부성 내외의 인재에게 고액의 번역료가 지불되었던 것이다. 당시 도쿄에는 후쿠자와 유키치의 게이오기주쿠(慶應義塾) 이외에도 이미 양학 사숙이 다수 있어서[28], 그러한 네트워크를 통해 양학자에게 번역이 발주되고 능력에 따라 번역료가 계산되는 비즈니스가 성

27 田口卯吉(鼎軒), 「予約刊行の盛衰」『東京経済雑誌』第二三一号, 1884. 이후 『田口鼎軒集』(大久保利謙編, 筑摩書房, 1977, pp.353~354)에 수록.

28 杉村武, 『近代日本大出版事業史』, p.158.

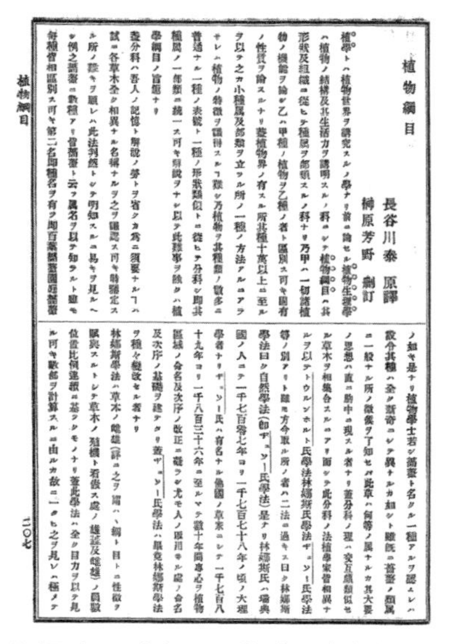

植物綱目

長谷川泰 原譯
榊原芳野 刪訂

『식물강목』 시작 부분. 원역(原譯)자와 삭정(刪訂)자를 병기하였다.

造家法

大鳥圭介 校閲
都筑直吉 譯

『조가법』 시작 부분. 교열자가 번역자 앞에 나와 있다.

립하였던 것이다.

양학자가 번역한 번역원고의 대부분은 국학, 한학자의 교정을 거쳐 완성되었다. 교정 작업의 주력은 니시무라 시게키가 이끄는 문부성 편서과원(편서과는 보고과[報告課]를 거쳐 편집국으로 개조)이었다. 번역 텍스트에 남아 있는 '교(校)' '중교(重校)' '동교(同校)' '정(訂)' '교열(校閲)' 등의 차이가 엄밀하게 무엇을 의미하는지 분명하지 않고, 어느 정도까지 손을 댔는지는 상상에 기댈 수밖에 없다. 가령 『식물강목(植物綱目)』에는 '하세가와 야스시 원역(長谷川泰 原譯)' '사카키바라 요시노 삭정(榊原芳野 刪訂)'이라고 본문 모두에 기록되어 있고, 『조가법(造家法)』에서는 '오도리 게이스케 교열(大鳥圭介 校閲)'이 '쓰즈키 나오키치 역(都筑直吉 驛)'보다도 앞에 적혀 있다(대부분은 번역자를 본문 앞에, 교정자를 뒤에 기재). 이러한 것들은 교정자의 존재가 제법 가시화된 사례라 할 것이다.

문부성 『백과전서』의 교정 작업과는 직접 관계가 없지만, 미쓰쿠리 린쇼의 번역원고 교정에 대해서 그의 문인들은 다음과 같은 일화를 적고 있다. 참고삼아 다시 『메이지사물기원』에서 인용한다.

> 내가 미쓰쿠리 선생의 신세를 지고 있었던 것은 1872, 3년 무렵으로, 선생이 권대내사(權大內史)를 하고 계실 때였습니다. 나는 번역국 등외(等外)로 선생 밑에 있으면서 번역소가 파하면 료코쿠(両国)의 선생 댁으로 가서 작업을 하곤 했습니다. 당시 받아 적고 있던 것은 만국사(万国史)로 기억합니다. 그 작업은 임역으로, 선생이 번역하시면 내가 받아 적고, 그것을 쓰지 시카쿠(辻士革)라는 사람에게 넘겨주고 다시 쓰지가 교정(校訂)을 합니다. 그런데 미쓰쿠리 선생은 쓰지가 고친 것을 교정(校正)이라고 하지 못하게 하고, 다만 교자(校字)라는 말만 허락했습니다. 그랬으니 만들어진 책에는 쓰지 시카쿠 교(校)라고만 적혀 있고, 교정(校正)이라는 말은 없지요. 쓰지라는 사람은 문장을 고치는 데 제법 솜씨가 있었습니다. 선생이 번역하신 것을 내가 받아 적고, 쓰지가 문장에 손을 대면 선생이 다시 살펴본 후에 그것을 내가 다시 깨끗하게 정서하는 과정으로, 꽤 오랜 기간 일했습니다.
> 만국사의 임역은 10행 20자로 선생의 소득이 1매당 2엔인가 였고, 쓰지가 20전을 받았으며, 내가 2전씩 받았습니다.
> 그 당시에 번역국은 태정관정원 안의 조직이었습니다. 이와쿠라공 집 옆으로, 니주바시(二重橋)에서 바바사키몬(馬場先門)으로 가는 길 왼편, 지금은 그냥 벌판이 되어 있는 곳에 있었습니다. 그 무렵은 번역국이라고는 부르지 않았을지도 모르겠네요. 이후에 미마야(御廏) 터로 옮겼습니다. 그때

는 분명 번역국이라고 말하고 있었지요(이케야마 에이메이 담池山栄明 談).

미쓰쿠리 선생이 프랑스 법률을 번역하실 때에는 쓰지 시카쿠라는 사람이 필기를 했습니다. 그건 선생이 미리 읽어두셨다가 대개 오전에 입으로 번역을 하십니다. 오전에만 8~9매의 번역이 완성되었던 것으로 기억합니다. 쓰지라는 인물은 이전에는 개성소의 필기 담당을 하고 있다가 이후 문부성에 들어온 자로, 교합(校合)을 하는 역할이었습니다. 원서는 읽지 못하는 사람이었습니다.(스즈키 유이치鈴木唯一 談)

쓰지라는 사람은 굽신거리는 한학 선생으로 좀 묘한 자였는데, 미쓰쿠리 선생이 "이런 의미의 글자는?"이라고 물으면 "그거라면 이런 글자는 어떠신지요"라고 답하며 글자를 궁리하고, 그러고서 미쓰쿠리 선생이 번역을 하시면 쓰지가 그것을 살펴보는 식으로 하고 있었습니다(하라다 아미히코 담原田綱彦 談).[29]

미쓰쿠리 개인의 번역을 교합하는 경우와는 달리 문부성 『백과전서』에는 복수의 번역자가 관여하였으므로, 그룹작업에서 기인하는 더 큰 어려움도 있었을 것이다. 마루젠 합본의 말미를 장식하는, 1885년 1월에 추가된 별책 『백과전서 색인』의 범례를 읽으면 번역어의 통일을 두고 고민한 흔적을 엿볼 수 있다.

백과전서의 번역은 수십 명의 손으로 이루어졌으므로 하나의 사물에 대해

29 石井研堂, 『明治事物起原 四』, pp.269~270.

여러 개의 번역어를 따로따로 가져서 정해지지 않은 것이 많았다. 이 색인과 같은 것은 지금 세상 사람들이 통용하는 것이 아니라면 찾는 데에 불편할 것이다. 그러므로 만일 찾는 데 불편하다고 생각되는 것이 있으면 지금 통용하는 번역어를 정하여 원래의 번역어와 함께 각각 그 머리문자의 가나문 안에 편입하였다. 가령 원래 보험명(保險命)이라고 있는 것을 따로 생명보험이라고 번역하거나, 투패(闘牌)를 우타카루타(歌加留多)로 번역하고 또 착영술(捉影術)이라고 번역한 것을 사진술(寫眞術)로 번역한 것 등이 있으며, 이 외에도 모두 이에 따른다.[30]

'임역'시스템으로 요금을 지불하는 것으로 문부성 내외의 다수 양학자가 번역을 담당하고, 완성된 번역원고는 주로 문부성 내의 국학, 한학자가 정돈하였지만, 번역어의 통일에 착수하는 일은 시기상조였다. 번역어의 혼재를 인식하기는 했지만, 아직은 어려웠던 것이다.

이런 번역 공정은 현대의 번역회사에서는 일반적인 아웃소싱, 즉 외주의 원형으로, 번역 비즈니스의 시작이라고도 말할 수 있을 것이다. 문부성 『백과전서』는 근대 국가를 지향하는 정부의 프로젝트로서 국민의 계몽을 위해서 기획된 것이었지만, 번역이 비즈니스가 될 가능성을 예감시킨 선진적인 사업이기도 하였다.

---

30 『百科全書 索引』, 丸善商社出版, 1885.

3. 『백과전서』의 윤곽

| 번역된 편명의 혼재 |

문부성 『백과전서』의 기점 텍스트는 알파벳순으로 배열된 '백과사전'이 아니라 92개의 대항목으로 이루어진 계몽서였다. 이 점에서 다구치 우키치의 "진정한 백과전서가 아니라 체임버스의 인포메이션"이라는 표현은 분명히 정곡을 찌른 것이다. 야나기다 이즈미(柳田泉)가 '국민수지(國民須知)'라고 부른 것도 적절한 표현일 것이다.[31] 이 책은 1830년대 초판을 시작으로 1870년대에 제5판까지 중판하였는데, 문부성의 주요한 저본이었다고 생각되는 소위 '무연기 영국판(無年紀英國版, 후술하듯 1867년 간행한

31 田口卯吉(鼎軒), 「日本社会事彙の巻末に書す」(一八九一年 五月), 経済雑誌社 編, 『日本社会事彙』의 초판은 1890~1891년, 재판은 1901~1902년. 柳田泉, 『明治初期の文学思想 下巻』, 春秋社, 1965, p.137.

미국판과 동일 내용)'의 목차에서 92항목의 표제를 확인해두자.

기점 텍스트(Chamber's Information for the People)의 목차

제1권

ASTRONOMY, GEOLOGY, METEOROLOGY, PHYSICAL GEOGRAPHY, VEGETABLE PHYSIOLOGY, SYSTEMATIC BOTANY, ANIMAL PHYSIOLOGY — THE HUMAN BODY, ZOOLOGY, NATURAL PHILOSOPHY, MECHANICS — MACHINERY, HYDROS TATICS — HYDRAULICS — PNEUMATICS, OPTICS — ACOUSTICS, ELECTRICITY — GALVANISM — MAGNETISM — ELECTRO-MAGNETISM, CHRONOLOGY — HOROLOGY, CHEMISTRY, CHEMISTRY APPLIED TO THE ARTS, FICTILE MANUFACTURES, TEXTILE MANUFATURES, MINING — MINERALS, METALS — METALLURGY, THE STEAM-ENGINE, CIVIL ENGINEERING, INLAND CONVEYANCE, MARITIME CONVEYANCE, ARCHITECTURE, WARMING — VENTILATION — LIGHTING, SUPPLY OF WATER — BATHS — DRAINAGE, AGRICULTURE — CULTURE OF WASTE LANDS — SPADE HUSBANDRY, THE CATTLE KITCHEN GARDEN, THE FLOWER GARDEN, THE FRUIT GARDEN, ARBORICULTURE, THE HORSE, — DAIRY HUSBANDRY, THE SHEEP — GOAT — ALPACA, PIGS — RABBITS — POULTRY — CAGE-BIRDS, THE HONEY-BEE, THE DOG — FIELD-SPORTS, ANGLING,

FISHERIES, PRESERVATION OF HEALTH, FOOD — BEVERAGE, PREPARATION OF FOOD — COOKERY, MEDICINE — SURGERY, CLOTHING — COSTUME, INDEX, GLOSSARY OF TERMS, TITLES, &C.

제2권

PHYSICAL HISTORY OF MAN — ETHNOLOGY, LANGUAGE, CONSTITUTION OF SOCIETY — GOVERNMENT, AND WALES, SCOTLAND, IRELAND, ASIA AND RESOURCES OF THE BRITISH EMPIRE, MILITARY AND NAVAL ORGANISATION, EUROPE, ENGLAND ROME, HISTORY OF THE MIDDLE AGES, HISTORY OF GREAT BRITAIN AND IRELAND, CONSTITUTION HISTORY AND NATURE OF LAW, HISTORY OF ANCIENT NATIONS, HISTORY OF GREECE, HISTORY OF — EAST INDIES, AFRICA — OCEANIA, NORTH AMERICA, SOUTH AMERICA — WEST INDIES, THE HUMAN MIND, PHRENOLOGY, LOGIC, NATURAL THEOLOGY — ETHICS, HISTORY OF THE BIBLE — CHRISTIANITY, RELIGIOUS CHURCHES AND SECTS, MOHAMMEDANISM — HINDUISM — BUDDHISM, SCANDINAVIAN MYTHOLOGY, &C. — MINOR SUPERSTITIONS, KEY TO THE CALENDAR, PRACTICAL MORALITY — PERSONAL AND GENERAL DUTIES, PRACTICAL MORALITY — SPECIAL SOCIAL AND PUBLIC DUTIES, POLITICAL ECONOMY,

COMMERCE — MONEY — BANKS, POPULATION — POOR LAWS — LIFE-ASSURANCE, SOCIAL ECONOMICS OF THE INDUSTRIAL ORDERS, SOCIAL STATISTICS, EDUCATION, ENGLISH GRAMMAR, ARITHMETIC — ALGEBRA, GEOMETRY, DRAWING — PAINTING — SCULPTURE, GYMNASTICS — OUT-OF-DOOR RECREATIONS, INDOOR AMUSEMENTS, ARCHÆOLOGY, RHETORIC AND BELLES-LETTRES, PRINTING — LITHOGRAPHY, ENGRAVING — PHOTOGRAPHY, HOUSHOLD HINTS, INDEX, GLOSSARY OF TERMS, TITLES, &C.

Contents

Contents

*Chambers's Information for the People*의 목차

제1권에는 서문에 이어서 45항목, 제2권에는 47항목이 있으며 각각 권말에 색인 등이 붙어 있다. 그 배열은 자연과학에서 시작하여 사회과학이나 인문과학이 느슨하게 묶여 있다는 인상을 준다. 기본은 한 항목에 대해 이단으로 구성된 16쪽 분량인데, 그 중에서는 32항, 48항, 64항에 이르는 예외도 있다(총 쪽수는 제1권이 824, 제2권이 826).

이것들을 거의 전부 번역한 텍스트인 문부성 『백과전서』는 먼저 한 항목당 분책본으로 번역이 이루어진 것부터 순서를 달리하여 출판되었다. 1873년 7월의 마키야마 고헤이가 번역하고 가와모토 세이이치가 교열한 『백공응용화학편』을 시작으로, 이어서 같은 해 9월에는 미쓰쿠리 린쇼가 번역한 『교도설』이 간행되었다. 『교도설』에는 번역 텍스트 이외에도 '백과전서 서' '범례' '서언'이 붙어 있고, 게다가 금후의 출판에 대한 예고를 겸하여 이하 92항목의 편명이 게재되어 있다.[32]

미쓰쿠리 린쇼 번역 『교도설(敎導說)』 1873년 「백과전서편명」

星学 地質学 気中現象学 理科地理学 植物生理学 植物綱目篇 動物生理学附人身生理学 動物綱目篇 物理学 重学附器械之理 動静水学附気学 光学附音学 越歴附瓦尓華尼磁石力越歴多露磁石力 年契附時計 化学 百工応用化学 陶磁製造篇 織工篇 礦山学附金石 金類篇附治金術 蒸気機 土木術 陸運篇 水運篇 建築学 暖室篇附通風、通光 給水篇附浴、治水方 農学附

32 게재부분은 권두와 권말의 경우가 있으며, 내용도 약간 다른 데가 있다. 가령 「연계(年契)」가 아니라 「시학(時學)」으로 되어 있는 다른 버전도 존재한다.

百科全書篇名

星學 二冊 地質學 二冊 氣中現象學 二冊

理科地理學 二冊 植物生理學 二冊 植物綱目篇 四冊

動物生理學 附人身生理学 二冊 動物綱目篇 八冊

物理學 二冊 重學 附器械之理 二冊 動靜水學 附氣学 二冊

光學 附音学 二冊 越歷 附電氣磁石力 越歷之靈驗方 二冊 時學 附時計 二冊

化學 二冊 百工應用化學 二冊 陶磁製造篇 二冊

織工篇 二冊 礦山學 附金石 二冊 金類篇 附冶金術 二冊

蒸氣機 二冊 土木術 二冊 陸運篇 二冊

水運篇 二冊 建築學 二冊 暖室篇 附通風通光 二冊

百科全書 六十一 文部省

給水篇 附浴澡方 二冊 農學 附菜地耕作方 四冊 菜園篇 二冊

花園篇 二冊 果園篇 二冊 養樹方 二冊

馬 二冊 家畜篇 附乳汁採方 二冊 羊 附山羊、白髭羊 二冊

豚 附兎 食用之鳥、籠鳥 二冊 蜜蜂篇 二冊 犬 附狩獵 二冊

釣魚篇 二冊 漁獵篇 二冊 養生篇 二冊

食物篇 二冊 食物製方 附割烹 二冊 醫學篇 二冊

衣服篇 附服式 二冊 人種之說 二冊 言語篇 二冊

交際篇 附政体 二冊 法律之沿革事體 二冊

太古史 二冊 希臘史 二冊 羅馬史 二冊

中古史 二冊 英國史 六冊 英國制度國資 二冊

海陸軍制 二冊 地誌 歐羅巴 二冊 地誌 英倫威爾斯 二冊

地誌 蘇格蘭 二冊 地誌 愛倫 二冊 地誌 亞細亞、附東印度 二冊

地誌 亞非利加、附大洋群島 二冊 地誌 北亞米利加 二冊 地誌 南亞米利加 附西印度 二冊

人心論 二冊 骨相說 二冊 明理學 二冊

造化妙用說 附人道学 二冊 西洋經典緣起 附基督教說 二冊

洋教宗派之說 二冊 回教 附印度教、佛教 二冊

蘇干地耶威神學 附諸小派 二冊 歲時記 二冊

脩身論 二冊 接物論 二冊 經濟論 二冊

貿易論 附貨幣 バンク 二冊 戶籍 附救貧法 二冊 百工儉約訓 二冊

國民統計學 二冊 教導說 二冊 英吉利文法 二冊

百科全書 六十二 文部省

算術 附代數学 二冊 幾何學 二冊 畫 附彩色彫刻 二冊

體操 附戶外遊戲方 四冊 戶內遊戲方 二冊 古物學 二冊

善論学 二冊 刷板術 附石板術 二冊 彫刻術 附寫真術 二冊

家事儉約訓 二冊

通計九十二篇 二百冊

『교도설』의 「백과전서편명」

荒地種芸方鍬鋤耕作方 菜園篇 花園篇 果園篇 養樹方 馬 家畜篇附乳汁採方 羊附山羊、白露羊 豚附兎、食用之鳥、籠鳥 蜜蜂篇 犬附狩猟 釣魚篇 漁猟篇 養生篇 食物篇 食物製方附割烹 医学篇 衣服篇附服式 人種之説 言語篇 交際篇附政体 法律之沿革事体 太古史 希臘史 羅馬史 中古史 英国史 英国制度国資 海陸軍制 地誌欧羅巴 地誌英倫、威勒斯 地誌蘇格蘭 地誌愛倫 地誌亜細亜、附東印度 地誌亜非利加、附大洋群島 地誌北亜米利加 地誌南亜米利加 附、西印度 人心論 骨相説 明理学 造化妙用説附人道学 西洋経典縁起附基督教説 洋教宗派之説 回教附印度教、仏教 蘇干地那威神学附小派 歳時記 修身論 接物論 経済論 貿易論附貨幣 バンク 戸籍附救貧法 ライフアツシユランス 百工倹約訓 国民統計学 教導説 英吉利文法 算術附代数学 幾何学 画附、彩色、彫刻 体操附戸外嬉戯方 戸内遊戯方 古物学 善論学 刷板術附石板術 彫刻術附写真術 家事倹約訓

通計 九十二篇二百冊

당초에는 기본 각2책으로 92항목 전 200책의「백과전서」시리즈가 될 예상이었던 듯하다. 그렇지만 그 후의 출판에서는 제목을 고치고 장정도 화장본(和裝本)에서 양장(洋裝本)으로 바뀌었으며, 그에 따라 책 수도 줄었다. 분책본의 88번째로 출판된 스이타 조로쿠(吹田鯛六)가 번역하고 야스다 히사나리(保田久成)가 교정한『양편(羊篇)』에도 다음과 같이 92항목의 편명이「백과전서총목록」으로 기록되어 있다.『교도설』에서 대략 10년이 지나 큰 변경이 있었는데, 당시 이미 출판되어 있던 타이틀을 꼭 반영한 것도 아니어서, 최종적으로는 더욱 큰 변경이 가해졌다.

스이타 조로쿠 번역·야스타 히사나리 교열 『양편(羊篇)』 1883년 「백과전서총목록(百科全書総目録)」

天文学 アストロノミー　地質学 ゼオロジー　気中現象学 メテオロジー　地文学 フイシカル、ゼオグラフイー　植物生理学 ウエジテーブル、ヒシヨロジー　植物綱目 システマチツク、ボタニー　動物及人身生理 アニマル、フイシヨロヂー、エンド、ゼ、フユーマン、ボデー　動物綱目 ゾーロジー　物理学 ナチユラル、フイロソフイー。マタル。モシヨン、エンド、ヒート　重学及器械 メカニツク。マシネリー　動静水学及気学 ハイドロスタチツクス。ハイドローリツクス。ペニユーマチツクス　光学及音学 オプチツクス。アコースチツク　電気及磁石 エレクトリシチー。ガルヴアニズム。マグネチズム。エレクトロ、マグネチズム、　時学及時刻学 クロノロジー。ホロヽジー 化学ケミストリー　百工応用化学 ケミストリー、エツプリード、ツー、ゼ、アーツ、　陶磁製造 フイクタイル、マニユフアクチユールス　織工 テキスタイル、マニユフアクチユールス　礦物学 ミーニング、ミネラルス　金類及冶金術 メタルス。メタルラルジー　蒸気機 ゼ、スチームエンジーン　土工術 シウイル、インジニーリング　陸運 インランド、コンベイーンス　水運 マリタイム、コンベーンス　建築学 アーチテクチユール　温室通風点光 ウオーミング。ウエンチレーシヨン。ライチング　給水浴澡掘渠 シヤツプレー、オフ、ウオートル。バス。ドレーネージ　農学 アグリカルチユール。カルチユール、オフ、ウオスト、ランド。スペード、ハズバンドリー　菜園 ゼ、キツチエン、ガーヅン　花園 ゼ、フロウエル、ガー

ヅン　果園ゼ、フルート、ガーヅン、　養樹アルボリカルチユール、馬ゼ、ホールス、　牛及採乳方カツトル。デーレー、ハズバンドリー羊、山羊及白露羊ゼ、シープ。ゴート。アルパカ、　豚、兎、食用鳥、籠鳥ピツグス。ラビツト。ポ—トリー。ケージ、ボイルド、　蜜蜂ゼ、ホニービー　犬及狩猟ゼ、ドツグ。フイールド、スポルツ。　釣魚エングリング　漁猟フイツシエリース　養生プレセルヴエーシヨ、ン、オフ、ヒールス　食物フード。ベヾレージス　食物製方プレパレーシヨン、オフ、フード。クークリー　医学メジシヤイン。サルジエリー　衣服及服式クロツシング。コスチユーム、　人種説フイシカル、ヒストリー、オフ、マン。エスノロジー　言語ラングエエジ　交際及政体コンスチチユーシヨン、オフ ソサイチー。カバルメント　法律沿革事体ヒストリー、エンド、ナチユール、オフ、ロウス、　太古史ヒストリー、オフ、アンシエント、ネーシヨンス　希臘史ヒストリー、オフ、グリース　羅馬史ヒストリー、オフ、ローム、　中古史ヒストリー、オフ、ゼ、ミツドル、エージス、　英国史ヒストリー、オフ、グレート、ブリテイン、エンド、アイランド 、　英国制度国資コンスチチユーシヨン、エンド、レソールチス、オフ、ブリツチス、エンパイル　海陸軍制ミリタリー、エンド、ネバル、オルガニゼーシヨン、　欧羅巴地誌ユーロープ　英倫及威勒斯地誌エングランド、エンド、ウエールス、　蘇格蘭地誌スコツトラント　愛倫地誌アイランド　亜細亜地誌アジア。エースト、インジアン　亜非利加及大洋群島地誌アフリカ。オセアニア　北亜米利加地誌ノルス、アメリカ　南亜米利加地誌ソウス、アメリカ。

ウエスト、インヂース、 人心論 ゼ、ヒユーマン、マインド 骨相論 フレノロジー 明理学 ロジツク 造化妙用及人道学 ナチユーラル、テオロジー。エジツクス 経典史及基督教 ヒストリー、オフ、ゼ、バイブル。クリスタニチー 洋教宗派 レリジアス、チヨルチス、エンド、セクツ 回教及印度教仏教 モハンメダニズム。ヒンドイズム。ブツヂーズム 北欧鬼神誌 スカンジナヴイアン、ミトロジー。ミノル、シヤツペルスチシヨン 歳時記 ケイ、ツー、ゼ、カーレンダル 修身論 プラクチカル、モラルチー。パーソナル、エンド、ジエネラル、ヂユーチース、接物論 プラクチカル、モラルチー。スペシアル、 ソシアル、エンド、パブリツク、ヂユーチース 経済論 ポリチカル、エコノミー 貿易及貨幣銀行 コンメルス。モニー。バンクス、 人口窮救及保険 ポピレーシヨン。プーア、ロウス。ライフ、アツシユランス 百工倹約訓 ソシアル、エコノミクス、オフ、ゼ、インチユストリアル、オルドルス 国民統計学 ソシアル、スタチスチツク 教育論 エヂユケーシヨン 英吉利文法 イングリス、グランマル 算術及代数 アリスメチツク。アルヂブラ、幾何学 ゼオメトリー 画学及彫像 ドローイングペインチング。スカルプチユール 体操及戸外遊戯 ジムナスチツク。アウト、オフ、ヅールレクレーシヨンス 戸内遊戯方 インヅール、エミユーズメント 古物学 アルケオロジー 修辞及美文 レトリツク、エンド、ベルレス、レツトルス 印刷及石板術 プリンチング。リソグラフイー 彫刻及捉影術 エングラビング。ホトグラフイー。 家事倹約訓 ハウスホルド、ヒンツ、

通計九十二

이 두 개의 총목록을 비교하면, 가령 『교도설』은 1873년에 화장본 상하2책으로 출판된 후, 1878년의 양장1책본에서는 『교육론』으로 제목이 바뀌었다는 사실이 확인된다('교도'에서 '교육'으로 변경된 점에 대해서는 제3장에서 상세히 언급한다). 그렇지만 이러한 양상은 제법 복잡해서, 가령 『월력(越歷)』이 아니라 『전기편(電氣篇)』이라 하여 1874년에 화장본 상하2책으로 출판된 후에, 다시 『전기 및 자석(電氣及磁石)』으로 제목이 바뀐 것까지는 알기 어렵다. 『천문학』, 『지문학(地文學)』도 『성학(星學)』, 『이과지리학(理科地理學)』에서 바뀐 게 아니라 처음부터 이 제목으로 1878년에 출판되었다. 또한 『논리학』(『명리학明理學』이 아니라)은 이미 1878년에 출판되었음에도 불구하고 변경은 반영되지 않았다. 참고로 『영길리문법(英吉利文法)』은 결국 출판되지 않았다. 1873년과 1882년 시점의 차이에 더하여, 여러 가지 뒤섞인 정보들도 포함되어 있는 것이다. 또한 사소하기는 하지만 '편(編)'이나 '편(篇)'의 유무, 표지 제목과 본문 제목의 차이 등 미묘한 변화도 있다. 일단 최종적으로 번역된 91편의 타이틀로 유린도(有隣堂)에서 나온 세트 합본 전 20책을 통해 확인해두기로 하자.[33]

---

33 목록 타이틀과 본편 타이틀에 '편(篇)'의 유무 등 차이가 있는 경우는 후자를 채용하였다. 문부성 합본을 이어서, 유린도가 전 20책을 완성시켰다. 이로 인해 내표지의 의장에는 미묘하게 다른 두 종류가 혼재한다. 이 책에서는 합본 전 20책을 편의적으로 '유린도 합본'이라고 한다. 유린도는 아나야마 도쿠타로(穴山篤太郎 생년불명~1882)가 1874년에 설립한 농업관계를 전문으로 하는 출판사였다. 소재지는 교바시구미나미덴마초2초메13번지(京橋区南伝馬町二丁目十三番地)로, 당시의 입지로는 매우 비싼 곳이었다. 1881년 2월경에 상경한 다야마 가타이(田山花袋)가 이듬해까지 견습생으로 일하기도 했다(田山花袋, 『東京の三十年』에서의 회상). 1894년에 오노 데이조(大野禎造)가 창업한 유린도와는 관계없다.

유린도합본(有隣堂合本) 20책 91편(1877년경~1886년경)

제1책 (天文學 地質學 氣中現象學 地文學) 제2책 (植物生理學 植物綱目 動物及人身生理 動物綱目) 제3책 (物理学 重学 動静水学 光学及音学 電気及磁石) 제4책 (時学及時刻学 化学 百工応用化学篇 陶磁工織工) 제5책 (鉱物篇 金類及錬金術 蒸汽篇 土工術 陸運) 제6책 (水運 建築学 温室通風点光 給水浴澡掘渠) 제7책 (農学 菜園 花園 果園篇 養樹篇) 제8책 (馬牛及採乳方 羊、山羊及白露羊 豚兎食用鳥籠鳥篇) 제9책 (蜜蜂篇 犬及狩猟 釣魚 漁猟) 제10책 (養生 食物篇 食物製方 医学) 제11책 (衣服及服式 人種説 言語篇 交際及政体) 제12책 (法律沿革事体 太古史 希臘史 羅馬史 中古史) 제13책 (英国史 英国制度国資 海陸軍制) 제14책 (欧羅巴地誌 英倫及威爾斯地誌 蘇格蘭地誌 愛倫地誌 亜細亜地誌 亜弗利加及大洋州地誌) 제15책 (北亜米利加地誌 南亜米利加地誌 人心論 骨相学 論理学) 제16책 (自然神教及道徳学 聖書縁起及基督教 洋教宗派 回教及印度教仏教 北欧鬼神誌) 제17책 (歳時記 修身論 接物論 経済論 貿易及貨幣銀行) 제18책 (人口救窮及保険 百工倹約訓 国民統計学 教育論) 제19책 (算術及代数 幾何学 画学及彫像 体操及戸外遊戯 戸内遊戯方) 제20책 (古物学 修辞及華文 印刷術及石版術 彫刻及捉影術 家事倹約訓)

합본은 유린도만이 아니라 1883년에 마루젠상사출판(丸善商社出版)에서도 다른 장정과 내용으로 간행이 시작되었다. 번역 텍스트의 출판사정을 살펴보자.

각종 판본의 출판상황은 대단히 복잡하다. 문부성 사업으로서는 1873년부터 각 편의 목판화장분책본(木版和裝分冊本)이 불규칙적으로 간행되기 시작하였다. 급속한 서양화의 파도가 밀려드는 가운데 도중부터 활판양장분책본(活版洋裝分冊本)으로 변경되었는데, 화장분책본도 동시에 번각되고 있었다. 나아가 합본을 민간 서점에서 예약 출판하게 되면서 유린도본 20책이나 마루젠상사출판본 12책·3권(별책 『색인』을 더하면 13책)등도 기획되었는데, 당시의 신문 광고에서도 출판상황을 살펴볼 수 있다(제9장 참조). 나아가 교과서용으로 지방에서 번각된 또 다른 판본도 있어서 그 서지적 풍부함은—불완전하기는 했지만— 다양한 사용형태들이 있었음을 상상하게 한다. 최근에는 국립국회도서관의 근대디지털라이브러리(일부는 관내 한정 공개)에서도 열람할 수 있게 되었고, 또 세이시샤(青史社)와 유마니서방(ゆまに書房)에서 각각 다른 판본이 복각되기도 하였다.[34] 이 두 종류의 복각판에 기재된 타이틀을 살펴보자.

【세이시샤 복각판】

天文学 気中現象学 地質学 地文学 植物生理学 植物綱目 動物及人身生

---

34 세이시샤 판본은 1983~1986년에 나왔고, 유마니서방 판본은 마루젠3권본에 더해서 색인까지 충실하게 복각해 1985년에 간행하였다. 세이시샤에 직접 문의하여 확인할 수 있었던 정보에 의하면, 세이시샤 판본은 주로 국립국회도서관 장서를 저본으로 삼았다.

理 動物綱目 物理学 重学 動静水学 光学及音学 電気及磁石 時学及時刻学 化学篇 陶磁工篇 織工篇 鉱物篇 金類及錬金術 蒸汽篇 土工術 陸運 水運 建築学 温室通風点光 給水浴澡掘渠篇 農学 菜園篇 花園 果園篇 養樹篇 馬 牛及採乳方 羊篇 豚兎食用鳥籠鳥篇 蜜蜂篇 犬及狩猟 釣魚篇 漁猟篇 養生篇 食物篇 食物製方 医学篇 衣服及服式 人種 言語 交際及政体 法律沿革事体 太古史 希臘史 羅馬史 中古史 英国史 英国制度国資 海陸軍制 欧羅巴地誌 英倫及威爾斯地誌 蘇格蘭地誌 愛倫地誌 亜細亜地誌 亜弗利加及大洋州地誌 北亜米利加地誌 南亜米利加地誌 人心論 骨相学 北欧鬼神誌 論理学 洋教宗派 回教及印度教仏教 歳時記 修身論 接物論 経済論 人口救窮及保険 百工倹約訓 国民統計学 教育論 算術及代数 戸内遊戯方 体操及戸外遊戯 古物学 修辞及華文 印刷術及石版術 彫刻及捉影術 自然神教及道徳学 幾何学 聖書縁起及基督教 貿易及貨幣銀行 画学及彫像 百工応用化学 家事倹約訓

【유마니서방 복각판】 마루젠 3권본(丸善三巻本)

(上巻目録) 天文学 地質学 気中現象学 地文学 植物生理学 植物綱目 動物及人身生理 動物綱目 物理学 重学 動静水学 光学及音学 電気及磁石 時学及時刻学 化学篇 百工応用化学篇 陶磁工 織工篇 有要金石編 金類及錬金術 蒸汽篇 土工術 陸運 水運 温室通風点光 給水浴澡掘渠 菜園 花園 果園篇 養樹篇

(中巻目録) 馬 牛及採乳方 豚兎食用鳥籠鳥篇 蜜蜂篇 犬及狩猟 釣魚 漁猟 養生 食物篇 食物製方 医学 衣服及服式 人種篇 交際篇 法律沿革事体 太

古史 希臘史 羅馬史 中古史 英国史 英国制度国資 海陸軍制 欧羅巴地誌 英倫及威爾斯地誌 蘇格蘭地誌 愛倫地誌 亜細亜地誌 東印度地誌 亜弗利加地誌 大洋州地誌 北亜米利加地誌 南亜米利加地誌 西印度地誌

(下巻目録) 人心論 骨相学 論理学 自然神教及道徳学 洋教宗派 回教及印度教仏教 北欧鬼神誌 歳時記 修身論 接物論 経済論 貿易及貨幣銀行 人口救窮及保険 百工倹約訓 国民統計学 教育論 算術及代数 画学及彫像 戸内遊戯方 体操及戸外遊戯 古物学 修辞及華文 印刷術及石版術 彫刻及捉影術 家事倹約訓 経典史 造家法 牧羊篇 農学 幾何学

문부성에서 인쇄·발명한 목판화장분책본, 활판양장분책본, 유린도 합본 등을 뒤섞어서 저본으로 삼은 세이시샤 복각판(91편)과 유마니서방에 의한 마루젠3권본의 충실한 복각판(상권30편·중권33편·하권30편의 총 93편)을 비교하면 타이틀이나 배열에 차이가 있음을 확인할 수 있다. 특히 후자가 특이한 것은 『언어편(言語篇)』이 빠져 있음에도 불구하고 합계는 93편으로 도리어 늘어났다는 점인데, 그 이유는 지지(地誌)에 관한 세 편에 내용은 바뀌지 않고 6편 분량으로 나뉜 것이 포함되어 있기 때문이다(「아세아[및 동인도]지지」→「아세아지지」+「동인도지지」, 「아프리카 및 대양주지지」→「아프리카지지」+「대양주지지」, 「남아메리카[및 서인도]지지」→「남아메리카지지」+「서인도지지」). 여기에서 굳이 두 종류의 복각판을 비교한 것은 이제까지의 선행연구에서 검토될 기회가 없었던 새로운 현대판의 다른 판본이기 때문이다. 물론 이외에도 일본국립공문서관, 일본국립국회도서관, 도쇼문고, 전국의 대학도서관 등에는 오리지널 각 판본이 소장되어

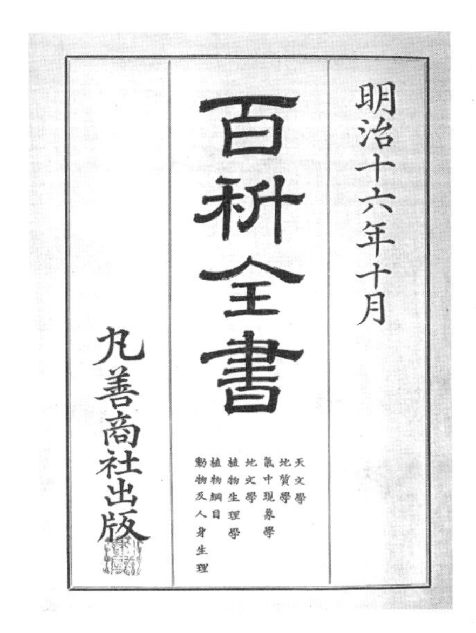

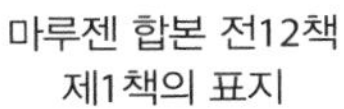
마루젠 합본 전12책
제1책의 표지

유린도합본 전20책
제1책의 표지

있어, 가능한 한 확인을 시도하였음은 말할 것도 없다.

현존하는 서적과 관련 문서를 기초로, 문부성 『백과전서』의 출판 상황을 정리해보면 다음과 같다. 1873년에 간행을 개시한 문부성 분책본(1875년까지의 최초 15편 초판은 목판화장본 2책)은 1882년에는 88편에 이르고, 도중에 1877년부터는 순서는 다르지만 합본판도 간행되기 시작했다. 합본 전 20책 가운데 1883년 시점에서는 제4책, 제7책, 제11책, 제16책, 제19책을 제외한 합본 15책이 나왔다.[35] 그리고 적어도 1886년까지는 『성

35 『문부성출판서목(文部省出版書目)』(1884, pp.35~43)과는 약간 다르다.

좌측으로부터 개역마루젠판양제분책본 『경전사(経典史)』 『조가법(造家法)』 『목양편(牧羊篇)』 『농학(農学)』 국립공문서관(国立公文書館) 소장

서연기 및 기독교(聖書緣起及基督敎)』 『기하학(幾何學)』 『언어편』의 세 편이 더해져서 91편의 번역 텍스트가 일단은 갖추어졌다.[36] 또 문부성이 인쇄간행한 것과 동시에 복수의 민간 서점에서도 화장본이나 양장본이 계속해서 여러 종류가 번각되었다.

한편 이와는 별도로 새로운 번역자에 의한 새로운 기점 텍스트 제5판의 개역작업이 1883년부터 간행되기 시작한 마루젠판 합본에는 6편

36 유린도 합본의 목록 타이틀에는 「경전사 및 기독교목록(經典史及基督敎目錄)으로 되어 있지만, 그 본편의 타이틀은 「성서연기 및 기독교」이다. 마루젠 합본의 「경전사」와 구별하기 쉬우므로 유린도합본의 타이틀은 「성서연기 및 기독교」를 사용한다.

포함되게 되었다(발행사항에 따르면 전 12책의 제1책은 1882년 1월 18일 번각출판 신청, 1883년 10월 출판, 전3권의 상권은 1882년 11월 18일 번각출판 신청, 1884년 1월 출판, 별책 『색인』은 1884년 12월 24일 출판 신청, 1885년 1월 출판). 개역된 것은 문부성의 분책본 88편 가운데 『광물편(鑛物篇)』(문부성판) → 『유요금석편(有要金石編)』(마루젠판), 『농학』(문부성판) → 『농학』(마루젠판), 『건축학(建築學)』(문부성판) → 『조가법(造家法)』(마루젠판), 『양편(羊篇)』(문부성판) → 『목양편(牧羊篇)』(마루젠판)의 네 편과, 유린도합본에서 추가된 세 편 가운데 『성서연기 및 기독교』(유린도판) → 『경전사(經典史)』(마루젠판), 『기하학』(유린도판) → 『기하학』(마루젠판)의 두 편이다(개역된 마루젠판 중에서는 합본뿐만 아니라 분책본도 현존한다). 처음부터 기점 텍스트 제5판을 사용하여 번역된 『언어편』은 유린도합본에는 들어갔지만 마루젠 합본에서는 빠져 있다(『천문학』의 기점 텍스트도 처음부터 제5판이었으나, 1876년에 문부성 분책본으로 간행되어 그 후의 유린도과 마루젠의 합본에도 수록되었다). 또 『영길리문법』은 어디에도 번역된 흔적이 없고, 결국 어느 판본에도 수록되어 있지 않다. 통틀어 보면 총 97(91+개역6)편이 문부성 『백과전서』의 번역 텍스트라고 말할 수 있게 된다.[37]

---

37 본 장 말미의 부표를 참조할 것. 초판 간행 연도와 서목은 공적문서인 『문부성출판서목』에 기재정보를 채용하면서 미세하게 조정한다. 가령 1878년으로 알려진 『가사검약훈』은 1874년 간행 목판화장본이, 1883년으로 알려진 『농학』은 1881년 간행 양장본이 각각 국립공문서관에 소장되어 있다. 이렇게 적어도 현물로 확인 가능한 분명한 것들은 정정해 둔다. 이외에도 간행월에는 작은 오차가 엿보인다. 또 번역자가 개인적으로 제5판의 기점 텍스트를 이용해서 '개정증보'판으로 개역한 『상업편』도 국립공문서관에 소장되어 있는데, 여기에는 포함시키지 않는다(제9장 참조).

기점 텍스트 제5판에서 이루어진 개역 6편을 일람하면 아래의 표와 같다.

문부성판·유린도판			마루젠판		
기점 텍스트 (연도판본무기록)	번역 텍스트	담당자	기점 텍스트 제5판	번역 텍스트	담당자
MINING - MINERALS	鉱物篇	鈴木良輔 訳 清水世信 校	USEFUL MINERALS	有要金石編	松田武一郎 訳
AGRICULTURE	農学	松浦謙吉 訳 木村一歩 校	AGRICULTURE	農学	玉利喜造 訳
ARCHITECTURE	建築学	関藤成緒 訳 秋月胤永 校	ARCHITECTURE	造家法	都築直吉 訳 大鳥圭介 校
THE SHEEP - GOAT-ALPACA	羊篇	吹田鯛六 訳 保田久成 校	THE SHEEP - GOAT-ALPACA	牧羊篇	原彌一郎 訳
HISTORY OF THE BIBLE - CHRISTIANITY	聖書縁起及基督教	吹田鯛六 訳	HISTORY OF THE BIBLE	経典史	原彌一郎 訳
GEOMETORY	幾何学	佐原純一 訳	GEOMETORY	幾何学	原彌一郎 訳

4. 기점 텍스트에 대해서

| 체임버스사(W. & R. Chambers) |

문부성 『백과전서』의 기점 텍스트인 *Chamber's Information for the People*에 대해서 살펴보자. 이것은 19세기 영국 에든버러에서 출판사를 세운 형 윌리엄 체임버스(1800~1883)과 동생 로버트 체임버스(1802~1871)가 편찬한 계몽서이다.[38] 야나기다 이즈미는 이 책을 '국민수

38 체임버스 형제가 일으킨 출판사는 현재 그 회사명을 Chambers Harrap Publishers Ltd.로 바꾸고 사전, 자전이나 교육관련 서적을 중심으로 출판활동을 계속하는 영국의 오래된 출판사이다. 윌리엄 체임버스와 로버트 체임버스의 생애 및 그들의 출판활동에 대해서는 주로 다음의 두 책을 참조했다. Chambers, W. and Chambers, R.(1883/2010). *Memoir of Wiliam and Robert Chambers*. Memphis: General Books.(형 윌리엄이 동생 로버트의 전기로 1872년에 간행한 *Memoir of Robert Chambers with Autobiographic Reminiscences of Wiliam Chambers* 의 제12판으로서, 윌리엄 사후인 1883년에 나온 증보판이다. 체임버스 형제의 생애를 상세하게 추적할 수 있다)
Fyfe, A.(2012) *Steam-powered knowledge. Wiliam Chambers and the business of publishing 1820~1860*. Chicago, IL: University of Chicago Press(윌리엄 체임버스를

왼쪽은 로버트 체임버스. 오른쪽은 윌리엄 체임버스(에든버러 체임버스 거리에 있는 동상)

지'라고 표현하면서 그 목적을 "신시대(산업혁명 이후의 19세기) 영국인의 계몽운동에 필요한 신지식의 공급"'이라고 설명하고 있다.[39] 서명에 포함된 information과 people은 그들이 어떤 독자를 상정하였는지를 보

중심으로 19세기 영국의 출판사업을 논한 연구서).

39 柳田泉, 『明治初期の文学思想 下巻』. 야나기다의 논고(pp.136~153)는 쓰보우치 쇼요 『소설신수』와의 관련을 살핀 것으로, 주안점은 "메이지 초기 문학사상의 발달에 의외의 공헌을 하게 되었다"는 「백과전서 『수사 및 화문』」에 대한 해설이다. 또 『明治文化全集 第十二巻文学芸術篇』(日本評論社, 1928, pp.2~3)에서 高市慶雄, 「修辞及華文解題」에도 "원저는 일본에 브리태니커가 유행하기 이전, 즉 메이지 초기의 관민학계에 크게 중시되었던 백과전서"라는 기술이 보인다.

여준다. 최근의 연구서에서 에일린 파이프(Aileen Fyfe)도 언급한 것처럼 "people은 일반 사람들이라기보다 19세기의 노동자계급을 의식한 것이고, information이라는 말은 knowledge와 의식적으로 차별화한 출판 전략"[40]이었다.

*Chamber's Information for the People*의 초판(1833~1835)은 소책자로 간행되었고, 개정판(1842) 이후에 2권본이 나와 제5판(1874~1875)까지 이어졌으며 이 최종판은 1880년대에 중쇄까지 나왔다. 제5판의 편집 실무를 담당했던 앤드류 핀들레이터(Andrew Findlater 1810~1885)는 전 10권에 이르는 본격적인 백과사전으로 유명한 *Chamber's Encyclopaedia*(초판 1859~1868)의 편집자이기도 하다.

체임버스 형제는 에든버러의 남쪽에 위치한 피플즈라는 마을에서 태어나 자랐다.[41] 형제의 전기적 사실에 대해 간결하게 확인해두면, 아버지는 직물공으로 직공 일이 기계화로 바뀌는 시대의 파도에 올라타지 못하였고 일가는 가난한 생활을 보냈던 듯하다. 형 윌리엄은 14세에 집을 나와 에든버러의 서점에서 도제가 되었고, 동생 로버트는 어찌어찌 학교생활을 계속했지만, 아버지의 실직으로 대학 진학은 단념해야 했다. 당시 16세였던 로버트는 도제가 되기에는 나이가 너무 많았던 탓에 전문직의 훈련도 받지 못하였으므로, 형이 열 예정이던 가게 근처의 좁은 부지를 빌려서 소장하고 있던 책을 늘어두고 노점상을 했다. 이렇게 체

---

40 Fyfe, op. cit., p.67.

41 Ibid., p.13.

임버스 형제는 각각 떨어져서 따로 서점을 열게 되었던 것이다. 체임버스사의 전신은 윌리엄과 로버트가 각각 시작한 작은 서점으로, 이윽고 형제는 힘을 합쳐 출판사 경영에 뛰어들었다. 윌리엄은 도제생활을 마치고 자신의 서점을 시작하면서 중고 인쇄기를 구입했다. 이 수동 소형인쇄기는 너무 낡아서 고장이 잦고 활자는 마모되어 있었지만 한가할 때 인쇄기술을 익히기에는 충분했다고 한다. 두 사람은 각자 서점을 경영하면서도 형은 인쇄기술 습득에, 동생은 에든버러의 역사에 관한 집필에 착수했다. 1821년에 형제는 『만화경』(*Kaleidoscope: or Edinburgh Literary Amusement*)이라는 정기간행물을 격주로 발행하였는데, 이 프로젝트에서는 로버트가 기사를 집필하고 윌리엄이 인쇄와 제본을 담당했다. 잡지 그 자체는 호평을 받았으나 원금을 회수할 만큼의 이익은 나지 않아서 이듬해 제7호로 폐간되었던 듯하다. 이 시기의 경험을 윌리엄은 "좋은 경험이 되었다"며 회상하고 있다.

1832년 2월에 창간한 주간신문 *Chambers's Edinburgh Journal*(다른 이름은 *Chambers's Journal*이라고도 하며, 1854년부터는 *Chambers's Journal of Popular Literature, Science and Arts*라고 함)이 성공을 거두게 되면서 출판사의 설립으로 이어졌던 듯하다. 1832년에 작은 출판사로 출발하여 이후에는 종업원 150명, 에든버러에 거점을 둔 대형출판사로까지 성장하며 크게 성공했다. 1853년에는 형인 윌리엄이 처음 미국을 여행하며 최신 증기인쇄기를 도입하여 저가 서적을 전세계로 보내는 일도 가능해졌다.[42]

---

42 Ibid., p.xvi.

체임버스사의 출판물에는 모두 매일의 갈등으로부터 사람들이 벗어나는 데 도움을 준다고 하는 대의명분이 있었다. 대형출판사로 번성하여 여유가 생겼음에도 지난날의 어려움을 잊지 않고 사람들의 교육이나 자기계발에 도움이 되는 출판사업을 지속하고자 노력했던 것이다. 19세기 전반 영국에서는 가게의 점원, 재단사, 목수, 공장노동자도 읽고 쓸 정도의 능력이 있었지만, 그들에게 서적은 손대기 어려운, 심지어는 교육자들에게조차 비싼 물품이었다. 이런 시대에 체임버스사는 최저한의 교육을 받기는 했으나 금전적으로는 여유가 없는 독자의 수요에 초점을 맞춘 몇 안 되는 신진 출판사들 가운데 하나였다고 한다.[43]

Rotary Printing Machine.

PRINTING–LITHOGRAPHY.

PRINTING is the art of producing impressions from characters or figures, movable and immovable, on paper or any other substance. There are several distinct branches of this important art—as the printing of books with movable types, the printing of engraved copper and steel plates, and the taking of impressions from stone, called Lithography. Our object, in the first place, is to describe the art of printing books or sheets with movable types, generally called *letter-press printing*, and which may undoubtedly be esteemed the greatest of all human inventions.

ORIGIN AND HISTORY.

The art of printing is of comparatively modern origin: four hundred years have not yet elapsed since the first book was issued from the press; yet we have proofs that the principles upon which it was ultimately developed existed amongst the ancient Chaldean nations. Entire and undecayed bricks of the famed city and tower of Babylon have been found stamped with various symbolical figures and hieroglyphic characters. In this, however, as in every similar relic of antiquity, the object which stamped the figures was in one block or piece, and therefore could be employed only for one distinct subject. This, though a kind of printing, was totally useless for the propagation of literature, on account both of its expensiveness and tediousness. The Chinese are the only existing people who still pursue this rude mode of printing by stamping paper with blocks of wood. The work which they intend to be printed is, in the first place, carefully written upon sheets of thin transparent paper; each of these sheets is glued, with the face downwards, upon a thin tablet of hard wood; and the engraver then, with proper instruments, cuts away the wood in all those parts on which nothing is traced; thus leaving the transcribed characters in *relief*, and ready for printing. In this way as many tablets are necessary as there are written pages. No press is used; but when the ink is laid on, and the paper carefully placed above it, a brush is passed over with the proper degree of pressure. The Chinese chronicles state that the above mode of printing was discovered in China about fifty years before the Christian era, and the art of paper-making about a century and a half afterwards; previous to which period, all their writings were printed on silk cut into leaves of the required dimensions. Before the discovery of wooden blocks, the Chinese, according to Davis, were in the habit of using stone blocks, on which the writing had been engraved—a process by which the ground of the paper was made black, and the letters left white. This primitive effort led to the improved invention of wooden blocks, on which the characters were cut in relief, and the effect thereby *reversed*—the paper page remaining white, and the letters being impressed in ink.

It is a somewhat curious circumstance, that among the first attempts at printing by means of wood-engraving—see No. 101—which can be traced to have been made in Europe, was the making of playing-cards for the amusement of Charles VI. of France. This was towards the latter end of the fourteenth century. Thereafter came prints from wood-blocks of human figures, single or in groups; one of the earliest existing specimens of which was found in a convent not far from Augsburg, with the date 1423 upon it. It is a representation of St Christopher, by an unknown artist; and is now, or was lately, in the possession of Earl Spencer. These

No. 100. 733

당시의 증기인쇄기.
*Chambers's Information for the People*에서

1885년부터 형 윌리엄은 에든버러의 시장을 역임하였고, 그 공적은 에든버러 시내의 '체임버스 거리'라는 이름과 함께 여전히 지역 사람들의 기억에 남아 있다. 시장 역임 중에 회사 경영은 동생 로버트의 아들인

43 Ibid., p.14.

조카(아버지와 이름이 같았다)에게 맡겼는데, 1871년에 동생이 사망하고 윌리엄이 다시 출판사의 운영을 지원했다. 그러나 1883년에 형도 세상을 떠났다. 윌리엄에게는 자식이 없었고, 그의 사망 이후 체임버스사는 조카 로버트가 이어받았다.

한편 막부 말기에서 메이지 시대의 일본과 관계가 깊은 체임버스사의 서적을 살펴보자면, 문부성의 『백과전서』 이외에도 후쿠자와 유키치의 저역서들이 있다. 1867년에 저술한 『서양사정 외편(西洋事情 外編)』은 체임버스사의 *Political Economy, for Use in Schools, and for Private Instruction*을 기초로 집필한 것이었고[44], 1872년의 『동몽교초(童蒙教草)』 역시 체임버스사의 *Moral Class-Book*을 기점 텍스트로 하는 후쿠자와의 번역서이다. 또한 메이지 초기에 널리 사용된 자연과학 입문서로 오바타 도쿠지로(小幡篤次郎)가 번역한 『박물신편보유(博物新編補遺)』(1869) 역시 로버트 체임버스가 저술한 *Introduction to the Science*의 번역서이다.

가와토 미치아키(川戸道昭)는 안데르센 동화의 일본수용에서 체임버스사의 『스탠다드 리딩 북스』의 역할을 지적한 바 있다. 1875년 『도쿄영어학교교칙(東京英語學校教則)』에는 '재학 중 체임버스 씨 제2독본을 떼게 함'이라는 기재가 있어, 도쿄영어학교, 도쿄개성학교, 도쿄대학예비문

---

44 이 책의 원저자에 대해서는 アルバート·⊠·クレイグ,「ジョン·ヒル·バートンと福沢諭吉—『西洋事情外編』の原著は誰が書いたか」, 西川俊作 訳´『福沢諭吉年鑑十一』(福沢諭吉協会, 1984, pp.11~26)에서 존 힐 버튼(John Hill Burton)임을 밝히고 있다.

등 일부 유명 학교에서 '성냥팔이 소녀' 등의 영어번역이 영어교재로 사용된 것도 확인된다. 1877년 전후에 널리 사용되고 있던 미국의 하퍼사(Haper &Brothers)에서 나온 『윌슨 리더』와 비교하면 체임버스사의 독본은 문학작품이 풍부하여 "일본에서 가장 이른 단계의 서양문학과의 만남"을 예비하고 있었던 것이다. 이후 쓰보우치 쇼요가 1900년에 편찬한 『국어독본(国語読本)』에도 체임버스사의 독본에서 문학작품이 번안되어 등장한다. "체임버스의 영어 독본은 일본의 독자가 처음 안데르센의 작품과 만나는 계기를 만들었을 뿐 아니라, 전국의 학교에 서양동화를 보급시킨 것이라는 점에서 근대문학사상 중요한 의미를 가지는 교과서"라고 가와토는 평가한다.[45]

앞에서도 언급했지만, 프랑스의 소위 '백과전서파'가 참고로 한 『사이클로페디아』를 편찬했던 것은 잉글랜드 호수지방 출신의 이프레임 체임버스(Ephraim Chambers 1680?~1740)였다. 그가 활약한 시대는 체임버스 형제와 1세기 이상이나 떨어져 있지만, 성이 같은 영국인이라는 우연이나 '백과전서'라는 키워드에 의해 혼동되는 일이 적지 않다. 다른 사람이라는 점은 재차 강조해두고자 한다.

---

45 川戸道昭, 「明治のアンデルセン—出会いから翻訳作品の出現まで」, 川戸道昭·榊原貴教編, 『明治期アンデルセン童話翻訳集成』, ナダ出版センター, 1999, pp.237~276.

|『백과전서』의 저본 |

문부성『백과전서』는 이전에는 '체임버스의 백과전서'라고 일컬어졌다. 마루젠 합본의 도입부에 실려 있는 나카무라 마사나오(中村正直)와 세키네 치도(関根痴堂)가 쓴 '백과전서 서문'과 '예언'에는 다음과 같이 적혀 있다.

백과전서 서문

사람의 사상은 나날이 바뀌고 새로워짐이 무궁하여 끝이 없다. 그러므로 세상의 학술 또한 나날이 바뀌고 새로워짐이 무궁하여 끝이 없는 것이다. 오늘날 현철들의 사상이나 학술이 그것과는 가까운 것인지 거리가 무한히 먼 것인지, 또는 초보적인 것인지 알 수 없다. 다만 내가 아는 바는 사람의 사상은 반드시 발달하며 쇠감하지 않고, 세상의 학술도 분명히 위로 나아가되 후퇴하지는 않는다는 점이다. 어떻게 이를 밝힐 수 있는가 하면, 백과전서가 여러 차례 개정된 것이 그 증거가 될 수 있다. 책의 서문에서 말하길 이 책은 40년에 인쇄를 시작하여 이제까지 5판의 개정이 이루어졌는데, 그간의 학술이 변화하여 진보하고 인지개명이 실질에 도달함이 매우 신속하였으므로 이제 초판과는 완전히 다른 것이 많다. 나카무라가 말하길, 오호라 서양 문명의 부강함이 여기에 이른 것은 생각하건대 사상이 변화하고 일신함으로 말미암아 학술의 변화와 일신을 초래하였고, 다시 이로 말미암아 나라의 모습 또한 바뀌고 일신하였으며, 또 이로부터 몽매한 자가 문명으로 바뀌고 빈약한 자가 부강하게 일신하였으니 그 업적이 분명하여 증명이 될 만하다. 일본 유신과 같은 일도 인심이 변화하여 새로워진 결과인 것이다. 사상이 이미 새롭게 변화하면 학술이 새롭게 바뀌지 않을 수 없는 것 역시 당연한 추세이다. 이렇게 인심이 새로운 일을 기뻐하고 새로운 것을 앞다투어 찾으며 혹은 서양서적에 심취하고 혹은 새로 나올 번역을 학수고대하니, 이제 이 책이 세상 사람들에게 많이 찾게 되어 서포에 공급되는 일이 일어난다면 문명부강의 조짐이 여기에 있다고 말하는 것이 어찌 과장된 말이라 하겠는가. 원래 이 책은 널리 백과를 널리 모은 요점을 담은 참으로 인간지혜의 보고이니, 전문적으로 세상 일에 종사하는 선비가 이를 얻으면 피차간에 연락하고 가로막은 벽으로 인해 나오는 답답한 한탄을 면할 수 있을 것이며 이제 모든 인민이 지식을 넓히고 물리를 밝혀서 각기 그 효용을 얻는다면 이 책이 세상의 운을 열고 나아가게 하는 데 큰 도움이 될 것이다.

1882년 계미 10월 게이우(敬宇) 나카무라 마사나오(中村正直) 적음.

백과전서 서문

이 책은 영국의 체임버스 씨가 쓴 90편의 글을 모은 것이다. 천문, 지리, 박물, 교육, 정치, 법률, 경제에서부터 농업, 의학, 공작, 예술, 유희에 이르기까지 대개 천지간 몰라서는 안 되는 것들을 큰 것에서 작은 것을 처음부터 끝까지 모두 갖추었다. 학자가 만일 이를 상세하게 익힌다면 소위 격물치지하여 수신제가, 치국평천하의 길을 과반 이상 이룰 수 있을 것이다. 우리 문부성이 앞서서 일부를 번역하고 목판을 만들어 출판해 보급하였으나 약간 남긴 것이 있어 전부를 완성시키지는 못했는데, 마루젠 출판의 사장이 안타깝게 여겨 나머지를 남김없이 번역하고 구판을 정정하여 완성시키기를 원해 사방에서 동지를 모으고자 통달을 내서 수개월 동안 천여 명의 사람을 모아 제1판을 완성시켰다. 지금 구미의 책이 왕성하게 들어오니, 신기하고 기뻐하는 자들이 끝이 없다. 이 책이 완성되어 사람들의 인심이 개화하기를 바란다. 하물며 이 책이 오랫동안 유통되면 학술, 지식이 얼마나 증가하겠는가. 그 효과는 또한 어떠하겠는가. 이러한 일을 바라는 나의 소감을 서문으로 삼고자 한다.
1882년 계미년 가을 9월 치당산인(癡堂散人) 세키네 야와라(関根柔) 지음.

백과전서 예언(例言)

이 책의 원래 이름은 '인포메이션 포 더 피플'이라고 한다. 영국인 윌리엄 체임버스와 로버트 체임버스 씨가 일찍이 지구상의 사물에 대해 그 대강을 사람들에게 가르치기 위해서 지은 것이다. 그 내용은 천문학에서 시작하여 가사검약훈에서 끝나는데, 각 편을 나누어 대략 92개로 자세한 내용은 빠진 것도 있는 것 같지만 개략적인 내용을 살펴보기에는 충분하다. 이에 편을 나누어서 여러 사람에게 맡기고 다음으로 이것을 번역시켜 백과전서라는 이름을 붙였다. 이윽고 완성되자 사람들이 내용이 많음을 걱정함으로 다시 여러 편을 합쳐서 이를 활자판으로 내어 보는 자로 하여금 펼쳐보기에 편하게 하였다.
이 책 전부를 통해서 교열하자니 같은 말이어도 번역자가 같지 않은 것도 있었다. '지(地)'라는 글자 하나만 보아도 일본 글자와 한자어 번역을 다르게 하는 것도 있었다. 번역자가 각각 달라서 글자를 나누는 것이 같지 않았기 때문이다.

이 책의 원본에서 제시하는 제목도 시간을 들여서 고친 것들이 있다. 성학(星学)을 고쳐서 천문학(天文学)으로 하거나 의복편을 고쳐서 의복 및 복식으로 한 것과 같은 경우이다. 독자께서는 그 제목이 원본과 달라도 이상하게 여기지 마시라.

'예언'에서 밝히고 있듯이 문부성『백과전서』의 기점 텍스트가 '인포메이션 포 더 피플', 즉 *Chambers's Information for the People*이었다는 점은 분명하다. 다만 번역한 저본의 출판 연도에 대해서는 분명하게 밝혀져 있지 않다. 나카무라 마사나오의 서문에서 '금이판오개(今而版五改)'라고 한 것은 오해를 부르기 쉬운데, 실제로 제5판을 번역한 것은 앞에서 언급한 대로 마루젠 합본에서 극히 일부분뿐이었다.

주된 분책본의 기점 텍스트에 대해서『문부성출판서목』에서는 '인포메이션 포 더 피플, 무연기(無年紀)'라고 기재되어 있다.

백과전서 전92편 영국 체임버스 저 인포메이션 포 더 피플, 무연기 (제편중 전이책[全二冊]으로 된 서책은 목판이며 전일책[全一冊]은 활자판이다) Chembar's Information for the People.

공적 기록문서인『문부성출판서목』은 게재 내용부터 1884년 간행으로 추정되는 것으로, '서명, 책수, 기간·미간의 구별, 가격, 해설' 등의 정보를 싣고 있다. 장판서목으로서는『문부성보고(文部省報告)』나『문부성연보(文部省年報)』에도 실려 있는데,『문부성출판서목』은 그 집성이라 할 만

百科全書 全九十二篇 英國チャンブルス著インホルメーション、フォル、ゼ、ピープル、無年紀(Chambar's Information for the People.)(諸篇中全二冊ノ書ハ木板ニシテ全一冊ハ活字板ナリ)

天文學	全一冊	九年十一月 金拾八錢	西村茂樹譯
地質學	同	同九月 金弐拾錢	柴田承桂譯
氣中現象學	同	同七月 金弐拾錢	小林義直譯
地文學	同	十年五月 金拾六錢五厘	關藤成緒譯
植物生理學	全二冊	七年九月 金三拾錢	片山淳吉譯
植物綱目	全一冊	十二年六月 金三拾錢	長谷川泰譯
動物及人身生理	全二冊	九年十二月 金拾六錢五厘	田代基德譯
物理學	全一冊	十年八月 金弐拾錢	小島銑三郎譯
重學	同	十一年九月 金二拾錢	後藤達三譯
動静水學	全二冊	八年五月 金三拾錢	松川修山譯
光學及音學	全一冊	十年五月 金拾六錢五厘	日原昌造譯

三十五

『문부성출판서목』

한 것이다. 여기에서 '무연기'라고 적혀 있는 것처럼, 출판 연도가 빠져있는 *Chambers's Information for the People*이 분명히 존재한다. 그러나 원래 제5판보다 이전의 것들은 출판 연도의 기재가 있어도 판본의 표시가 없어서 확인 작업이 대단히 어렵다.

문부성『백과전서』의 기점 텍스트 입수경로나 어느 판본을 번역한 것인지 특정하는 작업을 두고 이미 선행연구들에서도 여러 주장이 있었다. 장기에 걸친 국가적 대사업이었음에도 불구하고 사료가 적고, 게다가 출판 연도가 기록되지 않은 기점 텍스트가 상황을 더욱 복잡하게 만드는 것이다.

최신의 선행연구로서는 2005년에 복각된 *Chambers's Information for the People*(제5판)에 붙어 있는 '별책 일본어 해설'에서 마쓰나가 도시오(松永俊男)의 상세한 검토가 있다.

> 『인포메이션』의 초판은 1833년부터 1835년에 걸쳐서 항목별로 소책자가 간행되었다. 제2판 이후의 판본에서는 분책 이외에도 두 권으로 묶인 것도 간행되었다. 『인포메이션』 2권본의 간행 연도는 제2판(1842), 제3판(1848, 1849), 제4판(1875), 그리고 마지막이 제5판(1874, 1875)이다. (…) 『인포메이션』의 어느 판본도 각 항목은 분책의 16쪽을 단위로 하며, 2분책 이

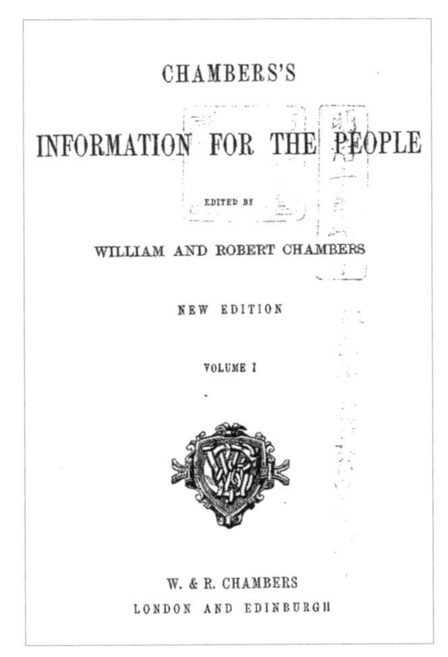

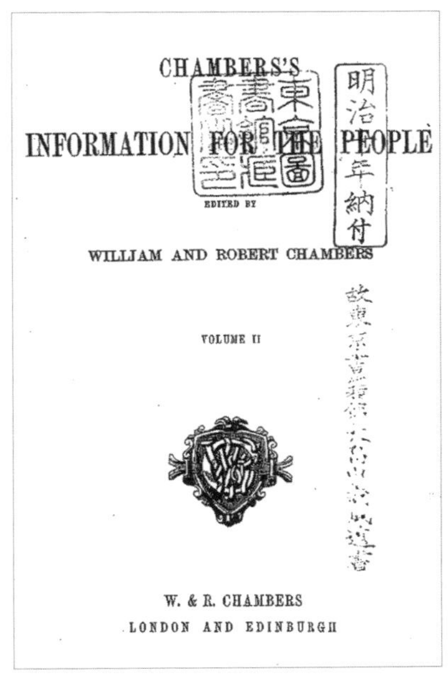

무연기 영국판 NEW EDITION 표지(왼쪽이 제1권, 오른쪽이 제2권)
출판사: W. & R. CHAMBERS 출판지: LONDON AND EDINBURGH「明治十年納付」
「故東京書籍館長畠山義成遺書」라는 도장이 찍혀 있다. 국립국회도서관소장

상의 항목에 대해서는 목차에 복수의 항목번호가 붙어 있다. 16쪽 단위로 헤아리면 초판과 제2판은 딱 100항목, 제3판은 권말 색인을 따로 하면 98항목, 제4판은 100항목이다.[46]

실제로는 제5판 이외의 판본에는 구체적인 숫자, 즉 제 몇판이라고

46 마루젠 합본 3권본의 상권에서는 이 순서로 배치되어 있는데, 앞에서 간행된 마루젠 합본 12책판에서는 나카무라에 의한 서만이 제2책에 들어가 있다.

는 명기되어 있지 않지만, 영국도서관의 소장자료에 의거하여 영국판의 간행순서에 따른다면 분명 마쓰나가가 추측한 판본들의 출판 연도가 맞을 것이다.

그러나 여기에서 문제가 되는 것은 문부성이 저본으로 한 서적에는 출판 연도의 기재가 없었다는 점이다. 영국도서관의 장서에는 모두 출판 연도가 기재되어 있어서 무연기판 그 자체가 확인되지 않는다(영국도서관의 카탈로그에 기재가 없다). 단 무연기판을 '제4판'으로 할 근거가 없는 것은 아니다. 그것은 무연기판의 서문에 다음과 같이 적혀 있기 때문이다.

> AFTER the lapse of eight years since the completion of the third and improved edition of the INFORMATION FOR THE PEOPLE, it has become necessary, from the constant and rapid advance of every branch of Science and Art, that the work should undergo a further revision.

출판 연도의 기재가 빠져 있는 이 판본은 '제3판(개정판)으로부터 8년 후'에 간행된 '제4판'으로 일단 추정해볼 수 있다. 이 기술만 보면 1849년 판부터 8년 후에 간행된 1857년 판에 해당하고, 마쓰나가의 해설과 일단은 모순되지 않는다. 그렇지만 무연기판의 본문에는 1865년 전후의 통계숫자가 등장하고, 이 판본을 1857년 간행으로 간주하기에는 무리가 있다. 또 개별적인 내용에 관한 마쓰나가의 다음과 같은 해설도 주목할 만하다.

원서의 제4판과 제5판, 그것과 이 20책본[유린도합본]의 번역문을 대조해 보았다. 그 결과 20책본의 항목 대부분은 원서 제4판을 충실히 번역한 것이었음을 확인했다. 다만 「천문학」과 「언어」의 두 항목은 원서 제5판의 번역으로, 「해육군제(海陸軍制)」는 원서 제5판을 기초로 하여 제4판의 내용도 가미하였고, 게다가 다른 자료로부터의 데이터를 부가하고 있었다. 이 세 항목의 분책판 발행연도는 「천문학」과 「해육군제」가 1876년이고 「언어」가 1879년이다. 이 세 항목에 대해서는 번역자가 원서 제5판(1874, 1875)을 대단히 빠른 단계에서 입수하였다는 결론에 이르게 된다.[47]

이 해설에서 특히 주의할 부분은 "다만 「천문학」과 「언어」의 두 항목은 원서 제5판의 번역으로, 「해육군제」는 원서 제5판을 기초로 하여 제4판의 내용도 가미하였고, 게다가 다른 자료의 데이터를 부가하고 있었다"고 한 점이다. 어째서 「해육군제」에만 이런 기이한 특징이 있는 것일까. 이것은 마쓰나가가 분석한 영국판 '제4판(으로 상정된 것)'(1857)과 문부성 『백과전서』가 저본으로 한 무연기판이 다르다는 점을 시사하는 것은 아닐까.

후쿠카마 다쓰오는 '제4판'의 간행을 1860년대 말이라고 추정하고, 그 근거를 다음과 같이 설명한다.

---

47 松永俊男, 「チェンバーズ『インフォメーション』と文部省『百科全書』について」, 『*Chambers's Information for the People*[復刻板] 別冊日本語解説』, ユーリカ·プレス, 2005, p.5.

이 서문(무연기판)에 따르면 제3판의 개정판이 발행되고 8년 후에 제4판의 신판이 공개되었다는 것인데, 다시 이와 같은 정도의 연수를 지나 제5판이 나왔다고 한다면 그 간행은 제5판의 출판 연차에서 역산해 1868년 메이지 유신 전후 무렵이 된다. 또 스기무라 씨(杉村武,『近代日本大出版事業史』)도 지적했듯이, 백과전서 안의 역사나 지지(地誌) 관련 편들에 기재된 각종 통계연차는 대개 1857년 정도에 그치고 있지만 「해육군제」편에는 1865년까지의 기록이 실려 있으므로 제4판의 발행이 그 이전일 리가 없다. 이 사실들을 종합하여 『백과전서』의 저본 발행연차는 1860년대 말로 보는 것이 타당할 것이다. 또한 이 점으로부터도 1857년에 일본에 왔던 페어벡이 제5판은 원래 제4판의 원서를 본국에서 지참하였다고 추정하는 것은 곤란하며, 가령 소지하였다고 해도 일본에 온 후에 나가사키나 도쿄에서 입수한 것으로 생각된다.[48]

후쿠카마는 '제4판'을 1860년대 말 간행으로 가정하지만, 스기무라와 후쿠카마가 공통적으로 지적한 「해육군제」에 1865년까지의 통계숫자가 나타나고 있다는 점은 이 번역이 기점 텍스트를 제5판(1874~75)으로 한다면 해결되어 버리는 것으로, 제4판의 출판 연도를 1875년으로 하는 마쓰나가의 견해에 대한 반증이 되지 않는다. 번역된 「해육군제」와 함께 그 기점 텍스트인 MILITARY AND NAVAL ORGANISATION도 확인해야 할 것이다. 모든 가능성을 시야에 넣어두고 현물을 확인해보도록 하자.

48 松永俊男,「チェンバーズ『インフォメーション』と文部省『百科全書』について」, p.15.

Port of Cronstadt.

MILITARY AND NAVAL ORGANISATION.

ARMIES AND MILITARY ORGANISATION.

THE BRITISH ARMY: THE MEN WHO FORM IT.

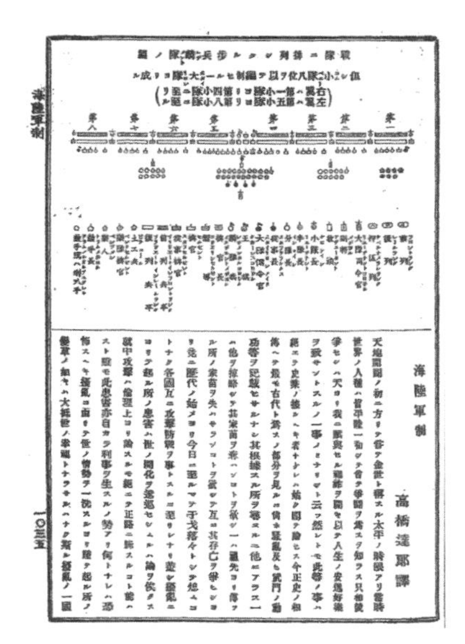

海陸軍制

高橋達郎 譯

1857년 영국판 NEW EDITION(저자 소장)

「해육군제」

MILITARY AND NAVAL ORGANISATION.

BRITISH MILITARY SYSTEM.

A Regiment of Infantry of the Line of one Battalion of Eight Companies in order of Battle.

MILITARY AND NAVAL ORGANISATION.

1875년 영국판 제5판

무연기 영국판 NEW EDITION
1867년 미국판 NEW AND IMPROVED EDITION

「해육군제」와 그 잠재적인 4개(3종류)의 기점 텍스트(1875년 영국판 NEW EDITION과 무연기 영국판 NEW EDITION·1867년 미국판 NEW AND IMPROVED EDITION과 1875년 영국판 제5판)의 MILITARY AND NAVAL ORGANIZATION을 비교해 보면, 맨 앞의 일러스트도 포함하여 「해육군제」는 무연기 영국판·1867년 미국판과는 대단히 정확한 대응관계에 있는 번역이었음을 알 수 있다. 연대('1865년'이 자주 나오는데, 이외에도 '1864년' '1865~66년'도 출현)를 포함하는 본문뿐만 아니라 각종 도판도 충실하게 재현되고 있다. 영국판 제5판이나 그 외에 것이 뒤섞인 부분은 확인되지 않으니, 이 점에서 마쓰나가가 분석대상으로 한 1857년 영국판 '제4판(으로 상정한 것)'은 문부성이 주로 저본으로 한 무연기판과는 다른 것이라고 생각된다.[49]

이상의 검증 결과에 입각하여 문부성 『백과전서』의 기점 텍스트가 된 무연기판을 1867년 간행으로 상정해도 무리는 없을 것이다. 그런데 출판 연도는 대강 추정하였지만, 출판지는 어떠할까. 입수경로를 생각해도 영국판인가 미국판인가 하는 점은 중요하다. 국립국회도서관이나 도쿄대학 도서관에 소장되어 있는 무연기판(NEW EDITION)에는 「LONDON AND EDINBURGH」라는 기재가 있으니 '무연기 영국판'이라고 볼 수 있지만, 앞에서 언급한 대로 영국도서관은 이러한 무연기판을 소장하고 있지 않다. 즉 이것은 영국판이라고 해도 영국 이외의 지역에서 출판되었을 가능성이 있는 것이다.

49 福鎌達夫, 『明治初期百科全書の研究』, pp.54~55.

그런데 문부성 『백과전서』의 중심 인물이었던 미쓰쿠리 린쇼가 번역한 EDUCATION은 일단 『교도설』로 간행되었고 이후에 『교육론』으로 제목을 고쳤다(제3장 참조). 이 문제를 둘러싼 논의 중에서 기점 텍스트와 그 출판 연도, 일본 도입 시기를 논하고 있는 연구가 무라세 쓰토무(村瀬勉)·하야카와 아리(早川亜里)·다나카 가즈토시(田中萬年)에 의한 논고 「백과전서 '교도설'의 검토—미쓰쿠리 린쇼에 의한 'Education'의 번역」이다.[50] 그들의 논의는 번역어로서의 '교육'과 '교도'를 논한 것으로, 영국판과 미국판에 대해서도 흥미로운 사실을 지적한다. 1867년에 간행된 미국판(Making of America로부터 인터넷 상에서 전문입수 가능)과 국립국회도서관소장 '무연기 영국판'의 내용(서문, 목차, 도판 등을 포함하여)이 동일하다는 점으로부터 그들도 '무연기 영국판'의 출판 연도를 1867년으로 확정하고 있다. 그리고 그 전제가 되는 것이 1840년대, 1850년대, 1870년대의 동 시기에는 각각 영국판과 미국판이 간행되고 있지만, 1860년대 영국판은 존재하지 않는다는 점이다. 그러므로 "이 결락부분은 '무연기 영국판'으로 메꿔지므로, 따라서 무연기판의 출판 연도는 1867년이 되는 것이 타당하다. 어째서 '무연기판'만 연도기록이 없는지는 분명하지 않다."고 지적한다.[51] 다만 영국도서관 소장의 영국판(1857년)과의 관계에 대해서는 언급하지 않았다.

---

50 村瀬勉·早川亜里·田中萬年, 「百科全書「教導説」の検討—箕作麟祥による「Education」の翻訳」, 『職業能力開発総合大学校紀要図人文·教育編』, 第三十五号, 2006, pp.1~22.

51 村瀬勉·早川亜里·田中萬年, 「百科全書「教導説」の検討—箕作麟祥による「Education」の翻訳」, p.5.

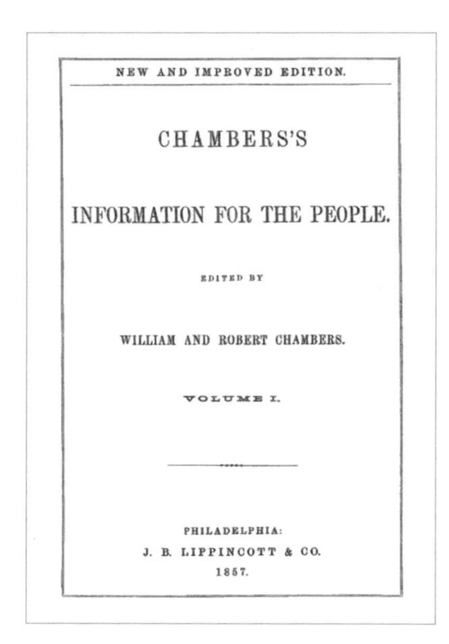

NEW AND IMPROVED EDITION.

CHAMBERS'S

INFORMATION FOR THE PEOPLE.

EDITED BY

WILLIAM AND ROBERT CHAMBERS.

VOLUME I.

PHILADELPHIA:
J. B. LIPPINCOTT & CO.
1857.

CHAMBERS'S

INFORMATION FOR THE PEOPLE

EDITED BY

WILLIAM AND ROBERT CHAMBERS

VOLUME I

W. & R. CHAMBERS, LONDON,
AND EDINBURGH

좌: 1857년 미국판 NEW AND IMPROVED EDITION 표지
우: 같은 책의 또 다른 표지는 영국판(서문은 1848년)

필라델피아에서 나온 복수의 판본에는 미국의 독자적인 내용을 부가한 미국판(J. B. Smith사 간행이나 J. L. Gihon사 간행)과 영국판과 동일한 내용의 미국판(J. B. Lippincott사 간행)이 있다. 참고로 1857년에 리핀코트(Lippincott)사에서 간행된 판본에는 출판지 PHILADELPHIA가 기재된 표지(속표지) 다음에 또 별도의 표지(속표지)가 삽입되어 있고, 거기에는 출판지가 LONDON AND EDINBURGH라고 기재되어 있다. 그리고 서문은 다음과 같이 시작한다.

SIX years have now elapsed since the completion of 'THE

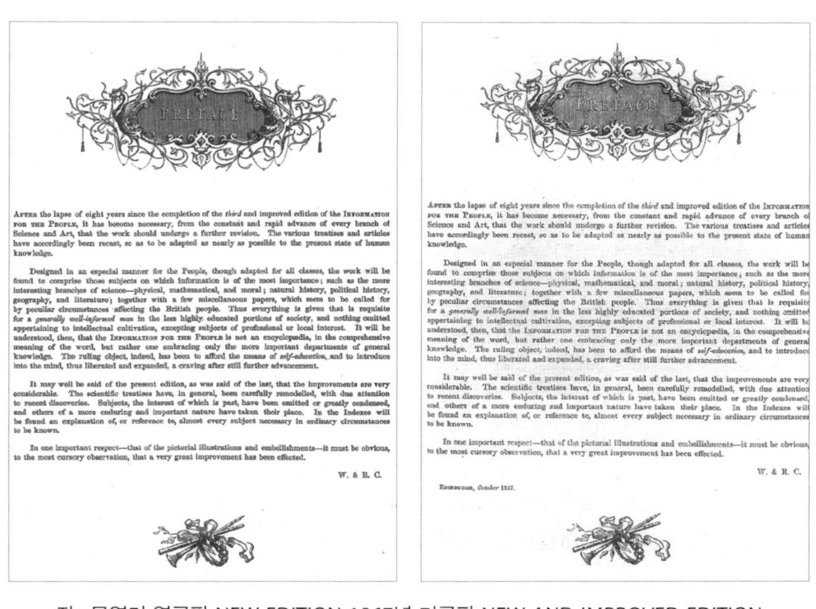

PREFACE

AFTER the lapse of eight years since the completion of the *third* and improved edition of the INFORMATION FOR THE PEOPLE, it has become necessary, from the constant and rapid advance of every branch of Science and Art, that the work should undergo a further revision. The various treatises and articles have accordingly been recast, so as to be adapted as nearly as possible to the present state of human knowledge.

Designed in an especial manner for the People, though adapted for all classes, the work will be found to comprise those subjects on which information is of the most importance; such as the more interesting branches of science—physical, mathematical, and moral; natural history, political history, geography, and literature; together with a few miscellaneous papers, which seem to be called for by peculiar circumstances affecting the British people. Thus everything is given that is requisite for a *generally well-informed man* in the less highly educated portions of society, and nothing omitted appertaining to intellectual cultivation, excepting subjects of professional or local interest. It will be understood, then, that the INFORMATION FOR THE PEOPLE is not an encyclopædia, in the comprehensive meaning of the word, but rather one embracing only the more important departments of general knowledge. The ruling object, indeed, has been to afford the means of *self-education*, and to introduce into the mind, thus liberated and expanded, a craving after still further advancement.

It may well be said of the present edition, as was said of the last, that the improvements are very considerable. The scientific treatises have, in general, been carefully remodelled, with due attention to recent discoveries. Subjects, the interest of which is past, have been omitted or greatly condensed, and others of a more enduring and important nature have taken their place. In the Indexes will be found an explanation of, or reference to, almost every subject necessary in ordinary circumstances to be known.

In one important respect—that of the pictorial illustrations and embellishments—it must be obvious, to the most cursory observation, that a very great improvement has been effected.

W. & R. C.

PREFACE

AFTER the lapse of eight years since the completion of the *third* and improved edition of the INFORMATION FOR THE PEOPLE, it has become necessary, from the constant and rapid advance of every branch of Science and Art, that the work should undergo a further revision. The various treatises and articles have accordingly been recast, so as to be adapted as nearly as possible to the present state of human knowledge.

Designed in an especial manner for the People, though adapted for all classes, the work will be found to comprise those subjects on which information is of the most importance; such as the more interesting branches of science—physical, mathematical, and moral; natural history, political history, geography, and literature; together with a few miscellaneous papers, which seem to be called for by peculiar circumstances affecting the British people. Thus everything is given that is requisite for a *generally well-informed man* in the less highly educated portions of society, and nothing omitted appertaining to intellectual cultivation, excepting subjects of professional or local interest. It will be understood, then, that the INFORMATION FOR THE PEOPLE is not an encyclopædia, in the comprehensive meaning of the word, but rather one embracing only the more important departments of general knowledge. The ruling object, indeed, has been to afford the means of *self-education*, and to introduce into the mind, thus liberated and expanded, a craving after still further advancement.

It may well be said of the present edition, as was said of the last, that the improvements are very considerable. The scientific treatises have, in general, been carefully remodelled, with due attention to recent discoveries. Subjects, the interest of which is past, have been omitted or greatly condensed, and others of a more enduring and important nature have taken their place. In the Indexes will be found an explanation of, or reference to, almost every subject necessary in ordinary circumstances to be known.

In one important respect—that of the pictorial illustrations and embellishments—it must be obvious, to the most cursory observation, that a very great improvement has been effected.

W. & R. C.

EDINBURGH, *October* 1857.

좌: 무연기 영국판 NEW EDITION 1867년 미국판 NEW AND IMPROVED EDITION
내용은 1857년 영국판과 동일하지만, 연호의 기재는 없다.
우: 1857년 영국판 NEW EDITION 말미에 「EDINBURGH, October 1857」라고 기재.
영국도서관 소장

INFORMATION FOR THE PEOPLE' in its second and improved form.

이 서문 말미에는 'Edinburgh, November 1, 1848'이라고 해서 출판지와 출판 연월일이 명기되어 있다. 즉 이것은 '제2판(개정판)으로부터 6년 후'에 간행된 영국판 '제3판'이다. 왜냐하면 1857년의 리핀코트사에서 나온 미국판은 동시기의 영국판 '제4판'이 아니라 영국판 '제3판'(1848~1849)에 해당하게 된다. 그렇다고 한다면 1867년 리핀코트사에서 나온 미국판과 동일한 내용의 '무연기 영국판'은 역시 마쓰나가가 적고 있듯이 1857년의 영국판 '제4판'인 것일까. 그렇지만 여기에서 중요한 점은 앞에서 확인한 것처럼 MILITARY AND NAVAL ORGANISATION에 있다. '무연기 영국판'에서 실제 텍스트가 1857년의 영국판 '제4판'과는 일치하지 않는다는 점이 이번 검증에서 밝혀진 것이다.

문부성 『백과전서』의 기점 텍스트판을 하나로 한정할 필요도 없기는 하지만 주로 사용된 것은 무연기판이며, 그것이 1867년에 출판된 미국판과 동일한 내용이라는 점은 거의 틀림없다.

현 시점에서 말할 수 있는 것은 대단히 유사한 내용의 판본이 적어도 세 종류나—1857년 영국판(NEW EDITION), 1867년 리핀코트사 미국판(NEW AND IMPROVED EDITION), 1867년 간행으로 추정되는 '무연기 영국판'(NEW EDITION)— 존재했다는 것이다. 게다가 이 세 종류의 판본들에 붙어 있는 서문은 완전히 동일한 것이다(다만 1857년 영국판의 서문 말미에는 EDINBURGH, October 1857이라고 기재되어 있다).

이것이 의미하는 바는 무엇인가. 이 세 종류 모두가 부분적으로든 전체적으로든 어떤 형태로든 문부성 『백과전서』의 번역 프로젝트에서 사용되었을지도 모른다는 점이다. 기점 텍스트를 정확히 밝히려고 해도 이렇게 확정되지 않는다는 사실 자체가 장기에 걸쳐 많은 이들이 참가했던 이 국가적 번역 사업의 큰 규모와 복잡함을 웅변하고 있는 것은 아닐까.

| 저본 입수의 경위 |

적어도 『천문학』과 『언어편』을 제외한 분책본의 기점 텍스트가 된 무연기판이 출판된 상정 연도(1867)와 그것과 매우 닮은 같은 종류의 판본(1857)의 관계가 분명해지면서 또 다른 미해결 문제인 기점 텍스트로 사용된 저본의 입수경로를 추적할 수 있을 가능성이 높아진다. 선행연구에서 종래 부정적으로 다루어져 왔던 주장도 어느 정도 일리가 있다고 여기게 되는 점을 기점 텍스트의 출판 연도를 통해 검토해보고자 한다. 세 종류의 유사한 판본을 문부성 『백과전서』의 저본으로 가정하면 입수경로는 1859년에 일본에 왔던 귀도 페어벡(Guido Herman Fridolin Verbeck), 에도 시대 말기에 세 차례 해외도항을 경험한 후쿠자와 유키치, 1871년에 출발한 이와쿠라(岩倉) 사절단, 이 모두가 입수경로의 사정권 내에 들어오게 된다.

1. 페어벡 루트

페어벡은 네덜란드에서 태어나 미국으로 이주한 후 1859년에 선교사로 일본에 왔다. 나가사키의 사이비칸(済美館)과 치엔칸(致遠館)에서 영어를 가르쳤고, 1869년에 개성학교에 부임한 인물이다.[52] 그 후 1873년에 태

52 통상 'フルベッキ(페어벡)'으로 표기되지만, 다른 표기도 있다. 일본에서 페어벡(1830~1898)의 활동에 대해서는 高谷道男 編訳, 『フルベッキ書簡集』(新教出版社, 1978) 이나 松浦玲監修·村瀬寿代 訳編, 『新訳考証日本のフルベッキ』(洋学堂書店, 2003) 등의 자료가 있다.

정관정원 번역국과 좌원(左院)에서 근무하면서 법전의 번역 등에 종사하였다. 소위 '고용 외국인' 중에서도 중요한 역할을 담당한 한 사람으로, 미쓰쿠리 린쇼와도 깊은 관계를 맺고 있었다. 문부성 『백과전서』의 저본을 소유하고 있던 것이 페어벡이었다는 통설의 출처는 이시이 겐도의 『메이지사물기원』이었다. 재차 인용하여 오쓰키 후미히코의 『미쓰쿠리 린쇼군전』과 비교해 보자.

> 나는 남교에 있으면서 1871년 7월인가 8월에 편집료 대속(大屬)이 되었는데, 당시 미쓰쿠리 린쇼 선생이 편집두(編輯頭)를 하고 있었습니다. 그때 선생이 수장이 되어서 페어벡이 가지고 있던 체임버스의 백과전서—인포메이션 오브 피플이라는 것이 백과(百科) 정도 있으니, 이걸 나눠서 번역하자고 권유하여 임역으로 냈습니다. 편집료에서 근무하고 있는 자도, 학교의 교원으로 있는 자도, 후쿠자와의 제자들도 영어책을 읽을 수 있는 자라면 모두 번역시켰던 것입니다.[53]

이시이가 『미쓰쿠리린쇼군전』에서 사와라 준이치의 담화를 차용했다고 한 부분인데, 앞에서 지적했듯이 실제로 "페어벡이 가지고 있던"이라는 기술은 없다. 다만 다음과 같이 적혀 있을 뿐이다.

> 나는 원래 남교에 있으면서 1871년 7월인가 8월에 편집료의 대속이 되었

53 石井研堂, 『明治事物起原 四』, p.333.

는데, 그 때 편집두를 미쓰쿠리 선생이 맡고 계셨습니다. 그때 선생께서 편집두가 되어 '체임버스'의 백과전서—'인포메이션 오브 피플'이라는 것이 백과 정도 있으니 나눠서 번역하자고 하여, 그것을 받아 임역으로 냈습니다. 편집료에서 일하고 있는 자도, 학교의 교원을 하고 있는 자도, 후쿠자와의 제자들도 영어책을 읽을 수 있는 자에게는 번역을 맡겼던 것입니다.[54]

후쿠카마 다쓰오는 이시이 겐도의 페어벡 지참설이 『미쓰쿠리린쇼군전』에서 잘못 인용한 것이라고 지적하면서도, 여전히 그 가능성을 완전히 부정하지는 않았다.[55] 1869년 4월에 개성학교에 부임한 이후, 1871년 9월까지 미쓰쿠리 린쇼와 친하게 지낸 사이였던 점이나, 광범위한 교수활동을 근거로 페어벡이 여러 권의 서양서적을 소개하였을 것이라 상상하기는 어렵지 않기 때문이다. 그렇지만 후쿠카마가 상정하는 저본의 출판 연도(1860년대 말)를 근거로 하면 일본에 왔을 때 페어벡이 가져왔다고 주장하기에는 무리가 있다는 것이다.[56]

여기에서 출판 연도가 다른 유시한 판본의 존재가 중요해진다. 가령 1867년 간행으로 추정되는 무연기판을 지참하고 일본에 오는 것은 무리지만, 유시한 1857년 판본이라면 가져올 수도 있었을 것이다. 혹은 더 오

---

54 大槻文彦, 『箕作麟祥君伝』, p.69.

55 福鎌達夫, 『明治初期百科全書の研究』, pp.43~45.

56 福鎌達夫, 『明治初期百科全書の研究』, pp.54~55.

래된 판본을 지참하여 문부성 관계자에게 소개했다고도 생각해볼 수 있다. 페어벡이 일정한 영향을 끼쳤다는 점은 부정할 수 없을 것이다.

2. 후쿠자와 유키치 루트

후쿠자와 유키치는 1858년에 에도로 나왔다. 그 이전 후쿠자와의 양학 수업은 나가사키에서 시작되어 오사카의 오가타 고안(緒方洪庵)이 운영하던 데키주쿠(適塾)에서 기초를 닦았으므로, 난학에서 영학으로의 전향도 잘 맞아떨어졌다고 하는 것은 유명한 이야기이다. 그는 막부에서 외교문서 등의 번역에 종사하는 일을 했으며, 번서조소에 직접 관계하지는 않았지만 양학자들과의 친교도 있었다. 유신 이후에는 메이지 정부의 관료가 되지 않고 민간인으로 활약하는 길을 택하여 게이오기주쿠를 설립했다. 이 사숙이 1871년에 미타(三田)로 이전한 시점에서 학생들의 숫자는 300여 명에 달하여 당시의 사숙들 중에서는 압도적인 숫자를 자랑했다. 여기에서 다수의 인재를 배출하였고 번역자들도 길러졌다.

후쿠자와는 에도 시대 말에 세 차례 유럽과 미국에 도항한 경험이 있는데, 먼저 1860년에 처음 미국 서해안으로 향했다. 워싱턴으로 가는 막부사절단을 호위하는 간린마루(咸臨丸)에 승선하여 태평양을 횡단하였고, 지휘관 가쓰 린타로(勝麟太郎)나 통역 나카하마 만지로와 함께 샌프란시스코까지 항해했다. 이때 그들은 미국에서 '웹스터 자전'(N. Webster가 편집한 대사전의 요약판)을 구입하여 가져왔다. 다음으로 이듬해인 1861년에 개시개항 연기교섭의 목적으로 유럽 각지를 방문하는 사절단에 이번에는 정식 번역담당으로 수행하게 되었다. 이것은 약 1년에 걸친 유럽 각국으로의 여정으로, 이때의 추억담으로 후쿠자와는 "런던에 체류할 때에는 달리 산 것도 없이 오직 영어서적만 사가지고 돌아왔다. 이것이 바로 일본 수입의 시작으로, 영어서적을 자유롭게 사용할 수 있게 되었다고 말하는 것도 이때부터의 일이다"라며 술회하였다.[57] 세 번째는 1867년 미국 재방문으로, 샌프란시스코에 상륙한 이후 파나마를 경유하여 뉴욕과 워싱턴까지 방문하였다. 이때에도 '가능한 한 원서'를 구입하였다는 후쿠자와의 회상은 지지신포사(時事新報社)에서 기자경험이 있던 쓰치야 겐사쿠(土屋元作)의 다음과 같은 기술과 부합한다.

> 이 세 번째 양행(1867년의 미국행)은 영어학의 역사로 보자면 가장 중요한 사건이었다. 후쿠자와는 이때 이미 얼마간의 돈을 가지고 있었고, 또 게이오기주쿠에 있던 서생들 중에는 여러 번의 관비생도 많아서 각각 자금을 번에 청하여 후쿠자와에게 맡겼으므로 그는 미국에서 상자 12개에 교과서를 가득 채워서 돌아왔던 것이다. 그때 요코하마에서 웹스터(Webster)가 30냥, 콰켄보스 (Quackenbos, 물리학서)가 10냥 정도의 가격이었는데, 후쿠자와의 서생들은 웹스터를 4냥, 콰켄보스를 2냥에 사서 받을 수 있다는 소문이 돌면서 서양책의 가격이 돌연 크게 하락하였다. 그리고 종래 게이오기주쿠에서 가지고 있던 서양책으로는 웹스터 한 권과 콰켄보스 및 체임버스의 물리서 각 한 권뿐이었는데, 이때부터 웨일랜드(Wayland)의 수신서 및 경제서, 테일러(Taylor)의 만국사, 핀노크의 프랑스사, 콰켄보스의 미국

57 福澤諭吉,「福翁自伝」『福翁自伝福澤全集緒言』慶應義塾大学出版会, 2009, p.155.

사, 체임버스의 백과자전(百科字典), 팔레(Parley)의 만국사, 그 밖에 중학교 과서용 지리문전 등이 일단 갖춰졌으므로, 비로소 정치, 경제, 윤리의 학문을 배울 수 있게 되면서 사방에서 몰려오는 학자들이 점점 늘어났다.[58]

여기에서 '체임버스의 백과자전'은 *Chambers's Encyclopaedia*일 수도 있지만, *Chambers's Information for the People*일 가능성도 있다. 이 점에 대해서 스기무라 다케시는 일단 유보적이기는 하나 "해외사절이나 유학생의 귀국 시에 사왔다는 것은 있을 수 없는 일일 것"이라고 하였고, 후쿠카마 다쓰오는 "미쓰쿠리의 눈에 든 '체임버의 백과전서'라는 것도 의외로 이 후쿠자와의 장서였을지도 모른다"며 나름의 억측을 시도한다.[59] 결정적인 확증은 없지만, 어쨌든 후쿠자와와 체임버스사의 관계를 생각한다면 가능성은 없지 않다.

앞에서 언급한대로 문부성 『백과전서』는 최종적으로 마루젠 합본으로 일단은 집대성되었다(고 보인다). 1869년에 후쿠자와의 권유로 마루야상사(丸屋商社=마루젠)를 창업한 하야시 유테키(早矢仕有的)가 양서수입에도 손을 대고 있었던 사실은 잘 알려져 있다.[60] 『백과전서』는 게이오기

58 土屋元作, 『新学の先駆』 博文館, 1912, pp.264~265. 土屋元作(1866~1932)는 메이지 후기부터 쇼와 시대 초기에 걸쳐 활약한 저널리스트, 호는 다이무(大夢).

59 杉村武, 『近代日本大出版事業史』, p.139. 福鎌達夫. 『明治初期百科全書の研究』, p.61.

60 하야시 유테키는 의사였으나 게이오기주쿠에서 공부한 후 1868년에 요코하마에 마루젠 하치텐(丸屋善八店)을 개업했다. 이듬해 마루야상사를 창업하여 서양서적이나 의료기기, 약품판매를 시작했다.

주쿠에서 배운 후쿠자와의 제자들 중 많은 젊은 양학자들이 번역을 담당했던 프로젝트이기도 했으며, 저본의 입수에 대해서도 직접적이든 간접적이든 후쿠자와 유키치의 영향이 없지 않았다.

3. 이와쿠라 사절단의 루트(1)-2등서기관 하야시 다다스(林董)와 고마쓰 세이지(小松済治)

국립공문서관에는 *Chambers's Information for the People* 두 권 본이 모두 다섯 질 소장되어 있다. 그 중에서 문부성 『백과전서』의 기점 텍스트로 직접 사용되었는지 여부와는 별도로, '무연기 영국판'과 같은 내용이면서도 출판 연도가 기재된 양서 두 권이 두 질이나 포함되어 있다. 두 질의 꾸밈새는 다르지만 모두 NEW AND IMPROVED EDITION으로서, 1867년에 미국 필라델피아의 리핀코트사에서 간행한 미국판이다.

그중 한 질은 내무성에서 국립공무서관으로 이관된 '이와쿠라 사절단 수증본'으로, 횡단면에 마블지가 발라진 갈색 혁장으로 아름답게 꾸며져 있는 책이다. 서적문구점(JAMES DWYER)의 작은 사방 2센티 정도의 실이 붙어 있는 제2권에는 '공서 사절용 이책지내(公書 使節用 弐冊之内)'라는 붓글씨와 연필로 쓴 영어 메모가 적혀 있다. 그 메모는 몇몇 곳이 해독 불가능하기는 하지만 대체로 "사절단의 이등서기관으로 임명되어 수행하는 것을 자랑스럽게 여긴다. (…) 동해안으로 향하는 도중, 유타주의 솔트레이크시티에서 대단히 큰 눈으로 인해 일주일간 일정이 지체되었다"는 내용이다.

이와쿠라 사절단은 메이지 정부가 열강과의 조약개정이나 서양

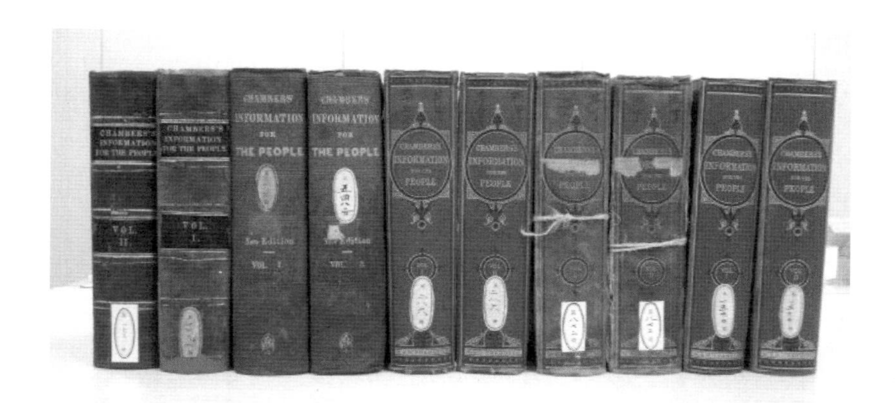

사진 좌측부터 각 2권본으로 '이와쿠라 사절단 수증본'. 1867년 리핀코트사 간행(구 내무성 소장), 1867년 리핀코트사 간행(구 대장성 소장), 1874~5년 제5판 체임버스사 간행(구 사법성 소장), 1874~5년 제5판 체임버스사 간행(구 법제국 소장), 1884년 제5판 체임버스사 간행, 계 5질 10책. 사용감이 있는 구 대장성 소장본은 녹색의 천이 붙은 제본으로, 혁장미본의 이와쿠라본과 외관은 다르지만, 내용은 거의 동일하다(단 이와쿠라본에서는 표지 그림으로 유적 그림이, 구 대장성 소장본에는 새 그림이 그려져 있음). 구 사법성 소장본과 구 법제국 소장본은 모두 적갈색의 외장에 내용도 동일하다. 1884년 제5판은 1874~75년 제5판의 증쇄(현재는 모두 국립공무서관 소장).

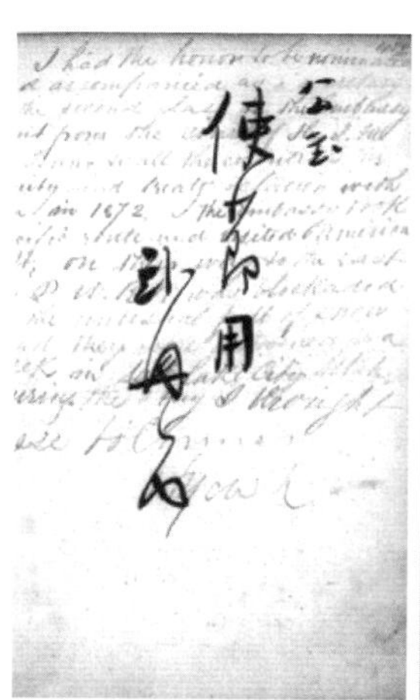

왼쪽: 제2권 '공서 사절용 이책지내(公書 使節用 弐冊之內)'라는 연필 메모
가운데: 서적문구점(JAMES DWYER)의 실
오른쪽: '이와쿠라 사절단 수증본' 외관

시찰 등을 목적으로 하여 파견한 대규모의 사절단으로, 1871년부터 1873년에 걸쳐 유럽 및 아메리카대륙의 여러 나라를 방문하였는데, 최초의 방문지였던 미국에서 약간의 해프닝을 겪게 되었다. 새크라멘토에서 로키산맥을 넘어가는 도중에서 이례적인 큰 눈으로 솔트레이크시티에 예정 밖의 긴 체류를 하게 되었다. 이때 시내의 제임스 뒤어라는 가게에서 구입한 2권 1질 본이 국립공문서관의 소장본이었던 것이다. 앞의 인용에서 '이등서기관'은 하야시 다다스 혹은 고마쓰 세이지일 것으로 추정된다.[61] 하야시의 구술을 필기한 회상록 『노치와무카시노키(後は昔の記)』에서도 "도중에 쌓인 눈으로 봉쇄되어 솔트레이크시티에 수주일간 체류하였다가 3월 상순에 워싱턴에 도착하였다"고 적고 있다.[62]

4. 이와쿠라 사절단의 루트(2)-3등서기관 하타케야마 요시나리(畠山義成)

이와쿠라 사절단에는 현지에서 참가한 후발 멤버들 중에 하타케야마 요시나리가 있었다. 국립국회도서관이 소장한 '무연기 영국판'은 '하타케야마 요시나리 기증본'이다.[63]

사절단원으로서 하타케야마는 구메 구니타케(久米邦武)와 함께 『특

---

61 하야시 다다스설은 板倉雅宣, 「刷印から印刷へ—文部省『百科全書』底本と大槻文彦訳「印刷術及石版術」『印刷雑誌』(第九十一巻 第一号, 2008, pp.73~78)에 따랐다.

62 林董, 『後は昔の記』 時事新報社, 1910. 인용은 由井正臣 校注, 『後は昔の記他—林董回顧録』, 平凡社東洋文庫, 1970, p.43.

63 이 책에는 「東京図書館蔵書之印」, 「明治十年納付」, 「故東京書籍館長畠山義成遺書」와 같은 주인이 찍혀 있다.

명전권대사 미구회람실기(特命全権大使 米欧回覧実記)』의 필록을 담당했던 3등서기관이었다. 모리 아리노리와 마찬가지로 막부 말기 사쓰마번 유학생의 한 사람으로 영국과 미국에서 유학한 경험이 있었다. 메이로쿠샤에도 한 때 참가했었던 개명파 관료로 도쿄개성학교장 겸 외국어학교장을 역임하였으나, 두 번째 미국행의 귀국길에 급사하였다.[64]

문부성 『백과전서』가 주로 사용한 '무연기 영국판'의 출판 연도를 1867년의 리핀코트사 미국판과 같은 것으로 추정하는 앞에서의 무라세 등의 논고에서는 저본의 입수경로에 대해 하타케야마의 역할에 주목한다.

> 하타케야마의 유학은 1865년 영국을 시작으로 1867년 미국으로 이동하였다. 이 해에 CIP(Chambers's Infromation for the People의 약어)의 미국판이 간행되고, (…) 무연기 영국판도 간행되었다. 하타케야마는 그것을 구입(미국 이동 후라면 미국판을 구입했을 것이다)하고 미국으로 이동할 때 일본에 송부했던지, 혹은 1871년 4월에 소환될 때에 일본에 송부하였던지, 누군가에게 위탁하여 일본으로 가져왔던지 했을 가능성을 지적해두고자 한다.[65]

국립국회도서관 소장 '무연기 영국판'은 보존상태가 대단히 양호하다. 특히 제1권은 오리지널의 꾸밈새 그대로, 녹색의 책 가죽 속표지에

---

64 田中彰, 『岩倉使節団 『米欧回覧実記』, 岩波現代文庫, 2002, pp.56~57.

65 村瀬勉·早川亜里·田中萬年, 「百科全書「教導説」の検討―箕作麟祥による「Education」の翻訳」, , p.7.

금박문자, 외장 전체도 같은 녹색의 하드커버, 내장에는 갈색 마블모양의 두꺼운 종이가 붙어 있다. 각 페이지에도 손상이 없고 사용감도 거의 없다. 제2권은 유감스럽게도 책의 장정에는 수리된 흔적이 남아 있고, '종이의 부식화가 제법 진행되어 있어 약간의 힘으로도 부서져 버리는 부분이 있음'이라는 주의문구가 붙어있긴 하지만, 본문의 상태는 그 정도는 아니며 메모 흔적 등도 거의 없어 잘 보관되어 왔음을 알 수 있다. 내용상은 번역의 저본이 되었을 가능성이 높은 서적이지만, 일련의 번역작업을 견딘 듯한 흔적은 남아 있지 않다.

이상 검토하였듯이 문부성 『백과전서』의 저본이 된 기점 텍스트의 입수경로를 확정적으로 밝히는 일은 불가능하고, 어느 한 가지로 결정하기보다는 도리어 복수의 루트와 저본을 상정하는 편이 현실적일지도 모른다. 부분적인 사실은 명확한 부분이 있지만, 신중하게 퍼즐의 조각 모두를 끼워 맞추는 단계에서는 어디까지나 가능성이라는 추측의 영역을 벗어나기 어려운 것이 현실이다.

'불완전한 백과사전'이 유통되어 소비되었기 때문에 서로 다른 기점 텍스트가 복수의 관계자들로부터 제공되어 저본이 되었을 것이라는 추정은 도리어 이 번역 프로젝트에 잘 어울리는 것이 아닐까 생각되기까지 한다.

5. 번역자와 교정자의 군상

문부성 『백과전서』는 다수의 번역자와 교정자가 관여한 번역 프로젝트이다.

기점 텍스트 91항목이 번역되었고, 그 중 세 항목은 두 명에 의한 공역이며, 또 여섯 항목은 기점 텍스트를 제5판으로 바꿔서 새로운 번역자가 개역하였다. 이것을 단순계산하면 딱 백 명의 번역자가 관여하였음을 알 수 있다. 거기에 대부분의 번역 텍스트는 교정자의 손을 거쳐 간행되었다. 결국 총 76명—구체적인 내역은 번역자 58명, 교정자 21명(그 중 3명은 번역 겸 교정)—이 이 번역 프로젝트에 적어도 직접 관여하였으며, 이 정도로까지 다수의 번역자와 교정자가 참가했다는 점에서도 문부성 『백과전서』는 근대 일본에서 최대급 규모의 번역 출판 사업이었다고 말할 수 있을 것이다.

앞에서 인용한 선구적 연구자인 후쿠카마 다쓰오는 인간관계의 관점에서 번역자 47명과 교정자 16명을 미쓰쿠리 린쇼 그룹, 게이오기주쿠 관계자, 문부성 관계자, 대학동교(大学東校) 관계자, 요요샤(洋洋社) 관계자, 기타 그룹으로 분류하였다.[66] 후쿠카마의 시점은 정곡을 찌른 것으로 전체상을 파악하는 데에 유익한 분류이다. 그러나 후쿠카마의 조사에는 번역자와 교정자 전원이 망라되어 있지 않고, 정보의 탈락이나 혼동도 있다. 또한 개인이 복수 그룹에 소속한 경우를 분류하기가 어렵다. 가령 후쿠자와 문하에서 문부성에 출사하였거나 혹은 요요샤 멤버이면서 문부성에 출사하는 등의 경우도 적지 않은데, 분류상으로는 단순화되어 있다. 이런 점들을 감안하면서 최신 데이터를 재정리해보는 시도는 유익할 것이라 생각된다.

번역이나 교정을 담당한 76명 가운데에는 후세에 전기나 자전이 남았거나 또는 개인전집이 편찬된 저명인도 있고, 지금은 생몰 연도조차 불명확한 경우도 있어서 전원의 프로필을 상세히 밝히는 일은 쉽지 않다. 그러나 이 번역 프로젝트가 문부성 주도로 시작된 점, 그리고 게이오기주쿠에서 배운 양학자가 다수 포함되어 있는 점 등은 유력한 단서가 된다. 이 국가적 사업의 네트워크 중심에 위치한 핵심 인물이 되는 것은 분명 문부성 시대의 미쓰쿠리 린쇼와 니시무라 시게키이고 거기에 후쿠자와의 간접적인 영향도 인재를 배출하였다는 점에서 놓쳐서는 안 될 것이다.

---

66 福鎌達夫, 『明治初期百科全書の研究』, pp.372~373(단 여기에서의 정보에는 잘못된 기록이 있다). 참고로 요요샤는 메이지 시대 초기(1885년 4월–1880년 3월)의 학술결사이다. 대학동교는 막부의학소(幕府医学所)를 계승한 메이지 정부의 의학교를 개편한 의학교육기관으로, 도쿄대학교 의학부의 전신이다.

프로젝트 관계자의 내력에 대해서는 사서사전류 이외에도 개인전집이나 전기, 자전 등에서 해설되는 경우도 있다.[67] 모두 유용한 자료이지만 한정적이거나 상호 모순되는 내용이 포함된 경우도 있다. 그러므로 복수자료를 통해 교차확인하는 작업이 필수적이다.

번역자와 교정자로 직접 관여한 76명 전원을 '문부성·대학동교 등 관적 네트워크' '미쓰쿠리 린쇼(개성소, 사숙) 네트워크' '후쿠자와 유키치(게이오기주쿠) 네트워크' '니시무라 시게키(요요샤) 네트워크' '기타' '불명'으로 크게 나눠서 정리해보고자 한다. 생년이 판명되는 경우는 생년순, 생년불명의 경우는 50음순으로 기재하였다. 이들 여섯 개의 네트워크는 중층적으로 교차하며, 개인이 복수의 네트워크에 중복하여 소속하는 경우도 가끔 보이는데 그럴 때마다 추가해 두었다(두 번째 이후는 '앞에 나온 인물'이라고만 기재함).[68]

---

67 주요한 개인자료로는 가령 大槻文彦, 『箕作麟祥君伝』(丸善, 1907); 大山敷太郎 編, 『若山儀一全集』(東洋経済新報社, 1940); 高橋是清, 『高橋是清自伝上下』(中公文庫, 1976); 西田長寿, 『大島貞益』(実業之日本社, 1945); 日本弘道会 編, 『西村茂樹全集』(思文閣, 1976); 丸山信 編, 『福沢諭吉門下』(日外アソシエーツ, 1995); 山口梧郎, 『長谷川泰先生小伝』(同先生遺稿集刊行会, 1936); 山崎有信, 『大鳥圭介伝』(北文館, 1915) 등. 또 사전자전류로는 上田正昭·西澤潤一·平山郁夫·三浦朱門 監修, 『日本人名大事典』(講談社, 2001); 『国史大辞典』(吉川弘文館, 1979~1997); 『日本大百科全書』(小学館, 1994年); 『日本国語大辞典第二版』(小学館, 2000~2002); 宮武外骨·西田長寿, 『明治新聞雑誌関係者略伝』(みすず書房, 1985); 宮地正人·佐藤能丸·櫻井良樹 編, 『明治時代史大辞典』(吉川弘文館, 2011~2013); 安岡昭男 編, 『幕末維新大人名事典上下』(新人物往来社, 2010) 등. 개인의 저역서에 관해서는 국립국회도서관, 국립공문서관, 전국대학도서관 등의 소장 데이터도 참조했다.

68 文部省 『百科全書』라는 타이틀은 세이시샤 복각판에 의거한다.

【문부성·대학동교 등 관적 네트워크】 43명

마쓰오카 린(松岡隣, 1820~98) 『식물편』 공역. 히젠(肥前)오카야마번(岡山藩) 가로(家老) 이키(伊木)가의 가신이자 난학자. 고다마 준조(児玉順蔵)와 데쓰카 리쓰조(手塚律蔵) 등에게 배우고 오카야마번 병학관에서 병학, 포술, 양학을 교수하였다. 교부성, 문부성, 효고현에서 근무하였으며 1910년에 종오위(從五位)로 추증되었다.

쓰보이 이슌(坪井為春, 1824~68) 『양수편』 『밀봉편』 『의학편』 번역. 데와(出羽)요네자와(米沢) 출신의 난학자. 어릴 때 이름은 오키 다다마스(大木忠益), 호는 호슈(芳洲). 에도에서 쓰보이 신도(坪井信道)를 사사하고 양자로 입적. 사쓰마 번의, 번서조소 교수수전(教授手伝), 서양의학소 교수를 역임. 유신 이후에는 대학 동교의 대학소박사, 중박사가 되었다. 1878년 사이타마현 의학교장에 취임. 대표적 번역서로 『의료신서(医療新書)』 등. 「쓰보이이슌 선생전(坪井為春先生伝)」 『도쿄의사신지(東京医事新誌)』(第433~434号)에 상세한 평전이 실려 있다.

아키쓰키 카즈히사(秋月胤永, 1824~1900) 『건축학』 교정. 본성은 마루야마(丸山), 자는 子錫. 통칭 데이지로(悌次郎). 무쓰(陸奥)아이즈번(会津藩)의 무사이며 쇼헤이코(昌平黌)에서 한학을 배웠다. 보신(戊辰)전쟁에서 금고처분을 받았으나 이후 도쿄대학 예비문고 오고(五高)에서 가르쳤다.

고바야시 헤이오(小林病翁, 1828~77) 『법률연혁사체』 『골상학』 교정. 본명은 도라사부로(虎三郎). 사쿠마 쇼잔(佐久間象山)을 사사하고 병학관계의 네덜란드 서적을 번역했다. 나가오카번(長岡藩)의 번사시기 '쌀 백섬(米白俵)'에 대한 일화는 야마모토 유조(山本有三)의 희곡『쌀 백섬(米白俵)』으로 만들어져, 최근 정치가들에게도 인용되곤 한다. 문부성 편서과원. 고바야시를 포괄적으로 연구한 사카모토 야스토미(坂本保富)『米白俵の主人公 小林虎三郎—日本近代と佐久間象山門人の軌跡』(学文社, 2011)에 상세히 나온다.

니시무라 시게키(西村茂樹, 1828~1902) 『천문학』 번역. 원래 시모우사사쿠라(下総佐倉)의 가로. 호는 하쿠오(泊翁). 유학을 야스이 솟켄(安井息軒), 양학을 사쿠모 쇼잔에게서 배웠다. 1873년에 모리 아리노리 등과 메이로쿠샤 창립에 참가했다. 1875년 문부성에 출사하여 편서과장, 편집국장, 보고국장을 역임하였고, 1876년에는 도쿄수신학사(이후 일본홍도회)를 창설했다. 『고지루이엔(古事類苑)』을 편찬하였고 궁중고문관 및 화족여학교장도 겸임했다. 대표적 저작은 『일본도덕론(日本道徳論)』 등.

고나가이 하치로(小永井八郎, 1829~88) 『조각 및 착영술』 교정. 호는 쇼슈(小舟). 요요샤의 멤버. 1859년에 막부군함조련소의 속리(屬吏)가 되었고, 1860년 견미사절단으로 도항 경험이 있다. 메이지 유신 이후에는 히토쓰바시(一橋)번의 시독(侍讀)을 거쳐 오와리(尾張)번의 번교(藩校)였던 메이린도(明倫堂)의 교두(敎頭)를 역임했다. 문부성에 출사하였고 만년에는 고세이주쿠(濠西塾)를 열었다.

니시자카 세이이치(西坂成一, 1831~87) 『태고사』『영국사』『유럽지지』『아일랜드지지』『아프리카 및 대양주지지』『남아메리카지지』 교정. 가가번(加賀藩)의 유학자. 메이린도 조교(助教) 및 시독을 겸임. 폐번 이후에는 문부소조교(文部少助教), 도쿄부훈도(東京府訓導)를 역임하였다. 대표적 저작으로 『교여궤범(教女軌範)』『훈몽궤범(訓蒙軌範)』 등이 있다.

사카키바라 요시노(榊原芳野, 1832~81) 『식물강목』『동물강목』『채원편』 교정. 『과원편』 공동교정. 국학자로 요요샤의 멤버였다. 와가쿠(和学)를 이노 히데노리(伊能穎則)·후카가와 센조(深川潜蔵)에게 배웠고, 불교학을 교아(行阿)에게 배워서 혼조이시와라초(本所石原町)에 사숙(塾)을 열었다. 쇼헤이(昌平)학교에 출사하여 대학중조교(大学中助教)를 거쳐 1871년에 문부권대조교(文部権大助教)를 역임. 1879년부터 『고지루이엔(古事類苑)』의 편찬에 종사했다.

구보 요시토(久保吉人, 1834~93) 『지문학』『중학』『광학 및 음학』『도자공편』『수운』『화원』『양수편』『우 및 채유방』『돈토식용조롱조편』『견 및 수렵』『조어편』『식물편』『의복 및 복식』『중고사』『런던 및 웨일즈지지』『스코틀랜드지지』『아세아지지』『북아메리카지지』『인심론』『양교종파』『회교 및 인도교불교』『북구귀신지』『수신론』『접물론』『인구구궁 및 보험』『산술 및 대수』『고물학』 교정. 호는 시도(修堂). 문부성편서과원.

가타야마 준키치(片山淳吉, 1837~87) 『식물생리학』 공역. 단고(丹後) 출신. 다른 이름은 '준노스케(淳之助)' 난학주쿠와 게이오기주쿠에서 배웠으며 게이오기주쿠 졸업 이후 신센자(新銭座)시기의 교원을 역임했다. 문부성출사가 되어 1872년에 물리교과서 『물리계제(物理階梯)』를 편집했다.

다시로 요시노리(田代基德, 1839~98) 『동물 및 인신생리』 번역. 부젠(豊前) 나카쓰번(中津藩) 출신. 오가타 고안을 사사했으며 막부의 서양의학소에서 배우고 육군군의감, 육군군의학교장을 역임했다. 『문원잡지(文園雜誌)』 『의사신문(医事新聞)』 『육군군의학교업부(陸軍軍医学校業府)』를 창간했으며 대표적 저작으로 『절단요법(切斷要法)』 『외과수술(外科手術)』 등이 있다.

가와모토 세이이치(川本清一, 1839~1918) 『인심론』 번역, 『백공응용화학』 교정. 다른 이름은 세이지로(清次郎). 아버지는 저명한 난학자인 가와모토 고민(川本幸民). 개성소 시기의 미쓰쿠리린쇼 문하생으로 1864년에 개성소 조교, 1866년에 개성소 영학교수수전출역이 되었다. 1871년 문부소교수, 이듬해 문부중교수, 1874년 태정관 인쇄국장. 『메이지 5년 관원전서』의 편집료명부에는 '편집권두정육위 가와모토 세이이치 셋쓰 효고현 사람'이라고 적혀 있다. 그 후에 외무성 7등출사를 거쳐 1876년 외무국 기록국 부장심득. 개성소조교시대의 『보병제율(步兵制律)』 등 다수의 번역서를 남겼다.

와카야마 노리카즈(若山儀一, 1840~91) 『양교종파』 번역. 경제학자이며 생명보험의 창설자이다. 에도의 의사 니시카와 소안(西川宗庵)의 자식이나,

와카야마 가문의 양자가 되어 오가타 고안에게 배웠다. 개성소교수 이후에 민부성이나 대장성에서 근무했다. 1871년에는 이와쿠라 사절단에 참가하여 세무와 재정을 연구하였다. 귀국 이후에는 태정관과 궁내성 등에서 근무하였고, 보호무역 및 세제개혁을 제창했다. 대표적 저작으로 『보호세설(保護稅說)』『태서농학(泰西農学)』 등이 있다.

고토 다쓰조(後藤達三, 1841~92) 『중학』 번역. 1869년 대학소조교, 1871년 대학중조교를 거쳐 1883~84년 문부성어용괘. 『궁리문답』『박물문답』『농업문답』 등의 번역서가 있으며 일본 최초의 전국적 규모의 대일본농회(大日本農會)에서 활약한 농정관료였다.

이이지마 반주로(飯島半十郎, 1841~1901) 『온실통풍점광』『육운』『증기편』 공동교정. 요요샤 멤버. 막부의 신하이자 우키요에(浮世絵) 연구가이기도 하다. 쇼헤이코에서 배운 뒤에 하코다테부교(箱館奉行)에도야쿠쇼((江戸役所)서물어용출역(書物御用出役), 보신전쟁(戊辰戦争)에서는 유격대로 참가했다. 아버지, 동생과 함께 하코다테전쟁(箱館戦争)에 참가했고, 패전으로 항복하여 감금되었다. 사면 후에는 문부성편집국에 출사하였고 1879년 농상무성산림국. 지리나 지지서를 다수 남겼다.

사와라 준이치(佐原純一, 1841~1920) 『산술 및 대수』『기하학』 번역. 후쿠야마번의 무사 아들로, 다른 이름은 '준키치(純吉)' 수학교육자. 1866년 개성소 수학교수출역, 1869년 개성학교 3등교수, 1870년 대학중교수, 1872년 문부성 8등출사. 교가쿠샤(共学舎)를 마치다 히사나리(町田久成), 쓰지 신지(辻新次) 등과 함께 조직하여 수학을 가르쳤다. 교가쿠샤의 직원록에는 1883~1884년 문부성 1등속으로 적혀 있다. 히로시마현 사족. 오쓰키 후미히코의 『미쓰쿠리린쇼군전』에 사와라 준이치의 담화가 종종 등장한다.

아키야마 쓰네타로(秋山恒太郎, 1842~1911) 『인종』『접물론』 번역. 에치고(越後)나가오카번(長岡藩) 출생. 한적을 배운 이후 1869년 차고 있던 칼을 전당포에 맡기고 게이오기주쿠에 들어가 양학을 배웠다. 그 후에 그곳에서 교원이 되어 수학을 담당했다. 나카쓰(中津)번에서 영학과 회계를 담당한 이후 문부성출판과장으로 추천되었다. 내무경 오쿠보 도시미치(大久保利通)의 출판법을 개정할 때 내무성으로 이동하였으나 곧 사직하였다. 나가사키(長崎)사범학교 교장을 거쳐 1879년 하마마쓰(浜松)중학교 교장이 되었다. 미야기(宮城)사범학교, 여자고등사범학교 교장 등을 역임하였다.

하세가와 야스시(長谷川泰, 1841~1912) 『식물강목』『골상학』 번역. 의학자이자 정치가. 한방의였던 하세가와 슈사이(長谷川宗斎)의 장남으로 에치고(越後)고시군후쿠이촌(古志郡福井村)에서 태어났다. 한학자 스즈키 비조(鈴木彌藏)를 사사하였고, 아버지에게 한방의학을 배웠다. 1862년 서양의학수득을 위해 시모우사사쿠라(下総佐倉)의 준텐도(順天堂)에 입학하여 사토 다카나카(佐藤尚中)와 마쓰모토 준(松本順)을 사사했다. 1869년에 대학동교의 소조교, 1874년에 나가사키의학교 교장에 취임. 1876년 도쿄 혼고모토마치(本郷元町)의 사립의학교 사이세이학사(済生学舎)를 세웠다. 도쿄부병원장과 내무성위생국장 등을 역임하여 의사행정에 공헌했다. 1890년 중의원 의원, 1892년 도쿄시회의원이 되었다. 1903년에는 정부의 학제강화로 인해 사이세이각샤가 폐교되면서 은거했다.

고바야시 요시나오(小林義直, 1844~1905) 『기중현상학』『화학편』『증기편』 번역, 『식물제방』 공역. 원래 히고(肥後)후쿠야마번(福山藩)의 무사로, 번의 유학자 에기 시게타로(江木繁太郎)에게 유학을 배웠고, 데라치 슈리(寺地舟理)에게 난학을 배웠다. 1872년 대학동교의 대조교에 취임했다.

나가타 겐스케(永田健助, 1844~1909) 『동물강목』『인구구궁 및 보험』『가사검약훈』 번역. 다른 이름은 겐노스케(健之助). 게이오기주쿠 졸업 후에 신센자시대의 교원으로 지리서의 소독(素讀)을 담당했다. 문부성7등출사, 육군참모본부와 대학남교 교원을 역임. 일본상업지리학의 선구자이다. 대표적 번역서로 1877년의 『宝氏経済学』(Millicent Garret Fawcett 저, Political Economy for Beginners) 등이 있다.

오가와 고마키쓰(小川駒橘, 1844~1922) 『세시기』 번역. 기슈(紀州)와카야마번(和歌山藩) 출신. 게이오기주쿠 졸업 후 신센자 시기의 교원으로 지리서 및 잡서 등을 담당. 1873년 문부성번역과출사, 1875년 내무성 호적료(戶籍寮), 나가사키사범학교 교장. 1880년 요코하마쇼킨(横浜正金)은행 창립에 참가하였다.

고바야시 유시치로(小林雄七郎, 1845~91) 『법률연혁사체』 번역. 원래 에치고(越後)나가오카번(長岡藩)의 무사로 게이오기주쿠에서 영문서적을 연구하였다. 문부성·대장성·공부성 출사 후에 번역이나 정치소설 등의 저술이나 고향의 자제들을 교육하는 사업에 종사했다. 1890년에 중의원 의원을 역임했다.

세키토 나루오(関藤成緒, 1845~1906) 『지문학』『건축학』『견 및 수렵』『영국사』 번역, 『식물제방』 공역. 빈고(備後)후쿠야마번(福山備後) 출신. 다른 이름은 '오토모 헤이고로(大友平五郎)' 세키토 도인(関藤藤陰)의 양자. 게이오기주쿠 졸업 이후 문부성에 들어가 1872년 오사카개성소소조교를 거쳐 1875년에 니가타사범학교 3등교유, 1883년에 아키타현사범학교 교장을 역임.

오시마 사다마스(大島貞益, 1845~1914) 『토공술』『북아메리카지지』『회교 및 인도교불교』 번역. 고향인 다지마(但馬)에서 한학을 배우고 에도로 나와 미쓰쿠리 린쇼에게 영학을 배웠다(개성소시대의 문하생). 외무성 번역국을 거쳐 1890년부터 『도쿄경제잡지』에 '보호무역론'을 연재하고 도미타 데쓰노스케(富田鉄之助) 등과 국가경제회를 설립했다. 보호무역론자의 경제학자로 유명하다. 니시다 다케토시(西田長寿) 『大島貞益』(실업지일본사, 1945)에 「大島貞益著訳書論文一覧」이 있다. 번역서로 『영국개화사』나 『인구론요략』 등이 있다.

미쓰쿠리 린쇼(箕作麟祥, 1846~97) 『자연신교 및 도덕학』『교육론』 번역.

1867년에는 도쿠가와 아키다케(徳川昭武)를 수행하여 프랑스로 건너갔던 경험이 있어 프랑스어도 잘했다. 1875년 사법성 4등출사, 1867년 사법대승, 1880년 도쿄학사회원회원, 원로원 의관. 1884년부터 회사조령, 파산법, 상법 등의 편찬위원 및 법률조사위원에 임명되었고, 1888년에 법학박사, 사법차관, 1889년에 화불법률학교(和佛法律学校, 현재의 호세이대학) 초대 총장, 1890년에 귀족원의원, 1896년에 행정재판소 장관을 역임. 프랑스의 법률을 번역소개하여 일본의 여러 법전들의 편찬에 힘썼고, 에도 신페이(江藤新平), 오키 다카토(大木喬任), 야마다 아키요시(山田顯義) 아래에서 법전정비에 공헌했다. 정부를 위해 일하면서 막대한 양의 번역을 수행했으나 자신의 저서라 할 만한 것은 남아 있지 않다.

오쓰키 후미히코(大槻文彦, 1847~1926) 『언어』『인쇄술 및 석판술』 번역. 조부는 오쓰키 반스이(大槻磐水), 아버지 반케이(磐溪), 형은 죠덴(如電)으로 학자일족 출신이다. 1862년 개성소 입학, 1866년 양학수행인을 거쳐 1870년 대학남교에 입학하여 영학과 수학 등을 배우고 이듬해 미쓰쿠리 슈헤이(箕作秋坪)의 사숙 산사학사(三叉学舎)의 숙장이 되었다. 1872년 문부성 출사. 『고사원류』에도 관여했다. 미야기사범학교 교장, 미야기현심상중등학교 교장, 국어조사위원회 주사위원을 역임. 1899년에 문학박사, 대표적 저작으로 『언해(言海)』『광일본문전(広日本文典)』『구어법별기(口語法別記)』 등이 있다.

요코세 후미히코(横瀬文彦, 1847~?) 『영국제도국자』 번역. 히타치(常陸) 출

신으로 저널리스트로 출발했다. 『평론신문』(1877년 7월 제16호부터 같은 해 8월 제18호)의 편집. 제16호의 권두논문에서 '신문지조례'를 비판하고 벌금 5엔형을 받았다. 그 심리 중에는 서명을 피하고 같은 해 9월 제23호와 제24호에서 부활하였으나, 10월 제25호에서 병가퇴직을 고지(실제로는 몰래 지속했을지도 모른다)했다. 1876년 1월 제62호 '압제정부는 전복해야 한다는 주장(圧制政府顚覆スヘキノ論)이라는 투서를 지지하였다가 신문조례 제12조로 금고 3개월 벌금 50엔에 처해졌다. 출옥 후에는 『조야신문(朝野新聞)』에 입사하여 1877년에는 효고현 권업과에 들어가 학무과장이 되었다. 1882년 대장성출사가 되어 근무를 계속하다가 최종적으로는 대장성의 참사관이 되었다.

시바타 쇼케이(柴田承桂, 1849~1910) 『지질학』『과원편』『태고사』『고물학』 번역. 화학자이자 약학자. 1869년에 정부의 공진생(貢進生)이 되어 1871년부터 문부성파견 유학생으로 베를린대학에서 유기화학을 공부함과 동시에 전문 이외의 법학, 역사학, 고고학 등도 의욕적으로 배웠다. 1874년 귀국하여 도쿄의학교 제약교장(도쿄대학 약학부의 전신)의 교수에 취임했다. 그 후에 내무성위생국 어용괘, 도쿄과 오사카 두 곳의 사약장장(司藥場長) 등을 역임했고, 만년에는 공직에서 물러나 저역서의 집필활동에 전념했다. 번역편집서로 『위생개론』, 번역서로 『부씨약제학』 등이 있다.

기무라 잇포(木村一歩, 1850~1901) 『온실통풍점광』『채원편』 번역, 『농학』 교정. 게이오기주쿠 신센자 시기의 교원으로 지리서회독을 담당. 문부대조교, 대장성 국채료(国債寮) 역임. 사숙 편태의숙(鞭駘義塾)을 세웠다.

모모타 시게아키(百田重明, 1850~?) 『육운』 교주. 단고(丹後) 출신으로, 게이오기주쿠와 개성학교에서 배웠다. 1871년 해군병학료, 1873년 대장성 번역괘, 1879년 문부성출사, 이듬해 개척사(開拓使) 소속이 되어 삿포로로 옮겨갔고, 거기에서 학문에 진력했다. 가타야마 준키치 구술, 모모타 시게아키 필기로 『소학물리강의(小学物理講義)』(1881)를 남겼다.

미야자키 슌지(宮崎駿児, 1851~?) 『남아메리카 지지』 번역. 아버지는 시즈오카번 출신의 의사였던 미야자키 다쓰모토(宮崎立元). 게이오기주쿠 졸업 이후 대장성을 거쳐 문부성, 외무성에 출사하였다. 번역서로 코드리(Marcellus F. Cowdery) 편 『수신교훈(修身教訓)』(문부성, 1877), 편서로 『초등작문궤범(初等作文軌範)』(錦栄堂, 1883), 『신찬소학박물서(新撰小学博物書)』(集英堂, 1884) 등이 있다.

나가이 규이치로(永井久一郎, 1852~1913) 『수운』 『도노식용조롱조편』 『희랍사』 번역. 오와리(尾張) 출신으로 이름은 교온(匡温), 호는 가겐(禾原)으로, 오누마 진잔(大沼枕山)에게 한시를 배워 한시인이다. 나가이 가후(永井荷風)의 아버지. 미국 유학 후 문부성에 출사하였고 도쿄도서관장, 회계과장을 역임했다. 훗날 니혼유센(日本郵船)의 상해·요코하마 지점장에 취임했다. 저작으로 『서유시(西遊詩)』 『설염백일음고(雪炎百日吟稿)』 등이 있다.

우메우라 세이이치(梅浦精一, 1852~1912) 『직공편』 번역. 에치고 출신. 대장성, 내무성 출사 후에 도쿄상법회의소를 거쳐 1885년 이시카와지마(石川島) 히라노(平野)조선소(현재 IHI)에 입사하여 이후 사장 취임. 고토(後藤) 모직의 사장, 도쿄수력전기, 나고야가스의 대표도 역임하였다.

다카하시 고레키요(高橋是清, 1854~1936) 『의복 및 복식』 번역. 14세에 번의 유학생으로 미국으로 건너갔다가 이후 모리 아리노리의 서생이 되었다. 개성학교 졸업 이후 문부성, 농상무성, 일본은행에 근무하였고, 1911년 일본은행 총재에 취임. 대장상(大蔵相), 정우회 총재, 수상 등 요직을 역임하였으나 2·26사건에서 청년장교의 총탄을 맞고 사망.

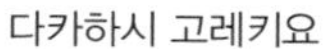

다카하시 고레키요

기쿠치 다이로쿠

기쿠치 다이로쿠(菊池大麓, 1855~1917) 『수사 및 화문』 번역. 쓰야마(津山)번의 무사인 미쓰쿠리 슈헤이의 차남으로, 1882년 기쿠치가문의 양자로 입적. 막부 파견 유학생으로 1866년 도야마 마사카즈(外山正一) 등과 함께 영국으로 갔다가 1868년 귀국. 수학자, 이학박사. 도쿄제국대학 총장, 제1차 가쓰라(桂)내각의 문부대신, 교토제국대학 총장, 이화학(理化学)연구소 초대 소장 등을 역임했다.

다마리 기조(玉利喜造, 1856~1931) 『농학』(마루젠판) 번역. 사쓰마 출신의 농학자. 고마바농학교의 제1기생으로 제국대학 교수가 되었다. 1899년 농학박사 제1호. 1903년 일본 최초의 고등농림학교인 모리오카고농(盛岡高農)의 초대 교장, 1909년 가고시마고농(鹿児島高農) 초대 교장에 취임. 귀족원의원.

가쓰지마 센노스케(勝嶋仙之介, 1858~1931) 『목양편』(마루젠판) 번역. 빈고(備後)미하라번(三原藩) 출신. 일본 수의축산계의 아버지. 1877년 고마바농학교에 입학하여 수의학을 배웠고, 졸업 이후에는 농학교조교심득으로 근무했다. 1887년 도쿄농림학교교수, 1889~1891년 유럽 유학, 귀국 후에는 제국대학 농과대학교수를 지냈다. 중앙수의회 창립에 관여하였고 오랫동안 회장을 맡았다. 수의축산관련 법률제정에 참여했으며 마정(馬政)위원회 위원, 임시 마역(馬疫)조사위원을 역임했다. 대표적 저작으로 『가축의범 내과학편(家畜医範 内科学編)』 『가축내과학(家畜内科学)』 등이 있다.

가와무라 시게카타(河村重固, ?~1892) 『급수욕조굴거편(給水浴澡掘渠篇)』

『우 및 채유방(牛及採乳方)』『시학 및 시각학(時学及時刻学)』 번역. 후쿠야마 번의 유학자로, 시마다 사부로(島田三郎, 당시 권대서기관)의 발탁으로 문부성에 출사. 가와무라 시게타카·오쓰코쓰 타로오쓰(乙骨太郎乙)·에비나 신(海老名晋)의 공역으로 메이휴(Ira Mayhew)의 『교육전론 미씨(教育全論 眯氏)』(문부성편집국, 1885)가 있다. 나카라이 도스이(半井桃水)의 종자매인 가와무라 치카코(河村千賀子)의 남편이다.

우치다 야이치(内田彌一, 생몰년불명) 『화학 및 조상(画学及彫像)』 번역. 메이지 정부의 음악조사 담당으로 1880년~82년까지 서양음악을 지도했던 메이슨(Luther Whiting Mason)의 저작을 『음악첩경(音楽捷径)』(1883), 『음악지남(音楽指南)』(1884)으로 번역했다. 이외에도 음악관계 번역서로 커리(James Currie)의 『악전초보(楽典初歩)』(1887) 등이 있다.

우치무라 고노스케(内村耿之介, 생몰년불명) 『직공편』『식물편』『인종』『교제 및 정체』『해육군제』『화학 및 조상』 교정, 『동정수학』『증기편』『토공술』『온실통풍점광』 공동교정. 문부성편서과원.

오이 준이치(大井潤一, 생몰년불명) 『로마사』 교정, 『토공술』 공동교정. 문부성편서과원.

시미즈 세이신(清水世信, 생몰년불명) 『지질학』『기중현상학』『식물생리학』『동물 및 인신생리』『전기급자석』『화학편』『광물편』『금류 및 연금술』

『급수욕조굴거편』『어렵편』『양생편』『식물제방』『의학편』 교정. 『동정수학』 공동교정. 문부성편서과원.

나가카와 신고(長川新吾, 생몰년불명) 『무역 및 화폐은행(貿易及貨幣銀行)』『가사검약훈(家事倹約訓)』 교정. 문부성편서과원.

【미쓰쿠리 린쇼 네트워크】 14명

(앞에 나온 인물) 가와모토 세이이치 / 사와라 준이치 / 오시마 사다마스 / 미쓰쿠리 린쇼 / 나가이 규이치로 / 기쿠치 다이로쿠

호리코시 아이코쿠(堀越愛国, 1835~1921) 『경제론』『국민통계학』 번역. 다른 이름은 '가메노스케(亀之助)' '에이노스케(英之助)'. 린쇼가 개성소에 있을 때의 문하생으로 가이야쿠샤(会訳社) 멤버. 호리 다쓰노스케 편·호리코시 가메노스케 정정증보 『개정증보영화대역수진사서(改正増補英和対訳袖珍辞書)』(제2판, 1866)는 호리코시 가메노스케(아이코쿠)가 편집주간이 되어 초판본을 8천 단어에 걸쳐 개정하여 간행한 것이다.

다카하시 다쓰로(高橋達郎, 1848~?) 『교제 및 정체』『해육군제』『백공검약훈』 번역. 누마 모리카즈(沼間守一)가 1878년 설립한 정치결사 '오메이사(嚶鳴社)'의 멤버. 번역서로 1886년의 『종교진화론』(기점 텍스트는 H. 스펜서의 Principles of Sociology vol. III, pt VI, 1886, ch 26, Religious Retrospect and Prospect) 등이 있다.

니시코리 세이노신(錦織精之進, 1853~?) 『도자공편』『금류 및 연금술』『마(馬)』『약어편』『어렵편』『양생편』『조각 및 착영술』 번역. 다른 이름은 '사쿠로(朔郎)'. 진보초(神保町)에 있던 린쇼의 사숙 '교가쿠사(共学社)'의 문하생. 1872년~77년 해군병학교문관교수로 영어 과목을 담당했다. 1876년 메이하치기주쿠(明八義塾)를 창립했다.

스가와 가타히사(須川賢久, 생몰년불명) 『스코틀랜드지지』 번역. 린쇼의 개성소시대 문하생.

엔칸(薗鑑, 생몰년불명) 『북구귀신지(北欧鬼神誌)』 번역. 다른 이름은 간자부로(鑑三郎). 린쇼 개성소시대의 문하생으로 하이야쿠사 멤버. 후에 영학을 가르쳤다.

마키야마 고헤이(牧山耕平, 생몰년불명) 『백공응용화학(百工応用化学)』 번역. 신보초의 린쇼 사숙인 '교가쿠사'의 문하생.

쓰카모토 슈조(塚本周造, 생몰년불명) 『논리학』 번역. 신보초의 린쇼 사숙인 '교가쿠사'의 문하생. 쓰카모토 슈조(1847~1929)와 동일인물이라면 시모우사 도요타군 출신으로 난학을 배운 후에 개성소에 들어갔다. 1864년 개성소 교수심득이 되었다. 미쓰쿠리 린쇼 주쿠와 게이오기주쿠에서 배우고, 고치(高知)의 번교인 지도칸(致道館)의 영학교사가 되었다. 1871년 상경하여 문부성과 대장성의 영어서적 번역을 담당하였고, 1872년 대장성 관선과(管船課)에서 해사행정을 정비, 1880년 마에지마 히소카(前島密) 등과 일본해원액제회(日本海員掖済会)를 창립했다. 1886년 체신성(逓信省) 관선국장에 취임하고 1896년 도요기센(東洋汽船)을 설립했다.

데라우치 쇼메이(寺内章明, 생몰년불명) 『백공응용화학』 교정. 오쓰키 후미히코 『미쓰쿠리린쇼군전』에서는 "번역어의 선정, 번역문의 윤색에 대해서는 쓰지 시카쿠, 데라우치 쇼메이, 이치카와 세이류(市川清流) 등의 힘을 빌렸다."(58쪽)라고 적혀 있다.

【후쿠자와 유키치(게이오기주쿠) 네트워크】 13명

(앞에 나온 인물) 가타야마 준키치 / 아키야마 쓰네타로 / 나가타 겐스케 / 오가와 고마키쓰 / 고바야시 유시치로 / 세키토 나루오 / 기무라 잇포 / 미야자키 슌지 / 나가이 규이치로

에비나 신(海老名晋, 1846~98) 『아일랜드지지』 번역. 휴가노베오카(日向延岡) 출신. 게이오기주쿠 졸업 후에는 신센자시대의 교원으로 지리서 및 잡서소독 및 영문강학을 담당했다. 요코하마 다카지마 양학교 교원, 기후사범학교장을 역임했다.

후카마우치 모토이(深間内基, 1847~1901) 『전기급자석』 번역. 오슈(奥州) 미하루(三春) 출신. 게이오기주쿠를 졸업하고, 1876년 고치릿시샤(高知立志社)의 교원을 지낸 후 변호사가 되었다.

히노하라 쇼조(日原昌造, 1851~1904) 『광학 및 음학』 번역. 초슈도요우라(長州豊浦) 출신. 1871~1872년 무렵에 오사카 세이미학교(舎密学校)에서 배운 이후 후쿠자와 유키치와 친교를 맺었다. 게이오기주쿠를 1873년에 졸업하고 교원이 되었다. 1880년 무렵에 요코하마세이킨은행(横浜正金銀行) 런던지점 근무, 1884년 무렵에 지배인심득(支配人心得), 1887년 샌프란시스코지점 지배인을 역임했다. 사임 후에는 고향인 도요우라에서 농사를 지으면서 『지지신포(時事新報)』에 도요우라생(豊浦生)이라는 필명으로 논설을 기고했다.[69]

요쓰야 준자부로(四屋純三郎, 1854~84) 『아세아지지』 번역. 휴가노베오카 출신. 게이오기주쿠를 졸업 후에는 교원으로 영문강학을 담당했다. 1879년에는 고준샤(交詢社)의 고준잡지(交詢雜誌) 편집위원이 되었다. 1874년에 『훈몽이종(訓蒙二種)』을 에비나 신과 함께 번역했다.

【니시무라 시게키 네트워크】 7명

(앞에 나온 인물) 니시무라 시게키 / 오쓰키 후미히코 / 고나가이 하치로 / 사카키바라 요시노 / 이지마 반주로

69 昆野和七, 「日原昌造の新聞論説について(前)—時事新報·倫敦通信の全容」, 『福澤諭吉年鑑』第十五号, 1988, pp.130~161.; 昆野和七, 「日原昌造の新聞論説について(後)」, 『福澤諭吉年鑑』第十六号, 1990, pp.97~127.

오이 가마키치(大井鎌吉, 생몰년불명) 『로마사』 『화원』 번역. 『논리학』 교정. 요요샤 멤버. 쓰다 센(津田仙)·야나기사와 신다이(柳沢信大)·오이 가마키치 합역, 나카무라 마사나오 교정 『영화화역자전(英華和訳字典)』(1879)은 로프샤이트(Ropushaito, 羅布存徳)의 『영화자전(英華字典)』(1866~69)에 의거한 것이다.

히라노 도모아키(平野知秋, 1814~83) 『세시기』 교정. 요요샤 멤버.

【기타】 13명

오도리 게이스케(大鳥圭介, 1833~1911) 『조가법』(마루젠판) 교정. 하리마(播磨)아코(赤穂) 출신. 의사 집안에서 태어나 데키주쿠에서 난학을 배웠고, 에도의 에가와주쿠(江川塾)에서 병학을 배워 막부의 보병봉행이 되었다. 오도리 활자(大鳥活字)를 고안했다. 보신전쟁에서는 연전연패로 투옥되었다가 출옥 후에는 신정부에 출사하였다. 공부대학교 교장, 학습원 원장 겸 화족여자학교 교장 등 교육직을 역임했다. 이후에는 청국 특명전권공사가 되었고, 1893년에는 조선주재공사를 겸무했다. 추밀고문관. 대표적 저작으로 『남가기행(南柯紀行)』 『막말실전사(幕末実戦史)』 등이 있다. 야마자키 유신(山崎有信) 『오도리 게이스케전(大鳥圭介伝)』(北文館, 1915), 다카사키 데쓰로(高崎哲郎) 『평전 오도리 게이스케—위엄있어 잔인하지 않은(評伝大鳥圭介 ~ 威ありて猛からず)』(鹿児島出版会, 2008) 星亮一 『오도리 게이스케(大鳥圭介)』(中公新書, 2011) 등의 전기가 있다.

야스다 히사나리(保田久成, 1836~1904) 『양편』 교정. 학문소교수, 막부의 시강담당(奥儒者), 메쓰케(目付). 1876년 처남 사쿠마 데이이치(佐久間貞一)의 슈에이샤(秀英舎 현재의 대일본인쇄) 창업에 자금을 제공했다. 『인쇄잡지』 주필을 거쳐 사쿠마 사망 이후인 1898년 슈에이샤 사장에 취임. 명조활자인 '슈에이서체(秀英書體)'의 작성자.

카스티엘(Casteel, 1843~78) 『체조 및 호외유희』 『호내유희방』 번역. 풀네임은 에이브러햄 티에리 반 카스티엘(Abraham Thierry van Casteel). 한자표기는 '漢加斯底爾'. 로테르담의 유복한 귀족가문에서 태어났다. 자바섬을 경유해 일본에 온 이후 니가타에서 회사를 경영하였으나 1870년에 파산. 병부성이나 도요쓰번(豊津藩)에서 어학교사로 근무한 후 1873년부터 세상을 뜨는 1878년까지 도쿄의 사숙에서 어학교사로 있었다. 이 기간에 『백과전서』의 두 책을 포함한 합계 11책을 번역했다.

스이타 조로쿠(吹田鯛六, 1850~97) 『양편』 『성서연기 및 기독교』 번역. 쇼기타이(彰義隊)와 함께 구 막부 측에서 싸웠고, 이후 누마즈(沼津)병학교 제4기 자업생(資業生)이 되었다. 메이지 정부의 내무성, 대장성, 농상무성 등에 출사했고, 다카하시 고레키요 국장 하에서 특허국심의관도 역임했다. 번역서로 제본스(William Stanley Jevons)의 『노동문제』(経済雑誌社 1893) 등이 있다.

마쓰다 다케이치로(松田武一郎, 1862~1911) 『유요금석편』(마루젠판) 번역.

오카자키(岡崎)번 출신의 광산기사. 1883년에 도쿄대학 이학부 채광야금학과 졸업 이후, 미쓰비시에 입사. 1908년에는 남만주철도 무순탄광의 초대소장을 역임했다. 건축가 마쓰다 군페이(松田軍平)의 아버지.

스즈키 료스케(鈴木良輔, 생몰년불명) 『광물편』『아프리카 및 대양주지지』 번역. 난학을 배웠고 기병대에 의사로 참가했다. 대학 남교에서 영어를 배우고 개성학교에서 영어교사를 지냈으며 1880년 도쿄도서관(국립국회도서관의 전신)의 관장, 슈에이샤(集英社) 창설에 관여하였고, 이후 대일본인쇄 사장을 역임했다.

쓰즈키 나오키치(都筑直吉, 생몰년불명) 『조가법』(마루젠판) 번역. 번역서로 콕스(William Douglas Cox)의 『극굴문전직역(克屈文典直訳)』(丸屋善七, 1883) 등이 있다.

나카무라 간리쓰(中村寛栗, 생몰년불명) 『식물생리학』 공역. 나카무라 간리쓰·마쓰카와 슈(松川脩) 번역, 다시로 요시노리 교열로 유먼(John Barlow Youmans)의 『음식요론(飲食要論)』(蜩笑社 1874)이 있다.

하라 야이치로(原彌一郎, 생몰년불명) 『경전사』(마루젠판) 『기하학』(마루젠판) 번역. 1882년에 『옥중우분여정(獄中憂憤余情)』을 편집해 출판했다. 『서양대가정치격언(欧米大家政治格言)』(郁文堂 1882~83)의 편역, 센숄 저·다구치 우키치와 오자키 유키오(尾崎行雄)가 서문을 쓴 『서양남녀예법(欧米男女礼法)』

(叢書閣·中西屋 1887)의 번역서 등이 있다.

마에다 도시키(前田利器, 생몰년불명) 『무역 및 화폐은행』 번역. 『개정증보 상업편』 번역. 다른 번역서로 『독일단어편 주해』(愛智館 1871), 하인리히 폰 지볼트 편 『이재요지(理財要旨)』(大蔵省, 1879) 등이 있다. 또 콰켄보스의 물리서와 골드스미스의 지리서를 초심자용으로 초역한 『도해이학대의(図解理学大意)』(1877) 등이 있다.

마쓰우라 겐키치(松浦謙吉, 생몰년불명) 『농학』 『중고사』 『수신론』 번역. 편역서로 저자불명 『지권심득농상필휴(地券心得農商必携)』(1882) 등이 있다.

오타키 각소(大瀧確荘, 생몰년불명) 『시학 및 시각학』 교정. 『도쿄지략(東京誌略)』(1877)의 편집 겸 출판인.

히라타 무네타카(平田宗敬, 생몰년불명) 『물리학』 『마』 『밀봉편』 『경제론』 『국민통계학』 교정, 『과원편』 공동교정. 유학자로 사숙을 열었다. 『신찬희경(新撰姫鏡)』(서문은 1867년 12월, 발문은 1869년 9월)의 저자. 시마즈 나리아키라(島津斉彬)의 딸(暐姫)의 시독을 지냈다.

【불명】 6명

오쓰카 누이지로(大塚綏次郎) 『잉글랜드 및 웨일스 지지』 번역.

고지마 센사부로(小島銑三郎) 『물리학』 번역.

다카하시 간지로(高橋幹二郎) 『구라파 지지』 번역.

다테베 가이세키(建部介石) 『식물편』 공역.

쓰카모토 가쓰미(塚本克己) 『육운』 번역.

마쓰카와 슈(松川脩) 『동정수학』 번역.

번역자와 교정자는 전원 남성으로, 프로젝트 참가시(번역서의 초판간행년도)의 번역자 평균연령은 30대, 교정자는 40대였다. 번역자 쪽이 교정자보다 젊은 연령대로 구성된 경향이 전반적으로 잘 드러난다. 이것은 양학자와 국학·한학자의 세대를 반영하며 번역자에 대한 교정자의 권위를 지탱하는 것이었다고 말할 수 있을 것이다. 최연소로는 『의복 및 복식』을 번역할 때의 다카하시 고레키요(23세), 최연장자로는 교정자 히라노 도모아키(64세)가 있었다.

| 다시, 핵심 인물-니시무라와 미쓰쿠리 |

문부성 『백과전서』를 둘러싼 인물 네트워크의 핵심은 앞에서 언급한 미쓰쿠리와 니시무라인데, 이 두 사람의 위치를 생각해 보자면 이 번역 프로젝트의 독특함을 색깔을 더해주는 것은 니시무라일지도 모르겠다. 그는 1873년부터 1886년까지 10년 이상에 걸쳐 문부성의 다양한 편집활동에서 책임자적인 입장에 있었다.

니시무라가 문부성에 출사한 당초, 편서과에는 주로 한학자들이 모여서 소학, 중학의 과업서를 편찬하고, 그것과 함께 번역과가 존재하여 양서의 번역 업무를 수행하였다. 편서과는 번역과의 성과인 번역서를 '교정'하는 업무도 겸무하고 있었다. 그 후에 1880년에는 그 두 과가 통합되어 편집국이라고 명칭을 변경하게 되었다.[70]

신정부의 문부성에 5등출사로 편서과장이 된 니시무라는 여러 가지 편집을 담당하였고 그 하나가 문부성 『백과전서』였다. 성내의 관리만이 아니라 '널리 세상의 양학자'에게 번역을 의뢰하고, 그 번역원고가 만들어지면 문부성 내에서 교정하여 출판한다는 상황은 니시무라의 회상 '왕시록'에서 확인한 대로이다.[71] 반복하게 되지만 "이 무렵은 서양 서적을 읽는 자는 많지만 화한(和漢)의 서적에 통달한 자는 적었기 때문에 번역이 될 때마다 반드시 한문에 정통한 자로 하여금 그 문장을 수정하게 했는데 이를 교정이라고 하였다"고 하여 교정의 중요성에 대해 언급하고 있던 점은 매우 중요하므로 강조해 두고자 한다. 서양 서책의 번역에 있어서 양학은 물론 한학의 소양이 불가결하다고 생각되고 있던 것이다. 이로 인해 프로젝트의 배후에서는 양학계와 국학, 한학계의 다른 계열의 학술결사 간 네트워크가 교차하게 되었다. 그 교차지점에 있던 것이 바

---

70 西井正造, 「西村茂樹の文部省における事業構想—近代日本語の形成と歴史叙述」, 『教育研究』, 第四十七号, 2003, pp.27~40.

71 西村茂樹, 「往時録」, p.623. 高橋昌郎, 『西村茂樹』도 참조하기 바란다.

로 니시무라였다.

메이지의 학술결사로서 가장 유명한 것은 메이로쿠샤이다. 니시무라의 '왕시록'에서는 주미변무공사의 임무를 마치고 돌아온 모리 아리노리가 발안하고, 그들로부터 상담을 받은 니시무라가 분주하여 인선을 했는데, 창립사원 대부분은 구 개성소 그룹의 양학자들이었다. 그 점에서는 니시무라는 계열이 다르기는 했지만 최연장자이기도 했고, 중심이 되는 인물이었던 것은 분명하다.[72] 메이로쿠샤는 당초 니시무라 시게키, 쓰다 마미치, 니시 아마네, 나카무라 마사나오, 가토 히로유키, 미쓰쿠리 슈헤이, 후쿠자와 유키치, 스기 코지, 미쓰쿠리 린쇼, 모리 아리노리의 10명으로 시작되었다(연령순). 그 연설회는 공개되어 널리 지식인들의 인기를 얻었고, 『유빙호치신문(郵便報知新聞)』에 실린 메이로쿠샤의 기사에 의하면 오쓰키 후미히코, 아키야마 쓰네타로, 요쓰야 준자부로 등 『백과전서』의 번역자들도 출석하였다.[73] 구 개성소의 양학자들은 메이지 시대에 들어 일시적으로 누마즈나 시즈오카 등으로 흩어졌다가 메이로쿠샤로 결집하여 다시 도쿄에서 옛날의 교류를 되살렸던 것이다.

니시무라 시게키는 『메이로쿠잡지』 제36호의 「서어십이해(西語十二解) 4월 16일 연설」에서 '문명개화'를 영어 '시빌라이제이션'의 번역어로 다음과 같이 언급한다.

---

72 大久保利謙, 『明六社』, 講談社学術文庫, 2007, pp.227~271.

73 大久保利謙, 『明六社』, pp.101~105.

> 문명개화란 영국말로 시밀라이제이션이라는 말의 번역이다. 지나인은 이 말을 번역하여 禮儀로 나아간다고 하였다. 일본의 속어로 번역하면 인격이 좋아진다는 것이다. 시빌라이제이션이란, 원래 라틴어 시비스라는 말에서 나왔다고 한다. 시비스란 도회지에 사는 사람이라는 의미이다. 왜 도회인이라는 말에서 바뀌어 인격이 좋은 것이 되었는가 하면, 모든 도회에 사는 사람은 시골에 사는 사람에 비하면 그 지식도 열리고 풍속도 좋으며, 그 몸가짐도 기품이 있기 때문에 도회인의 뜻이 바뀌어 인격이 좋다고 하게 된 것으로 보인다. 지금 시빌라이제이션의 글자를 내놓고 그 뜻을 생각하니, 우리는 결코 인민의 위세나 역량이나 부귀의 것에 대해 생각이 미치지 않고, 다만 인민의 인격과 인간의 상호교제의 것에 대해서만 생각이 미친다. 영국의 이름높은 학사 밀(J. S. Mill)의 말에, 모든 인간 일신의 몸가짐상에서 이를 말하여도, 동료의 교제상에서 이를 말하여도, 시빌라이제이션은 새비지(야만)의 반대라고 하였다.[74]

니시무라에게 있어서 '문명개화'의 본뜻은 무엇보다도 품위의 향상에 있었던 것이다. 그는 양학도 배웠지만, 막부의 개성소에서 양학교직을 전문으로 했던 일은 없고, 그 점에서는 미쓰쿠리 린쇼와 같은 양학일변도가 아니었다. 그와 같은 지향성을 지닌 니시무라를 중심으로 모인

---

74 西村茂樹, 「西語十二解四月十六日演説」, 『明六雑誌』, 第三十六号, 1875. 원문은 한자와 가타카나가 뒤섞인 문장이나, 인용은 山室信一·中野目徹 校注, 『明六雑誌(下)』(岩波文庫, 2009, pp.215~216)에 의함.

요요샤라는 학술결사가 있었다.

요요샤는 메이로쿠샤만큼 지명도는 없지만, 메이지 초기에서 국학과 한학계통의 지식인에 의한 학술결사이다.[75] 1875년 니시무라의 발기에 의해 '양양(洋洋)의 즐거움을 함께 하는 것'을 목적으로 하여 결성되었다. 국학자와 한학자, 나아가서 양학을 주로 하면서도 국학과 한학을 겸비한 자들이 모인 흥미로운 단체였다. 발족시의 동인에는 니시무라 이외에 오쓰키 반케이(大槻磐渓)·사카타니 시로시(阪谷素, 朗廬)·오쓰키 후미히코·나카 미치타카·구로카와 마요리·사카키바라 요시노·고나가이 하치로·기무라 마사코토·요다 갓카이(依田学海) 등이 있어, 처음에는 수 명 정도의 회합이었지만 점차 수가 증가하여 이후에는 총원 39명을 헤아리게 되었다고 한다. 매월 1회, 각자의 논설을 가지고 와 연구하고, 그 회합에서 보고된 내용은 기관지 『요요샤담(洋洋社談)』에 게재되었다.[76] 매호 8쪽 정도의 소책자로, 이지마 반주로(飯島半十郎)가 편집을 담당하고(이후 오카 게이코[岡敬孝]), 발행은 초야(朝野)신문사(이후에는 호치샤[報知社]와 간간도[巖巖堂])가 담당했던 듯하다. 창간호에는 오쓰키 반케이의 「요요샤기(洋々社記)」도 있긴 하지만, 전체적으로 보면 집필 횟수는 니시무라 시게키가 가장 많았다. 『요요샤담』의 논조는 시사문제를 회피하는 보수적인

---

75 王暁葵, 「明治初期における知識人結社の文化史的意義—洋々社とその周辺」, 明治維新史学会 編 『明治維新と文化』, 吉川弘文館, 2005, pp.183~210. 本庄栄治郎, 「洋々社について」, 『日本学士院紀要』, 第二十七巻 第一号, 1969, pp. 11~18.

76 요요샤의 기관지 『洋洋社談』은 1875년 4월 9일 창간 제1호부터 1883년 3월 30일 종간 제95호까지 거의 월간으로 발행되었다.

경향이 있었으며, 일본경제사관계, 양학에 대한 의문이나 남녀동권반대 등도 게재되었다. 문부성 『백과전서』의 번역자로서는 니시무라 시게키나 오쓰키 후미히코, 교정자로서는 이지마 반주로·사카키바라 요시노·고나가이 하치로·히라노 도모아키·오이 가마키치가 요요샤원이었다.

참고로, 메이로쿠샤에 앞선 학술결사로서는 에도 시대 말기에 가이야쿠샤(会訳社)라는 양학자집단이 개성소에 있었다는 기록도 있다. 야나가와 슌산(柳河春三)[77]을 중심으로, 가토 히로유키·미쓰쿠리 린쇼·와타나베 온(渡部温) 등이 번역신문을 내면 이것을 막부 안에서 회람하였다. 이처럼 개성소에서 메이로쿠샤로 이어지는 양학자의 인맥을 생각하면 문부성 『백과전서』라는 국가적 번역 프로젝트에서 미쓰쿠리 린쇼의 존재의 크기 역시 결코 간과될 수 없다는 점은 말할 것도 없을 것이다.

이상 텍스트의 성립과 번역자들을 살펴보았다. 다음 장부터는 많은 편들 안에서 하나의 테마를 선택하는 형태로 논의를 전개하고자 한다.

---

77 야나가와 슌산(柳河春三)은 난학을 익힌 이후에 영어와 프랑스어를 배운 양학자로, 일본인 저널리스트의 선구적인 인물이다. 1857년 기슈번(紀州藩)의 의관(医官)으로 난학소에서 근무했고, 이후 번서조소에 출사하였다가 1864년에 개성소 교수로 승진했다. 이 기간 동안 『洋学指針』, 『洋算用法』 『法朗西文典』, 『写真鏡図説』 등 주로 의학과 병학 중심의 저역서를 냈다. 야나가와 슌산에 관한 상세한 연구는 尾佐竹猛, 『新聞雑誌之創始者柳河春三』(名古屋史談会, 1920).; 小野秀雄·杉山栄, 『三代言論人集 第一巻 柳河春三, 岸田吟香』(時事通信社, 1962) 등을 참조.

[표] 문부성『백과전서』 전97편

(주로『문부성출판서목』에 의거한 것으로 실물을 확인하면서 수정하였다)

	초판 간행년도	번역 텍스트와 기점 텍스트의 제목	번역자	교정자
1	1873년	百工応用化学篇 CHEMISTRY APPLIED TO THE ARTS	牧山耕平	川本清一
2		教導説 EDUCATION	箕作麟祥	
3	1874년	医学篇 MEDICINE - SURGERY	坪井為春	久保吉人
4		交際篇 CONSTITUTION OF SOCIETY - GOVERNMENT	高橋達郎	内村耿之介
5		人種篇 PHYSICAL HISTORY OF MAN - ETHNOLOGY	秋山恒太郎	内村耿之介
6		経済論 POLITICAL ECONOMY	堀越愛国	平田宗敬
7		家事倹約訓 HOUSHOLD HINTS	永田健助	長川新吾
8		養生篇 PRESERVATION OF HEALTH	錦織精之進	久保吉人
9		漁猟篇 FISHERIES	錦織精之進	清水世信
10		商業篇 COMMERCE-MONEY- BANKS	前田利器	長川新吾
11		植物生理学 VEGETABLE PHYSIOLOGY	中村寛栗 片山淳吉	清水世信
12		電気篇 ELECTRICITY-GALVANISM-MAGNETISM- ELECTRO~MAGNETISM	深間内基	清水世信
13	1875년	化学篇 CHEMISTRY	小林義直	清水世信
14		動静水学 HYDROSTATICS - HYDRAULICS - PNEUMATICS	松川脩	清水世信 内村耿之介
15		国民統計学 SOCIAL STATISTICS	堀越愛国	平田宗敬
16	1876년	百工倹約訓 SOCIAL ECONOMICS OF THE INDUSTRIAL ORDERS	高橋達郎	寺内章明
17		法律沿革事体 HISTORY AND NATURE OF LAW	小林雄七郎	小林病翁
18		気中現象学 METEOROLOGY	小林義直	清水世信
19		蜜蜂篇 THE HONEY~BEE	坪井為春	平田宗敬
20		食物篇 FOOD - BEVERAGE	松岡隣 建部介石	内村耿之介
21		海陸軍制 MILITARY AND NAVAL ORGANISATION	高橋達郎	内村耿之介

	초판 간행년도	번역 텍스트와 기점 텍스트의 제목	번역자	교정자
22		地質学 GEOLOGY	柴田承桂	清水世信
23		骨相学 PHRENOLOGY	長谷川泰	小林病翁
24		物篇 MINING - MINERALS	鈴木良輔	清水世信
25		果園篇 THE FRUIT GARDEN	柴田承桂	平田宗敬 榊原芳野
26		養樹篇 ARBORICULTURE	坪井為春	久保吉人
27		豚兎食用鳥籠鳥 PIGS - RABBITS - POULTRY - CAGE~BIRDS	永井久一郎	久保吉人
28		天文学 ASTRONOMY (CIP 第 5 版)	西村茂樹	
29		給水浴澡掘渠 SUPPLY OF WATER - BATHS - DRAINAGE	河村重固	清水世信
30		牛及採乳方 CATTLE - DAIRY HUSBANDRY	河村重固	久保吉人
31		動物及人身生理 ANIMAL PHYSIOLOGY - THE HUMAN BODY	田代基徳	清水世信
32		金類及錬金術 METALS - METALLURGY	錦織精之進	清水世信
33		犬及狩猟 THE DOG - FIELD~SPORTS	関藤成緒	久保吉人
34		洋教宗派 RELIGIOUS CHURCHES AND SECTS	若山儀一	久保吉人
35		画学及彫像 DRAWING - PAINTING - SCULPTURE	内田彌一	内村耿之介
36		彫刻及捉影術 ENGRAVING - PHOTOGRAPHY	錦織精之進	小永井八郎
37	1877년	織工篇 TEXTILE MANUFATURES	梅浦精一	内村耿之介
38		古物学 ARCHÆOLOGY	柴田承桂	久保吉人
39		時学及時刻学 CHRONOLOGY - HOROLOGY	河村重固	大瀧確荘
40		馬 THE HORSE	錦織精之進	平田宗敬
41		蒸気機 THE STEAM~ENGINE	小林義直	内村耿之介 飯島半十郎
42		土工術 CIVIL ENGINEERING	大島貞益	内村耿之介 大井潤一
43		釣魚篇 ANGLING	錦織精之進	久保吉人
44		衣服及服式 CLOTHING - COSTUME	高橋是清	久保吉人
45		人口救窮及保険 POPULATION - POOR LAWS - LIFE~ASSURANCE	永田健助	久保吉人

	초판 간행년도	번역 텍스트와 기점 텍스트의 제목	번역자	교정자
46		地文学 PHYSICAL GEOGRAPHY	関藤成緒	久保吉人
47		光学及音学 OPTICS - ACOUSTICS	日原昌造	久保吉人
48		水運篇 MARITIME CONVEYANCE	永井久一郎	久保吉人
49		温室通風点光 WARMING - VENTILATION - LIGHTING	木村一歩	内村耿之介 飯島半十郎
50		物理学 NATURAL PHILOSOPHY	小島銑三郎	平田宗敬
51		回教及印度教仏教 MOHAMMEDANISM - HINDUISM - BUDDHISM	大島貞益	久保吉人
52	1878년	陶磁工篇 FICTILE MANUFACTURES	錦織精之進	久保吉人
53		菜園篇 THE KITCHEN GARDEN	木村一歩	榊原芳野
54		花園篇 THE FLOWER GARDEN	大井鎌吉	久保吉人
55		食物製方 PREPARATION OF FOOD - COOKERY	小林義直 関藤成緒	清水世信
56		太古史 HISTORY OF ANCIENT NATIONS	柴田承桂	西坂成一
57		南亜米利加及西印度地誌 SOUTH AMERICA - WEST INDIES	宮崎駿児	西坂成一
58		歳時記 KEY TO THE CALENDAR	小川駒橘	平野知秋
59		亜弗利加及大洋州地誌 AFRICA - OCEANIA	鈴木良輔	西坂成一
60		算術及代数 ARITHMETIC - ALGEBRA	佐原純一	久保吉人
61		中古史 HISTORY OF THE MIDDLE AGES	松浦謙吉	久保吉人
62		人心論 THE HUMAN MIND	川本清一	久保吉人
63		羅馬史 HISTORY OF ROME	大井鎌吉	大井潤一
64		北亜米利加地誌 NORTH AMERICA	大島貞益	久保吉人
65		英倫及威爾斯地誌 ENGLAND AND WALES	大塚綏次郎	久保吉人
66		愛倫地誌 IRELAND	海老名晋	西坂成一
67		北欧鬼神誌 SCANDINAVIAN MYTHOLOGY, &C. - MINOR SUPERSTITIONS	薗鑑	久保吉人

	초판 간행년도	번역 텍스트와 기점 텍스트의 제목	번역자	교정자
68		修身論 PRACTICAL MORALITY - PERSONAL AND GENERAL DUTIES	松浦謙吉	久保吉人
69		重学 MECHANICS - MACHINERY	後藤達三	久保吉人
70		英国制度国資 CONSTITUTION AND RESOURCES OF THE BRITISH EMPIRE	横瀬文彦	
71		欧羅巴地誌 EUROPE	高橋幹二郎	西坂成一
72		希臘史 HISTORY OF GREECE	永井久一郎	
73		英国史 HISTORY OF GREAT BRITAIN AND IRELAND	関藤成緒	西坂成一
74		論理学 LOGIC	塚本周造	大井鎌吉
75	1879년	植物綱目 SYSTEMATIC BOTANY	長谷川泰	榊原芳野
76		修辞及華文 RHETORIC AND BELLESLETTRES	菊池大麓	
77		体操及戸外遊戯 GYMNASTICS- OUT-OF DOOR RECREATIONS	カステール	
78		戸内遊戯方 INDOOR AMUSEMENTS	カステール	
79		蘇格蘭地誌 SCOTLAND	須川賢久	久保吉人
80		亜細亜及東印度地誌 ASIA - EAST INDIES	四屋純三郎	久保吉人
81		接物論 PRACTICAL MORALITY - SPECIAL SOCIAL AND PUBLIC DUTIES	秋山恒太郎	久保吉人
82	1880년	自然神教及道徳学 NATURAL THEOLOGY - ETHICS	箕作麟祥	
83		印刷術及石版術 PRINTING - LITHOGRAPHY	大槻文彦	
84		動物綱目 ZOOLOGY	永田健助	榊原芳野
85		陸運 INLAND CONVEYANCE	塚本克己	飯島半十郎 百田重明
86	1881년	農学 AGRICULTURE - CULTURE OF WASTE LANDS - SPADE HUSBANDRY	松浦謙吉	木村一歩
87	1882년	建築学 ARCHITECTURE		秋月胤永
88		羊篇 THE SHEEP - GOAT - ALPACA	吹田鯛六	保田久成
	[유린도합본]			
89	1883년	聖書縁起及基督教 HISTORY OF THE BIBLE - CHRISTIANITY	吹田鯛六	
90		幾何学 GEOMETRY	佐原純一	

	초판 간행년도	번역 텍스트와 기점 텍스트의 제목	번역자	교정자
91	늦어도 1886년	言語篇 LANGUAGE(CIP 第5版)	大槻文彦	
	[마루젠 합본]			
92	1883년	有要金石編 USEFUL MINERALS(CIP 第 5 版)	松田武一郎	
93	1884년	経典史 HISTORY OF THE BIBLE(CIP 第 5 版)	原彌一郎	
94		造家法 ARCHITECTURE(CIP 第 5 版)	都筑直吉	大鳥圭介
95		牧羊篇 THE SHEEP - GOAT - ALPACA(CIP 第 5 版)	勝嶋仙之介	
96		農学 AGRICULTURE(CIP 第 5 版)	玉利喜造	
97		幾何学 GEOMETORY(CIP 第 5 版)	原彌一郎	

*CIP: Chambers' s Information for the People

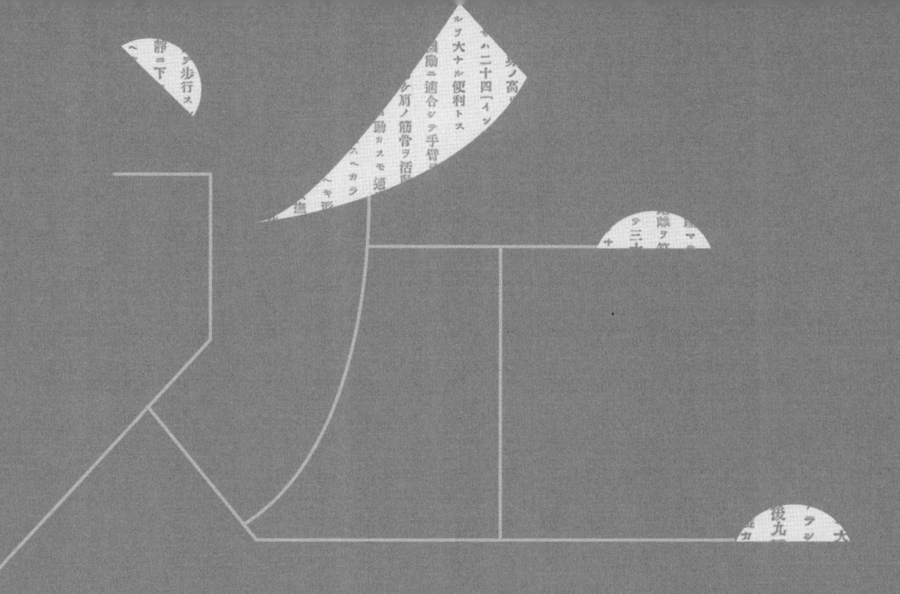

| 제3장 |

‘신체 교육’이라는 근대
—문명화된 몸짓

天文学　気中現象学　地質学　地文学　植物生理学　植物綱目　動物及人身生理　動物綱目　物理学　重学　動静水学　光学及音学　電気及磁石　時学及時刻学　化学篇　陶磁工篇　織工篇　鉱物篇　金類及錬金術　蒸汽篇　土工術　陸運　水運　建築学　温室通風点光　給水浴澡掘渠篇　農学　菜園篇　花園　果園篇　養樹篇　馬　牛及採乳方　羊篇豚兎食用鳥籠鳥篇　蜜蜂篇　犬及狩猟　釣魚篇　漁猟篇　養生篇　食物篇　食物製方　医学篇　衣服及服式　人種　言語　交際及政体　法律沿革事体　太古史　希臘史　羅馬史　中古史　英国史　英国制度国資　海陸軍制　欧羅巴地誌　英倫及威爾斯地誌　蘇格蘭地誌　愛倫地誌　亜細亜地誌　亜弗利加及大洋州地誌　北亜米利加地誌　南亜米利加地誌　人心論　骨相学　北欧鬼神誌　論理学　洋教宗派　回教及印度教仏教　歳時記　修身論　接物論　経済論　人口救窮及保険　百工倹約訓　国民統計学　教育論　算術及代数　戸内遊戯方　体操及戸外遊戯　古物学修辞及華文　印刷術及石版術　彫刻及捉影術　自然神教及道徳学　幾何学　聖書縁起及基督教　貿易及貨幣銀行　画学及彫像　百工応用化学家事倹約訓[1]

1 세이시샤(青史社)의 복각판(1983~1986년)의 타이틀에 의거. 후속장의 첫머리도 마찬가지.

1. 신체의 근대

우리들이 '걷고', '달리고', '수영하는' 것을 비롯한 기본동작은 메이지 시기에 크게 바뀌었다. '신체의 영도(零度)'를 논하면서 미우라 마사시(三浦雅士)도 지적한 것처럼 일상적인 신체 동작조차도 현재의 동작은 메이지 이후의 근대화가 초래한 결과였던 것이다.[2] 흔하디 흔한 일상의 동작이라서 알아차리기 힘들지만 우리들의 신체 동작은 근대 일본에 도입된 '신체 교육'에 의해 교정된 것이었다. 와후쿠(和服)[3]를 입을 때의 방법, 난바하시리(ナンバ走り)[4], 일본 수영법 등 전통적인 신체 동작들을 생각해 보면 그것들이 특별한 유표성(有標性)을 띠고, 현대의 일상적인 신체 동작과는 단절되어 있다는 점은 분명할 것이다.

---

2 三浦雅士, 『身体の零度 ― 何が近代を成立させたか』, 講談社, 1994.

3 일본의 전통 의상을 통틀어 이르는 말. 서양의 옷에 상대하여 이르는 말(옮긴이).

4 오른손과 오른발, 왼손과 왼발을 동시에 내딛는 일본의 전통적인 걷는 법(옮긴이).

근대에서 신체의 문제는 일본만의 현상은 아닐 것이다. 예를 들면 사회학자 노베르트 엘리아스(Norbert Elias)는 폭력과 문명의 대립축으로부터, 19세기 영국의 스포츠와 의회제도를 '문명화의 과정' 안에서 동시대적으로 발생한 것으로 본다.[5] 근대 스포츠는 근대 사회가 만들어낸 신체 게임이고, 의회는 근대 국가를 위한 정치 게임이라는 것이다. 또한 근대 교육과 결부된 신체의 '규율·훈련'은 미셸 푸코가 주장하여 잘 알려져 있다.[6] 나아가 필립 아리에스(Philippe Ariès)에 의하면 중세 유럽에서는 없었던 '교육'은 '아동'과 함께 근대에 탄생된 것이다.[7]

그렇지만 일본에서 '신체 교육'이란 메이지 초기에 physical education으로부터 만들어진 번역어라는 점, sport의 번역 한자어가 아직 성립되지 않았던 사정 등도 기억해 둘 필요가 있다. 이번 장에서는 우리들의 신체가 규율·훈련을 거쳐 문명화되는 과정을 메이지 일본에서의 번역이라는 사건으로서 다시 파악해 보고자 한다. 구체적인 번역 텍스트의 독해를 통해 근대 일본의 신체와 교육을 둘러싼 번역어에 초점을 둠으로써 무엇이 보이는가를 탐색한다.

---

5 ノルベルト·エリアス, 波田節夫·溝辺敬一·羽田洋·藤平浩之 訳, 法政大学出版局,『文明化の過程 上-ヨーロッパ上流階層の風俗の変遷』; 赤井慧爾·中村元保·吉田正勝 訳, 法政大学出版局, 2010; ノルベルト·エリアス,『文明化の過程 下—社会の変遷·文明化の理論のための見取図』, 2010.

6 ミシェル·フーコー, 田村俶 訳,『監獄の誕生 —監視と処罰』, 新潮社, 1977.

7 フィリップ·アリエス, 中内敏夫·森田伸子 訳,『'子供'の誕生 —アンシァン·レジーム期の子供と家族生活』; 杉山光信·杉山恵美子 訳, みすず書房, 1980; フィリップ·アリエス,『'教育'の誕生』, 新評論, 1983.

2. 메이지 정부와 '교육'

| 문부성 『백과전서』의 '교육' |

『백과전서』를 기획한 중심 인물 중 한 명으로 당시 문부성에서 일하고 있던 미쓰쿠리 린쇼(1846~1897)가 있다. 그는 직접 EDUCATION과 NATURAL THEOLOGY ―ETHICS의 번역을 담당했는데, 여기서 보고자 하는 것은 EDUCATION과 이것의 번역 텍스트이다.

EDUCATION의 미쓰쿠리 번역은 1873년 9월에 우선 『교도설(教導說)』로 출판되었다. 이는 분책본 『백과전서』 중에서도 두 번째로 빠른 간행이었다. 상하 2책의 화장본(和裝本)으로 출판된 『교도설』 상편의 권두에는 〈백과전서 서〉(후루야 쓰요시[古屋矯])와 〈범례〉, 〈서언〉 등이 붙어 있어 다른 편과 비교해도 분명히 특별하게 취급되고 있다. 문부성의 『백과전서』 전편 중에서도 education을 테마로 한 이 책은 문부성에게 특별히 중요한 위치를 갖고 있었다고 생각된다. 또 교정자에 대한 기재도 없

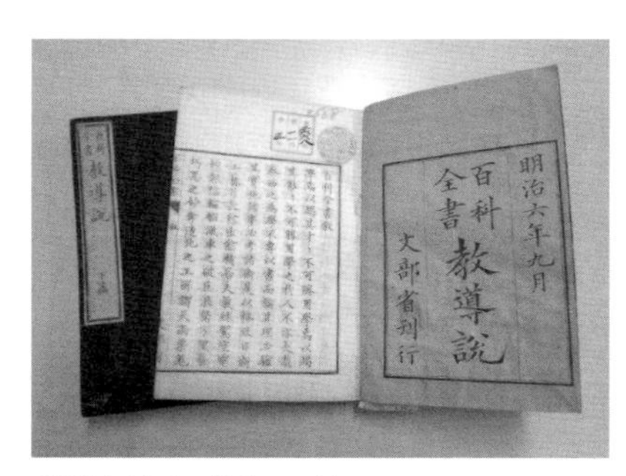

화장본 상하 2책 『교도설』

다는 점에서 이 번역 사업에서의 미쓰쿠리라는 존재가 두드러지는 텍스트이기도 하다.

이나토미 에이지로(稲富栄次郎)는 메이지 초기의 '교육' 사상을 논하면서 "미쓰쿠리 린쇼 번역 『백과전서 교도설』이 그 효시"로서 "이 책은 당시 꽤나 읽혔었던 것으로 생각된다"고 평가하고 있다. 그리고 『교도설』은 "일본에서 에듀케이션, 즉 교육의 의미를 어원적으로 설명한 최초의 것으로, 서양적인 교육의 의미를 일본에 소개한 최초의 것이라 할 수 있다"고 쓰고 있다.[8] 여기서 『교도설』을 다루면서 이나토미가 부주의하게 '에듀케이션, 즉 교육'이라 쓰고 있는 것은 'education=교육'이라는 번역의 등가가 우리들의 무의식 속에 깊이 성립하고 있음을 보여주는 증거일 것이다. 린쇼가 소개한 '서양적인 교육의 의미'란 무엇이었던 것일까.

| 미쓰쿠리 린쇼 번역 『교도설』에서 『교육론』으로 |

미쓰쿠리 번역 『교도설』은 간행으로부터 5년 후 1878년에 『교육론(教育

8 稲富栄次郎, 『明治初期教育思想の研究』, 福村書店, 1956, pp.219~220.

論)』으로 제목을 바꾸고 있다. 'education'의 번역어가 왜 '교도'에서 '교육'으로 바뀌었는가를 묻는 것은 근대 일본의 '신체 교육'의 근간을 다시 묻는 작업일 것이다.

미쓰쿠리 린쇼는 많은 번역에 손댔지만 그 자신의 저작은 거의 없으며 『백과전서』의 '교도'에서 '교육'으로의 변경의 경위를 언급한 기록도 없다. education이라는 개념에 대한 이해가 동요하고 있다는 현실이 얼마 지나지 않아 '교육'으로 정리되었던 것일까? 절반은 그럴 수도 있지만, 꼭 그런 것은 아닐거라고 필자는 생각한다.

이 문제를 검토한 무라세 쓰토무는 논문에서 그 결론으로서 "정치적·사회적 배경이 '교도'와 '교육'의 혼용에 대해 분명히 영향을 준 것은 아니었다"고 하여 『교도설』에서 『교육론』으로의 제목이 바뀐 것은 역사적 경위 속에서 린쇼의 시점이 '교육'으로 낙착된 결과라고 정리하고 있다.[9] 하지만 번역연구의 관점에서 다른 해석의 가능성을 제기하고 싶다. 근대 일본의 번역어로서 '교육'의 성립은 'education=교육'이라는 등가의 정치성과 관계없을 수 없기 때문이다. 이 점을 린쇼의 텍스트에서 찾아보자.

『교도설』에서 린쇼 자신이 쓴 서언은 목차를 들어가면서 전체를 개관하고 있다. 중요하기 때문에 전문을 인용한다.

9　村瀬勉·早川亜里·田中萬年, 「百科全書「教導説」の検討–箕作麟祥による「Education」の翻訳」, 『職業能力開発総合大学校紀要 ⊠人文·教育編』, 第35号, 2006, pp.1~22.

이 책은 영국인 체임버스 씨의 저서 백과전서 중에 아동 교도 의 편을 번역한 것이다. 즉 통편을 6항으로 나누면 총론, 몸(体)의 교(教), 도(道)의 교, 심(心)의 교, 교도 의 용변(用便)에 구비해야 할 것, 전문 교도 및 백공(百工) 교도 로, 그 요지는 소학교에서 교도 의 법을 개론으로 삼는 것이지만, 세상의 부모된 자가 그 자식을 교육 함에 없어서 안 될 도를 해명(辨明)하는 책이다. 따라서 지금 이를 번역함에 부모된 자로 하여금 널리 교육 의 요지를 알게 하기 위해 원문의 위치를 변경하거나, 그 뜻을 부연해 가능한 이해하기 쉬움을 위주로 삼았으니, 세인(世人)들이 일목요연케 할 수 있음을 바랬다. 그럼에도 역문의 체제(体裁)에 그렇지 않은 것이 있어 편내에 문사(文詞)의 난삽함을 면치 못하였으니, 부디 불편하신 독자 여러분께 양해를 청하고자 한다.

1873년 초여름 미쓰쿠리 린쇼 적음.

이 서언에서 우선 눈을 끄는 것은 '교도'와 '교육'이 혼재하고 있다는 점이다. 번역자의 어휘 속에서는 '교도', '교육'이라는 선택지가 있었는데 편명으로서는 '교도'를 선택한 것이다. 1871년 미쓰쿠리가 번역한 『태서 권선훈몽(泰西勸善訓蒙)』에는 '교육'이란 말이 쓰이고 있지만, 이는 이 말이 당시 일반적이었기 때문이었을 것이다. 하지만 그는 동시에 위화감을 느꼈을지도 모른다. 그래서 문부성 『백과전서』에서는 굳이 '교도'라는 말을 사용했다고 할 수 있다.

린쇼가 이렇게 나누어 사용한 것에 대해 모리 시게오(森重雄)는 '교도'를 학교 측에, '교육'을 가정 측에 유보(留保)시킨 것으로 본다. 따라서

『교도설』에서 『교육론』까지 5년간은 "전통집단(vernaculer) 측에 양도되었던 '교·육'(하지만 전통집단 측에서는 이 말을 좀처럼 받아들이지 않았다)이 근대 학교장치를 통해 교육의 변형(variant)으로 하위화되고 그 편성하에 편입되어, 즉 '식민지화' 되었다는 것"이다.[10] 모리의 지적은 전통적인 '교육'으로부터 번역어로서의 '교육'으로의 전환을 예리하게 간파하고 있다.[11]

린쇼가 서언에서 들었던 목차 구성처럼 '총론'(번역서만), '몸의 교(体ノ教)'(PHYSICAL EDUCATION), '도의 교(道ノ教)(MORAL EDUCATION), '마음의 교(心ノ教)(INTELLECTUAL EDUCATION), '교도(教導)의 용변에 구비해야 할 것'(MECHANISM FOR EDUCATION), 전문교도 및 백공교도(SPECIAL AND INDUSTRIAL EDUCATION)라는 여섯 장으로서 구성되어 있다. 이들의 각 장 제목에서는 education의 번역어로서 '교'와 '교도'가 사용되고 있다. '교육'이라는 말을 알면서도 린쇼의 번역 행위에는 'education=교육'에 대한 망설임을 표출하고 있다. physical education도 '신체 교육'이라는 2자 한자어의 조합이 아니라 굳이 '몸의 교(体ノ教)'라는 일본어로 되어 있다.

『교도설』의 본문에는 '교도'를 '에듀케이트'의 역어로서 소개해 다음과 같이 정의하는 부분이 있다.

---

10 森重雄, 『モダンのアンスタンス』, ハーベスト社, 1993, p.140.

11 다만, 모리의 지적은 서언에서만 들어맞는다. 무라세 등의 앞선 논문도 분석하고 있듯이 「교도설」의 본문에서는 '교도'가 학교 측, '교육'이 가정 측이라는 분류에 반드시 맞지 않는다.

교도의 원어인 '에듀케이트'라는 자는 원래 라틴어 '에듀카레'에서 유래한 것으로 그 본의는 유도한다는 뜻이다. 따라서 이 글자의 뜻은 능히 교도의 취지와도 적합하다. 그 뜻은 원래 사람이란 천연히 어리석어 움직이지 않는(粗魯不動) 자이기 때문에 반드시 외력(外力)으로서 그 마음의 능력을 유도하여 이를 활동시켜 교묘(巧妙)함에 이르게 해야 함에 있다. 교도의 일에 관해 확정된 의견을 세우고, 교도의 법을 실제로 시행하는 좋은 법을 선택하고자 한다면, 우선 분명히 교도를 받아야 할 자의 성질 여하를 알지 않으면 안 된다.

The primary meaning of the term *educate*, from the Latin *educare*, to lead or bring out, does not ill express the first great principle of the science. It may be held to assume that the human being is naturally in a comparatively rude and inert condition, and that external forces must be applied to draw forth his faculties into their full activity and power, and bring them to their highest degree of refinement and nicely of application. Before correct views can be entertained with regard to education, or proper steps can be taken for working it out in practice, it is obvious that a distinct notion ought to be attained as to the character of the being to be educated

기점 텍스트에는 없지만 번역자가 추가한 '교도의 원어'라거나 '능히 교도의 취지와도 적합하다'라는 설명에서 educate는 '교도'로서 이해되고 있다. educate는 라틴어 educare에서 유래하여 lead나 bring out

을 의미하는데 이 어원을 근거로 하여 린쇼는 '교도'로 번역했을 것이다.

1878년에 『교육론』으로 제목을 바꾼 번역 텍스트에서는 본문에서도 '교도'가 '교육'으로 기계적으로 치환된다. 원래의 '교도'에 단순한 수정이 행해지는 것으로, 이것이라면 번역자 본인이 반드시 수정해야 하는 것은 아니다. 이 변경의 결과 '교육'이 '에듀케이트'로서 재정의되게 된다. 즉 앞서 정의하는 부분은 이렇게 바뀌었다.

> "교육(教育)의 원어인 '에듀케이트'라는 자는 원래 라틴어 '에듀카레'에서 유래한 것으로 그 본의는 유도한다는 뜻이다. 따라서 이 글자의 뜻은 능히 교육의 취지와도 적합하다. 그 뜻은 원래 사람이란 천연히 어리석어 움직이지 않는(粗魯不動) 자이기 때문에 반드시 외력(外力)으로서 그 마음의 능력을 유도하여 이를 활동시켜 교묘(巧妙)함에 이르게 해야 함에 있다. 교육의 일에 관해 확정된 의견을 세우고, 교육의 법을 실제로 시행하는 좋은 법을 선택하고자 한다면, 우선 분명히 교육을 받아야 할 자의 성질 여하를 알지 않으면 안 된다.

1872년 교부성에 설치된 '교도직'으로부터의 연상을 갖고 올 것도 없이 교부성과 문부성과의 합병과 분리는 '교도'라는 말과 관계가 없지는 않을 것이다.[12] 문부성과의 합병이 결정되는 것에 대해 교부경(教部卿)

---

12 두 성의 합병 문제에 관해서는 狐塚裕子, 「明治五년教部省と文部省の合併問題」, 『清泉女子大学人文科学研究所紀要』(第16号, 1994, pp.129~156)이 상세하게 논하고 있다.

사가 사네나루(嵯峨実愛)는 "본 성에서 논의를 해 본 바, 교도에 관한 일도 문부성 교육에 관한 일도 다 관계가 있으므로 문부성과 교부성을 합쳐도 좋을 것이다"라는 내용을 포함한 서간을 보낸 바 있었다.[13] 여기서 사가는 교부성의 '교도'와 문부성의 '교육'이라는 구분을 하고 있다. 신관 승려의 전통적 교지(教旨)인 '교도'와 서양 근대를 목표로 한 '교육'이라는 이항대립 속에서 'education=교육'은 서양사상에 기초한 국민교육이라는 문맥에서 사회진화론적으로 중요성을 띠게 된 것이다.

미쓰쿠리 린쇼는 문부성 관리와 병행하여 사법성에서도 겸직했는데, 1875년 사법성 관리가 되어 문부 행정에서 사법 분야로 번역 행위의 장을 본격적으로 옮겼다. 이후에는 1877년에 사법대서기관, 번역과·민법편찬과 양과장, 민법편찬위원을 겸무하고, 1880년에는 태정관 대서기관·법제국에서 근무하고, 1886년에는 상법편찬위원 등을 역임했다.[14] 미쓰쿠리 린쇼가 부재한 문부성에서 『교도설』에서 『교육론』으로의 개정은 번역자 본인의 의도보다도 '교육'이란 말에 대한 정치적 요청이 배후에 어슴푸레 보인다. 문부성은 '교도'가 아니라 '교육'이라는 번역어를 욕망하고 있던 것이다. 학제취조괘(学制取調掛)인 미쓰쿠리 린쇼 등에 의해 구상된 프랑스식의 '학제'(1872년)로부터 미국식의 '교육령'(1879년)으로의 방향 전환은 그가 문부성에서 사법성으로 이동한 후였다.

---

13 国立国会図書館蔵, 『岩倉具視関係文書』의 「黒田清綱子蔵秘牘写」에 있는 「嵯峨実愛書翰宍戸璣·黒田清綱宛」 1872년 10월 15일.

14 大槻文彦, 『箕作麟祥君伝』(丸善, 1907) 등을 참조.

근대 국가의 국민이라는 픽션을 탄생시키기 위해 특히 '교육'은 문명개화 정책에서 불가결했다. 그리고 'education=교육'이라는 번역어가 요청되어, 이 번역의 등가가 자명화되는 가운데 이윽고 번역어라는 것 자체가 망각되어 갔던 것이다.

| '교육'이란 |

'교육'이라는 한자어는 오래전 한적에 등장한다. 『맹자』 「진심상(盡心上)」에 "천하의 영재를 얻어서 교육시킨다(得天下英才而教育之)"라는 말이 있다. 하지만 이러한 유교적 용법에서 '교육'은 그 후 중국어에서 사어처럼 되었고, 현재 중국어에서 '교육'은 일본의 번역어를 역수입한 것이라 지적된다.[15] 일본 사전에서는 1866년 『개정증보 영화대역 수진사서(英和対訳袖珍辞書)』에서 'Educate-ed-ing. 교육하다(教育ス)' 'Education. 위의 일'로, 헵번의 『화영어림집성(和英語林集成)』에서는 1872년 재판부터 '교육'이 등장한다.

메이지 초기에는 '교육'을 책 이름으로 하는 많은 번역서들이 출판되었다. 예를 들면 니시무라 시게키의 『교육사』(1875), 고이즈미 노부키치(小泉信吉)·요쓰야 준자부로 번역 『소학교육론』(1877), 이시바시 고이

15 王智新, 「中国における近代西洋教育思想の伝播と変容について(1)-一八六〇年から一九一一年まで」, 『宮崎公立大学人文学部紀要』 第7巻 第1号, 1999, pp.41~65.

치(石橋好一) 번역 『법국교육설략(法国教育説略)』(1879), 세키 신파치(尺振八) 번역 『사씨(斯氏) 교육론』(1880), 니시무라 테이(西邨貞) 번역 『소학교육신편(小学教育新編)』(1881), 소에다 준이치(添田寿一) 번역 『배인씨(倍因氏)교육학』(1883), 쓰치야 마사토모(土屋政朝) 번역 『교육학』(1883), 가이오리에(甲斐織衛) 번역 『교육범론』(1883), 기쿠치 다이로쿠 번역 『직업교육론』(1884), 하시모토 다케시(橋本武) 번역 『교육범론』(1884) 등이 있다. 또한 1877년에는 문부성 『일본교육사략』이 간행되고 있다. 이는 1867년 미국독립 100주년을 기념한 만국 박람회 출품 전시용으로 작성한 *An Outline History of Japanese Education*을 원고로 한 것으로, 문부성 데이비드 머리(David Murray)와 오쓰키 슈지 등이 집필을 담당한 것이다. 또한 '교육박물관'이라는 명칭의 공공시설도 1877년에 우에노 공원 내에 개설되었다(도쿄 박물관이 이전을 계기로 개칭. 현재의 국립과학박물관의 전신). '교육'이라는 말은 당시 꽤 유통되었다고 생각해도 좋다.

사회진화론으로 저명한 영국인 허버트 스펜서(Herbert Spencer)의 1861년 저작 *Education: Intellectual, Moral and Physical* 일본 번역이 세키 신파치 번역 『사씨교육론』과 아리가 나가오(有賀長雄) 역주 『표주(標註) 사씨교육론』(1886)이다. 이 '교육'론에서 주장되고 있는 것이 '지육', '덕육', '체육'이라는 삼육주의였다. 스펜서의 *Social Statistics*는 마쓰시마 고(松島剛) 번역 『사회평권론(社会平権論)』(1881~1884)으로 일본에서 베스트셀러가 되어 자유민권운동의 지주가 되었는데, 이러한 스펜서 붐도 배경에 있었기에 그의 '교육'론이 메이지 정부의 문부 행정에 침투한 것으로 보인다.

같은 시기 이사와 슈지(伊澤修二)의 『교육학』도 출판되었다. 이사와는 1875년부터 1878년까지 문부성에서 파견되어 미국 사범학교 등을 조사하고 있었다. 3년간의 미국 유학 중 메사추세츠 주립 브릿지워터 사범학교에서 청강할 때의 노트를 기본으로 귀국 후에 『교육학』으로 간행한 것이다. 이 저작은 '일본에서 교육학의 시작'으로 일본인에 의한 '교육'학 책의 효시가 되는 것이다.[16]

이사와의 『교육학』 〈제1편 총론〉에서는 "신체상의 교육 즉, 체력을 육성하는 것은 체육학 전과(專科)에 속하는 바로서, 그 목적은 지체(支体)를 발육해 기기(機器)를 완성함으로써 정신이 머무는 바의 가옥, 즉 신체를 강건히 하여 심력(心力) 발육의 기초로 삼음에 있다"라고 하여 '신체 교육' 즉 '체육'을 정의하고 있다. 당시 유행한 스펜서류의 삼육주의가 답습되어 '정신상의 교육'으로서의 '지육'과 '덕육', 그리고 '신체상의 교육'으로서의 '체육'으로 '교육'이 분류되고 있다. 나아가 〈제4편 체육〉에는 '체육의 목적'에 대한 언급이 있다. "체육이 목적으로 하는 바는 신체의 건강을 보전해 그 발육을 조성하여 각부 편장(偏長)의 폐가 없이 지덕 양성의 기본을 만들고 지체의 강력을 증가시킴에 있다"라는 점에서 '체육'은 '지육', '덕육'의 기초가 되는 것이었다. 또한 권말에는 부록으로서 '교육학 용어 화영대역(和英対訳) 분류 일람'도 게재되고 있어, '교육,

---

16 伊澤修二, 『教育学』, 白梅書屋, 1882~1883. 교육학사 시점에서의 위치에 대해서는 村井実 編, 「日本における教育学のはじまり」, 『原典による教育学の歩み』(講談社, 1974)을 참조.

Education'을 비롯하여 '신체상의 교육 즉 체육(Physical Education)' '운동(Exercise)' '경체조(Light Gymnastics)' '중체조(Heavy Gymnastics)' 등 일련의 용어가 일본어와 영어로 열거되고 있다. 덧붙여 이사와가 귀국 직후 출판한 것은 진화론을 소개한 토마스 헨리 헉슬리(Thomas Henry Huxley)의 강연집의 초역 『생종원시론(生種原始論)』(1879년, 이후 1889년에는 『진화원론』으로 완역)이었다. 그의 '교육' 사상의 저류에 진화론이 있었다고 생각된다.

3. '신체 교육'의 행방

| 문부성 『백과전서』와 '신체 교육' |

문부성 『백과전서』 내에 신체 교육에 직접 관계가 있는 것은 『체조 및 호외유희(体操及戶外遊戲)』(GYMNASTICS-OUT-OF-DOOR RECREATION)이다.[17] 번역자는 네덜란드인 카스티엘(한자표기는 漢加斯底爾)이고, 그는 『백과전서』의 『호내유희방(戶內遊戲方)』(INDOOR AMUSEMENTS)도 담당하고 있다. 2편 모두 1879년에 분책본이 출판된다. 카스티엘의 풀네임은 Abraham Thierry van Casteel로, 1843년 로테르담에서 태어나 1879년 11월 9일 일본에서 병사했다. 따라서 『체조 및 호외유희』와 『호내유희

---

17 호외(戶外)와 호내(戶內)라는 표현은 잘 쓰지 않지만 『체조 및 호외유희』와 『호내유희방』이라는 책 제목을 따라 그대로 호외와 호내라는 표현을 사용한다. 실외와 실내라는 뜻 정도로 읽을 수 있다(옮긴이).

방』은 번역자 카스티엘의 사후에 간행된 것이었다.[18]

『체조 및 호외유희』는 'gymnastics=체조'와 'out-of-door recreation=호외유희'로 내용이 이분된 것인데, 여기서는 '체조'와 '호외유희'가 한 책으로 묶이고 '호내유희'는 분리되었다는 점이 중요하다. 메이지 시기의 '신체 교육'에서 『백과전서』의 영향에 관해 기노시타 히데아키(木下秀明)는 '체육' 개념의 형성과 관련해 다음과 같이 지적한다.

> 『백과전서』(문부성, 1879년)에 『체조 및 호외유희』와 『호내유희방』 2책이 보여주듯이 유희라는 성질로부터 정리되지 않고, 운동과 비운동적인 것으로 구분이 행해지고 있다. 이처럼 호외유희가 체조와 하나로 여겨지고 그 목적 또한 체조의 목적인 체육을 예상케 하는 것이 되어 유희 중 호외유희만이 체육법으로서 전개된다.[19]

책 이름이 보여주듯이 『백과전서』에서는 '체조'와 '호외유희'가 관련되게 되고, 양자가 '신체 교육'의 대상이 된 것이다. 1878년 10월에 문부성 직할로 설립된 '체조전습소'의 명칭과 더불어, '체조'나 '호외유희'를 통해 국민의 신체를 교육하는 '체육'의 탄생과 연결되는 것이다. 이 점은 1885년에 쓰보이 겐도(坪井玄道)와 다나카 세이교(田中盛業)가 편집

---

18 橋本美保, 『明治初期におけるアメリカ教育情報受容の研究』, 風間書房, 1998.

19 木下秀明, 『日本体育史研究序説~明治期における「体育」の概念形成に関する史的研究』, 不昧堂出版, 1971, p.138.

한 『호외유희법 일명 호외운동법』의 서언에서도 보인다.

> 신체 연성(錬成)의 법은 원래 합식체조(合式体操)(경운동[軽運動])만으로 충분한 것이 아니다. 이와 더불어 호외(戸外)운동(유희법)도 연구하지 않으면 안 된다. 호외유희가 이익되는 바는 단순히 신체의 강건을 증진시킬 뿐만 아니라 크게 심신을 상쾌하게 하여 우창쾌활(優暢快活)의 기풍을 양성하여 아동 체육상에서 실로 없어서는 안 되는 과목이다.[20]

여기서는 '체조(경운동)'에서 '호외운동(유희법)'으로의 확장과 교육으로서의 '아동 체육'에 주목하고 있다. 쓰보이 겐도는 체조전습소 교사로 미국에서 초빙된 조지 아담스 릴랜드(George Adams Leland)의 통역자이기도 했다.

『호외유희법 일명 호외운동법』의 서언에 앞서 본서 모두에 위치한 니시무라 테이(西邨貞)의 「호외유희법 서(序)」에는 서양 제국의 '내셔널 게임', 즉 '국가놀이(國戯)'에 해당하는 유희가 일본에 없다는 것, 그리고 그것은 '내셔널 송', 즉 '국가'와 같이 '자연적으로 산출되는 것'이라고 기술되어 있다. 그러나 야마즈미 마사미(山住正己)가 창가 교육사 속에서 음악취조괘의 국가 선정 사업과 그 곤란에 관해 상술하고 있는 것처럼 '국가'는 자연적으로 생겨나는 것은 아니다.[21] '국가'로서의 '기미가요'는

---

20 坪井玄道·田中盛業 編, 『戸外遊戯法 一名戸外運動法』, 金港堂, 1885.

21 山住正己, 『唱歌教育成立過程の研究』, 東京大学出版会, 1967.

'고쿠기칸(國技館)'(1909년에 개관)에서 흥행되었던 스모가 '국기(國技)'로 간주되는 것과 동시에 근대 일본에 의해 발명된 것이기 때문이다.

| 카스티엘 번역 『체조 및 호외유희』에서의 '체조' |

문부성 『백과전서』의 『체조 및 호외유희』를 개관하기 위해 목록과 그것에 대응하는 GYMNASTICS-OUT-OF-DOOR RECREATION의 항목을 병기해 보자.

체조의 수련	GYMNASTIC EXERCISES
지시 범칙(凡則)	General Directions
체세(体勢) 및 운동법	Positions and Motions
'인디언 클럽'	Indian Club Exercises
'리핑'법 및 '볼팅'법	Leaping-Vaulting
중량 반단(搬担)의 술	Carrying Weights
소요법(逍遥法) 및 보주술(步走術)	Walking-Running
보행술의 연습	TRAINING-PEDESTRIAN FEATS
교외에서 유보(遊步)하는 소년에 대한 경계	Advices to Young Men on Walking Excursions
호외의 희희(嬉戲)	OUT-OF-DOOR RECREATIONS
유영(遊泳)	SWIMMING
'스케이팅'(빙상을 유행[溜行]하는 법)	SKATING
빙상유행술의 시회(示誨)	Practical Directions for Skating
'컬링'법	CURLING
'컬링'유희의 규칙	Laws and Regulations for Curling
'크리켓'법	CRICKET
'골프'놀이	GOLF
궁술	ARCHERY
'요팅' 및 '보팅'의 일	YACHTING-BOATING
'신티' 및 '헐링'의 일	SHINTY-HURLING

'파이브스', '라켓' 및 '테니스'의 일	FIVES-RACKETS-TENNIS
축국(蹴鞠)	FOOT-BALL
'쿼이츠'의 일	QUOITS

카스티엘 번역 『체조 및 호외유희』에서는 'gymnastics=체조'에 관해 "체조(짐내스틱)는 신체 및 근골을 강장케 하기 위한 운동"(Gymnastics are those exercises of the body and limbs which tend to invigorate and develop their power)으로 정의된다. '체조'란 신체를 강장케 하는 'exercise=운동'이고 '짐내스틱'인 것이다. 그리고 그것은 다음과 같이 '교육'의 대상이 된다.

> 이 같은 해를 피하기 위해 근골이 연약한 아동에게는 체조법을 교육의 일부로 삼지 않으면 안 된다. 따라서 한가한 시간이 있으면 반드시 체조를 수련해야 한다.
>
> To avert, as far as possible, these imperfections, gymnastics ought to form a part of education in youth, when the joints and muscles are flexible, and time is permitted for the various kinds of exercises.

여기에서 '이 같은 해'란 '체조'를 수련하지 않았을 경우의 다양한 신체적으로 건강하지 못한 상태를 가리키는데, '체조'를 '교육의 일부'로 삼고 있는 점이 주목된다. 그리고 '체조'에 적당한 장소, 복장, 시간대 등도 계속해 지시되고 있다.

'running=도술(走術)'은 '그림 제10'에서 보이는 자세가 된다. 이것은 상반신과 하반신이 동시에 나가는 난바 달리기와는 달리 오른발과 왼손을 앞에 내는 신체 작법이다.

> 달릴 때는 가슴의 상부를 조금 앞으로 내밀고, 머리는 조금 뒤로 젖힌다. 왜냐하면 앞으로 내밀어서 중량에 저항해서 평균을 이루게 된다. 또 흉부는 돌출해야 하고 견갑(肩胛)은 똑바로 움직이지 않고, 손과 팔꿈치의 상부는 몸의 양측에 밀접케 하고, 팔꿈치는 구부려 예각의 형태를 이룬다.
>
> The upper part of the body is slightly inclined forward; the head slightly thrown backward, to counteract the gravity forward; the breast is freely projected; the shoulders are steady, to give a fixed point to the auxiliary muscles of respiration; the upper parts of the arms are kept near the sides; the elbows are bent, and each forms an acute angle;

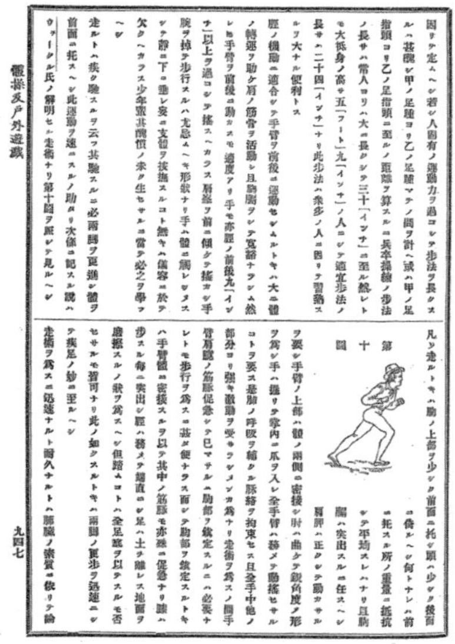

體操及戸外遊戯

因リテ定ムヘシ若シ人固有ノ運動力ヲ過コシテ歩法ヲ長クスルハ甚悞シ甲ノ足踵ヨリ乙ノ足踵マテノ間ヲ計ヘ或ハ甲ノ足指頭ヨリ乙ノ足指頭ニ至ルノ距離ヲ算スルニ兵卒操練ノ歩法ノ長サハ常人ヨリハ大ニ長クシテ三十「インチ」ニ至ル然レトモ大抵身ノ高サ五「フート」九「インチ」ノ人ニシテ適宜歩法ノ長サハ二十四「インチ」ナリ此歩法ハ衆多ノ人ニ因リテ習熟スルヲ大ナル便利トス

脛ノ機動ニ適合シテ手臂ヲ前後ニ運動セシムルトキハ大ニ體ノ轉運ヲ助ケ肩ノ筋骨ヲ活動シ且胸腹ヲシテ寛豁ナラシム然レトモ手臂ヲ前後ニ動カスモ適度アリ手モ亦脛ノ前後九「インチ」以上ヲ過コシテ搖スヘカラス肩墨ヲ前ニ傾ケテ搖カシ手腕ヲ掉テ歩行スルハ尤忌ムヘキ形状ナリ手ハ體ニ觸レシメスシテ静ニ下ニ垂レ姿ニ支體ヲ拔撫スルコト無キハ儀容ニ於テ欠クヘカラス少年輩其慣ノ求メ生セサルニ當テ必之ヲ學フヘシ

走ルトハ疾ク驗スルヲ云フ其驗スルニ必兩脚ヲ更進シ體ヲ前面ニ托スヘシ此運動ヲ速ニスルノ助ケタリ大係ニ記スル説ハウォークル氏ノ解明セル走術ナリ第十圖ヲ照シテ見ルヘシ

凡ソ走ルトキハ胸ノ上部ヲ少シク前面ニ托シ頭ハ少シク後面ニ倚ルヘシ何トナレハ前ニ托スル所ノ重量ニ抵抗シテ平均スレハナリ且胸臆ハ突出スルニ任スヘシ肩胛ハ正クシテ動カサルヲ要シ手臂ノ上部ハ體ノ兩側ニ密接シ肘ハ曲ケテ鋭角度ノ形ヲ爲シ手ハ握リテ掌内ニ爪ヲ入レ全手臂ハ務メテ動搖セサルコトヲ要ス是胸ノ呼吸ヲ輔タル豚絡ヲ拘束セス且全手中他ノ部分ヨリ強キ激動ヲ受ケシメンカ爲ナリ走術ヲ爲スノ間手臂肩臆ノ筋豚促急シテ巳マサルハ胸部ヲ鎭定スルニハ必要ナレトモ歩行ヲ爲スニ甚タ便ナラス而シテ胸部ヲ鎭定スルトキハ手臂體ニ密接スルヲ以テ其中ノ筋豚モ亦殊ニ促急ナリ腰ハ歩スル毎ニ突出シ脛ハ務メテ端直ニシ足ハ土ヲ離レス地面ヲ磨擦スルノ状ヲ爲スヘシ但踏ムコトハ全足底ヲ以テスルモ否セサルモ皆可ナリ此ノ如クスルトキハ兩脚ノ更歩ヲ迅速ニシテ疾足ノ妙ニ至ルヘシ

走術ヲ爲スニ迅速ナルト耐久ナルトハ肺臟ノ禀質ニ依リテ論

第十圖

九四七

「체조 및 호외유희」 속의 「그림 제10」

또한 '걷는'(walking의 번역어로서는 '소요[逍遥]')다는 기본적인 신체 동작은 '체술(体術)의 연습 및 병졸의 조련'(gymnastic or drill exercise)에 필수의 요소가 된다. 교육 훈련 없이는 바로 걸을 수조차 없게 되는 것이었다.

느릿느릿 혹은 엄정한 자세로서 걷는 것은 체술의 연습 및 병졸의 조련에 실로 없어서는 안 되는 기술이어서 반드시 연습해야 한다. 천연히 영리해 스스로 걷을 수 있는 자는 극히 드물다.

The art of walking with ease, firmness, and grace, forms a necessary part of gymnastic or drill exercises. Few persons walk well naturally.

1872년 학제에서는 교과명으로서 '체술'이 사용되고 있다. 이것이 다음해에는 '체조'(体操)가 되고 → 제2차 세계대전 중에 '체련'(体練) → 그리고 전후에 '체육'(体育)이라는 학교 과목이 되었다.

| 카스티엘 번역 『체조 및 호외유희』에서 '호외유희' |

『체조 및 호외유희』라는 번역 텍스트는 '체조'를 비롯해 '걷고', '달리는' 신체의 기본적인 동작이 설명된 후 '호외의 놀이(嬉戲)'(OUT-OF-DOOR RECREATION)로서 게임적 '스포츠'의 룰이 상세히 소개된다. 특히 'curling=컬링', 'cricket=크리켓', 'golf=골프' 등에 관해 매우 상세한 기술이 있는 것이 특색이다. 부분적으로 발췌해 보자.

컬링

이 유희는 상대하는 무리를 이루어 행하는 것이다. 그리고 이 경기를 하는 날에는 각인이 원형의 딱딱한 직경 9'인치' 돌을 휴대한다. 그 돌의 아래

면은 납작하고, 미끄러우며, 윗면은 끈을 달아 둔다.

The game is played by a party forming rival sides, each individual being possessed of a circular hard stone, of about nine inches in diameter, flat and smooth on the under side, and on the upper, having a handle fixed to the stone.

크리켓

이 유희는 다른 경기보다도 소년들에게 특히 좋은 놀이이다. 이 경기를 함에는 이목이 총명하고, 의기(意気)가 쾌속하고, 체구가 쾌활해야 하는데, 제대로 되면 매우 기쁘다. 이 놀이는 풀을 짧게 깎은 광야의 벌판에서 바위나 나무숲이 없는 장소에서 행할 수 있다.

This is one of the best of all out~of~door sports for youth. It requires quickness of mind and eye, great agility of limb, and, properly conducted, is highly exhilarating and amusing. The game is played on an open, well~shaven green, which is level, and free from stones or shrubs."

골프

'골프'는 오직 스코틀랜드(蘇格蘭) 민간의 놀이였지만 최근에는 '링크스'의 근처에 사는 사람은 귀천의 구별 없이 모두 이를 즐긴다. 스코틀랜드에서 '링크스'로 부르는 트위드 강의 남쪽에서는 '코몬'이라 부른다. 이는 이 놀이를 함에 없어서는 안 되는 것이기 때문이다. '링크스'가 있는 곳에는 '골

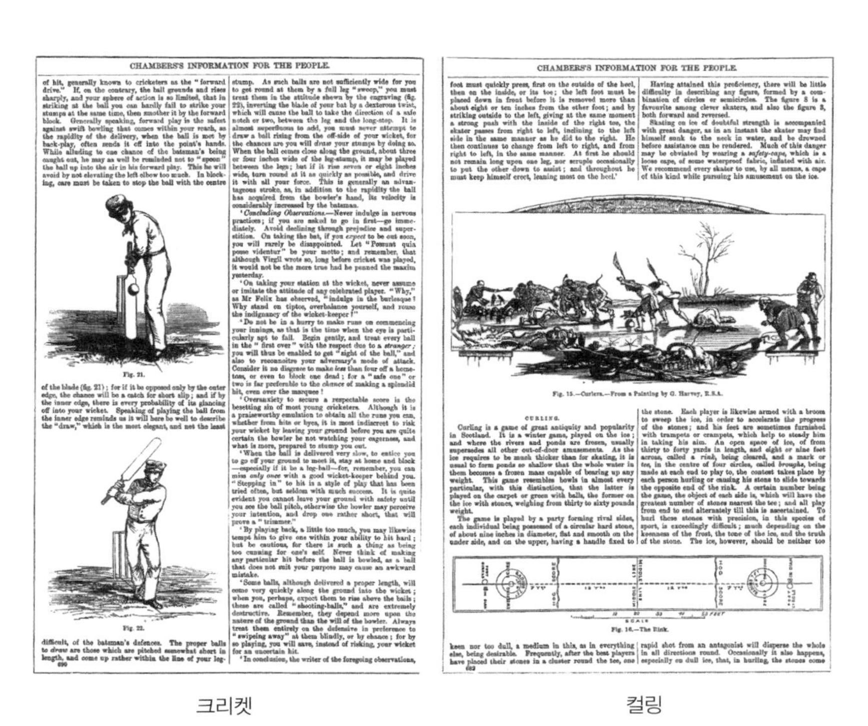

CHAMBERS'S INFORMATION FOR THE PEOPLE.

of hit, generally known to cricketers as the "forward drive." If, on the contrary, the ball grounds and rises sharply, and your sphere of action is so limited, that in striking at the ball you can hardly fail to strike your stumps at the same time, then smother it by the forward block. Generally speaking, forward play is the safest against swift bowling that comes within your reach, as the rapidity of the delivery, when the ball is met by back-play, often sends it off into the point's hands. While alluding to one chance of the batsman's being caught out, he may as well be reminded not to "spoon" the ball up into the air in his forward play. This he will avoid by not elevating the left elbow too much. In blocking, care must be taken to stop the ball with the centre

Fig. 21.

of the blade (fig. 21); for if it be opposed only by the outer edge, the chance will be a catch for short slip; and if by the inner edge, there is every probability of its glancing off into your wicket. Speaking of playing the ball from the inner edge reminds us it will here be well to describe the "draw," which is the most elegant, and not the least

Fig. 22.

difficult, of the batsman's defences. The proper balls to *draw* are those which are pitched somewhat short in length, and come up rather within the line of your leg-stump. As such balls are not sufficiently wide for you to get round at them by a full leg "sweep," you must treat them in the attitude shewn by the engraving (fig. 22), inverting the blade of your bat by a dexterous twist, which will cause the ball to take the direction of a safe notch or two, between the leg and the long-stop. It is almost superfluous to add, you must never attempt to draw a ball rising from the off-side of your wicket, for the chances are you will *draw* your stumps by doing so. When the ball comes close along the ground, about three or four inches wide of the leg-stump, it may be played between the legs; but if it rise seven or eight inches wide, turn round at it as quickly as possible, and drive it with all your force. This is generally an advantageous stroke, as, in addition to the rapidity the ball has acquired from the bowler's hand, its velocity is considerably increased by the batsman.

'*Concluding Observations.*—Never indulge in nervous practices; if you are asked to go in first—go immediately. Avoid declining through prejudice and superstition. On taking the bat, if you *expect* to be out soon, you will rarely be disappointed. Let "Possunt quia posse videntur" be your motto; and remember, that although Virgil wrote so, long before cricket was played, it would not be the more true had he penned the maxim yesterday.

'On taking your station at the wicket, never assume or imitate the attitude of any celebrated player. "Why," as Mr Felix has observed, "indulge in the burlesque! Why stand on tiptoe, overbalance yourself, and rouse the indignancy of the wicket-keeper!"

'Do not be in a hurry to make runs on commencing your innings, as that is the time when the eye is particularly apt to fail. Begin gently, and treat every ball in the "first over" with the respect due to a *stranger*; you will thus be enabled to get "sight of the ball," and also to reconnoitre your adversary's mode of attack. Consider it no disgrace to make *less* than four off a hometoss, or even to block one dead; for a "safe one" or two is far preferable to the *chance* of making a splendid hit, even over the marquee!

'Overanxiety to secure a respectable score is the besetting sin of most young cricketers. Although it is a praiseworthy emulation to obtain all the runs you can, whether from hits or byes, it is most indiscreet to risk your wicket by leaving your ground before you are quite certain the bowler be not watching your eagerness, and what is more, prepared to stump you out.

'When the ball is delivered very slow, to entice you to go off your ground to meet it, stay at home and block—especially if it be a leg-ball—for, remember, you can miss *only once* with a good wicket-keeper behind you. "Stepping in" to hit is a style of play that has been tried often, but seldom with much success. It is quite evident you cannot leave your ground with safety until you see the ball pitch, otherwise the bowler may perceive your intention, and drop one rather short, that will prove a "trimmer."

'By playing back, a little too much, you may likewise tempt him to give one within your ability to hit hard; but be cautious, for there is such a thing as being too cunning for one's self. Never think of making any particular hit before the ball is bowled, as a ball that does not suit your purpose may cause an awkward mistake.

'Some balls, although delivered a proper length, will come very quickly along the ground into the wicket; when you, perhaps, expect them to rise above the bails; these are called "shooting-balls," and are extremely destructive. Remember, they depend more upon the nature of the ground than the will of the bowler. Always treat them entirely on the defensive in preference to "swipeing away" at them blindly, or by chance; for by so playing, you will save, instead of risking, your wicket for an uncertain hit.

'In conclusion, the writer of the foregoing observations,

690

CHAMBERS'S INFORMATION FOR THE PEOPLE.

foot must quickly press, first on the outside of the heel, then on the inside, or its toe; the left foot must be placed down in front before it is removed more than about eight or ten inches from the other foot; and by striking outside to the left, giving at the same moment a strong push with the inside of the right toe, the skater passes from right to left, inclining to the left side in the same manner as he did to the right. He then continues to change from left to right, and from right to left, in the same manner. At first he should not remain long upon one leg, nor scruple occasionally to put the other down to assist; and throughout he must keep himself erect, leaning most on the heel.'

Having attained this proficiency, there will be little difficulty in describing any figure, formed by a combination of circles or semicircles. The figure 8 is a favourite among clever skaters, and also the figure 3, both forward and reversed.

Skating on ice of doubtful strength is accompanied with great danger, as in an instant the skater may find himself sunk to the neck in water, and be drowned before assistance can be rendered. Much of this danger may be obviated by wearing a *safety-cape*, which is a loose cape, of some waterproof fabric, inflated with air. We recommend every skater to use, by all means, a cape of this kind while pursuing his amusement on the ice.

Fig. 15.—Curlers.—From a Painting by G. Harvey, R.S.A.

CURLING.

Curling is a game of great antiquity and popularity in Scotland. It is a winter game, played on the ice; and where the rivers and ponds are frozen, usually supersedes all other out-of-door amusements. As the ice requires to be much thicker than for skating, it is usual to form ponds so shallow that the whole water in them becomes a frozen mass capable of bearing up any weight. This game resembles bowls in almost every particular, with this distinction, that the latter is played on the carpet or green with balls, the former on the ice with stones, weighing from thirty to sixty pounds weight.

The game is played by a party forming rival sides, each individual being possessed of a circular hard stone, of about nine inches in diameter, flat and smooth on the under side, and on the upper, having a handle fixed to the stone. Each player is likewise armed with a broom to sweep the ice, in order to accelerate the progress of the stones; and his feet are sometimes furnished with trampets or crampets, which help to steady him in taking his aim. An open space of ice, of from thirty to forty yards in length, and eight or nine feet across, called a *rink*, being cleared, and a mark or *tee*, in the centre of four circles, called *broughs*, being made at each end to play to, the contest takes place by each person hurling or causing his stone to slide towards the opposite end of the rink. A certain number being the game, the object of each side is, which will have the greatest number of stones nearest the tee; and all play from end to end alternately till this is ascertained. To hurl these stones with precision, in this species of sport, is exceedingly difficult; much depending on the keenness of the frost, the tone of the ice, and the truth of the stone. The ice, however, should be neither too

Fig. 16.—The Rink.

keen nor too dull, a medium in this, as in everything else, being desirable. Frequently, after the best players have placed their stones in a cluster round the tee, one rapid shot from an antagonist will disperse the whole in all directions round. Occasionally it also happens, especially on dull ice, that, in hurling, the stones come

682

크리켓

컬링

프' 놀이가 없을 수 없다.

Golf is one of the principal national Scottish pastimes, and has of late years become a favourite amusement with all classes who are fortunate enough to reside near links. Links, or, as they are termed south of the Tweed, commons, are indispensable for the pursuit of this recreation, and it may be stated, as a rule, that wherever links occur in Scotland, there also occurs golf.

출판문화사의 관점에서 스기무라 타케시(杉村武)는 '별난 번역자'로서 네덜란드인 카스티엘을 간단히 소개한 후, "일본에 골프에 관한 수 페이지를 써서 상세하게 소개한 것은 「체조 및 호외유희」가 최초였을 것이다"라고 덧붙이고 있다.[22]

이렇게 근대 스포츠의 규칙이 문어로 명문화된 배경에는 19세기 영국의 사립학교에서 교육 이데올로기의 성립이 있을 것이다.[23] 크리켓이나 풋볼(축구와 럭비) 등의 집단 스포츠가 인격도야를 위해 활용되었던 것이다. 다른 학교와의 대항시합에 필요한 공통의 규칙이 정비되고, 젠틀맨으로서의 엘리트를 육성하기 위해 사립학교에서 태어난 '스포츠열'(athleticism)이라는 교육 이데올로기는 얼마 안 지나 세기 말 보어전쟁을 비롯한 제국주의와 연동하는 형태로 과열되었다. 집단경기로 길러진 협조성이나 남성성에 기초한 영웅숭배에 따라 "건전한 정신은 건전한 신체에 깃든다" 같은 신체 건강의 사상(원래 이는 고대 로마의 풍자시인 유베날리스의 한 구절[orandum est, ut sit mens sana in corpore sano]이지만, 본래의 의미로부터 왜곡되어 군국주의적으로 오용된 것)은 전시에서는 제국주의 게임에 승리를 가져오는 자질과 접합된 것이다.

---

22 杉村武, 『近代日本大出版事業史』, 出版ニュース社, 1967, p.157.

23 村岡健次, 「「アスレティシズム」とジェントルマン-十九世紀のパブリック·スクールにおける集団スポーツについて」, 『近代イギリスの社会と文化』, ミネルヴァ書房, 2002, pp.99~132.

| 메이지 정부의 '신체 교육' |

1875년 9월 『문부성잡지』 16호에는 고바야시 노리히데(小林儀秀) 번역 「미국 보스턴 교육 신문지 초(抄)」에 '신체 교육'이 등장한다. 다만 physical education이 '신체 교육'이라고 번역된 것은 아니다. 당시 다른 역어로서는 앞서 말한 문부성 『백과사전』의 미쓰쿠리 린쇼 번역 『교도설』에서 '몸의 교'(体ノ教), 혹은 스펜서를 번역한 세키 신파치 번역 『사씨교육론』에서의 '체구의 교육'(体躯ノ教育)과 같은 예 등도 있었다. 어떤 것이든지 '신체 교육'이라는 번역어 자체는 일반적인 용어로서 보급되지 않고, '체'나 '육'을 조합한 '체육'으로서 정착하여 지금에 이르고 있다.

문부성의 초대 문부경은 오키 다카토, 그리고 문부대승(文部大丞)은 다나카 후지마로(田中不二麿)였다. 다나카는 이와쿠라 미구사절단의 이사관이 되어 수행했는데, 이 사절단의 눈에 들어 미국에서 초빙된 이가 데이비드 머레이다. 그는 1873년 6월부터 1881년 7월까지 일본에 머물며, 문부성의 최고고문인 문부성 학감으로서 문부 행정에 영향을 미친 고용 외국인이다(이 시기, 그의 통역을 한 것이 다카하시 고레키요). 1879년에는 교육령이 시행된 학제가 폐지되는데, 이 새로운 교육령은 미국인 머레이가 주장하는 자유주의 교육을 기조로 한 것이었다 할 수 있다.

방일 후 곧바로 머레이가 1873년 12월에 다나카 후지마로(이 때는 문부대보[文部大輔])에게 보낸 「학감(学監) 미국인 박사 데이비드 머레이 신보(申報)」에는 다음과 같이 스펜서류의 삼육주의가 이야기된다.

> 국가가 평안의 극도에 이르는 길은 인민의 교육에 있다. 따라서 교육은 정부의 지대한 직업이라 할 수 있다. 원래 인민 신체의 강녕, 지식의 민첩, 수신의 완전 등이 모두 교육으로 인해 이루어지는 것이다. 지금 이 이치를 말함에 교육은 인재를 도야하는 기본으로써 힘써 사람들이 신체를 운동케 하여 건전을 얻으면 능히 사람은 지(智)와 도(道)를 개발할 수 있다. 지식이 있음에 사물을 일으키고, 도리가 있음에 선악을 논하고, 체력이 있음에 이들을 시행한다. 따라서 이 셋이 완전하다면 교육을 받은 사람이라 할 수 있다.[24]

머레이는 '교육'의 대상을 '신체'·'지식'·'수신'으로 하여 신체의 운동을 장려했다. 그리고 1878년에는 체조전습소가 설립되어, 애머스트 대학에서 릴랜드가 부임하여 체육교사 육성이 시작되었다. 체조전습소에서의 '신체 교육'의 구체적인 방침은 앞서도 썼듯이 미국 유학에서 돌아온 이사와 슌지를 중심으로 전개된다. 이사와는 그 후 도쿄 사범학교 교장, 체조전습소 주간, 음악취조괘장(그 후 도쿄 음악학교 초대교장), 문부성 편집국장(교과서 검정제도를 실시) 등도 역임했다. 일본의 근대적 학교 교육에서 '체육'이나 '음악'이라는 과목의 요람기에, 활력 통계라는 신체검사나 '나비야' 노래 놀이를 학교 현장에 도입한 것도 그였다. 근대적인 신체나 창가와 체조전습소나 음악취조괘와의 관련을 생각하면, 문부관료로서 이사와가 담당한 역할은 크다. 나아가 이사와는 청일전쟁 후에는

---

24 『文部省第一年報』, 1873, p.142.

대만 총독부 민정국의 학무부장 대리에 취임해, 국민의 신체와 창가의 눈길의 영토를 확장해 가게 된다.[25]

나아가 체조전습소에서의 '보통체조'에는 또 하나의 '체조'가 후에 덧붙여지게 된다. 그것은 1885년에 초대 문부대신에 취임한 모리 아리노리가 추진한 '병식체조'(兵式体操)이다. 이미 모리는 1879년, 도쿄 학사회원 정례회에서 「교육론-신체의 능력」에 대해 연설해, 일본인의 신체 개량을 역설하고 있다. 부국강병의 기운이 높아지는 가운데 1883년에 개정된 징병령에서는 "현역 중 특히 기예에 능숙하고 행장(行状)이 방정한 자와 관립, 공립학교(소학교를 제외)의 보병 조련과 졸업증서를 소지한 자는 기한이 아직 끝나지 않았다고 해도 귀휴를 명령할 수 있다"(제2장 12조)라고 하여, 중등 이상의 교육에서의 '보병조련'을 규정한 것 등에도 모리의 정책이 반영되고 있다.[26] 1886년의 학교령 공포 이후에는 '보통체조'와 함께 '병식체조'가 병행되어 학교체육에서 실시되게 되는데, 그 전해에는 군사교련의 '보병조련'으로부터 '병식체조'로 명칭이 변경되고 있다. 점차 체육교원에서는 군 관계자가 많아지고, 학교 '신체 교육'에서 '병식체조'가 강화되었던 것이다.[27]

---

25 이사와 슈지의 생애 전반에 관해서는 上沼八郎, 『伊沢修二』(吉川弘文館, 1988), 특히 서양음악 수용사와 관련해서는 奥中康人, 『国家と音楽-伊澤修二がめざした日本近代』(春秋社, 2008)에 상세하다.

26 모리 아리노리가 사범학교에서 병식체조를 중시한 점은 長谷川精一, 『森有礼における国民的主体の創出』(思文閣, 2007) 또한 병식체조의 내용에 관해서는 奥野武志, 『兵式体操成立史の研究』(早稲田大学出版部, 2013)도 참조 바란다.

27 岸野雄三·竹之下休蔵, 『近代日本学校体育史』, 日本図書センター, 1983.

'병식체조'라는 '신체 교육'과 함께 적극적으로 사용되고 있던 것이 서양음악의 음계(7음 음계)를 기조로 한 창가교육이다. 그리고 학교교육에서도 불려진 군가는 속가(俗歌)의 추방이라는 창가교육의 과제와 합치했다.[28] 문부성의 방침은 "고등 소학교 남자 생도에게는 병식체조를 수업할 때 군가를 사용해 체조의 기세(気勢)를 웅장하게 해야 한다"(「문부성 교령 6호」, 『관보』 3354호, 1894년 9월 1일)는 것이었다. 메이지 시기의 군가는 1894년에 개전한 청일전쟁 이후에 갑자기 유행했는데, 대일본 제국 초의 본격적인 대외전쟁에서 전의 고양에 이용되었던 것만이 아니라 세간에 서양적인 운율이 침투하는 계기도 되었다. 학교라는 '신체 교육' 제도는 '병식체조'와 군가를 조합함으로써 국민을 근대적 신체로 조련해 나간 것이었다. 당시의 사회진화론이나 우생학적인 문맥 속에서 가령 다카하시 요시오(高橋義雄)의 『일본 인종 개량론』이 주장하듯이, 일본 인종의 열성의 신체는 서양인이라는 이상적 타자를 향한 개량 가능한 대상으로서 재정의되고 있다고 말할 수 있다.[29]

청일전쟁에 앞서 몇 년 전인 1890년의 「교육에 관한 칙어」(이른바 「교육칙어」)는 1894년 폐지되기까지 반세기 이상에 걸쳐 학교 행사의 기본적인 규범이었다. 나아가 1911년의 조선교육령이나 1919년의 대만교육령은 식민지 교육행정 전반의 기본이 되었다. 이러한 '교육'은 신민에게 하

---

28 田甫桂三 編, 『近代日本音楽教育史 II』, 学文社, 1981.

29 高橋義雄, 『日本人種改良論』, 石川半次郎, 1884. 다카하시는 지지신보(時事新報)의 기자로, 이 책의 서문은 후쿠자와 유키치가 썼다. 鈴木善次, 『日本の優生学—その思想と運動の軌跡』(三共出版, 1983)도 참조 바란다.

사된 규범이고, 미쓰쿠리 린쇼 번역 『교도설』에서 정의되고 있던 '에듀케이트'의 원뜻과는 괴리되어 버린 게 된다. 번역어로서의 '교육'은 유교적 개념에 가탁해서 education과의 등가를 허구로서 구축한 것이었다.

4. '체육'이란

| 체조, 운동, 스포츠, 체육 |

확인해 두자면 'physical education=신체 교육', 즉 '체육'은 메이지 시기에 성립한 번역어이다. 근대 일본을 규율·훈련한 'education=교육'과 함께, 국민의 신체를 근대적인 그것으로 문명화시킨 활동으로서의 'gymnastics=체조', 'exercise=운동', 'sports=스포츠'도 번역어이다.

현대의 우리들에게도 '체육대회', '운동회', '스포츠대회'는 모두 특별한 신체활동의 행사이고, 그러한 장에의 참가자는 '체조복', '운동복', '스포츠웨어' 등을 착용한다. 또한 '국민체육대회'의 영역은 National Sports Festival이지만, 이는 '일본체육협회'(영어명 Japan Sports Association)가 개최지 도도부현이나 문부과학성(영어명 Ministry of Education, Culture, Sports, Science and Technology)과 공동개최하는 국민의 신체활동이고, '스포츠 기본법'(구 '스포츠 진흥법')에 정해진 행사이다. 여기에서는 '체육=sports'가 성립, 문부과학성은 'education=교육', 'culture=문화', 'sports=스포츠', 'science=과학', technology=기술'이라는 수많은 번역어를 내포한 행정기관이라는 것이 판독된다.

번역어는 겹치면서도 어긋난다. 예를 들면 '운동' 부족을 해소하기 위해 '스포츠' 짐에 다니고, '체육'회가 '운동' 클럽이라는 단체이기도 하다. 하지만 '체육' 교사가 라디오 '체조'를 가르치는 일은 있어도, 천체 '운동'에 관해서는 잘 모를 것이다. '체조', '운동', '스포츠', '체육'이라는 번역어는 상호 가까운 것을 가리키는 한편, 원어와의 차이에서 의미가 미묘하게 어긋나고 있다.

'운동'의 양면성

메이지 시기 일본에서 '운동'이라는 번역어가 일반적이게 된 과정에서 '운동회'의 성립을 간과할 수 없다. 근대 일본에서 운동회가 성립한 과정에는 두 가지 계보가 있다고 볼 수 있다.[30] 해군병학료의 'athletic sports=경투유희(競闘遊戯)'와 체조전습소의 '체조연습회'라는 각각 다른 계기에서 시작된 것이다. 1874년의 해군병학료에서는 영국 해군 고문 교사단인 아치볼드 루시아스 더글라스(Archibald Lucius Douglas) 중령을 중심으로 경기성이 강한 종목(뜀박질 경주, 경보, 도약 등)과 오락성이 높은 종목(2인 3각, 장애물 경주, 돼지몰이 경쟁 등)으로 이뤄진 경투유희회가 열

---

30 木村吉次, 「明治政府の運動会政策-奨励と抑圧の二面性」, 吉見俊哉·白幡洋三郎·平田宗史·木村吉次·入江克己·紙透雅子, 『運動会と日本近代』, 青弓社, 1999, pp.129~155.

렸다. 이 계보에는 1878년의 삿포로 농학교나 1883년의 도쿄대학에서의 운동회 등이 들어간다. 다른 한편 체조전습소에서는 1881년과 그 이듬해 체조연습회가 실시되고 있다. 여기서는 경체조 등이 실연되어, 참관한 교육 관계자에 보급이 시도된다. 이 계보에는 도쿄체육회의 대연습회 등, 운동방법의 실연과 그 계몽활동이 포함된다. 즉 '운동'회에는 '스포츠'와 '체조'의 계보가 공존하게 된 것이다.

어떤 계보든지 간에, 이러한 운동회라는 장치는 국민의 신체를 문명화하는 사건이었다. 경투유희회도 체조연습회도 모두 서양화된 신체활동을 집단적으로 전시하는 새로운 행사(근대 일본의 제사[祭事])였다는 점은 변함이 없다.

게다가 운동회의 형성 과정에는 메이지 정부에 의한 '운동'의 장려와 억압이라는 양면적인 정책이 관여한다. 취학 의욕을 높이는 전람의 장에서 학교 교육의 가시화가 장려되면서도, 정치적 의미의 과잉으로서 자유민권'운동'에 대한 단속이 강화되던 시기였기도 했던 것이다. 따라서 '서생운동회(書生運動会)'(장사운동회[壮士運動会])는 금지되고, 탄압되었다.

그리고 나쓰메 소세키의 『나는 고양이로소이다』 7장 서두에서 "나는 요즘 운동을 하기로 했다"라는 문장은 "고양이 주제에 운동이라니, 제법 건방진 수작이라고 덮어놓고 매정하게 매도해버리는 무리들에게 잠깐 말씀드리는데, 그러는 인간도 바로 요 근래까지는 운동이 무엇인가를 알지 못한 채, 먹고 자는 것을 천직처럼 생각하고 있었지 않은가?"로 이어진다. '나'에게 '운동'이란 "서양에서 신국(神国)으로 전염된 최근의 병"과 같은 것이었다. 고모리 요이치는 『나는 고양이로소이다』에서 '나'

의 '사마귀잡기'나 '쥐잡기'라는 폭력적인 '운동'을 제국주의 전쟁의 문맥에서 "'운동'이라는 이름의 살육"으로 분석한다.[31] 그리고 '운동'이라는 번역어의 사정(射程)에는 movement, motor, momentum, mobility, sport(s) 등을 포함한다. movement에는 물체의 공간적 이동만이 아니라 목적 달성의 활동으로서 정치운동이나 학생운동도 들어가 있고, motor는 생리학적 혹은 해부학적 운동신경, momentum은 운동량, mobility는 운동성인 것이다. 나아가 sport는 유희적인 '운동'만이 아니라 '돌연변이'라는 다위니즘의 핵심 개념이기도 하다.

| '스포츠'라는 개념 |

19세기 영국 사회에서 진화한 근대의 '스포츠'는 야만적인 폭력행위를 배제한 오락행위적 신체경기이다. 고대 그리스의 격투기에서는 상대가 사망할 때까지 승부가 계속되었지만, 문명화된 문화장치로서의 '스포츠'에서는 육체는 사용하지만 그 경쟁은 비폭력적이지 않으면 안 된다. 엘리아스의 「스포츠와 폭력에 관한 논문」에서 다음과 같이 쓰고 있다.

> 2, 3세기 전에 '스포츠'(sports)라는 말은 그보다 오랜 형태인 '놀이'(disport)라는 말과 함께 다양한 오락이나 즐길 거리를 의미하는 것으로 영국에서

---

31 小森陽一, 『漱石論-二十一世紀を生き抜くために』, 岩波書店, 2010, pp.35~54.

사용되었다. (…) 시간이 지남에 따라서 '스포츠'라는 말은 육체의 사용이 중요한 역할을 하는 오락의 특수한 형태—영국에서 최초로 발달해, 그곳에서부터 세계로 확장되었던 어떤 종류의 오락의 특수한 형태—를 의미하는 전문용어로서 표준화되었다.[32]

일본어 '스포츠(スポーツ)'는 말할 것도 없이 sport(s)의 음역이다. 즉 이 개념과 등가가 되는 번역 한자어는 현재에도 성립하지 않는다. 그 때문에 'sports=스포츠'라는 현상은 '체육'이나 '운동' 등과 교착한다.

다수의 근대 '스포츠', 특히 19세기 영국의 젠틀맨이 만들어낸 룰에 따르는 경기 '스포츠'가 메이지 시대의 일본에 소개되어 보급된다. 그러나 그들 개별 경기의 총칭은 '스포츠'가 아니라 당초에는 '(호외)유희', '(호외)운동'이라고 불리고 있다. 기노시타 히데아키는 '체육', '운동', '유희'의 혼용을 스포츠의 개념으로부터 설명한다.

메이지 30년대에 보이는 'sports' 개념의 일본 번역에 관하여 그 경향을 정리해 보면, 일부에서는 운동교육을 의미하는 체육과는 관계없이 스포츠의 특질에 주목하여 성인의 고도의 놀이임을 나타내는 표현법을 창조하고자 하는 경향이 보인다. 그러나 그 주류는 운동교육을 의미하는 체육의 수

32 ノルベルト·エリアス, 「スポーツと暴力に関する論文」, ノルベルト·エリアス, エリック·ダニング, 大平章訳, 『スポーツと文明化—興奮の探求』, 法政大学出版局, 1995, p.217.

단으로서 전개한 '운동', '유희' 등 '체육'적 어감이 강한 표현을 사용하는 경향에 의해 차지되게 된다.[33]

sport라는 개념에 해당하는 일본어는 없었지만, 처음에는 '스포츠(スポーツ)'라는 가타카나어의 사용으로 향하지는 않았었다. 문부성의 『백과전서』의 『체조 및 호외유희』에서도 'sports=스포츠'는 한 번도 등장하지 않는다. 일본어 사전에서 '스포츠'라는 단어는 1891년의 『언해(言海)』에서는 항목이 없고, 1932년의 『대언해』에 가서야 '스포츠, 호외유희, 옥외 운동경기'로 설명됨에 이른다. 이러한 '스포츠'의 결여가 '체육'과 '운동'이 같은 뜻으로 사용된 요인이 된 것일지 모른다.

---

33 木下秀明, 『日本体育史研究序説-明治期における「体育」の概念形成に関する史的研究』, 不昧堂出版, 1971, p.262.

5. 국민국가의 '스포츠'

운동회를 근대의 '축제'로 본 것은 요시미 슌야(吉見俊哉)의 「네이션의 의례로서 운동회」이다. 요시미에 따르면 "운동회는 메이지 일본에 도입된 근대의 '대본'이 '연출'되어가는 과정과 그 나라의 사람들이 육성되어 온 일상적 실천, 즉 '퍼포먼스'가 교차하고, 대항해 싸우면서도 접합해 가는 지점에서 탄생해, 모순을 품은 사회전략적 장으로서 발달해 왔다".[34] 그렇다면 여기에 그 대본이 어떠한 말로 쓰여졌는가라는 관점을 더해도 좋을 것이다.

메이지 시기 일본에서는 physical education으로부터 '신체 교육=체육'이 탄생해, 국민의 신체가 '교육'된다. '체육'이라는 '교육'제도는 메이지 정부에 의한 일본인 신체의 국민국가화였다. 그 의미에서

---

34 吉見俊哉, 「ネーションの儀礼としての運動会」, 吉見俊哉·白幡洋三郎·平田宗史·木村吉次·入江克己·紙透雅子, 『運動会と日本近代』, 青弓社, 1999, p.10.

'education=교육'이라는 번역어의 성립은 중요하다. 하지만 미쓰쿠리 린쇼 번역 『교도설』로부터 『교육론』으로 공작이 보이지 않는 손에 의해 이루어진 것처럼 번역의 등가는 자의적인 허구이고, 원뜻으로부터의 어긋남은 은폐되어 버린다.

본 장에서는 신체의 '교육'이 '체육'으로서 탄생하는 시대 속에서 문부성 『백과전서』의 『교도설』과 『체조 및 호외유희』라는 번역 텍스트에 출현한 번역어를 계기로 하여 '신체 교육'이라는 근대를 재고해 보았다. '짐내스틱'(ジムナースチック)이라는 루비가 달려 있는 '체조'에는 머지않아 '보통체조'와 '병식체조'가 포섭되고, sports의 의미를 대체한 '운동'이 정부의 억압과 장려의 대상이 되었던 메이지 시기에 근대 일본의 신체는 '교육'에 의해 규율·훈련되었던 것이었다. 그리고 '대영 제국'에 기원을 갖는 다수의 '스포츠'는 '운동', '체육', '체조'라는 번역어로서 근대 일본어와 공명하면서 지금도 우리들의 신체를 문명화하고 있다.

| 제4장 |

'언어'라는 근대
— 오쓰키 후미히코의 번역 행위

天文学　気中現象学　地質学　地文学　植物生理学　植物綱目　動物及人身生理　動物綱目　物理学　重学　動静水学　光学及音学　電気及磁石　時学及時刻学　化学篇　陶磁工篇　織工篇　鉱物篇　金類及錬金術　蒸汽篇　土工術　陸運　水運　建築学　温室通風点光　給水浴澡掘渠篇　農学　菜園篇　花園　果園篇　養樹篇　馬　牛及採乳方　羊篇　豚兎食用鳥籠鳥篇　蜜蜂篇　犬及狩猟　釣魚篇　漁猟篇　養生篇　食物篇　食物製方　医学篇　衣服及服式　人種　言語　交際及政体　法律沿革事体　太古史　希臘史　羅馬史　中古史　英国史　英国制度国資　海陸軍制　欧羅巴地誌　英倫及威爾斯地誌　蘇格蘭地誌　愛倫地誌　亜細亜地誌　亜弗利加及大洋州地誌　北亜米利加地誌　南亜米利加地誌　人心論　骨相学　北欧鬼神誌　論理学　洋教宗派　回教及印度教仏教　歳時記　修身論　接物論　経済論　人口救窮及保険　百工倹約訓　国民統計学　教育論　算術及代数　戸内遊戯方　体操及戸外遊戯　古物学　修辞及華文　印刷術及石版術　彫刻及捉影術　自然神教及道徳学　幾何学　聖書縁起及基督教　貿易及貨幣銀行　画学及彫像　百工応用化学　家事倹約訓

1. 오쓰키 후미히코와 '언어'

문부성 『백과전서』 프로젝트 중 하나인 『언어편』은 오쓰키 후미히코(1848~1928)가 번역을 담당하였다. 이 번역 텍스트에 대해서는 도키에다 모토키의 『국어학사』에 "1886년 오쓰키 후미히코 박사는 체임버스의 백과사전 중 언어편을 번역하였다. 이것은 서양 언어학을 일본에 처음 소개한 것이다"라는 언급이 있다.[1] 하지만 지금까지 국어학·일본어학과 언어학 연구사에서 오쓰키 후미히코가 번역한 『언어편』을 주목한 적은 거의 없었다.[2]

---

1 時枝誠記, 『国語学史』, 岩波書店, 1940, p.167.

2 도키에다 모토키의 『현대 국어학(現代の国語学)』(有精堂出版, 1956)에서도 "언어학이 일본에 수입된 것은 우에다 가즈토시(上田万年)가 유학하기 이전부터"(p.6)라며 시기적으로 『언어편』이 앞선다고 소개하고 있다. 또한 『언어편』을 다룬 최근 연구로는 사이키 미치요(斉木美知世)·와시오 류이치(鷲尾龍一)의 『일본 문법의 계보학(日本文法の系譜学)』(開拓社, 2012)이 있다. 필자가 알고 있는 한 이 연구는 『언어편』의 내용까지 다룬 유일한 선행 연구라 할 수 있지만 번역학의 시점은 아니다.

오쓰키 후미히코

오쓰키 후미히코는 일본 최초의 '근대 국어사전'으로 평가받는 『일본사서언해(日本辞書言海)』(1889~1891, 이하 『언해』)의 편찬자로서 저명할 뿐만 아니라 『광일본문법(広日本文法)』을 비롯한 문법서를 저술한 일본어 연구자이기도 하다. 할아버지는 난학자 오쓰키 겐타쿠, 아버지는 유학자 오쓰키 반케이, 형은 오쓰키 슈지인 학자 집안이고, 개성소(開成所)와 대학남교(大学南校)에서 영학(英学)과 수학(数学)을 공부하였다. 요코하마(横浜)에 가서 영어를 배우면서 서양 신문을 번역하기도 했지만, 1872년 문부성에 임용되어 영어-일본어 대역사전과 교과서 편집에 종사하였다. 나루시마 류호쿠(成島柳北)가 잔보리쓰(讒謗律)[3]로 투옥되었을 때에는 조야신문(朝野新聞) 사설을 담당하기도 하였다. 1875년에 설립된 학술결사 '요요샤(洋々社)' 회원으로서 기관지 『요요샤단(洋々社談)』에 논문을 활발히 투고하기도 하였고, 1883년에는 '가나노토모(かなのとも)'를

3 1875년에 메이지 정부가 공포한 언론통제령. 자유민권운동이 활발해지자 정부 비판을 규제하기 위해 사람을 비방하는 글을 단속하였다(옮긴이).

조직하여(훗날 '가나노쿠와이[かなのくわい]로 개칭) 국자(国字) 문제에 몰두하기도 하였다. 저서로는 『홋카이도풍토기(北海道風土記)』, 『류큐신지(琉球新誌)』, 『오가사와라신지(小笠原新誌)』 등 영토론과 『일본소사(日本小史)』 등 역사서도 있다. 또한 『고지루이엔(古事類苑)』[4] 편찬에도 관여하였다. 오쓰키의 생애는 1909년 10월의 『도쿄니치니치신문(東京日日新聞)』에 게재된 「오쓰키 박사 자전(大槻博士自伝)」이 상세하다.[5]

본 장에서는 메이지 시기의 일본어와 격투한 오쓰키 후미히코가 번역한 텍스트를 분석한다. 우선은 『언어편』의 전체상을 소묘한 후, 그 번역 텍스트를 기점 텍스트와 비교하여 해독하고, 오쓰키 후미히코의 번역 행위를 근대 일본의 언어 연구라는 맥락에서 고찰한다. 오쓰키가 『언어편』에서 번역해 낸 역사주의적 언어관은 18세기 서양의 보편주의(언어학에서는 보편 문법)에서 19세기 국민국가를 단위로 하는 비교연구(비교언어학)로 바뀌고 있었다. 이러한 서양 근대의 언어학을 처음 일본에 소개한 『언어편』이라는 번역 텍스트는 결론을 먼저 말하자면 language와의 등가를 허구화한 근대 일본어인 '언어'라는 번역어를 만들어 내는 장(場)이기도 하였다고 말할 수 있다.

---

4 1896년부터 1914년까지 편찬된 백과 사료 사전. 역대의 제도·문물·사회 백반의 사항을 30부문(部門)으로 분류하고, 각 사항에 대해 그 기원·내용·변천을 헤이안(平安) 시대 초기부터 1867년까지의 기본적 문헌에서 찾아 원문 그대로 채록하고 열거한 것이다. 전근대 일본사 연구의 기초자료 중 하나이다(옮긴이).

5 이 연재는 오쓰키 후미히코의 「오쓰키 박사 자전」이라는 제목으로 『국어와 국문학(国語と国文学)』(제5권제7호, 1928, pp.38~52)에 다시 실렸다. 또한 다카다 히로시(高田宏)가 집필한 전기문 『언어의 바다로(言葉の海へ)』(洋泉社, 2007)도 참조하길 바란다.

2. 『언어편』의 간행 사정

세이시샤(青史社)는 문부성 『백과전서』 전 91편을 3~6책씩 묶어서 총 23권으로 복각 출판하였다. 복각판 표지에는 '편(編)'이 아니라 단순히 『언어』라고 되어 있으며, 제12권에 포함되어 있다. 여기에는 다카하시 고레키요가 번역하고 구보 요시토가 교정한 『의복 및 복식(衣服及服式)』, 아키야마 쓰네타로가 번역하고 우치무라 고노스케가 교정한 『인종(人種)』, 다카하시 다쓰로가 번역하고 우치무라 고노스케가 교정한 『교제 및 정체(交際及政体)』가 함께 실려 있다. 한편 『언어편』에는 교정자의 이름이 없다.

문부성 『백과전서』의 출판 경위는 전체적으로 복잡한데, 『언어편』도 예외가 아니어서 간행 연도가 불분명하다. 앞에서 인용한 도키에다 모토키의 『국어학사』에서 "1886년 오쓰키 후미히코 박사는 체임버스의 백과사전 중 언어편을 번역하였다"고 적고 있고, 「오쓰키 후미히코 박사연보」에도 1886년 9월에 "언어편을 번역하여 간행하다"라고 기재되어 있다.[6] 단, 1886년은 문부성 인장이 찍힌 『언어편』을 유린도(有隣堂)가 번각 출판한 해이고, 문부성이 초판을 간행한 해는 아니라고 생각된다. 유린도의 합본 「문부성 간행 제11책」, 그리고 '도쿄제국대학 부속도서관' 인장이 있는 유린도의 분책본 판권장에서 "1886년 3월 16일 번각출판 신고", "번각출판인 도쿄서사(東京書肆) 아나야마 도쿠타로", "발열(発閲) 유린도", "인쇄 유린도 활판소(活版所)"를 확인할 수 있다(도쿄대학 도서관 소장)[7].

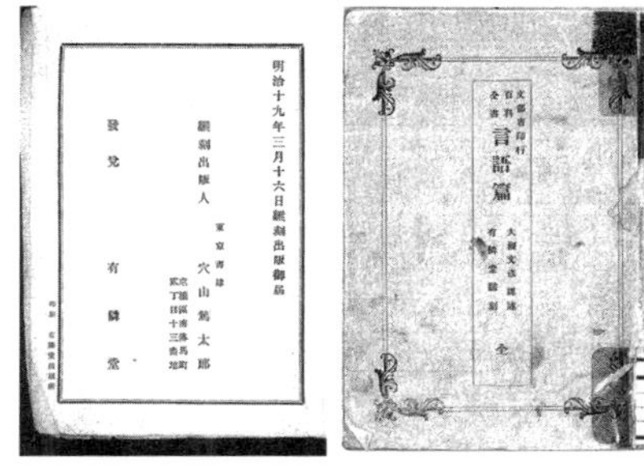
明治十九年三月十六日翻刻出版御届
翻刻出版人 東京書肆 穴山篤太郎
發兌 有隣堂
文部省印行 百科全書
言語篇
大槻文彦譯述 有隣堂翻刻
全

유린도 분책본 『언어편』 표지, 판권장

세이시샤 복각판 『언어』의 표지에는 '1879년 3월'로 적혀 있지만, 그 근거는 불분명하다.[8] 1879년 설을 답습한 것은 마쓰나가 도시오(松永俊男)의 「체임버스 『인포메이션』과 문부성 『백과전서』에 대해」[9]이다. 하지만 이 시기에 간행되었다면 1883년 8월까지 출판된 『백과전서』가 모두 기재되어 있는 『문부성 출판서목(文部省出版書目)』에 포함되어 있어야 하고,

---

6 箕五百里, 「大槻文彦博士年譜」, 『国語と国文学』第5巻第7号, 1928, pp.23~38.

7 '有隣堂合本第11冊'과 '有隣堂分冊本'의 판권장은 동일하다.

8 세이시샤 복각판의 분책본 『언어』에는 "본서의 원본은 유린도 판을 사용했고, 표지는 새로 제작한 것이다"라고 적혀 있다. 세이시샤에 직접 확인해 본 바, 세이시샤 복각판 전체는 기본적으로 국립국회도서관 소장본을 저본으로 삼았다고 하였는데, 국립국회도서관에서는 1879년에 간행된 『언어』 또는 『언어편』이 확인되지 않는다.

9 松永俊男, 「チエンバーズ『インフオメーション』と文部省『百科全書』について」, 『*Chambers's Information for the People*[復刻板] 別冊日本語解説』, ユーリカ·プレス, 2005, p.15.

유린도합본 제11책 속표지와 책등

1883년부터 1885년까지 출판된 마루젠(丸善) 합본에 『언어편』이 빠져 있는 상황도 설명이 되지 않는다.

1909년 『도쿄니치니치신문』에 연재된 오쓰키 자신의 「자전(自伝)」에서는 "만국사략(萬国史略)은 사범학교의 교과서이고(1875년 출판), 영문을 번역한 로마사략(羅馬史略) 10권(1881년 출판), 인쇄술 및 석판술·언어편(1881년·1883년 출판)은 문부성의 촉탁이다"라고 회상하고 있다. 실제로는 오쓰키 후미히코가 번역한 『인쇄술 및 석판술(印刷術及石版術)』이 1880년 8월 또는 9월 간행이고, 본인의 기억이 약간 틀릴 가능성도 부정할 수는 없다. 그렇다 해도 『언어편』의 초판이 1883년이라면, 후쿠카마 다다히로(福鎌忠恕)의 고증에 따른 "1883년 말경부터 1884년 말까지"라는 추정과도 맞아 떨어진다.[10]

국립국회도서관, 국립공문서관, 전국의 대학도서관 등에 『언어편』 초판의 분책본이 소장되어 있지 않으므로, 현재로서는 초판의 출판 연도를 실제 간행본으로 확인할 수 없다. 아니 어쩌면 초판 분책본은 간행되지 않았을지도 모른다. 어쨌든 1886년에 유린도가 번각한 『언어편』을 도키에다 모토키가 찾아낸 것이다.

10 福鎌忠恕, 『明治初期百科全書の研究』, 風間書房, 1968, p.25.

3. 문법을 둘러싼 『언해』와 『백과전서』

오쓰키 후미히코가 니시무라 시게키로부터 사전 편찬의 관명(官命)을 받은 것은 1875년이고, 『언해』 완성은 1891년이다. 문부성 사업으로 시작한 『언해』는 인쇄 직전까지 진행되었지만, 결국은 국가사업으로 완수되지 않았다. 약간의 시간차를 두고 니시무라 시케키가 제안하고 문부성이 착수한 『고지루이엔』도 동일한 길을 걸었다.[11] 이런 의미에서는 문부성 『백과전서』라는 국가적 번역 프로젝트도 유사한 귀결을 맞이한다(이에 대해서는 마지막 장에서 다시 서술한다).

오쓰키는 『언어편』(앞에서 서술한 바와 같이 초판은 1879년 설, 1883년 설 등 여러 설이 있고, 유린도 번각판은 1886년이다)의 번역을 『언해』 편찬과 병행하였다. 문부성 『백과전서』 전체로서도 1873년 7월에 간행된 문부성판

11 熊田淳美, 『三大編纂物 群書類従·古事類苑·国書総目録の出版文化史』, 勉誠出版, 2009, pp.130~146.

분책본의 『백공응용화학편(百工応用化学編)』부터 1882년 8월에 간행된 88책 『양편(羊編)』, 1885년 마루젠판 별책 『백과전서 색인』까지의 기간은 오쓰키가 혼자서 『언해』에 관여한 17년간과 거의 겹친다. 두 책은 동시대의 출판물인 것이다.

후쿠자와 유키치는 『언해』 출판을 축하하며 "언해 이전의 일본에 사전은 없다"라고까지 단언하였다. 그리고 종래의 "세쓰요지비키(節用字引)[12] 류"와의 차이를 지적하며 "일본 개벽이래 비로소 사전의 체제를 갖췄다"고 칭찬하였다.[13] 그렇다고는 해도 후쿠자와가 『언해』를 증정한 오쓰키에게 얼굴을 찡그리며 "대중연회장의 신발장 같은 데서도 50음[14]이 가능할까요"라고 말한 것에 대해 오쓰키가 "소학교에서도 벌써 1887년부터 50음을 가르치고 있다는 것을 알지 못하시나 보네요"라고 답했다는 일화도 남아 있다.[15] 『언해』의 "본서 편찬의 대의(大意)"로 오스키는 서양의 '알파벳'을 따른다고 적고 있는데, 앞의 일화는 '이로하(いろは)'[16]

---

12 한자 숙어를 다수 수록하고 여기에 가나(仮名)를 붙여 일본어로 읽는 방법을 알려주는 일종의 일상생활 용어사전이다. 무로마치(室町) 시대에 성립되었지만, 에도 시대에 들어서 널리 퍼졌다(옮긴이).

13 福沢諭吉, 「大槻磐水先生の誡語その子孫を輝かす」(1891年 6月 27日 時事新報), 慶応義塾編, 『福澤諭吉全集 第十九巻』, 岩波書店, 1962, p.771.

14 근대 이후 일본어의 가나 문자를 모음은 세로로 5자, 자음은 가로로 10자씩 나란히 배열한 것이다(옮긴이).

15 「大槻博士自伝」, 『国語と国文学』第五巻 第七号, 1928, p.46.

16 50음 이전에 'いろはにほへとちりぬるをわかよたれそつねならむうゐのおくやまけふこえてあさきゆめみしゑひもせす'와 같이 일본어 가나를 하나씩 나열한 노래로 50음을 표기하고, 그 시작하는 3음을 따서 이로하(いろは)라 칭하였다. 이외에도 '이로하'는 첫

에서 '50음'으로의 전환기를 상징하는 것이다.

니시무라 시게키도 「언해 서문」에서 "마침내 서양 사전의 첫걸음"이라고 적고 있듯이 『언해』가 지니는 국어사전으로서의 근대성은 널리 인식되고 있었다. 『언해』의 근대적 사전 편찬 방법으로는 '발음(Pronunciation)' '어별(語別, Parts of speech)' '어원(Derivation)' '어석(語釈, Definition)' '출전(Reference)' 등 *Webster's Royal Octavo Dictionary*나 헵번(James Curtis Hepburn)의 『화영어림집성(和英語林集成)』[17]과 같은 서양적 근대사전을 모범으로 삼고 있다. 특히 '어별(Parts of speech)'이라는 현재의 용어에서는 '품사'를 표제어로 명기한 점이 그때까지 없었던 『언해』의 특색이었다고 평가받는다. 일본어의 '품사'를 확정하기 위한 서양 문법은 『언해』의 근대성과 분리될 수 없을 것이다.

한편 문부성 『백과전서』의 번역 프로젝트에서는 기점 텍스트의 ENGLISH GRAMMAR 1편만 마지막까지 번역되지 않았다. 당시 일본에는 기존의 '영문전(英文典)'이 다수 존재했으므로, 새로운 영문법서가 이미 필요 없었을지도 모른다. 안표지에 "1878년 11월 제18책 백과전서 문부성 간행"이라고 적혀 있는 유린도 합본 「백과전서 제18책 목록」에는 『영국문법(英吉利文法)』이라는 편집 명칭도 포함되어 있지만, "이를 방어(邦語)로 번역해도 그 활용이 없을 것 같아서 이번에는 이것을 생략한다"

걸음, 기초, 순서 등의 의미로도 사용된다(옮긴이).

17 1867년에 일본에서 처음으로 출판된 영어로 편찬된 일본어사전이다. 이후 '헵번식 로마자'는 일본어 표기법의 기본이 되었다. 헵번은 1859년부터 1892년까지 일본에서 활동한 미국 장로파 교회 소속 의료 선교사이다(옮긴이).

는 보충 설명이 적혀 있다. 이것이 번역되지 않은 이유를 직접 확인할 수 있는 유일한 근거이지만, 번역이 간행되지 않았어도 오쓰키가 ENGLISH GRAMMAR를 읽었을 가능성은 부정하기 어렵다.

국어학·일본어학의 연구사에서 오쓰키 문법은 국학계(国学系)와 양학계(洋学系)의 '절충 문법'이라는 평가를 받아왔다. 이것은 『언해』의 권두에 요점을 적은 「어법지침」을 비롯하여 나중에 『광일본문법』에서 전개된 오쓰키 문법에 대한 평가이다. 오쓰키 자신도 「언해의 후기(ことばのうみのおくがき)」에서 "어학서 수십 권을 모아 일본과 서양을 참조 절충하여 새롭게 스스로 문법을 편성하고, 마침내 그 규정에 따라 어법을 정하였다"고 적고 있다.

그런데 일본어에서 '문법'이라는 한자어는 본래 법령문이나 문장 작법을 가리키는 것이었다. 1872년 학제 분포로 소학교에 '문법과(文法科)'가 설치되었지만, 여기에서 '문법'이라는 단어를 당시 사람들은 어떻게 받아들였을까. 오쓰키는 1875년 『요요샤단』제7호에 「일본문법론」을 발표하였다. 여기에서 그는 "현재 일본 문자의 최대 결점은 일본 문법이 완비되어 있지 못하다는 것이다. 문법의 완비 없이는 우리 문학의 기초를 세울 수 없다. 외국에 대해서도 실로 체면을 세울 수 없을 것이다"라고 적고 있다. 즉 외국에 대해 자국의 '일본 문법 완비'가 필요하다는 것이다. 1897년에 간행된 『광일본문법』에서는 "언어에 법칙이 있으므로 문장에도 법칙이 있는데, 그 법칙을 문법이라 한다"고, 법칙으로서의 '문법'을 언급하고 있다. 하지만 이를 통해서 오쓰키 문법이 국가의식으로서의 '문법'에서 출발했다는 사실을 확인할 수 있다.

4. '언어'란

| 텍스트의 개요 |

오쓰키 후미히코가 기점 텍스트로 삼은 제5판 *Chambers's Information for the People*의 LANGUAGE는 같은 책 제2권에 수록되어 있고, 1단원 분량의 16쪽(pp.17~32)으로 이루어져 있다.

도키에다 모토키의 『국어학사』에서는 『언어편』의 내용을 간결하게 정리하고, 총론으로는 "언어의 정의, 언어 연구의 목적, 비교 연혁의 두 연구법", 각론으로는 "음성, 언어변화의 이치, 방언, 언어 계통, 분류, 언어 기원 유래, 언어와 인종 등의 문제였다"고 적고 있다.[18] 실제 목록은 다음과 같다. 참고로 기점 텍스트에서는 이에 상당하는 체재가 없다. 16쪽에 달하는 LANGUAGE 본문의 목차가 번역 텍스트에서는 별도로

18 時枝誠記, 『国語学史』, p.167.

'언어편 목록'이라고 기재되어 있다.

총론	
음성을 논한다.	THE VOICE.
언어의 변화하는 이유를 논한다.	HOW LANGUAGE CHANGES.
언어의 구성을 논한다.	WORD-BUILDING.
방언을 논한다.	DIALECTS.
국어의 분과를 논한다.	FAMILIES OF LANGUAGES.
그림 씨의 법칙	GRIMM'S LAW.
셈어과(語科)	THE SEMITIC FAMILY.
언어의 타입을 논한다.	TYPES OF LANGUAGE.
각종 언어는 모두 하나의 본원(本原)에서 나왔는가.	ARE ALL LANGUAGES SPRUNG FROM ONE?
언어 및 인종의 혼효(混淆)를 논한다.	MIXTURES OF LANGUAGES AND RACES.
어근을 논한다.	ROOTS.
언어의 유래를 논한다.	ORIGIN OF LANGUAGE.

이 목록에서는 language가 '언어', word가 '언어', language가 '국어' '언어'라고 번역되어 있다. 또한 본문 중에는 speech를 '언어'로 번역하는 곳도 있다. 즉 'language=언어'라는 등가는 아직 성립 도중이었던 것일까. 물론 우리가 'language=언어'를 등가로 믿는 것도 허구에 불과한 것이겠지만.

번역 텍스트의 '총론'에 해당하는 기점 텍스트의 서두 부분에는 특별한 명칭이 없으므로, '총론'이라는 구분은 번역하면서 추가된 것이다. '총론'의 첫 번째 단락은 다음과 같이 시작한다.

넓은 의미에서 언어는 지각이 있는 생명체가 사고하고 감각하는 바를 타인에게 전달하는 방법의 총칭이다. 예를 들어 우리는 평소 눈의 언어(눈으로 서로 보고 뜻을 통한다) 또는 새의 언어를 말한다. 그러나 통상적인 의미로 언어는 인류가 교제하면서 사람 소리로 담화를 나눌 때 나는 여러 소리[音]의 집합을 말한다. 또한 언어를 글로 쓸 때에도 그 성질에 따라 변화하지 않는다. 이때에는 중간에서 이를 매개하는 기호의 열서(列序)를 추가하지만, 그렇다고 해도 언어의 의미를 전하는 것은 그 기호가 아니라 그 소리이다. 여기에 언어라는 의미는 대화의 기호로서 우리의 사상을 타인에게 전하는 것을 말한다. 이 편(編)에서는 그 의미를 설명한다.

LANGUAGE in its widest sense signifies any means by which one conscious being conveys what it thinks or feels to another. Thus we speak of the language of the eyes, the language of birds. But in ordinary usage we understand by language the system of sounds uttered by the human voice in the intercourse of society—articulate speech. The writing of language does not alter its character in this respect; it only introduces an intermediate set of sighs or marks. The written characters do not convey the meaning directly, they only indicate certain sounds; and it is these sounds that are still the immediate vehicle of the thoughts. It is language in this sense—the communication of our thoughts by means of spoken signs—that is the subject of the present paper.

이것은 본편 전체의 내용을 요령있게 잘 제시한 단락이다. 『언어편』의 주제는 "대화의 기호로서 우리의 사상을 타인에게 전하는 것"(the communication of our thoughts by means of spoken signs)이라는 음성중심주의적인 '언어(language)'에 대해 논하고 있는 것이다.

서두의 '언어'는 LANGUAGE의 번역어이고, 루비(ルビ)[19]로 '랭귀지'라고 음역(音訳)도 병기하고 있다. '언어'라는 단어는 오래된 한적(漢籍)에서도 볼 수 있는데, 일본에서는 에도 시대까지 한음(漢音)의 '겐교(ゲンギョ)'와 오음(呉音)의 '곤고(ゴンゴ)'가 있었고, 메이지에 들어서 두 어형(語形)이 경합하다가 '겐고(ゲンゴ, 言語)'로 되었다고 한다(『일본국어대사전』제2판).

『언어편』 초판이 간행되었을 것으로 추측되는 1883년 당시, '언어'는 어떤 음성이었을까. 분명히 말할 수 있는 것은 '랭귀지'라는 시니피앙(signifiant, 기표)이 language와 '언어'를 매개하고 있다는 것뿐이다. 현대의 우리들은 'language=언어'를 자명한 것으로 사고하기 싶다. 하지만 처음부터 'language=언어'가 있었던 것이 아니라 번역 행위에 의해서 'language=언어'가 성립했다고 할 수 있다. '겐교' '곤고'와 '겐고'는 반드시 동일한 시니피에(signifié, 기의)를 공유하지 않는다. '겐고'에는 '랭귀지'로 매개된 language의 시니피에가 혼재하기 때문이다.

1873년에 간행된 시바타 쇼키치 · 고야스 다카시 편 『부음삽도 영화자휘』에서는 번역어에 루비를 달고 있다. Language에는 "어(語《ゴ》), 언엽(言葉《コトバ》), 화(話《ハナシ》), 국어(国語《コクゴ》), 화법(話法《カタ》), 민(民《タミ》)", Speech에는 "설화(說話《ハナシ》), 언어(言語《ゲンゴ》), 국어(国語《クニコトバ》), 언엽(言葉《コトノハ》), 공언(公言《コウ》), 연술(演述《ノベタテ》), 구연(口演《コウジャワ》)", Word

19 단어의 읽는 음을 일본어 문자로 표시하는 것(옮긴이).

에는 "사(詞), 자(字), 언어(言語), 구(句), 화(話), 논(論), 연설(演舌), 약속(約束), 암호(暗号), 지휘(指揮), 명령(命令), 보지(報知), 속언(俗諺)"라고 되어 있다. speech와 word의 번역어이기는 하지만, '언어'에 '겐고(ゲンゴ)'라고 루비가 달려 있는 이른 시기의 사례를 확인할 수 있다. 여기에서 이미 '겐고'라는 음성이 사전에서 자리를 잡고 있음을 알 수는 있지만, 그것이 당시 어느 정도 널리 사용되었는지에 대한 판단은 신중할 필요가 있다. 다른 사전도 보도록 하자.

헵번의 『화영어림집성』「영·일 편」에서 language를 조사하면, 1867년 초판에서는 'Kotoba, monoii', 1872년 재판에서는 'Kotoba, monoii, go', 1886년 제3판은 재판과 동일하게 '언어'를 넣지 않고 있다. 같은 사전의 「일·영 편」에서는 초판에 '언어'에 상당하는 항목은 없지만, 재판에는 GEN-GIYO 항목에 "겐교(ゲンギョ), 언어(言語), n. Same as Gon-go"라고 적혀 있고, 제3판에는 "GEN-GYO, or GENGO ゲンギョ 언어(言語) n. Same as gongo"라고, '겐고(ゲンゴ)'라는 읽는 법이 등장한다. 재판의 GON-GO와 제3판의 GONGO에는 "곤고(ゴンゴ) 언어(言語) n. Words; speech; language"라고 되어 있다. 즉 1872년까지 language와 관련되었던 '언어(言語)'가 1886년에는 '겐고'라는 음성으로도 사용되었음을 추측할 수 있다. 또한 같은 사전에서 speech는 초판에서 "Kotoba; monoï; hanashi", 재판과 제3판에서 "Kotoba, mono-ii, hanashi"이고, '언어(言語)'는 등장하지 않는다. 그리고 word에 대해서는 초판부터 제3판까지 모두 '곤고(ゴンゴ)'로서의 '언어(言語)'가 등장한다. 참고로 1869년 윌리암스(S.W.Williams)가 집필한 『영화자휘(英華字

彙)』의 language에는 '화(話), 언어(言語)'로 되어 있지만, 1884년 로브샤이트(W.Lobscheid) 원저·이노우에 데쓰지로(井上哲次郎) 정증(訂增) 『증정영화자전(增訂英華字典)』에서의 번역어는 '화(話), 어(語)'뿐이다. 이처럼 language 번역어로서의 '언어(言語)', 나아가 그 음성에 대한 흔들림을 메이지 전반기 사전에서 확인할 수 있다.

1891년에 완성한 『언해』의 기술에 따르면, "겐고(げんご) (명사) 언어(言語) 겐교(ゲンギョ)와 동일" "겐교(げんぎょ) (명사) 언어(言語) 고토바(コトバ), 모노이히(モノイヒ)"라고 설명되어 있다. 오쓰키의 사전이 "겐교(ゲンギョ)=겐고(ゲンゴ)"를 정했던 것이다. 또한 "고토바(ことば) (명사) 언엽(言葉) (엽[葉]은 번성한다는 의미라 한다) (1) 사람의 사상을 말로 하는 것. 사람의 소리 중 의미 있는 것. 고토(言). 언의 엽(言ノ葉). 모노이히(モノイヒ). 하나시(ハナシ). 사(詞) 사(辞) 언어(言語) (2) 언엽(言葉)의. 하나씩 하나씩. 한마디 말 등"이라고 되어 있다. 그러나 '겐교'가 '언엽'이라는 의미를 지닌다면 '언엽=언어(言語, 겐교[ゲンギョ])'와 'language=언어(言語, [ゲンゴ])는 양립하지 않는다.

하지만 1886년 제국대학 문과대학에 설립된 '박언학과(博言学科)'가 '언어학과'로 개칭된 것은 1900년이다. 1898년에는 '언어학회'가 창설되었고, 2년 후에는 기관지 『언어학잡지(言語学雑誌)』가 창간되었다. 이 시기에는 '언어'가 '겐고(ゲンゴ)'라는 근대어의 음성으로 정착한 것이다. 번역어 '겐고'의 보급에 따라 '겐교(ゲンギョ)'의 기억은 점차 망각되고, '곤고(ゴンゴ)'는 '언어도단(言語道断, ゴンゴドウダン)' 등의 특정한 읽기로 한정된 것이다.

오쓰키 후미히코는 『언어편』이라는 번역 텍스트를 '언어라는 것은'과 같이 '주어'로 번역하기 시작하였다. '라는 것'과 루비의 '랭귀지'라는 여분의 표기에는 language를 '언어'로 만드는 번역어 그 자체에 대한 특별한 취급이 표출되고 있다. 즉 '언어는'이라고 무방비로 주제화하는 것에 대한 번역자의 주저함이 있는 것이다. 여기에서 '언어'는 전근대의 '겐교' '곤고'와 단절된 것이 되었다. 그것은 language의 번역어로서의, 근대 일본어를 창출한 '랭귀지라는 것'이었다.

| UNIVERSAL GRAMMAR |

기점 텍스트 제5판의 LANGUAGE는 문부성 『백과전서』의 대다수가 원저로 삼고 있는, 출판 연도가 없는 판본의 LANGUAGE로 변경이 이뤄졌다. 세계의 주요 언어를 비교하면서 진화론적으로 고찰한다는 19세기적 비교언어학의 수법은 출판 연도가 없는 판본과 제5판도 공통이지만, 출판 연도가 없는 판본의 UNIVERSAL GRAMMAR라는 목차가 제5판에는 빠져 있다. 때문에 『언어편』을 「서양언어학」 소개의 효시로 평가했던 도키에다도 놓쳤을지 모르지만, 제5판에도 universal grammar가 등장하는 곳이 있다는 점을 주목해야할 필요가 있다. 출판 연도가 없는 판본 LANGUAGE의 목차는 다음과 같다.

THE HUMAN VOICE—FORMATION OF LETTERS AND WORDS.

UNIVERSAL GRAMMAR.

ORIGIN AND PROGRESS OF LANGUAGE IN GENERAL.

THE LANGUAGES OF THE GLOBE.

Indo-European Languages.

Tartar, Tatar, or Turanian Languages/ Semitic Languages.

African Languages.

The Malay Languages.

Chinese Language.

American Languages.

이처럼 출판 연도가 없는 판본에서는 UNIVERSAL GRAMMAR의 목차가 명시적이기 때문에 당시 언어학자의 주의를 한층 환기시켰을 것이다. 오쓰키는 universal grammar를 '보통문법'으로 번역했는데, 지금은 '보편문법'이라는 번역어가 정착하였다. 단, 20세기 중반 이후의 현대 언어학에서 '보편문법'이라는 용어는 미국의 언어학자 노엄 촘스키(Avram Noam Chomsky)가 제시한 생성문법(generative grammar) 이론의 개념(UG라고 줄이기도 한다)을 가리키는 경우가 일반적이다. 이것은 사람의 언어 획득이라는 근원적인 물음에서 도출된 개념이다. 단, '보편문법' 또는 일반문법이라는 사고방식 자체는 서양 언어학에서 17세기의 포르루아얄 문법(Grammaire de Port-Royal)[20] 이래 전통으로 이어져 온 것이다.

오쓰키는 '보통문법'이라는 번역어에 '유니버설 그래머'라는 루비를 달고 있다. 언어연구의 목적이란 우선 하나의 언어를 이해하고 말하고 쓸 수 있게 되는 것이고, 나아가 복수의 언어를 비교 고찰하여 universal grammar를 도출하는 것이라고 서술된 부분이다.

> 무릇 이렇듯 비교 고찰을 통해 얻을 수 있는 통용의 사실을 각 개별 국어의 고유성과 구별함으로서 언어의 통칙(通則), 즉 어법(語法, 보통문법[유니버설 그래머])이라 한다.
>
> It is the general facts thus arrived at by induction that form what are called the general principles or laws of language — universal grammar — as distinguished from the peculiarities of individual languages.

universal grammar는 the peculiarities of individual languages와 구별된다. 여기에서 중요한 것은 '각 개별 국어의 고유성'이 '보통문법'과 구별되면서 탄생되었다는 점이다. 일본어로의 번역 행위를 통해서 individual languages(개별언어)에 불과했던 것이 '각국 국어'가 된 것이다. 오쓰키 자신이 그 '국어'라는 허구의 '고유성'과 격투하는 바로 그 현장에 있었던 것이다.

서양의 전통적인 universal grammar라는 개념을 아마도 일본에 처

---

20 1660년에 프랑스 포르루아얄 학파의 앙투안 아르노(Antoine Arnauld)와 클로드 랑슬로(Claude Lancelot)가 기술한 언어학 명저 『일반이성문법(Grammaire generale et raisonnee)』을 말한다. 데카르트와 로크로 대표되는 이 시기의 합리적 사고를 언어 속에 도입하려 한 최초의 문법서로 19세기를 거쳐 20세기 미국의 언어학자 노암 촘스키에게도 큰 영향을 미쳤다(옮긴이).

음 소개한 것은 『언어편』일 것이다. 하지만 이후 오쓰키는 이 개념을 발전시키지 않았다. 메이지·다이쇼(大正) 시기 일본어 연구에서 보편문법적 언어관을 주장한 것은 오쓰키가 아니라 '어리학(語理学)' '일반이론문법학' 등을 주장한 마쓰시타 다이사부로(松下大三郎)[21]이다.[22] 마쓰시타와 『언어편』의 직접적 관계는 불분명하지만, 마쓰시타의 문법론이 당시에 주류가 되지 못했던 것은 분명하다. 이것은 독일 유학을 계기로 19세기 최첨단 언어연구를 습득한 우에다 가즈토시(上田万年)[23]의 언어관과 너무도 달랐기 때문이다. 우에다는 귀국 후 1894년부터 도쿄제국대학에서 박언학 강좌를 담당하면서 '과학적' 언어연구의 중심에 독일에서 배운 비교언어학을 놓았던 것이다.[24]

『언어편』에서 소개한 universal grammar라는 개념은 당시의 일본어 연구자만이 아니라 오쓰키 후미히코에게도 무시당하였다. 우에다 가

21 '마쓰시타 문법'이라고 알려져 있는 독특한 문법론을 구축한 일본어 문법학자. 구어 문법의 선구자로 평가받는다. 1913년 일화학원(日華学院)을 창설하여 중국인 유학생 교육에 힘썼으며, 1926년에 고쿠가쿠인대학(國學院大学) 교수가 되었다. 주요 저서로는 『일본속어문법(日本俗語文法)』(1901), 『표준일본문법(標準日本文法)』(1924), 『표준한문법(標準漢文法)』(1927), 『표준일본구어법(標準日本口語法)』(1930) 등이 있다(옮긴이).

22 斉木美知世·鷲尾龍一, 『日本文法の系譜学』, 開拓社, 2012, p.35.

23 1888년 제국대학 화문과(和文科)를 졸업하고 1890년 국비유학생으로 독일에 유학하여 서양 언어학을 습득하였다. 1894년 귀국하여 도쿄제국대학 박어학강좌(博語学講座) 교수에 취임하여 비교언어학, 음성학 등 새로운 분야를 강의하였다. 이것은 당시 고문(古文) 연구에 치우쳐 있던 일본의 국어학계에 근대어 연구과 과학적 방법이라는 새로운 바람을 불러일으켰다. 주요 저서로 『국어론(国語論)』(1895), 『대일본국어사전(大日本国語辞典)』(공저, 1915~1928) 등이 있다(옮긴이).

24 上田万年 講述·新村出 筆録·柴田武 校訂, 『言語学』, 教育出版, 1975.

즈토시와 그 일파에게는 "18세기적 보편문법론과 마쓰시타의 일반이론문법학에 주목할 이유가 없었다"는 시대 상황이 크게 영향을 끼쳤다. 『언어편』의 중심은 비교언어학이지만, 서양의 언어연구에는 universal grammar가 복류수(伏流水)처럼 존재하고 있었다. 하지만 메이지 시기 일본의 언어연구는 서양으로부터 이른바 표류수(表流水)만을 받아들인 것이다.

| 비교언어학이라는 진화론 |

다위니즘의 진화론이 석권한 시대, 서양의 언어학에도 그 여파가 밀려들었다. 야마무로 신이치(山室信一)는 법학의 관점에서 당시의 학문 방법을 보편주의에서 역사주의로의 전회라고 총괄하고 있는데, 이것은 언어학의 조류에서도 동일하였다.

> '계몽의 세기' 18세기부터 '역사의 세기' 19세기로의 추이, 이것은 실로 보편주의에서 개별주의로의 전환이자 역사적 개성에 대한 착목이고, 이것을 전제로 한 비교의 성립이었다. 이런 의미에서 생물진화론도 틀림없이 역사주의의 소산이자, 역사법학도 비교법학도 동시대의 소산이었다.[25]

여기에서 법학을 언어학으로 바꾸기만 해도 된다. 학문분야가 국민국가를 단위로 성립하는 가운데 역사주의적 비교언어학도 지극히 19세기적 학문이었다.

기점 텍스트 LANGUAGE의 내용은 비교언어학의 아버지로 일컬어지는 윌리엄 존스(Sir William Jones)와 비교문법을 확립한 프란츠 보프(Franz Bopp)의 언어연구, 게르만어의 자음변화에 대한 그림의 법칙(Grimm's Law), 의성어에 관한 막스 뮐러(Friedrich Max Müller) 등에 대한 언급을 포함하는 비교연구에 기초하여 언어를 진화론적으로 논한 것이었다. 『언어편』에 의해서 메이지 전기의 일본에 소개된 '서양언어학'의 중심에는 각 언어를 역사적 어족(語族)으로 분류하는 언어 이론이 군림하고 있었다.

비교언어학이라는 연구방법은 18세기 말 윌리엄 존스 경이 캘거타(Calcutta)에 있는 아시아협회에서 행한 연설에서 시작되었다. 식민지 인도에서 판사로 있던 존스 경이 산스크리트어와 그리스어·라틴어의 유사성을 지적한 것이다. 이 점을 인용한 LANGUAGE와 『언어편』의 해당부분을 보도록 하자.

> 일찍이 윌리엄 존스 경은 "어학자가 그리스어, 라틴어, 산스크리트어를 조사하면 현재 전혀 존재하지 않는 하나의 언어로부터 발생했음을 알게 된다. 또한 켈트어와 같은 것은 그리스어 및 라틴어와 같이 유사하기는 않지만, 산스크리트어와 그 기원을 같이 한다는 것을 믿을 만한 이치가 있다.

---

25 山室信一, 「日本学問の持続と転回」, 松本三之介·山室信一 校注, 『学問と知識人』, 岩波書店, 1988, p.496.

또한 페르시아의 고어(古語)도 산스크리트어와 동족(同族)이다"라고 말하였다.

Sir William Jones declared that 'no philologer could examine the Sanscrit, Greek, and Latin without believing them to have sprung from the same source, which perhaps no longer exists. There is a similar reason, though not quite so forcible, for supposing that both the Gothic and the Celtic had the same origin with the Sanscrit. The old Persian may be added to the same family.'

이리하여 19세기의 언어연구는 개별언어를 비교하면서 역사적으로 거슬러 올라갔다. 또한 언어분류의 원리를 설명하고 세계의 주요 언어를 구체적으로 Isolating '고립어', Agglutinate '점착어(粘着語)'[26], Inflectional '변미어(変尾語)'[27]로 분류하였다.

첫째, 단음절어, 일명 고립어 [1]중국어, 이 언어는 이 종류의 모범이 되는 것이다. [2]티베트어, 이 언어는 다소 문법 변화의 단서를 보여준다. [3]동방반도의 언어, 즉 태국어, 베트남어, 버마어, 일본 및 조선의 언어는 이 종류에 속할지 여부가 불문명하다.

I. *Monosyllabic or isolating* — 1. Chinese, the typical language of

---

26 교착어(膠着語)를 의미한다.

27 굴절어(屈折語)를 의미한다.

this order. 2. Tibetan, which shews some beginnings of grammatical forms. 3. The languages of the Eastern Peninsula — Siamese, Anamese, Burman. Japanese and the language of Corea are doubtful.

이러한 유형론에서는 중국어, 티베트어, 태국어, 베트남어, 버마어 등이 고립어이고, 일본어와 조선어는 고립어인지의 여부가 분메이지 않다고 한다. 그리고 이어서 Agglutinate '점착어'와 Inflectional '변미어'를 설명하고, 마지막에는 다음과 같이 끝난다(여기에서 these languages란, Inflectional languages를 가리킨다).

인류 기록의 시작된 이래 세계의 문명을 선도하는 것은 바로 이 언어를 사용하는 인민이다.

It is the peoples speaking these languages that have been the leaders of civilization within the historic period.

근대화를 욕망하는 일본이라는 국가에게 그 국어로서의 일본어도 문명개화해야만 하는 대상이 된다. 『언어편』에는 그러한 19세기 서양 언어학의 개략적인 내용이 가득 채워져 있었다.

하지만 20세기 초 스위스 언어학자 페르디낭 드 소쉬르(Ferdinand de Saussure)의 언어이론에 의해서 19세기 언어연구의 패러다임이던 비교언어학은 과거의 유물이 되었다. 알려진 바와 같이 소쉬르의 언어이론은 그가 죽은 후 1916년에 *Course in General Linguistics*로 정리되었고, 그 제2판(1922)을 저본으로 한 고바야시 히데오(小林英夫)의 초판 『언어학원론(言語学言論)』(나중에 『일반언어학 강의』로 개정)은 세계에서도 가장 빠르게 1928년에 일본어로 번역 출판되었다. 이와 같은 패러다임 변화에 따라, 소쉬르 이전의 비교언어학 기술을 주로 한 『언어편』은 일본의 언어연구사 속에서 망각되었다.

5. 당연히 '언어'라고 생각하는 것을 주저하게 만드는 것

본장에서는 메이지 초기의 국가적 번역 프로젝트인 문부성 『백과전서』 중 오쓰키 후미히코가 번역한 『언어편』에 초점을 맞춰서, 이 번역서가 시대 상황과 어떻게 연관되었는지 고찰해 보았다.

19세기 서양 열강의 내셔널리즘은 각국의 '국어' 사전이라는 문화장치로 나타났다. 예를 들어 독일에서는 그림(Grimm) 형제가 시작한 『독일어 대사전』(*Deutsches Wörterbuch* von jacob Grimm und Wilhelm Grimm 발안 1838, 간행 1854~1961), 프랑스에서는 리트레(Emile Littré)의 『프랑스어사전』(*Dictionnaire de la langue française*, 1863~1873), 미국에서는 웹스터(Webster)의 『미국영어사전』(*An American Dictionary of English Language* 초판 1884~1928), 영국에서는 『옥스포드영어사전』(*Oxford English Dictionary*=OED 입안 1857, 초판 1884~1928) 등을 들 수 있다. 메이지 시기의 일본도 근대 국가가 되기 위해 근대적 편찬방법에 의한 어휘와 문법 체계를 갈망하였다.[28]

1875년 오쓰키 후미히코가 문부성의 관명을 받아 편찬하기 시작한 『언해』는 '17년의 힘듦'(니시무라 시게키 축사)을 거쳐 결정(結晶)된 일본 최초의 근대 국어사전으로 평가된다. 『언해』라는 근대는 그 이면에 감춰진 『언어편』이라는 근대와도 이어진다. 『언해』의 편찬 작업과 거의 동시기에 전개된 것이 문부성 『백과전서』 번역 프로젝트이다. 그중 한 편으로 오스키가 번역한 『언어편』은 언어연구에 대한 근원적 문제를 던진다. 'language=언어(言語, げんご)'를 자명한 등가로 생각하는 우리들의 사고를 거부하는 것이다.

국학의 전통과는 분리된 메이지 시기의 '국어' 연구는 도키에다 모토키가 정확히 총괄하듯이 "국자(国字) 국어(国語) 문제에 광분하는" 한편, "서양 학술의 수준까지 일본의 학문을 높여가는"[29] 것에 힘썼다. 이처럼 실로 내달리듯 세차게 빨리 흐름 속에서 오쓰키 후미히코는 universal grammar라는 개념과 서양의 비교언어학을 일찌감치 일본어로 소개함과 동시에 일본이라는 국가를 의식한 영토론을 저술하고 '가나노토모(かなのとも)'를 조직하여 근대 국가를 위한 문법과 사전을 창출하였다. 본래 universal grammar는 당시 주류 언어연구의 반(反) 보편문법 흐름에서 멀어졌고, 또한 우에다 가즈토시보다 선행한 진화론적 비교언

---

28 서양의 내셔널리즘과 사전에 대해서는 本田毅彦, 『大英帝国の大事典作り』(講談社, 2005), 일본에서 사전의 정치성에 대해서는 安田敏朗, 『辞書の政治学-ことばの規範とはなにか-』(平凡社, 2006), 『언해』의 편찬과 근대성에 대해서는 犬飼守薫, 『近代国語辞書編纂史の基礎的研究』(風間書房, 1999)가 자세하다.

29 時枝誠記, 『国語学史』, p.167.

어학은 소쉬르 언어학의 등장으로 고려되지도 않았다.

본 장에서는 일본의 언어연구 속에서 잊혀진 『언어편』을 근대 일본의 번역 텍스트로서 다시 읽어 보았다. 근대 국어사전으로서의 『언해』와 격투하면서 오쓰키가 그 한 편(編)의 번역에 참여한 *Chambers's information for the people*에는 서양 근대가 응축되어 있다. 『언어편』의 해독을 통해서 다시 한 번 강조하고 싶은 것은 당연히 'language=언어(言語, 랭귀지)'라고 생각하기 쉬운 것을 주저하게 만드는 시작의 예감이다. 'language=언어(言語)'라는 등가가 존재했던 것이 아니라 번역 행위를 통해서 등가라는 환상이 뒤따라 와 기정사실화되었다. 이러한 번역이라는 사건 중 하나가 오쓰키 후미히코가 번역한 『언어편』이고, 이것은 번역 행위의 흔적이 각인된 텍스트인 것이다.

| 제5장 |

'종교'라는 근대

—야스쿠니 체제의 주형

天文学　気中現象学　地質学　地文学　植物生理学　植物綱目　動物及人身生理　動物綱目　物理学　重学　動静水学　光学及音学　電気及磁石　時学及時刻学　化学篇　陶磁工篇　織工篇　鉱物篇　金類及錬金術　蒸汽篇　土工術　陸運　水運　建築学　温室通風点光　給水浴澡掘渠篇　農学　菜園篇　花園　果園篇　養樹篇　馬　牛及採乳方　羊篇　豚兎食用鳥籠鳥篇　蜜蜂篇　犬及狩猟　釣魚篇　漁猟篇　養生篇　食物篇　食物製方　医学篇　衣服及服式　人種　言語　交際及政体　法律沿革事体　太古史　希臘史　羅馬史　中古史　英国史　英国制度国資　海陸軍制　欧羅巴地誌　英倫及威爾斯地誌　蘇格蘭地誌　愛倫地誌　亜細亜地誌　亜弗利加及大洋州地誌　北亜米利加地誌　南亜米利加地誌　人心論　骨相学　北欧鬼神誌　論理学　洋教宗派　回教及印度教仏教　歳時記　修身論　接物論　経済論　人口救窮及保険　百工倹約訓　国民統計学　教育論　算術及代数　戸内遊戯方　体操及戸外遊戯　古物学　修辞及華文　印刷術及石版術　彫刻及捉影術　自然神教及道徳学　幾何学　聖書縁起及基督教　貿易及貨幣銀行　画学及彫像　百工応用化学　家事倹約訓

1. ‘종교’와 비‘종교’

야스쿠니 신사 참배를 둘러싼 정치가의 논의는 대립하는 사람들 사이에서 의견이 일치하는 경우가 없다. 일본인의 대부분은 무‘종교’라고 지적되거나 하면, 동의하면서도 위화감을 느낀다. 이는 문화와 역사, 정치, 외교 등의 복잡한 요인이 얽혀 있는 문제인데, 거기에는 우리들 보통은 알아차리지 못하는 번역어들도 관계하고 있는 것은 아닐까. 이번 장에서는 ‘종교’ 언설로서 지금까지 독해된 적 없는 문부성 『백과전서』의 ‘종교’에 관한 번역어 텍스트에 초점을 맞추고, ‘religion=종교’라는 등가를 둘러싼 문제에 대해 논하고자 한다. 애초 religion은 어떻게 번역되어 있었는가. ‘religion=종교’라는 번역 등가의 성립 과정은 메이지 정부가 욕망한 근대 국가체제와 어떻게 맞부딪치는가. 근대 일본의 ‘종교’를 둘러싼 기억을 더듬으면서 religion을 번역하는 행위로부터 탄생한 ‘종교’가 맡게 된 이면성과 이 번역어가 동시에 비‘종교’라는 영역을 창출한 귀결을 확인하고, 그 근원에 잠재한 번역어의 숙명을 근대 일본어의 사건으로서 탐구한다.

서양에서는 다의적인 라틴어 religio로부터 religion이 파생되었는데, 그 개념은 르네상스와 계몽주의 시대를 거친 근대 유럽에서 전경화(前景化)하여 현재에 이른다. 근대적 개념으로서 탄생한 religion은 최근의 '종교' 언설 연구의 조류 속에서 그 개념 자체에 대해 재고하지 않을 수 없게 되었다.[1] 다른 한편 근대 일본에서는 서양어를 번역하는 행위에 의해 구래의 '종교'라는 한자어가 재이용된 점을 주목할 만하다. 근대 일본어로서 다시 태어난 '종교'는 서양과의 만남이 초래한 religion으로부터의 번역어인 것이다.

원래 불교 용어였던 '종교'라는 한자어 그 자체는 당대(唐代) 법장(法藏)의 『화엄오교장(華嚴五敎章)』이나 송대(宋代) 원오극근(圜悟克勤)의 『벽암록(碧巖錄)』에서 용례를 찾을 수 있고, 『망월불교대사전(望月佛敎大辭典)』의 '종교'에 대한 설명을 보면 '종(宗)의 교지(敎旨), 혹은 종 즉 교의 뜻, 또한 종과 교의 병칭'이라고 되어 있다.[2] 불교어의 '종교'란 '종'의 '교', 또는 '종'과 '교'라는 두 말이 합성된 것으로 불교 각 종파의 가르침을 의미하고 있었다. '종교'라는 시니피앙(signifiant)이 동일하기 때문에

---

1 深澤英隆, 「「宗教」概念と「宗教言説」の現在」, 島薗進·鶴岡賀雄 編, 『〈宗教〉再考』(ぺりかん社, 2004, pp.15~40)에서 논하고 있듯이 '종교' 개념의 재검토에 관해서는 다수의 문헌이 있다. 磯前順一, 『近代日本の宗教言説とその系譜—宗教·国家·神道』(岩波書店, 2003) ; タラル·アサド 著, 中村圭志 訳, 『宗教の系譜—キリスト教とイスラムにおける権力の根拠と訓練』(岩波書店, 2004) ; 深澤英隆, 『啓蒙と霊性』(岩波書店, 2006) ; 磯前純一·山本達也 編, 『宗教概念の彼方へ』(法蔵館, 2011) 등도 참고하기 바란다.

2 望月信亨, 『望月仏教大辞典 第三巻』, 世界聖典刊行協会, 1954, pp.2229~2230.

알기 어려우나 번역어로서 '종교'의 시니피에(signifié)에는 religion과의 등가와 동시에 덮어 쓰이기 이전의 한자어의 의미도 완전하게는 소거되어 있지 않다.

문부성 『백과전서』의 '종교'를 둘러싼 번역 텍스트를 읽기 위해 우선은 콘텍스트의 검증부터 시작하자.

2. 번역어로서의 '종교'

자명한 의미가 거기에 있듯이 현대 우리들이 믿는 '종교'는 religion으로부터 번역된 근대 일본어이다. 그렇지만 religion의 번역어로서는 당초 '종교'만이 사용되었던 것은 아니었다. 이 번역어의 문제를 둘러싸고는 이미 종교학의 몇몇 선행연구가 있으며, 메이지 10년대가 되어 '종교'라는 번역어가 확립되었다는 것이 정설이다.[3]

이른 시기에 '종교'라는 번역어에 착목한 아이하라 이치로스케(相原一郎介)는 "1912년 무렵 출판된 사전에는 아직 종교라는 번역어는 보이지 않는다. 이것이 정해진 번역어로서 세간에 통용되게 된 것은 1877년 전후의 일로 추정된다"라고 말하며, "Religion이라는 말을 일본 말로 번역하지 않으면 안 되는 실제적 필요가 있었던 것은 사전 이외에 당장 외교관계의 문서에서였다고 생각한다"라고 사전과 외교문서에서의 번역

3 星野靖二, 『近代日本の宗教概念—宗教者の言葉と近代』, 有志舍, 2012, p.i.

상의 필요성을 지적했다.[4]

실제로 사전류를 조사해 보면, 1873년 초판이 간행된 시바타 쇼키치· 고야스 다카시 편 『부음삽도 영화자휘』에서는 'Religion, 명사. 교문(教門), 법교(法教)', 'Religious, 형용사. 법교의, 종문의, 정밀한, 엄숙한, 신심 있는'으로 되어 있고, '종교'라는 번역어는 찾을 수 없다. 또한 헵번의 『화영어림집성(和英語林集成)』의 1867년 초판과 1872년 재판에서도 'Religion, Oshiye; michi; ho; do'로 설명하고 있으며, 이는 '교(教)', '도(道)', '법(法)'이다. 그리고 1886년 제3판에 이르러 이윽고 'Religion, Oshiye; michi; ho; do, kyoho, kyomon, shukyo'로 되어 있고, '법교', '교문'이라는 두 글자 한자어와 나란히 '종교'가 등장한다. 덧붙여 1881년에 초판이 간행된 『철학자휘(哲学字彙)』는 그 후 개정증보판이 1884년에 간행되었고, 또한 영독불화판(英独仏和版)이 1912년에 출판되었는데, 어느 책에서도 '종교'는 religion의 번역어로서 게재되어 있다. 메이지 10년대에 '종교'라는 번역어가 정착되었다고 여겨지는 이유이다.

외교문서에서는 어떠한가. 에도 막부의 쇄국정책 아래에서 그리스도교는 금압되어 왔는데, 막말 개국 시기 서양 열강과의 관계에서 이 상황은 변경을 맞게 된다. 즉 재류 외국인의 신앙을 약속한 외교문서에서는 당시 금제(禁制)였던 그리스도교를 언급할 때에 religion이 사용되고 있었으므로, 그에 대응하는 번역어도 필요하게 되었던 것이다. 그렇다면

---

4 相原一郎介, 「訳語「宗教」の成立」, 『宗教学紀要第五輯』, 日本宗教学会, 1938, pp.1~6. 아이하라 이치로스케는 문부성 종교관을 역임한 인물이다.

거기에 '종교'는 등장하고 있을까.

미일수호통상조약(Treaty of Amity and Commerce between the United States of America and The Empire of Japan)을 시작으로 1858년에는 영일수호통상조약, 불일수호통상조약, 러일수호통상조약, 난일수호통상조약(이른바 안세이[安政] 5개국 조약)이 잇달아 체결되었다. 이 조약들의 해당 대목에서는 모두 '종교'가 아니라 '종법(宗法)'이나 '종지(宗旨)'가 사용되고 있다. 예를 들어 미일수호통상조약의 제8조를 일본어와 영어로 병기하면 다음과 같다.[5]

> 일본에 거주하는 아메리카인은 자유롭게 그 나라의 종법을 생각하며 예배당을 거류장 내에 두어도 지장이 없다. 그리고 그 건물을 파괴하고 아메리카인의 종법을 자유롭게 생각하는 것을 방해하지 않는다. 아메리카인은 일본인의 절과 신사를 훼손하지 않으며, 또한 결코 일본 신불(神仏)의 예배를 방해하고 신체(神体)나 불상(仏像)을 훼손하는 일이 있어서는 안 된다.
> 쌍방의 인민은 상호 간에 종지에 대한 쟁론을 해서는 안 된다. 일본 나가사키 관청에서 행해지던 후미에(踏絵) 같은 것은 이미 폐지되었다.
> Americans in Japan shall be allowed the free exercise of their religion, and for this purpose shall haver the right, to erect suitable

5 『締盟各国条約彙纂』, 外務省記録局, 1889. 근대 문장어 성립사의 관점에서 막말 외교문서에 주목한 연구로는 清水康行, 『黒船来航―日本語が動く』(岩波書店, 2013)를 들 수 있고, 여기에서는 일미수호통상조약도 다뤄지고 있다.

places of worship. No injury shall be done to such buildings, nor any insult be offered to the religious worship of the Americans.

American citizens shall not injure any Japanese temple or mia, or offer any insult or injury to Japanese religious ceremonies, or to the objects of their worship.

The Americans and Japanese shall not do anything, that may be calculated to excite religious animosity. The government of Japan has already abolished the practice of trampling on religious emblems.

재류 미국인의 신교의 자유를 보장하기 위해 미일수호통상조약 제8조 영어판에서는 몇 번이나 religion과 religious와 같은 단어가 반복된다. 하지만 그에 대응하는 일본어는 '종교'가 아니라 '종법', '종지'인 것이다.

아이하라 이치로스케가 외교문서에 '종교'가 등장하는 가장 빠른 예로서 들고 있는 것은 1869년에 체결된 독일 북부연방과의 조약이다. 여기서 독일어 Religion에 대응하는 말로서 '종교'가 사용되고 있었다고 한다. 이 말이 당시 어디까지 일반적이었는지와는 별도로 외교문서를 번역하는 행위에서 영어인 religion이나 독일어 Religion에 대응하는 번역어가 요청되었던 것은 분명하다.

또한 1868년 3월 태정관 포고 고찰 '오방의 게시(五榜の掲示)'[6]에서

6 메이지 정부가 민중을 향해 발표한 다음의 다섯 가지 고찰(高札)을 말한다. 제1찰: 오륜

"절지단(切支丹) 사종문(邪宗門)의 의(儀)는 굳게 금지한다. 만약 의심스러운 자가 있으면 이를 가까운 관청에 신고하는 것이 마땅하다"라고 그리스도교를 '사종문'으로 지칭했던 것에 대해, 다음 달 미국 공사로부터 항의문서가 배달되었다. 그리고 이것을 외국사무국이 일본어로 번역하면서 '종교'가 사용되었던 예가 있다.[7]

> While disclaiming any intention of interfering with the internal affairs of Japan, I deem it my duty to call Your Excellencies' attention to the fact that the Christian religion is the religion of the Country I have the honor to represent, (…)
>
> 일본 국내의 일에 관여할 생각은 없지만, 야소종(耶蘇宗)이 본국의 종교(宗教)라는 점을 환기시키는 것은 졸자(拙者)의 직분이라고 생각한다.

여기에서 그리스도교가 '사종문'이 아니라 '종교'로 표현되었던 것이다. 종교사학자 스즈키 노리히사(鈴木範久)는 이 용례가 근대 일본어로서 '종교'의 초출에 가깝다고 지적한다.[8] 외교 관련 문서에서의 '종교'는

(五倫) 도덕 준수, 제2찰: 도당·강소(強訴)·도망 금지, 제3찰: 절지단·사종문 엄금, 제4찰: 만국공법 이행, 제5찰: 향촌 탈주 금지의 항목으로 이루어져 있다(옮긴이).

7 外務省調査部編, 『大日本外交文書 第一巻第一冊』, 日本国際協会, 1936.

8 鈴木範久, 『明治宗教思潮の研究』, 東京大学出版会, 1979. 단 고이즈미 다카시(小泉仰)에 의하면 아라이 하쿠세키(新井白石)의 저작에 세계 3대 '종교'에 대한 언급이 있다(『福澤諭吉の宗教観』, 慶應義塾大学出版会, 2002, p.317).

사전류보다 더 오래전으로 거슬러 올라감을 확인할 수 있다. 단 '종교'라는 말이 외교문서에서 사용되었다고 해서, 이 말이 널리 일반에게 보급되어 있었다고 볼 수 있는 것은 아니다.

여러 외국과의 외교관계에 있어 '종교'는 메이지 정부에게 다루기 어려운 문제였다고 생각된다. 1871년 요코하마를 출항한 이와쿠라 사절단은 당초 그리스도교에 대해 관심이 없는 척하려는 의향이었던 것 같으나, 일본에 돌아온 후에 그러한 사고는 일변했다. 1878년 사절단의 보고서로서 정리된 구메 구니다케 편 『특명전권대사 미구회람실기(特命全權大使 米欧回覧実記)』를 보면 '종교'가 부국강병을 위해 유용하다고까지 기록하고 있다. '법교'는 "인기를 얻어 규율에 따르게 하는 기구가 되어서 그 권모를 쓰는 것과 같다"라고, 문명국의 국가장치로서의 가치를 발견하기에 이른 것이다.[9] 여기에서는 '법교'가 사용되고 있는데, 『미구회람실기』 전체에서는 이 외에도 '종교', '종지', '종문', '교법' 등 다양한 관련 어휘가 혼재하여 사용되고 있다는 점에서 이 말의 변동이 각인되어 있다.[10]

---

9 田中彰, 『明治維新と西洋文明—岩倉使節団は何を見たか』, 岩波新書, 2003, pp.157~162.

10 山崎渾子, 『岩倉使節団における宗教問題』(思文閣出版, 2006)에서는 문부성 이사관(理事官)으로서 이와쿠라 사절단에 참가한 다나카 후지마로의 『이사공정(理事功程)』과 더불어 『미구회람실기』의 종교와 관계된 번역어를 나라별로 정리하고 있다.

3. 메이지 정부와 '종교'

막말 개국기의 외교문서를 통해 창출된 'religion=종교'가 다른 번역어를 점차 도태시켜 가는 사이에 어떠한 콘텍스트의 변용이 있었는지, 번역어 '종교'가 정착한 배경으로서 근대 국가를 목표로 한 메이지 정부의 '종교' 정책을 상기할 필요가 있다.

| '종교'의 정착 |

'religion=종교'라는 번역의 등가가 성립하고 정착하기 이전에는 '종교' 외에도 '종지', '종법', '종문', '법교', '교법', '교문', '성도(聖道)' 등 실로 다양한 번역어가 사용되고 있었다.[11] 종교학자 이소마에 준이치(磯前順一)

---

11 小泉仰, 「序論」, 比較思想史研究会編, 『明治思想家の宗教観』, 大蔵出版, 1975, p.20.

는 용어를 분류하여, '종지'와 같은 비언어적인 관습행위인 '프랙티스(practice)적 의미'와 '교법'과 같은 개념화된 신념체계인 '빌리브(believe)적 의미'의 두 계통이 있다고 분석한다.[12] 그리고 사람들에게 회자되고 있던 것은 근세의 제도와 결합된 프랙티스 계열인 전자이고, 빌리브 계열의 후자는 경전이나 교의에 강한 지식인층에 한정된 비주류의 어휘였다고 말한다. 불교 경전에서 나온 어의(語義)를 가진 '종교'는 소수파인 빌리브 계통의 추상 개념이다.[13] 공교롭게도 소수파의 어휘였던 '종교'라는 한자어가 결국은 살아남게 된다.

1873년에는 그리스도교 금지의 고찰이 철폐되고 일본 국내에서 그리스도교가 묵인되자, 그때까지는 주로 외교와 관련해서만 화제가 되었던 religion을 보다 넓게 논의하기 위해 공통의 말이 요청되었다고 생각된다. 고찰이 철폐된 다음해인 1874년 『메이로쿠잡지(明六雜誌)』에서는 모리 아리노리가 '종교'라고 제목을 붙인 논문(『만국공법』 영어판에서 religion에 관한 부분의 초역)을 발표하고, 후쿠자와 유키치도 1875년 『문명론지개략』에서 '종교'라는 말을 본격적으로 사용하기 시작한다.[14]

메이지 10년대에 출판된 저역서에서 지식인들은 그리스도교를 중

---

12 磯前順一, 「近代における「宗教」概念の形成過程」, 小森陽一·千野香織·酒井直樹·成田龍一·島薗進·吉見俊哉 編, 『近代知の成立』, 岩波書店, 2002, pp.161~196.

13 磯前順一, 「近代における「宗教」概念の形成過程」, p.169.

14 후쿠자와 유키치의 『문명론지개략』에서 거의 일관된 '종교'의 사용이 '소구력(訴求力) 있는 문명사적인 전망 속에서 종교 개념의 명확한 자리매김과 함께 종교라는 말의 일반적인 정착에 큰 영향을 주었던' 것은 아닐까 라고 지적하는 연구도 있다(津田雅夫, 「宗教」, 石塚正英·柴田隆行 監修, 『哲学·思想翻訳語事典 増補版』, 論創社, 2013, p.146).

심으로 '종교'를 논하기 시작했다. 원래 불교 용어였던 '종'과 '교'로 된 '종교'라는 두 글자 한자어(특정의 종파의 가르침이라는 뜻)는 그리스도교라는 서양 유래의 'religion=종교'를 말하면서 근대 일본어의 번역어로서 재이용된 것이다.

| 신도와 '종교' |

민중사상사 연구자인 야스마루 요시오(安丸良夫)는 신도가 '종교'(교파신도)와 '제사'(신사신도)로 갈라진 시점에서 '일본형 정교분리'가 성립했다고 파악한다.[15] 신사신도가 '종교'가 아닌 '제사'가 됨으로써 메이지 국가의 정교분리가 실현되었다고 보는 논리이다. 즉 후에 연합국군 최고사령관총사령부(GHQ)의 신도지령(神道指令)에 의해 '국가신도'로 지정된 '제사'라는 영역은 'religion=종교'로부터 일탈함으로써 확보된 셈이다. '종교'라는 번역어의 주형(鋳型)은 또 동시에 '종교'의 외측으로 밀려 나온 영역을 필연적으로 남기는 것이다. 시마조노 스스무(島薗進)가 무라카미 시게요시(村上重良)에 의한 '국가신도'의 윤곽을 거의 계승하여 지적했듯이, 근대가 되어 신사신도와 황실 '제사'의 복합체가 천황숭경의 국체론과 밀접하게 결부되어 교육칙어와 축제일 행사라는 수단을 통해 사람들

---

15 安丸良夫, 『神々の明治維新』, 岩波新書, 1979. 또한 羽賀祥二, 『明治維新と宗教』(筑摩書房, 1994), 山口輝臣, 『明治国家と宗教』(東京大学出版会, 1999) 등도 참고할 것.

의 일상으로 보급·실천되어 나갔던 것이다.[16]

조금 시간을 되돌려 막말기로 거슬러 올라가면, 겐무 중흥(建武中興)[17]에서 남조(南朝)에 충의를 다한 구스노키 마사시게(楠木正成)를 존경하는 '구스 공(楠公) 숭배'가 존왕양이파 사이에서 유행하는 등 조정에 대한 충신을 현창하는 토대는 준비되어 있었다. 1869년 도쿄초혼사(招魂社)가 건립된 이유는 옛 막부 세력을 타도한 보신전쟁(戊辰戰争)의 관군 병사를 제사하기 위해서였고, 전통적으로는 죽음을 더러운 것으로 여겨 기피하는 신도가 조정에 대한 충사(忠死)를 위령하고 현창하는 초혼 제사의 장으로 변화해 가는 것이다.[18] 1871년에 제정된 사격(社格)제도[19] 아래, 이듬해에는 구스노키 마사시게를 주된 제신(祭神)으로 하는 별격관폐사(別格官幣社)[20] 미나토가와신사(湊川神社)가 창건되었고, 세이난전쟁(西

---

16 島薗進, 『国家神道と日本人』, 岩波新書, 2010. 메이지기의 축제일이나 학교 행사에 관해서는 山本信良·今野敏彦, 『近代教育の天皇制イデオロギー——明治期学校行事の考察』(新泉社, 1987)에서 자세하게 다루고 있다.

17 1333년 고다이고(後醍醐) 천황이 가마쿠라 막부를 무너뜨리고 교토로 귀환하여 천황 친정을 부활한 일을 말한다. 이듬해 1334년 1월 연호를 겐무로 하고 공가일통(公家一統)의 정치 개혁을 도모했지만 2년 반 만에 붕괴되었고, 고다이고 천황은 요시노(吉野)로 옮겨 남북조 시대를 맞게 된다. 겐무 신정(新政)이라고도 한다(옮긴이).

18 村上重良, 『慰霊と招魂—靖国の思想』, 岩波新書, 1974.

19 1871년 제정된 이른바 '근대 사격제도'는 메이지 유신 후 '엔기시키(延喜式, 헤이안 시대에 시행되었던 율령실행세칙)'의 사격제도를 본떠 새롭게 신사를 등급화한 제도이다. 제2차 세계대전 이후 연합국군 최고사령관총사령부(GHQ)의 신도지령으로 폐지되었으나, 지금도 '구 사격' 등의 명칭으로 신사의 격을 나타내는 기준으로 여겨지고 있다(옮긴이).

20 근대 사격제도에서의 신사 사격의 하나로, 국가에 특별한 공적을 올린 충신이나 국가를 위해서 죽은 무장, 병사 등을 제신으로 모시는 신사를 위해 설치되었다(옮긴이).

南戦争) 이후 1879년에는 도쿄초혼사도 별격관폐사 야스쿠니 신사(靖国神社)로 개칭되어 열격(列格)되었다. 야스쿠니 신사가 군부의 관리하에 있던 시대가 기억하듯이 근대 일본에서 국가와 신도의 결합은 '일본형 정교분리' 아래에서 명확하다.[21] 국가를 위해 목숨을 바친 병사의 영령을 신으로서 현창하는 야스쿠니 체제는 '종교'에서 거리를 둔 '제사' 장치로서 메이지 정부 속에 편입되어 있었다.

민간단체로서의 '종교'와 국가의 '제사' 기관으로서 신사가 분립하고, 제정일치라는 메이지 정부의 국가체제가 당초의 구상과는 다른 형태로 구체화해 나간다. 우선 1871년에 신기관(神祇官)이 신기성(神祇省)으로 격하되었는데, 그 신기성마저도 다음해에 폐지가 되었고, 모든 '종교'를 관할하는 행정기관으로서 교부성(教部省)이 설치되었다. 그러고 나서 1877년 교부성이 폐지되자 '종교'에 관한 행정은 내무성 사사국(寺社局)으로 이관된다. 1882년에는 신직(神職)이 교도직(教導職)을 겸무할 수 없게 되었고, 1884년에는 교도직 자체도 폐지되었다. 그 후 1900년에 내무성 사사국이 신사국과 종교국으로 나뉘면서, 신도는 다른 '종교'와는 떨어진 부국(部局) 하에 놓였다. 더욱이 1913년에는 내무성 종교국이 문부성(文部省)으로 이전되었으므로, 신사행정과 '종교'가 더욱 더 멀어지게 되었다는 신도의 비(非)'종교'화의 경위를 더듬을 수 있다.

그런데 1889년에 발포된 대일본 제국 헌법 제28조에는 "일본 신민

---

21 小川原正道, 『近代日本の戦争と宗教』(講談社, 2010)에서도 보신전쟁부터 러일전쟁까지의 근대 일본의 국가와 '종교'의 관계 속에서 전쟁을 매개항으로서 두고 논하고 있다.

은 안녕질서를 방해하지 않고, 신민된 의무에 반하지 않는 한에 있어서 신교의 자유를 가진다"라고 명기된 문구가 있다. 제약이 달리기는 했지만 '신교의 자유'가 보장되었고, 불교나 그리스도교 등에 자유로운 '종교' 활동이 일단 허용된 것이다. 다른 한편으로 신도는 비'종교'화했기 때문에 국가기관과 밀착할 수 있게 되었고, 야스쿠니 신사와 호국신사(초혼사)에서는 국가를 위해 전사한 사람들을 신으로서 국가가 제사하게 되었다.

이와 같이 번역어 '종교' 성립의 콘텍스트로서 메이지 정부와 '종교'를 둘러싼 움직임을 추적해 보면 막말 개국기에 외교문서를 번역하는 가운데 출현한 'religion=종교'라는 번역의 등가가 다른 것을 능가하여 메이지 10년대에 정착하는 과정은 근대 국가로서 일본이 신도의 제사적인 위치지음을 명확하게 한 시기와 궤를 같이 한다. 요컨대 '종'과 '교'로 분리되어 있던 불교어는 문명개화를 이루기 위해 서양 근대의 religion을 번역하는 과정에서 '종교'라는 두 글자 한자(漢子) 결합어로서의 시니피앙은 바뀌지 않은 채 시니피에의 미끄러짐만이 반복되었다. 그리고 그리스도교 신앙을 말하면서 정착한 '종교'라는 번역어의 추상 개념은 다른 한편으로 비'종교'화한 '제사'로서의 (국가)신도도 생성했던 것이다. 근대 일본어로서 탄생한 '종교'는 메이지 국가의 '일본형 정교분리'라는 이데올로기와 공범관계를 가지는 번역어인 것이다.

4. 『백과전서』에서의 '종교'

문부성 『백과전서』는 종교학의 문헌으로서 다뤄졌던 적이 없고, 현대 종교학자들도 참조하는 텍스트는 아니다. 하지만 '종교'와 직접적으로 관련된 몇몇 편은 물론 관련 용어가 전편에 걸쳐 빈번하게 등장한다. 1873년부터 대략 10년간에 걸쳐 번역 출판이 실시되었으므로 'religion=종교'라는 등가의 성립과도 거의 같은 시대이다. 더욱이 신도의 비'종교'화의 제도사와도 중첩한다. 따라서 문부성 『백과전서』는 '종교'라는 번역어를 생각하는데 있어 매우 중요한 텍스트군을 가지고 있다. 그러나 지금까지 근대 일본의 '종교' 문제를 논할 때 언급될 기회도 없이 잊혀진 존재가 되었다.

religion에 대응하는 번역어로는 『백과전서』 전편(全篇)을 통해 '교법', '법교', '종교' 등이 혼재하고 있으며, 메이지 초기의 'religion=종교'라는 등가의 동요가 현실미를 띠고 선명하게 떠오른다. 이러한 번역 텍스트군을 꼼꼼하게 읽어보자.

| 미쓰쿠리 린쇼 역 『교도설』의 ‘교법’ |

미쓰쿠리 린쇼 역 『교도설(教導説)』(후에 『교육론』으로 제목 변경)은 제3장에서 논했듯이 기점 텍스트 EDUCATION의 번역 텍스트이다. 문부성 『백과전서』 전편 중에서 두 번째로 빠른 1873년 9월에 화장본 두 권으로 인쇄되었다. 『교도설』 그 자체는 ‘종교’를 주제로 한 내용은 아니지만, 본문에 앞선 범례에서 『백과전서』의 전체를 설명하고 있는데, 그때 ‘교법’이라는 말이 사용되고 있다.[22]

> 범례
>
> 하나. 이 책은 권수가 많으므로 널리 양학(洋学) 전문가에게 명해 편을 나누어 번역하게 하였다. 그리고 전체가 다 되기를 기다리기에는 공전의 세월을 요하기 때문에 순서는 원본에 따르지 않고 완성되는 대로 출판한다.
>
> 하나. 각 편의 번역자는 동일하지 않다. 따라서 문체, 번역어도 또한 서로 다르다. 장차 전부 완성되기를 기다려, 더욱이 부족한 곳을 보충하여 좋은 결과를 이루도록 한다.
>
> 하나. 원본에 양교(洋教) 및 회교(回教)의 설이 있다. 그렇지만 그 교법은 일본에서는 사용하지 않으므로 지금 이것을 번역하지 않고 일단 목차에 그 편명을 기재하여 원본의 체재를 제시할 뿐이다.

---

22 여기서는 번각판(翻刻版)에서의 인용. 원판 범례에는 번각판 범례의 마지막 한 항목이 없다.

이 범례에서 '양교 및 회교의 설'에 관해서는 "그 교법은 일본에서는 사용하지 않으므로 지금 이것을 번역하지 않고"라고 말하고 있는데, 최종적으로는 '그 교법'에 관한 항목도 모두 번역되었다. '양교'나 '회교'에 직접 해당하는 RELIGIOUS CHURCHES AND SECTS와 MOHAMMEDANISM—HINDUISM—BUDDHISM은 각각 와카야마 노리카즈(若山儀一) 번역, 구보 요시토 교정 『양교종파(洋教宗派)』(1876), 오시마 사다마스 번역, 구보 요시토 교정 『회교 및 인도교불교(回教及印度教仏教)』(1877)로서, 또한 SCANDINAVIAN MYTHOLOGY, &C.—MINOR SUPERSTITIONS도 엔칸 번역, 구보 요시토 교정 『북구귀신지(北欧鬼神誌)』(1878)로서 출판되고 있다.

그 외에도 '종교'와 관련된 것으로는 NATURAL THEOLOGY—ETHICS를 미쓰쿠리 자신이 『자연신교 및 도덕학(自然神教及道徳学)』(1880)이라는 제목으로 번역하였다. 더욱이 문부성의 분책본(分冊本)으로는 간행된 흔적이 없는 HISTORY OF THE BIBLE—CHRISTIANITY는 스이타 조로쿠 번역의 『성서연기 및 기독교(聖書縁起及基督教)』로서 유린도 합본으로 1883년 제16책에 들어가고, 마루젠(丸善) 합본에서는 기점 텍스트를 제5판으로 바꾼 하라 야이치로 번역의 『경전사(経典史)』가 1884년 하권 제4책에 수록되어 있다. 다음은 문부성 『백과전서』의 '종교' 관련 텍스트를 간행 순으로 일람해서 정리한 표이다.

미쓰쿠리 린쇼가 1873년 『교도설』의 범례를 쓴 단계에는 '그 교법'에 관한 번역은 시도되지 않았다. 하지만 이 국가 프로젝트가 어느 정도 마무리 되는 메이지 10년대 중반까지 이러한 텍스트군 전부를 번역 출

『백과전서』의 '종교' 텍스트 일람

기점 텍스트	번역 텍스트	담당자
RELIGIOUS CHURCHES AND SECTS	洋教宗派	若山儀一 訳 久保吉人 校
MOHAMMEDANISM-HINDUISM-BUDDHISM	回教及印度教仏教	大島貞益 訳 久保吉人 校
SCANDINAVIAN MYTHOLOGY, &C.-MINOR SUPERSTITIONS	北欧鬼神誌	薗鑑 訳 久保吉人 校
NATURAL THEOLOGY-ETHICS	自然神教及道徳学	箕作麟祥 訳
HISTORY OF THE BIBLE-CHRISTIANITY	聖書縁起及基督教	吹田鯛六 訳
HISTORY OF THE BIBLE(CIP 第 5 版)	経典史	原彌一郎 訳

판하는 의의가 재검토된 셈이라고 볼 수 있다. '종교'라는 번역어가 정착하고 근대 일본의 국가체제 속에서 '국가신도'가 제도화된 것도 바로 이 시기이다.

|『회교 및 인도교불교』에서의 '법교'|

『회교 및 인도교불교』에서는 일관되게 'religion=법교'를 사용하면서 일신교인 '회교'(MOHAMMEDANISM), 다신교인 '인도교'(HINDUISM)와 '불교'(BUDDHISM)를 개설하고 있다. 서두 부분에서 현저하게 드러나 있듯이, 그러한 시점은 어디까지나 그리스도교(야소교)를 의식한 것으로 '야소교를 받드는 나라'의 '진신(真神)'에 대해 '진신을 알지 못하는 백성'은 '가신(仮神)'을 예배한다는 입장이다.

야소교를 받드는 나라에서 사용하는 법교라는 두 글자는 일반적으로 우리 세계를 만들고 또한 이를 주재하는 진신을 경신(敬信)한다는 뜻으로서, 그 진신을 경신하는 데서 생기는 예배 의식과 그 외에 신에 봉사하는 여러 의식 모두를 법교로 칭한다. 그런데 이 경신의 마음은 첫째 인류 천부의 본성에 근거하고, 둘째 우리가 사는 세계의 형상에서 생긴 것으로서 인생의 자연스러운 정감이므로 오직 야소교 나라의 것만이 아니다. 진신을 알지 못하는 백성이라 해도 세상 속에서 이러한 마음을 스스로 발견할 수 있기 때문에 아직 진신을 섬기는 것을 알지 못하는 사람은 반드시 스스로 가신을 만들어 이를 예배한다. 무릇 그와 같은 사람은 대개 인간 세상에서 항상 간난(艱難)과 위험에 둘러싸여 있다. 그리고 대자연은 영묘(靈妙)하고 예측할 수 없는 기묘함을 나타내 사람으로 하여금 친애해 마지않게 하거나 사람들에게 놀라움과 두려움을 금치 못하게 한다. 사람은 그 이치를 파악하고자 하나 할 수 없고, 또한 이를 휘어잡아 자기가 원하는 대로 따르게 하려고 해도 역시 불가능하다. 이러한 까닭으로 희구(喜懼)의 마음이 교대로 일어나 마침내 자신의 힘을 믿을 수 없다는 것을 깨달아 다른 지력이 뛰어난 자를 골라 의뢰하기를 바란다. 이것은 법교에 의해 생기는 것이다.

RELIGION, in Christian countries, is generally understood as the feeling of reverence towards the Creator and Ruler of the world, together with all those acts of worship and service to which that feeling leads. The root of this sentiment lies in the very constitution of man and in the circumstances in which he is placed, and manifests itself abundantly even where the one supreme God of the Christian is unknown. Man is naturally religious, and if he is ignorant of the true God, he must make to himself false ones. He is surrounded by dangers and difficulties; he sees the mighty powers of nature at work all around, pregnant to him with hope and fear, and yet inscrutable in their working, and beyond his control. Hence arises the feeling of *dependence* upon something more powerful than himself—the very germ of religion.

꼭 축어적(逐語的) 번역이라고는 할 수 없으나 '법교'의 정의를 "우리 세계를 만들고 또한 이를 주재하는 진신을 경신한다는 뜻으로서, 그 진신을 경신하는 데서 생기는 예배의식과 그 외에 신에 봉사하는 여러 의식"(the feeling of reverence towards the creator and Ruler of the word, together with all those acts of worship and service to which that feeling leads)으로 보고 있다. 그리스도교적인 신에 대한 외경의 감정과 행위가 여기서의 'religion=법교'의 전제가 되고 있다.

이 서두부에 이어 텍스트 전체를 보면 서양의 종교연구자와 동양학자의 저명한 언설이 솜씨 좋게 인용되었고, 영국 빅토리아 왕조의 동양 religion에 대한 지적 도달점이 잘 정리되어 있다. 근대 일본의 종교학자, 예를 들면 기시모토 노부타(岸本能武太), 가토 겐치(加藤玄智), 아네사키 마사하루(姉崎正治) 등에 앞서 메이지 초기 문부성 『백과전서』라는 번역서 속에서 서양의 (비교)종교학의 정수가 이미 소개되고 있었던 것이다.[23] 힌두교(인도교)와 불교에 관한 기술에서는 막스 뮐러(Max Müller)의

*Comparative Mythology*나 *Buddhism and Buddhism Pilgrims*, 유진 뷔르누프(Eugène Burnouf)의 *Introduction to the History of Buddhism* 등에 의거하였고, 브라이언 호튼 호지슨(Brian Houghton Hodgson)과 호레이스 헤이맨 윌슨(Horace Hayman Wilson) 등의 이름도 언급하면서 해설하고 있다.[24] 그리고 마지막에 도출된 결론은 어디까지나 그리스도교를 최고로 여기는 것으로서, 불교에 관해서는 "어찌 법교라고 할 수 있으랴" 라고 단정한다.

또한 뮐러의 저작을 본격적으로 일본에 소개한 사람은 영국에서 1879년부터 5년간 그에게 사사하고 불교를 연구한 난조 분유(南條文雄)로 여겨진다. 난조가 번역한 뮐러의 『비교종교학』은 『제국백과전서』 시리즈로 1907년 간행되었다.[25] 이 점에서도 문부성 『백과전서』에서 뮐러를 소개한 것은 상당히 이른 시기의 선구적인 것이었다고 말할 수 있다.

---

23 岸本能武太, 『宗教研究』(警醒社, 1899), 加藤玄智, 『宗教新論』(博文館, 1900), 姉崎正治, 『宗教学概論』(東京専門学校出版部, 1900) 등보다도 약 사반세기 빠르다.

24 막스 뮐러(1823~1900)는 영국에 귀화한 독일인 동양학자. 유진 뷔르누프(1801~1852)는 프랑스의 동양학자이며 언어학자. 브라이언 호튼 호지슨(1800~1894)은 동인도회사 직원으로 티벳불교 연구자. 호레이스 헤이맨 윌슨(1786~1860)은 인도학자.

25 マクス·ミユーレル 著, 南條文雄 訳, 『比較宗教学』, 博文館, 1907(Müller, F. M.(1873). *Introduction to the Science of Religion*). 난조 분유는 옥스퍼드대학에서 수학한 종교학자.

|『성서연기 및 기독교』와 『경전사』에서의 '법교'와 '종교' |

유린도판에 수록된 『성서연기 및 기독교』(1883)는 HISTORY OF THE BIBLE—CHRISTIANITY의 번역이다. 합본의 책등과 목록에서의 편명은 '경전사 및 기독교(経典史及基督教)'이나 본문 서두 부분에서는 '성서연기 및 기독교'로 되어 있어 불일치하는데 그 이유는 확실하지 않다. 이 합본 제16책에는 이 외에도 『자연신교 및 도덕학』(1880), 『양교종파』(1876), 『회교 및 인도교불교』(1877), 『북구귀신지』(1878)가 있는데, 어느 것도 '종교'를 주제로 하는 항목에 들어가 있다. 합본 수록 배열은 기점 텍스트 그대로 『성서연기 및 기독교』가 두 번째이지만 번역된 순서로서는 마지막이다. 그 때문에 1883년 8월까지 간행된 분책본을 기재한 『문부성출판서목』에서 빠져 있다. 이와 같이 번역 시기가 지연된 점도 있어 마루젠판의 편집자는 자체 번역자에게 별도로 의뢰한 것으로 추측된다.

마루젠판 하권 제4책 『경전사』(1884)는 기점 텍스트 제5판(1875)의 HISTORY OF THE BIBLE의 번역이다. 성서의 역사에 관해 해설한 내용이라는 점에서는 유린도판도 마루젠판도 동일하지만 기점 텍스트와 번역자가 서로 다르다. 각각의 목록을 대역으로 비교해 보자.

기점 텍스트 HISTORY OF THE BIBLE-CHRISTIANITY 吹田鯛六 訳,『聖書縁起及基督教』(有隣堂, 1883)의 목록	
希伯来聖書	THE HEBREW SCRIPTURES.
撒馬利亜語訳摩西ノ五経	The Samaritan Pentateuch.
希臘語訳旧約書	The Septuagint.
旧西里亜語訳聖書	The Old Syriac Version.

不経ノ諸書	The Apocrypha.
新約全書	THE NEW TESTAMENT.
英語訳聖書	THE ENGLISH BIBLE.
基督教及基督教会	CHRISTIANITY AND THE CHURCH.
基督教会	THE CHURCH.

기점 텍스트 제5판(1875) HISTORY OF THE BIBLE 原彌一郎 訳,『経典史』(丸善商社出版, 1884)의 목록	
総論	
希伯来経典	THE HEBREW SCRIPTURES.
飜訳書	VERSIONS.
撒馬利亜訳摩西之五経	The Samaritan Pentateuch.
七十士訳経典	The Septuagint.
旧齊利亜訳経典	The Old Syriac Version.
旧約全書非経之書	THE OLD TESTAMENT APOCRYPHA.
新約全書	NEW TESTAMENT SCRIPTURES.
新約全書ノ聖経	NEW TESTAMENT CANON.
原書ノ印刷出版	PRINTED EDITIONS OF THE TEXT.
経典飜訳書	BIBLE VERSIONS OR TRANSLATIONS.
基督教会	THE CHRISTIAN CHURCH.

기점 텍스트 제5판에서는 대폭적인 다시 쓰기가 있었으나 주요한 장의 구성 방식은 거의 답습되었던 것을 알 수 있다. 총론으로부터 히브리어 성서(THE HEBREW SCRIPTURES), 사마리아 오경(The Samaritan Pentateuch), 칠십인역 성서(The Septuagint), 고(古)시리아어역(The Old Syriac Version), 외전(The Apocrypha), 신약성서(THE NEW TESTAMENT) 등이 어느 판본에서도 중심적인 구성요소를 이루고 있다. 또한 본문에서 일부 중복하는 기술도 있다.

religion의 번역어라는 관점에서 흥미로운 점은 스이타가 번역한 『성서연기 및 기독교』도 하라가 번역한 『경전사』도 '법교'와 '종교'

가 혼재하며, 게다가 양쪽 모두 '종교'의 사용빈도가 확실히 높다는 경향이다. 1877년 오시마가 번역한 『회교 및 인도교불교』에서는 일관되게 'religion=법교'였는데, 1883년과 1884년의 번역 텍스트에서는 '법교'보다도 '종교'가 우위를 점하기까지 도태가 진행되고 있었다. 바로 메이지 10년대에는 '종교'라는 근대 일본어가 일반화되고 있었다는 증거라고 할 수 있다.

구체적인 예를 살펴보도록 하자. 우선은 『성서연기 및 기독교』 첫머리에 있는 'religion=법교'의 예이다.

> 대저 이들 40명의 기자(記者)가 지위, 교육 및 지력(智力)이 서로 같지 않고, 사는 세상 또한 전후 2천 년이라는 거리가 있음에도 불구하고, 여전히 그 기록하는 도덕 및 법교에 관계되는 시편(詩篇), 사기(史紀), 예언(預言) 및 기타 여러 편을 대조하니 모두 사실, 의견, 감정과 정신에 있어서 정말 놀라울 정도로 완벽하게 들어맞는다(스이타 조로쿠 번역).
>
> And yet the forty authors, so unlike each other in rank, education, and quality of intellect, and living apart in the wide intervals of which the two extremes embrace a period of 2000 years, write poems, histories, prophecies, and doctrinal and didactic pieces on morality and religion, distinguished by a marvelously perfect harmony in facts, views, sentiment, and spirit.

여기서는 morality and religion이 '도덕 및 법교'로 번역되었고,

'morality=도덕'과 나란히 'religion=법교'가 등장한다. 우연하게도 이 부분은 기점 텍스트 제5판에서도 전혀 다르지 않으므로 『경전사』의 해당 부분을 다음으로 언급한다.

> 그 외에 또한 40인의 기자가 있는데 가문과 교육, 재지(才智) 등이 서로 같지 않고, 전후 2천년 사이에 살고 죽었으며, 모두 도덕, 종교에 관해 제반의 시사예언(詩史預言) 및 전교(伝教)상의 잡설(雑説)을 저술하였다. 그리고 이는 그 사적(事蹟)과 견해, 정조, 정신 여하를 가리지 않는다(하라 야이치로 번역).

『경전사』의 경우는 'morality=도덕'과 'religion=종교'이다. 게다가 이 직후에 moral and religious truth라는 공통된 표현이 재차 출현하고, 스이타의 번역에서는 '도덕 및 법교상의 진리', 하라의 번역에서는 '도덕 및 종교의 진리'로 번역되어 있다. 『성서연기 및 기독교』와 『경전사』의 출판 연도의 차이는 불과 1년인데, '도덕'에 해당하는 시니피앙이 전자는 '법교', 후자는 '종교'로 되어 있는 것이다. religion의 번역어는 이 정도까지 불안정하게 동요하고 있었다.

다른 곳에서는 'religion=종교'에 대해 '진정'의 한 것과 그렇지 않은 것이라는 식별을 보여주고, 그리스도교(기독교)를 "세계 문명국에서 행해지며 인간 사회의 여러 방면에 보급"된 '진정한 종교'로 위치를 지우고 있다.

> 그러므로 전후 서로 관통하지 않을 것같이 보이는 이 하늘의 교의는 쉽게

활동을 자유롭게 할 수 있는 힘을 가진 진정한 종교 이다. 그 세력과 진보의 형적은 역사에 비추어 분명하다. 지금 기독교는 세계 문명국들 사이에서 행해지며 인간 사회의 여러 방면에 보급되었다고 할지라도, 우리는 저 멀리 그 본원이 모호한 옛날로 거슬러 올라가 더욱더 이를 생각해야 한다.(스이타 조로쿠 번역)

Thus, the apparently disjoined doctrines of revealed religion easily adjust themselves into a vital and energetic body of truth, the influence and movements of which in the world can be historically traced. From the commanding post which Christianity now holds among civilized nations; a post aloof from, yet dominant over, the depths and heights, the lengths and breadths of humanity, we can go back to its obscure origin.

『성서연기 및 기독교』와 『경전사』의 양쪽에서 볼 수 있는 경향으로서 '법교'보다도 '종교'의 사용빈도가 높다는 점을 들 수 있는데, 한 가지 원인으로 생각할 수 있는 것은 기점 텍스트에서 religion이 사용되지 않는 경우에서조차도 '종교'라는 번역어가 사용되고 있는 용례가 있기 때문이다.

그러나 신약성서가 완성된 이후도 4~5세기 동안 영국은 우상교에 빠졌고, 이후 다시 수세기를 경과하여 겨우 영어로 번역된 성서 전체를 갖추게 되었다. 때문에 14세기 동안의 우리 영국 종교 의 상태에 비추어 지금의 우리 영국 종교 의 상태를 보면, 우리는 '마지막이 처음이 되고, 처음이 마지막이 될 것'이라는 격언이 분명하다는 것을 느끼지 않을 수 없다.(스이타 조로쿠 번역)

And yet, for four or five centuries after the completion even of the New Testament canon, Britain was involved in paganism; and many more centuries had to pass before there was an entire copy of the Bible in the vernacular; so that, looking at what we are now, in the light of what we were for fourteen centuries, we see a striking accomplishment of the adage — 'The last shall be first, and the first last.'

활판 인쇄의 발명 이후 경전 번역서를 번역하려는 일은 셀 수 없을 정도로 많아 종교 개혁의 선구가 되었다. 그 중에서도 가장 왕성한 때를 15세기 말로 볼 수 있다.(하라 야이치로 번역)

After the invention of printing — especially after the latter part of the 15th century — the harbingers of a new ecclesiastical era appeared in numerous republications of the translated Bible (…)

각각은 별도의 화제이지만 어느 기점 텍스트에서도 religion이나 그 파생어는 전혀 없다. 그러나 스이타의 번역에서는 두 번, 하라의 번역에서는 한 번 '종교'가 등장한다. '우상교'(paganism)에 대해 말한 후에, 스이타는 what we are now와 what we were에 대응하는 번역으로서 '우리 영국 종교의 상태'라는 표현을 반복해서 사용했다. 다른 한편 '활판 인쇄의 발명'(the invention of printing) 이후의 '경전 번역서'(the translated Bible)의 이야기에서 하라는 new ecclesiastical era를 '종교개혁'으로 번역하고 있다.[26]

그런데 문부성『백과전서』의 기쿠치 다이로쿠가 번역한『수사 및 화문』은 '종교'를 논한 번역 텍스트가 아니고 근대 일본의 문학이론에 영향을 준 내용으로 알려져 있다. 이 책은 1879년에 간행되었는데, '설복(說服)'(PERSUASION)에 대한 설명의 예로서 '종교'가 등장하는 부분이 있다.

> 야소교회와 같은 것도 다만 그 **종교** 의 세력을 세계에 확충해야 한다는 바람을 가지고 고무되며 행동하는 것이 당연하다.
>
> A Christian assembly is supposed to be capable of being roused into action by the prospect of extending the power and influence of Christianity in the world.

기점 텍스트는 religion이 아니라 어디까지나 Christianity에 관해 논하고 있는데, 번역어는 '종교'이다. 곧 '종교'라는 번역어는 그리스도교 신앙(Christianity)의 상위 개념으로서 사용될 수 있었다는 말이 된다. 또한 이 텍스트에서는 religious라는 형용사를 '종교상(宗教上)의'로 번역하고 있는 예도 볼 수 있으며, 여기서도 '도덕 및 종교'라는 대개념이 나타

---

26 영어의 통례로는 단순히 the Reform이 '종교개혁'을 가리킨다.

나고 있다. "설복대언(説服対言)의 방책으로부터 얻은 결과"(The ends most usually sought by means of persuasive address)가 다음과 같이 설명된다.

> 도덕 및 종교 상의 취지로부터 기대하는 권면의 말은 생령(生霊)의 지대하고 더없이 중요한 본분으로써 육체의 정욕을 억제하는 데 있다.
> In moral and religious address, the larger and nobler ends of one's being are sought to be impressed and made predominant over present and passing impulses.

'종교'와 나란히 이야기되고 있는 'moral=도덕'은 1877년 니시무라 시게키의 『일본도덕론』을 언급할 필요까지도 없으며, 표층적인 문명개화에 대항하는 보수반동세력이 좋아한 핵심 개념이다. 니시무라는 문부성의 출판사업에 관계하는 교정자를 문부성 내에서 정리하면서, 동시기인 1876년 국민 교화를 목적으로 한 수신학사(修身学社)를 창설하였다. 이 조직은 그 후 1884년에 일본강도회(日本講道会)로 개칭되었고 1887년에는 일본홍도회(日本弘道会)가 된다. 메이지 10년대에는 급진적인 구화정책으로 '도덕'이 혼란해졌다는 우려의 목소리도 나오고 있었다. '종교'가 정착한 동시대에 다른 한편으로 '도덕'에 대한 경사(傾斜)도 있었던 점은 상기해 두고 싶다.[27]

27 '도덕'은 '도'와 '덕'으로 이루어진 두 글자 한자어로 한적에도 등장하는데, 라틴어 mores에서 파생한 moral의 번역어이기도 하다는 점에서 '종교'와 공통된 측면을 가지

| '종교'를 번역한 양학자들 |

문부성 『백과전서』의 '종교'와 관련된 텍스트를 번역한 것은 종교학자가 아니었다. 애당초 '종교학'이라는 학문이 일본에 아직 없었던 시대이다.[28] 『양교종파』를 번역한 와카야마 노리카즈와 『회교 및 인도교불교』를 번역한 오시마 사다마스는 비교적 지명도도 높고, 두 사람 모두 메이지기에 경제 분야에서 활약한 인물로서 전집과 전기 등도 갖추어져 있다. 이처럼 경제 전문가가 번역했다는 점 때문에 후의 종교연구자들이 문부성 『백과전서』에 수록된 일련의 '종교' 텍스트와 해후할 기회를 놓쳤는지도 모르겠다.

와카야마 노리카즈는 일본에서 최초의 근대적 생명보험회사의 설립에 관여한 저명한 경제학자이다. 1840년 에도(江戸)에서 의사였던 니시카와 슈안(西川宗庵)의 아들로 태어났으나 와카야마가(家)의 양자로 들어가 오가타 고안(緒方洪庵)을 사사했다. 개성소(開成所) 교수를 역임한 후 민부성(民部省)과 대장성(大蔵省)에서 근무하였다. 또 이와쿠라 사절단에도 참가하여 여러 나라의 세무와 재정을 연구하였고 귀국한 후에는 이러한 경험을 살려 태정관(太政官)과 궁내성(宮内省) 등에서 근무하는 등 보호무역과 세제개혁을 제창한 고급관료가 된 인물이다. 대표적인 저작으로는 『보호세설(保護税説)』, 『태서농학(泰西農学)』 등이 있다.

는 말이다.

28 비교종교학회의 설립은 1896년, 도쿄제국대학의 종교학 강좌는 1905년에 개설.

오시마 사다마스는 보호무역론의 경제학자로서 저명하다. 『회교 및 인도교불교』 외에도 문부성 『백과전서』에서 『토공술(土工術)』, 『북아메리카지지(北亜米利加地誌)』를 번역하였다. 1845년 다지마(但馬)에서 태어나 고향에서 한학을 수련하였고, 개성소에서는 미쓰쿠리 린쇼에게 영학을 배웠다(『북구귀신지』를 번역한 엔칸[별명 '간자부로(鑑三郎)', 생몰연도 불명]도 미쓰쿠리의 개성소 시대의 문하생). 헨리 토마스 버클(Henry Thomas Buckle)의 『영국개화사』 번역과 토마스 로버트 맬서스(Thomas Robert Malthus)의 인구론을 일본에 처음으로 소개한 초역에도 관여했다. 외무성 번역국을 거쳐 1890년부터 『도쿄경제잡지』에 '보호무역론'을 연재하였고, 도미타 데쓰노스케 등과 함께 국가경제회를 설립했다.[29]

『성서연기 및 기독교』를 담당한 스이타 조로쿠는 누마즈병학교(沼津兵学校)를 거쳐 메이지 정부에 출사했다.[30] 그는 문부성 『백과전서』 『양편(羊篇)』의 번역자이기도 하며, 영국의 경제학자 윌리엄 스탠리 제번스(William Stanley Jevons)의 『노동문제』도 번역하였다. 마루젠판 『경전사』를 번역한 하라 야이치로는 정확한 생몰년이 알려져 있지 않은데, 문부성 『백과전서』 중에서는 그 외에도 마루젠판 『기하학』을 번역하였다. 또한 『옥중우분여정(獄中憂憤余情)』의 편집, 『서양대가정치격언(欧米大家政治格言)』의 편역, 미국의 올리버 벨 번스(Oliver Bell Bunce)가 저술하고 다구

29 本庄栄治郎, 「大島貞益の研究」, 『日本経済思想史研究 下』, 日本評論社, 1966, pp.315~384. 西田長寿, 『大島貞益』, 実業之日本社, 1945.

30 大野虎雄, 『沼津兵学校と其人材』, 大野虎雄, 1939, pp.100~102.

치 우키치와 오자키 유키오가 서문을 쓴 『서양남녀예법(欧米男女礼法)』의 번역 등도 담당했다.

『양교종파』, 『회교 및 인도교불교』, 『북구귀신지』의 교정자인 구보 요시토는 1834년에 태어났으며 교정 당시는 문부성 편서과(編書課) 직원이었다. 문부성 『백과전서』 중에서는 이외에도 『지문학(地文学)』, 『중학(重学)』, 『광학 및 음학(光学及音学)』, 『도자공편(陶磁工篇)』, 『수운(水運)』, 『화원(花園)』, 『양수편(養樹篇)』, 『우 및 채유방(牛及採乳方)』, 『돈토식용조롱조편(豚兎食用鳥籠鳥篇)』, 『견 및 수렵(犬及狩猟)』, 『조어편(釣魚篇)』, 『식물편(食物篇)』, 『의복 및 복식(衣服及服式)』, 『중고사(中古史)』, 『런던 및 웨일즈지지(英倫及威爾斯地誌)』, 『스코틀랜드지지(蘇格蘭地誌)』, 『아세아지지(亜細亜地誌)』, 『북아메리카지지(北亜米利加地誌)』, 『인심론(人心論)』, 『수신론(修身論)』, 『접물론(接物論)』, 『인구구궁 및 보험(人口救窮及保険)』, 『산수 및 대수(算数及代数)』, 『고물학(古物学)』 등 가장 많은 교정을 담당하였다.

미쓰쿠리 린쇼는 교육과 사법, 특히 민법과 관련된 공적으로 후세에 이름을 남겼으나 '종교'와는 직접적인 관계가 없다. 수학자인 기쿠치 다이로쿠는 수사학(修辞学)을 번역했다는 점에서 문학연구자에게는 알려져 있지만,[31] 종교연구자와는 접점이 없다.

이상과 같은 인물들에 의해 '종교'의 텍스트가 번역된 시대에는 일본에는 아직 근대 학문으로서 '종교학'은 탄생하지 않았었고, 그 후의 종교연구에서도 문부성 『백과전서』는 등한시되었다. 이 장에서는 번역 텍

---

31 예를 들면 菅谷廣美, 『「修辞及華文」の研究』, 教育出版センター, 1978.

스트로서 문부성 『백과전서』를 읽는 것을 통해 'religion=종교'라는 등가가 동요하면서도 착실히 존재감을 높여간 흔적을 확인했다. 현시점에서 문부성 『백과전서』에 관한 종교학적 연구의 유무에 대해서는 필자가 과문하여 알지 못하나, 근대 일본의 '종교'사의 한 측면에 빛을 비춘 귀중한 번역 텍스트군이었다는 점은 강조해 두고 싶다.

5. 비'종교'의 카무플라주

20세기 후반부터 서양 여러 나라를 중심으로 번역에 관한 연구가 학술 연구로서 체계화되었다. 하지만 그 이전에도 번역에 관한 여러 언설은 특히 성전(聖典)과의 관계성 속에서 반복적으로 언급되어 왔다. 기원전 키케로나 성 히에로니무스의 성서 번역에 관한 논의는 특히 유명하다. 근년의 언어학적인 번역연구에서도 유진 나이다(Eugene A. Nida)의 성서 번역을 둘러싼 등가이론—형식적 등가(formal equivalence)와 동적 등가(dynamic equivalence)—은 현대 번역학에 많은 영향을 끼쳤다.[32] 서양의 번역연구와 '종교'와의 관계는 길고 깊다.

근대 일본의 경우 '종교'와 번역의 관계가 특이한 이유는 'religion=

32 ユージン·ナイダ 著, 成瀬武史 訳,『翻訳学序説』, 開文社出版, 1972. ユージン·ナイダ, チャールズ·テイバー, ノア·ブラネン 著, 沢登春仁·升川潔 訳,『翻訳—理論と実際』, 研究社出版, 1973.

종교'라는 등가가 허구화되어 있기 때문이다. 그것은 '종'과 '교'라는 두 글자 한자어에 가탁하여 religion이라는 서양의 개념을 '종교'로 번역한 결과인 것이다. '종교'라는 말은 religion의 번역어의 하나에 지나지 않았지만, 비'종교'의 영역을 출현시키면서 결정적인 표준 번역어의 자리를 획득했다. 결과적으로 '종교'라는 근대 일본어는 역설적으로 근대 일본의 비'종교'화를 수행했다고 말할 수 있다.

철학자 다카하시 데쓰야(高橋哲哉)는 현대의 '야스쿠니 문제'를 다면적으로 논하였는데, '종교의 문제'라는 시점에서는 '신사비종교(神社非宗教)'라는 허구 속에서 '국가신도'가 맹위를 떨쳤던 역사를 검증해 보였다. 그리스도교와 불교 등의 '종교'를 국가의 '제사'가 초월함으로써 '제교분리(祭教分離)'가 '제교일치(祭教一致)'로 반전되는 역설이 발생하였고, 거기에는 '비종교라는 카무플라주'가 이루어지고 있다고 지적한다.[33]

> '신사비종교'는 그 자체로 하나의 종교인 신사신도를 다른 모든 종교로부터 '분리'하여 '초종교'로 하고, 다른 모든 종교를 천황제국가의 '제사'인 '국가신도'에 종속시키는 이데올로기 장치에 다름 아니었다.
>
> 야스쿠니 신사를 야스쿠니 신사인 채로, 즉 그 전통적인 제사의례의 중심부분을 남긴 채 '특수법인'으로 한다거나, '비종교화'하여 '국영화'한다는 의견은 '신사비종교'라는 간사한 잔꾀와 그것이 초래한 재앙의 역사에 너무나 무자각적이라고 말하지 않을 수 없다. 야스쿠니 신사는 전전, 전중

---

33 高橋哲哉, 『靖国問題』, ちくま新書, 2005, pp.97~148.

> 그 '본래'의 모습에 있어 이미 '무종교 국립전몰자 추도시설'이었다. 정확하게 말하면 '무종교 국립전몰자 추도시설'을 가장한 '종교적 국립전몰자 추도시설'이었던 것이다.

'종교'라는 시니피앙에는 메이지 이래 지금도 두 가지의 시니피에—religion의 번역어로서의 '종교'와 본래의 한자어로서의 '종교'—가 공존하고 있다. 그렇기 때문에 야스쿠니 체제의 '비종교라는 카무플라주'가 성립되는 것이다. 이데올로기로서의 국가장치에는 '종교'이면서 비'종교'를 가장하는[34] 속임수가 숨어 있다. 그것은 신도의 비'종교'화를 가능하게 한 '종교'라는 근대 일본어의 역설이고, 번역어에 은폐된 이면성에 다름 아니다.

---

34 종교학자 가토 겐치(加藤玄智)는 이것을 '윤리적 변장(Ethical Camouflage)'이라고 불렀다.

| 제6장 |

‘대영 제국’이라는 근대
— 대일본 제국의 사후적 이야기

天文学　気中現象学　地質学　地文学　植物生理学　植物綱目　動物及人身生理　動物綱目　物理学　重学　動静水学　光学及音学　電気及磁石　時学及時刻学　化学篇　陶磁工篇　織工篇　鉱物篇　金類及錬金術　蒸汽篇　土工術　陸運　水運　建築学　温室通風点光　給水浴澡掘渠篇　農学　菜園篇　花園　果園篇　養樹篇　馬　牛及採乳方　羊篇　豚兎食用鳥籠鳥篇　蜜蜂篇　犬及狩猟　釣魚篇　漁猟篇　養生篇　食物篇　食物製方　医学篇　衣服及服式　人種　言語　交際及政体　法律沿革事体　太古史　希臘史　羅馬史　中古史　英国史　英国制度国資　海陸軍制　欧羅巴地誌　英倫及威爾斯地誌　蘇格蘭地誌　愛倫地誌　亜細亜地誌　亜弗利加及大洋州地誌　北亜米利加地誌　南亜米利加地誌　人心論　骨相学　北欧鬼神誌　論理学洋教宗派　回教及印度教仏教　歳時記　修身論　接物論　経済論　人口救窮及保険　百工倹約訓　国民統計学教育論　算術及代数　戸内遊戯方　体操及戸外遊戯　古物学　修辞及華文　印刷術及石版術　彫刻及捉影術　自然神教及道徳学　幾何学　聖書縁起及基督教　貿易及貨幣銀行　画学及彫像　百工応用化学　家事倹約訓

1. 소급되는 단어

'대영 제국'이라는 단어의 시작은 의외로 알 수 없다. 단 어렵지 않게 British Empire의 번역어인 것은 추측할 수 있다.

본장에서는 문부성『백과전서』의 번역 텍스트 해독을 통해서 '대일본 제국'과 '대영 제국'의 역설적 관계를 문제로 삼고자 한다. 메이지 초기에는 British Empire가 반드시 '대영 제국'이라고 번역되지 않았다. 이것은 근대 일본어의 '제국' 개념의 의미와도 관계된다. 따라서 문부성『백과전서』에서 'British Empire=대영 제국'이라는 번역등가가 거의 존재하지 않는 것-나중에 자세히 살펴보듯이 특수한 사례에서만 '대영 제국'이라고 번역-을 근거로 삼아 '대영 제국'의 자명성을 재고해 보고자 한다. 최근 연구서에서는 British Empire를 '브리튼 제국' 또는 '이기리스제국(イギリス帝国)'[1] 등을 사용하는 경향이 있는 듯하지만, 관례적으로

---

1 이기리스(イギリス)는 '英吉利'의 가차어로, 근대 이후 일본에서 영국을 표기하는 방법이

는 '대영 제국'도 (찬반양론이 있더라도) 여전히 사어(死語)가 되지는 않고 있다.[2] 이 단어에는 무엇이 기억되어 있을까.

메이지 정부가 국민국가 체제를 본격화하는 메이지 10년대 말부터 20년대에 걸쳐 '제국대학' '대일본 제국 헌법' '제국의회' 등 '제국'이라는 용어가 정부의 공적 문서에 빈번하게 등장하기 시작한다. 예를 들어 1886년 제국대학령에는 "제국대학은 국가의 필요에 따른 학술 기예를 교수한다"고 되어 있다. 이것을 이어받아 결과적으로 제2차 세계대전 전까지 도쿄(東京)·교토(京都)·도호쿠(東北)·규슈(九州)·홋카이도(北海道)·게이죠(京城)·타이베이(台北)·오사카(大阪)·나고야(名古屋)에 제국대학이 세워지고, 그 지위는 '대일본 제국'이라는 국가의 판도와 중첩된다.[3] 또한 국가 호칭으로서 '대일본 제국'은 알려진 바와 같이 1889년에 발포된 대일본 제국 헌법 1조에서 "대일본 제국은 만세일계의 천황이 통치한다"고 명기된 것에서 정식으로 확정되었다. 또한 '제국호텔' '제국문학' '제국극장'

다(옮긴이).

2 학술 출판물의 서명을 통해서 어떤 동향이 있는지 살펴보면, 예를 들어 東田雅博, 『大英帝国のアジア·イメージ』(ミネルヴァ書房, 1996) ; 木畑洋一 編, 『大英帝国と帝国意識-支配の深層を探る-』(ミネルヴァ書房, 1998) 등에서 デイヴィッド·アーミテイジ 著, 平田雅博·岩井淳·大西晴樹·井藤早織 訳, 『帝国の誕生-ブリテン帝国のイデオロギー的起源-』(日本経済評論社, 2005) : 木畑洋一, 『イギリス帝国と帝国主義-比較と関係の視座-』(有志舎, 2008) 등으로, 전문서적에서는 최근 들어서 '대영 제국'을 사용하지 않는 경향이 보인다.

3 도쿄제국대학은 1886년, 교토제국대학은 1897년, 도호쿠제국대학은 1907년, 규슈제국대학은 1911년, 홋카이도제국대학은 1918년, 게이죠제국대학은 1924년, 타이베이제국대학은 1928년, 오사카제국대학은 1931년, 나고야제국대학은 1939년에 설치되었다. 모든 제국대학이 갖춰지기까지는 4반세기 이상 걸렸다.

등 문화 방면에서도 '제국' 사용이 유행하였고, 1879년 설립된 '도쿄학사회원(東京学士会院)'은 1906년에 '제국학사원(帝国学士院)'으로 개칭되었다. 이처럼 '제국'은 긍정적 어감을 지니며 적극적으로 사용된 단어였다.

'제국'이라는 단어의 융성을 이어받아 British Empire는 '대영 제국'이 되고, '대일본 제국'이라는 이야기에 사후적으로 등장한 것-'대일본 제국'의 성립이 번역어 '대영 제국'보다 앞섰다-은 아닐까. 이것이 본장의 주장이다. 그렇다고 한다면 전근대적 천황제에서 근대 국민국가 '대일본 제국'으로 국가체제가 이행하는 시대 속에서 '대영 제국'이라는 근대 일본어가 성립한 것이 된다. '제국일본'이 '대일본 제국'으로 불가역적 변용을 달성한 후 British Empire가 '대영 제국'으로 정착한 것이다.

2. '대영 제국'

| 문부성 『백과전서』의 '대영 제국' |

British Empire는 British와 Empire라는 두 단어로 이루어져 있다. 따라서 'British=대영(大英)'과 'Empire=제국'을 합치면 'British Empire=대영 제국'이다. 하지만 사정은 그렇게 간단하지 않다. '대영 제국'이라는 단어가 만들어지는 계기를 문부성 『백과전서』에서 찾아보도록 하자. British Empire에 대응하는 번역어를 탐색하기 위해 지리와 역사 등 사회과학분야와 관련된 18편을 중심으로 기점/번역 텍스트를 비교하면서 하나하나 확인해 보았다.

인종(人種) 교제(交際) 및 정체(政体) 법률연혁사체(法律沿革事体) 태고사(太古史) 희랍사(希臘史) 로마사(羅馬史) 중고사(中古史) 영국사 영국제도국자(英国制度国資) 육군군제 구라파지지(地誌) 잉글랜드(英倫)

> 및 웨일즈(威爾斯)지지　스코틀랜드(蘇格蘭)지지　아일랜드(愛倫)지지　아세아지지　아프리카(亜弗利加) 및 오세아니아(大洋州)지지　북아메리카(北亜米利加)지지　남아메리카(南亜米利)지지

우선 1876년 요코세 후미히코가 번역한 『영국제도국자(英国制度国資)』는 CONSTITUTION AND RESOURCES OF THE BRITISH EMPIRE를 번역한 것이다. 본래 제목에는 BRITISH EMPIRE 자체가 등장하지만 요코세는 단순히 '영국'으로 번역하고 있으므로 'British Empire=대영 제국'이라는 등가는 아직 만들어지지 않았다. 그럼 본문은 어떠할까. British Empire를 정의하는 곳을 인용하면서 관련 단어에도 착목해보도록 하자.

> 대영(大英)의 판도는 그레이트 브리튼(大不列嶺)과 아일랜드(愛耳蘭)의 합동국과 그 근해의 작은 섬 및 세계 여러 곳에 흩어져 있는 새로운 개척지(新境)와 번속(蕃属)을 총칭한다. 대영(大英)의 정치에서 가장 저명한 하나의 사건은 모든 민(民)이 진력하여 사회의 자유와 종교의 자유를 얻은 것이라 할 것이다. 노예 사역은 대영(大英)이 관할하는 영토 안에서 전혀 인정되지 않고 신체 자유의 권리에 이르러서는 문벌의 귀하고 천함, 위계의 높고 낮음, 본업의 차별, 방어(邦語)의 다름, 종족의 종류, 법교 종파를 따지지 않는다. 모든 민(民)이 함께 이를 보전하는데 조금이라도 방애를 받지 않는다(밑줄은 원문, 이하 동일).
>
> The British Empire consists of the United Kingdom of Great

Britain and Ireland—including a number of minor islands around their shores—and of several colonies and other dependencies in different quarters of the world. The most remarkable peculiarity in the political condition of the British Empire, is the high degree of civil and religious liberty which all classes of subjects practically enjoy. Slavery exists in no quarter of the British dominions: personal freedom, with liberty to come and go, unquestioned and unimpeded, is assured to all, without respect of birth, rank, profession, language, colour, or religion.

이 번역 텍스트에도 '대영 제국'은 전혀 등장하지 않는다. 기점 텍스트의 British Empire는 '대영'으로만 번역되었고, '그레이트 브리튼과 아일랜드의 합동국'(United Kingdom of Great Britain and Ireland)과 '여러 곳에 흩어져 있는 새로운 개척지와 번속'(several colonies and other dependencies) 등을 합친 '총칭'으로 정의되고 있다.

British Empire의 구성요소로 본국에 '여러 곳에 흩어져 있는 새로운 개척지와 번속'이 추가되어 있다는 점은 중요하다. empire의 특징은 판도 확대에 있기 때문이다. 그리고 '사회의 자유와 종교의 자유'(civil and religious liberty)가 확보되고 '노예'(slavery)가 없는 것을 British Empire의 요건으로 명기하고 있다. 또한 '신체 자유의 권리'(personal freedom)에 대해서는 '문벌의 귀하고 천함, 위계의 높고 낮음, 본업의 차별, 방어(邦語)의 다름, 종족의 종류, 법교 종파'(birth, rank, profession, language, colour, or religion)를 따지지 않는다고 한다. colour를 '종족의 종류'라고 번역하고 있는데('인종'이 아니다), 이 개념에 대해서는 별도로 고찰하고자 한다.

한편 colonies에 관해서는 『백과전서』의 다른 텍스트에서 다음과 같이 번역되고 있다.

영국의 식민 및 속국, 7년간의 전쟁

이후 몇 년간 인민의 부서(富庶) 빠르게 진보를 이루었다. 당시 월풀에 이어서 주상(主相)이 된 자는 가장 존경받는 헨리 펠햄이라는 사람으로, 종래 대장경을 역임하며 무역 회계의 책략에 매우 능하였다. 본래 엘리자베스(以利沙伯) 왕 이래 영국은 식민을 개척하고 이를 양성하기 위해 힘썼다. 그 식민지는 대부분 서인도와 북아메리카에 있다.

COLONIES AND DEPENDENCIES OF BRITAIN-THE SEVEN YEARS' WAR

For several years after this period, the national resources underwent rapid improvement. The most respectable minister who immediately followed Walpole, was the Honourable Henry Pelham, first lord of the Treasury and chancellor of the Exchequer, whose commercial and financial schemes were usually very successful. Since the reign of Elizabeth, the British had been active in planting and rearing colonies, of which a considerable number now existed in the West Indies and in North America.

이것은 세키토 나루오(関藤成緒)가 번역하고 니시사카 나리카쓰(西坂成一)가 교열한 『영국사』의 일부분인데, 원전 텍스트는 HISTORY OF GREAT BRITAIN AND IRELAND, 문부성 간행은 1878년이다. 인용 부분에서는 소제목 COLONIES AND DEPENDENCIES OF BRITAIN이 '영국의 식민 및 속국'이 되고, 본문의 colonies는 '식민' '식민지'로 번역되고 있다. 여기에서는 1756년부터 시작한 7년 전쟁에서 프로이센과 함께 승리한 '영국'이 북미 등에서 우위의 입장을 점유하는 결과가 되는 사실(史実)이 설명되고 있다. 영토를 확대하는 제국주의에 의해서 'colonies=식민지'는 불가결한 존재이다.

British Empire의 탐색으로 되돌아가도록 하자. 오쓰카 누이지로가 번역하고 구보 요시토가 교열한 『잉글랜드 및 웨일즈 지지(英倫及威爾斯地誌)』는 ENGLAND AND WALES의 번역으로 『영국사』와 동일하게 1878년에 출판되었다. 사실 이 텍스트에는 '대영 제국'이 등장한다. 수도 런던(倫敦)을 설명하는 곳이 있는데, 'England=영륜(英倫)'과의 대비로 'British Empire=대영 제국'이 등장하는 것이다. 메이지 10년대 초에 '대영 제국'이라는 단어의 사용은 매우 드물고, 현재 조사한 바에 따르면 '대영 제국'이 처음 등장하는 것은 이 텍스트이다.

수부(首府)

런던(倫敦)은 잉글랜드의 수부이자 **대영 제국**의 경도(京都)로, 테스강을 끼고 미들섹스, 서리, 켄트 세 도시에 걸쳐있다. 애초 로마인이 1800년 전에 이 도시를 만들었을 때에는 하나의 작은 마을에 불과했지만, 이후 번창하여 인민이 모여들었다.

The Metropolis

London, the capital of England, and metropolis of the British Empire, is situated on the banks of the Thames, in the countries of Middlesex, Surrey, and Kent. On the spot now occupied by the city, or more ancient part of the metropolis, which is on the left or northern bank of the Thames, a town had been built and possessed by the Romans eighteen centuries ago, and from that period it has constantly been the seat of an increasing and busy population.

England와 British Empire를 명확히 준별할 필요성 때문에 각각을 '영륜(英倫)'과 '대영 제국'이라 번역할 수밖에 없었다고 생각된다. 앞에서 살펴본 『영국제도국자』(CONSTITUTION AND RESOURCES OF THE BRITISH EMPIRE)와 같이 British Empire를 단순히 '영국'으로 번역하면 England와의 관계가 애매해지기 때문이다. 이와 같은 문맥에 한해 메이지 초기의 번역 텍스트는 '대영 제국'을 만들어 내는 장이 될 수 있었을 것이다. British Empire를 '대영 제국으로 번역하는 것은 문부성 『백과전서』 전편에서 유일하게 이곳뿐이다. 그럼 동시대의 다른 텍스트에서는 어떠했을까.

| 동시대 텍스트의 '대영 제국' 부재—『세계국진(世界国尽)』과 『미구회람실기』 |

이미 확인한 바와 같이 문부성 『백과전서』의 『잉글랜드 및 웨일즈 지지』(ENGLAND AND WALES)에서는 British Empire의 번역어로 '대영 제국'이 등장했지만, 이것은 '영륜'(England)과의 혼동을 피하기 위한 특수한 문맥이었다. 따라서 'British Empire=대영 제국'이 정착한 것은 아니었다고 생각된다. 때문에 동시대 텍스트로서 국명과 지명이 빈번하게 언급된 메이지 초기의 대표적 저작도 확인해보고자 한다.

1869년 후쿠자와 유키치의 『세계국진』은 세계 지리에 관한 계몽서로, 권3의 '구라파(欧羅巴州)'에서는 다음과 같이 설명되고 있다.[4]

> '이기리스(英吉利)'는 '프랑스(仏蘭西国)'의 북쪽 바다에 홀로 떨어진 섬나라, '스코틀랜드(蘇格蘭)' '아일랜드(阿爾蘭)' '잉글랜드(英倫)' 세 나라를 합친 합중왕국으로, 위력과 명성이 높은 강국이다.

후쿠자와의 구어체는 리듬감 좋게 음독할 수 있는 것이 특징이다. 여기에서 '합중왕국'이란 '스코틀랜드' '아일랜드' '잉글랜드'로 이뤄진 당시의 국가명 United Kingdom(of Great Britain and Ireland)을 가리키는 것이라 생각된다. '이기리스'와 '잉글랜드'를 구별하고, 나아가 '합중왕

---

4 中川眞弥 編, 『福澤諭吉著作集 世界国尽 窮理図解』, 慶応義塾大学出版会, 2002, pp.96~98.

국'이라는 용어로 '이기리스'를 바꿔 말하고 있다. 후쿠자와에게 '이기리스'는 '제국'이 아니라 어디까지나 '왕국'이라는 인식이었음을 알 수 있다. 또한 본문과는 별도로 다음과 같은 해설도 덧붙이고 있다.

> 현재 유럽의 크고 작은 국가들은 49개국이고, 왕국도 있고 공국(公国)도 있다. 제국은 단지 러시아(魯西亜), 프랑스, 오스트리아(墺地利) 3개국뿐이다. 터키(土留古)도 제국이지만, 다른 국가와는 풍속도 다른 별개의 존재이다. 이기리스는 왕국이지만 각별한 강국이고, 그 정서(政事)가 두루 미치는 국력의 왕성함은 유럽 제일이라 할만하다.

해설 부분에서도 '왕국'으로서 '이기리스'(이것도 '각별한 강국')가 등장한다. 후쿠자와에 따르면 '제국'은 '러시아, 프랑스, 오스트리아'이고, 경우에 따라서는 '터키'도 포함되지만 '이기리스'는 그 범주에 들어가지 않았다. 후쿠자와의 『세계국진』이 사람들에게 널리 읽히고 있을 때, 1871년 요코하마를 출항한 이와쿠라 사절단은 서양 각국을 방문하고 있었다. 귀국하고 몇 년 후 1878년에 구메 구니타케가 중심이 되어 편집한 보고서가 『특명전권대사 미구회람실기』이다. 그 「제2편 영국(英吉利国)편」의 시작 부분인 '제21권 영국 총설'을 보도록 하자.[5]

---

5 久米邦武 編, 『特命全権大使 米欧回覧実記』, 博聞社, 1878. 인용은 久米邦武 編·田中彰 校注, 『米欧回覧実記(二)』(岩波文庫, 1978, pp.21~22)이다.

○영국(英吉利国)은 유럽의 서북쪽 끝에 있는 두 개의 큰 섬과 5,500개의 작은 섬으로 이루어진 나라이다. (…) ○동쪽의 큰 섬을 브리튼(不列顛) 섬이라고 한다. (…) 브리튼 섬은 세 지역으로 나뉘어 있어 남쪽을 잉글랜드(英倫), 서남쪽을 웨일즈(威爾斯), 북쪽을 스코틀랜드(蘇格蘭)라고 한다. 각 지역마다 인종이 다르고 언어 풍속도 다르다. 그 중에서도 스코틀랜드는 오래전부터 왕국이었는데 지금으로부터 270년 전까지 계속되었다. 그러나 제임스(惹迷斯) 6세 때에 이르러 잉글랜드의 왕위까지 계승하면서 제임스 1세라고 칭했다. 이때부터 두 왕국이 합병하여 하나의 정부를 이루게 되었고, 이를 '그레이트 브리타니아'국이라 불렀다(대브리튼[大不列顛] 또는 대브리타니아[大貌利太泥亞]로 번역하는 것은 이를 가리킨다). ○서쪽의 큰 섬을 아일랜드(愛蘭)라 한다. 면적은 31,324평방마일이다. 일찍이 잉글랜드에 정복당한 적이 있다. 독자적인 의사원(議事院)을 가지고 있었지만, 1802년부터 이곳도 합병 정부에 속하게 되었다. 따라서 이들을 합쳐서 '그레이트 브리타니아와 아일랜드 연합왕국'이라고 한다(대브리튼과 아일랜드의 연합왕국이라는 의미다. 이기리스라는 것은 남부를 부르는 명칭으로, 전국을 포괄하는 호칭은 아니다).

서두에서는 '영국(英吉利国)'을 '유럽의 서북쪽 끝에 있는 두 개의 큰 섬'과 '작은 섬'으로 이뤄진 국가라고 하면서 인용 부분의 마지막에 '이기리스(英吉利)'라는 것은 남부를 부르는 명칭으로, 전국을 포괄하는 호칭은 아니다'라고 신중한 설명을 덧붙이고 있다. 즉 '이기리스(英吉利)'와 '잉글랜드(英倫)' 둘 다 England 유래를 나타내는 단어로 이해하는 것을 보여주고 있다. 그리고 총칭은 '그레이트 브리타니아와 아일랜드 연합왕국'이고, '대브리튼과 아일랜드의 연합왕국'이다. 구메가 사용한 '연방왕국'은 후쿠자와의 '합중왕국'과 함께 이 국가를 '왕국'으로 명시하고 있는 것이다. 또한 '브리튼(不列顚)'을 '잉글랜드' '웨일즈' '스코틀랜드'로 이뤄진 '큰 섬'이라고 설명하고, 역사적으로는 '제임스 6세' 시대에 '잉글랜드'와 '스코틀랜드'를 '합병'한 결과, 이것을 '그레이트 브리타니아' '대브리튼' '대브리타니아'라 칭하고 있다. '브리타니아'의 어원은 Britannia이고, 고대 로마의 속주였던 '브리튼 사람의 토지'라는 의미이지만, 브리튼 섬을 지키는 아름다운 여신의 이름이기도 하다.

또한 '인종'이라는 단어도 사용되고 있는데, '잉글랜드' '웨일즈' '스코틀랜드'의 '언어 풍속'이 다르다는 의미에서 '인종'을 사용하고 있는 점에 주목할 필요가 있다. 여기에서 '인종'은 신체의 형질적 특징이라기보다는 이른바 '민족'에 가깝게 된다. 참고로 지금은 'ethnology=민족학'이라는 것이 통례이지만, 문부성 『백과전서』의 『인종편』은 PHYSICAL HISTORY OF MAN—ETHNOLOGY를 번역한 것이다.[6]

한편 『미구회람실기』의 「제25권 런던」에서는 '대영박물관'에 대한 언급이 있다.[7]

6 표지의 제목은 『인종편』이다. 참고로 표지에 제목을 써서 붙인 것에는 '편(篇)'이고, 책 표지의 안쪽에는 '편(編)'이라는 패턴은 다른 제목에서도 보인다.

7 久米邦武 編·田中彰 校注, 『米欧回覧実記』二, pp.112~113.

'브리티시 뮤지엄'은 대영박물관을 말한다. 이 박물관의 성대함은 유럽에서도 으뜸이다. 소장품의 양이 방대해서 학문을 연구하는 사람이라면 누구든 이곳에서 반드시 얻는 것이 있을 것이다. 너무 많아서 단 몇 시간 만에 돌아볼 수는 없다.

'브리티시 뮤지엄'은 British Museum의 음역이지만, '대영박물관'에는 '대영(大英)'이라는 단어가 포함되어 있다. '그레이드 브리타니아'의 great가 뇌리에 있었던 것일까. 본래 여기에서는 어디까지나 '대영'이지 '대영 제국'은 아니다. 이처럼 '대영 제국'은 메이지 초기의 대표적 지리 텍스트에서도 나타나지 않았다.

| '이기리스' '영국'이라는 번역어 |

『미구회람실기』에서는 '이기리스(英吉利)'와 '잉글랜드(英倫)'를 '남쪽의 지명'으로 적고 있다. 즉 어느 쪽도 England를 가리키고 있었다. 단 혼란스러운 듯 보이는 것은 지금 우리들이 the United Kingdom of Great Britain and Northern Ireland라는 국가를 지명했을 때에도 일반적 호칭은 '이기리스(イギリス)'나 '영국(英国)' 등인 점이다. 일본어의 '이기리스'는 1708(宝永5)년 『증보 화이통상고(増補華夷通商考)』에도 등장하는 포르투갈어의 Inglês '잉글레스'에서 유래한다고 한다.[8] '잉글레스'가 일본어에서 현지화되어 '이기리스'가 되었다고 하는데, 가타카나(カタカナ) 표

기가 일반화되기 이전에는 '영길리(英吉利)'라고 썼기 때문에 '영국'이라는 생략형도 가능하였다. 단 포르투갈어의 Inglês는 영어의 English에 대응하는 단어이기 때문에 국명은 아니다.

국기(国旗)의 유니온잭으로 상징되듯이 이 나라의 역사에는 잉글랜드, 웨일즈, 스코틀랜드, 아일랜드라는 4개 지역이 관여한다. 국명과 관련된 역사를 간단히 정리해보면, 절대왕정 시기에 웨일즈를 내포하고 있던 잉글랜드가 1603년에 스코틀랜드와 '하나의 왕 두 개의 의회제'에 기초한 the Union of the Crowns '동군연합(同君連合)'을 조직하고, 1707년에는 스코틀랜드가 the Union of the Parliaments '의회연합'에 동의하여 the Union of England and Scotland를 단행하였다. 그 결과 연합국가인 Great Britain이 탄생한 것이다. 1801년에는 '그레이트 브리튼'이 아일랜드를 병합하고 the United Kingdom of Great Britain and Ireland '그레이트 브리튼과 아일랜드 연합왕국'이라는 국명이 된다. 그리고 1827년에는 the United Kingdom of Great Britain and Northern Ireland '그레이트 블튼과 북아일랜드 연합왕국'이라고 개명한 후 현재에 이르고 있다. 즉 막말 1859년 요코하마 개항 당시에는 이미 '그레이트 브리튼과 아일랜드연합왕국'이 되어 있었지만, 당시에도 일본에서는 '영길리(英吉利)' '영국' 등이라 칭하는 것이 일반적이었던 것 같다. 앞에서 언급한 『미구회람실기』의 설명에서 "'그레이트 브리타니아와 아일랜드 연합왕국'이라고 한다(대브리튼과 아일랜드의 연합왕국이라는 의미다. 이기리

8 唐澤一友, 『多民族国家イギリス-四つの切り口から英国史を知る-』, 春風社, 2008.

스라는 것은 남부를 부르는 명칭으로, 전국을 포괄하는 호칭은 아니다)"라는 주석을 달고 있기 때문이다.

| '팍스 브리타니카'와 '독일제국' |

Pax Britannica '팍스 브리태니카'란, 고대 로마의 지배에 의한 평화 Pax Romana '팍스 로마나'에 빗대어 19세기 중반 영국 지배하에 의한 평화를 의미하는 라틴어 기원의 단어인데, 옥스퍼드 영어사전에 따르면 그 초출은 1880년이다. 같은 해 12월에는 제1차 보어전쟁(트랜스발전쟁)[9]이 시작되었고, 나아가 제2차 보어전쟁(1899~1902)도 발생하면서 영국은 피폐해졌다. 이러한 사실(史實)을 고려해보면, Pax Britannica란 British Empire가 최고의 전성기를 지난 시기에 등장한 단어이다. 때문에 단어의 추세로서는 '대영 제국'이라는 번역어가 사후적으로 British Empire를 가리키기 시작했다 해도 이상하지 않다.

막말부터 메이지 초기에 걸쳐 서양 각국 중에서도 영국은 근대 일

---

9 영국은 1880년 12월 16일부터 1881년 3월 23일까지 보어인(남아프리카 지역으로 이민하여 아프리카에 정착한 네덜란드계 사람들과 그의 후손들) 국가와 전쟁을 벌였다. 영국이 1852년과 1854년에 건국된 트란스발 공화국(Transvaal Republic)과 오렌지 자유국(Oranje Vrystaat)의 식민지화에 착수하면서 발발하였다. 1881년 3월 23일의 평화조약에 의해 영국은 트란스발 공화국과 오렌지 자유국의 독립을 인정했다. 그러나 제2차 보어 전쟁에서 영국이 승리하면서 트란스발 공화국과 오렌지 자유국은 영국의 식민지가 되었다(옮긴이).

본이 가장 뜨거운 시선을 보낸 국가 중 하나였음은 분명하다. 이것을 확인할 수 있는 사실(史實)은 풍부하며, 영국 유학생 수나 영국에 관한 『미구회람실기』의 분량 등에서도 뚜렷이 확인할 수 있다. 예를 들어 『미구회람실기』 전100권 중 '미합중국'과 '영국'이 20권으로 전체의 40%를 차지하고, 체재일과 분량에서는 미국이 205일과 397쪽, 영국이 122일과 443쪽이다.

하지만 마침내 이러한 흐름은 바뀌었다. 그 전사(前史)에는 1870년부터 1871년까지의 보불전쟁 후 프로이센에서 빌헬름1세가 즉위하고 Deutshes Reich(독일, 1871~1918)이 성립한 것이 있음을 상기할 필요가 있다. 덴마크, 오스트리아, 프랑스와의 전쟁에서 모두 승리한 후 프로이센 국왕이 독일 황제(Deutsher Kaiser)가 되고, 그 통치하에 있는 국가는 정식 국명과는 별도로 'Deutshes Kaiserreich=독일제국'이라 불렸다. 이와쿠라 사절단이 프로이센을 방문했던 것은 1873년 3월인데, 이때에는 '독일제국'이 탄생한지 2년이 지난 봄이 된다. 『미구회람실기』의 「제55권 프로이센(普魯士) 국 총설」에서는 이 국가에 대해 다음과 같이 적고 있다.[10]

최근 들어서 프로이센(普魯士)의 힘이 점점 강해져 지난 1871년 프로이센 국왕 빌헬름 1세는 남과 북의 독일(日耳曼)을 통일한 독일연방의 제위에 취임하고 프로이센의 수도 베를린(伯林)에 연방 공회를 설치하였다. 따라

10 久米邦武 編·田中彰 校注, 『米欧回覧実記』三, 岩波文庫, 1979, p.265.

서 대외적으로는 독일(日耳曼)이라는 국명으로 외교를 하지만, 대내적으로는 종래대로 각국의 자치가 실시되고 있다. 여기에서는 독일의 제위에 오르는 프로이센 왕국의 개요를 기술함으로써 독일에 대한 전기(前記)로 삼고자 한다.

'독일의 제위에 오르는'이라고 적혀 있기는 하지만, '독일제국'에 상당하는 표현은 아직 없다('프로이센 왕국'은 있지만). 이 점은 Deutshes Kaiserreich와 '독일제국'의 관계도 또한 British Empire를 가리키는 '대영 제국'이나 Pax Britannica와 동일하게 사후적인 기억의 이야기인 것일까. 이 점에 대해 상세히 서술할 여유는 없지만, 적어도 다나카 아키라(田中彰)의 다음과 같은 지적이 참고가 된다.[11]

메이지 10년대에 이와쿠라 도모미와 이토 히로부미 등이 프로이센을 참고한 근대 천황제 국가 형성 계획 때문에, 거슬러 올라가 이와쿠라 사절단 당시의 일본과 프로이센, 기도(木戸)·오쿠보(大久保)와 비스마르크·몰트케를 지나치게 중첩시켜 애초부터 사절단이 프로이센에 '특별'한 관심이 있었다고 해석하는 것에는 신중해야 한다.

1881년 정변으로 영국식 의회제도를 주장하는 오쿠마 시게노부

---

11 田中彰, 「岩倉使節団とプロシア—『米欧回覧実記』にみる—」, 『現代思想』第4巻 第4号, 1976, p.175.

(大隈重信)가 추방되고, 이토 히로부미와 이노우에 고와시(井上毅) 등 정부 수뇌부의 시선은 영국에서 독일(프로이센)로 옮겨져서 그 국제(国制)를 유력한 모범으로 삼게 되었다. 그리고 정변 이듬해 1882년에는 일찌감치 이토를 중심으로 하는 헌법조사 일행이 유럽으로 건너가 프로이센의 법학자에게 가르침을 받았다는 것은 이미 알려진 바와 같다. 이리하여 1889년 발포된 대일본 제국 헌법에는 프로이센 헌법의 영향이 선명하게 각인되었고, '대일본 제국'이 정식으로 탄생하였다. 프로이센을 모델로 삼은 메이지 정부의 국가체제가 근대 천황제를 중심으로 강화되는 가운데 '대영 제국'이라는 번역어가 정착하는 모양새가 역설적으로 준비되었다고 할 수 있다.

| 메이지 후기 텍스트의 '대영 제국' |

일본과 영국의 관계는 1902년 조인된 The Anglo-Japanese Alliance '제1회 영일동맹협약'에서 새로운 국면을 맞이하였다. 영일동맹에 서명한 것은 '대브리튼국(大不列顛国) 주차 일본국황제 폐하의 특명전권공사 하야시 다다스'와 '대브리튼국 황제폐하의 외무대신 랜즈다운'[12](일본어

12 Henry Petty-Fitzmaurice, 5th Marquess of Lansdowne(1845~1927)은 일반적으로 '랜즈다운'으로 표기되는 인물로, 인도총독을 거쳐 1900년부터 1905년까지 영국의 외상(外相)을 역임하였다.

번역)이다. 영국이 '명예 있는 고립'을 포기한 영일동맹의 문구에서, 영국은 British Empire라는 빛나는 명칭이 아니라 'Great Britain=대브리튼국(大不列顚国)'에 불과하다. 영일동맹의 전문(前文)은 다음과 같다.[13]

> The governments of Great Britain and Japan, actuated solely by a desire to maintain the status quo and general peace in the Extreme East, being moreover specially interested in maintaining the independence and territorial integrity of the Empire of China and the Empire of Korea, and in securing equal opportunities in those countries for the commerce and industry of all nations, hereby agree as follows:
>
> 일본국 정부 및 대브리튼국 정부는 극동의 현상과 전체의 평화를 유지하길 희망한다. 또한 청제국(清帝国) 및 한제국(韓帝国)의 독립과 영토 보전을 유지하고 이 두 국가에서 각국의 상공업이 균등한 기회를 얻는 것에 관해 특히 이익관계에 있음을 다음과 같이 약정한다.

전문에 따르면, 영일동맹에는 '일본국' 정부와 '대브리튼국' 정부가 'Empire of China=청제국'과 'Empire of Korea=한제국'의 독립과 영토 보전을 위해 조인한 것이다. 참고로 '대청제국'이라는 호칭이 정식 국호

13 일본어 번역문은 외무성이 편찬한 『일본외교연표 및 주요문서(日本外交年表竝主要文書)』(原書房, 1965, pp.203~205)를 따른다.

로 등장하는 것은 1916년 발포 예정이던 헌법이었으며, 이는 전통적인 체제로부터의 탈각을 지향한 것이었다.[14] 입헌정체에 의한 국민국가로 이행하면서 근대 내셔널리즘이 형성되는 과정에서 등장한 것이다. 청조 자신이 일관되게 사용한 국호는 어디까지나 '대청국(大清国)'이었고, '대'라는 문자를 붙일 뿐 '제국'이라는 단어를 사용하지는 않았다.

중국이 직접 관계하는 국제조약에서는 어떠했을까. 아편전쟁을 종결시키기 위한 강화조약인 1842년 난징조약(南京条約)은 '대청국'과 '대영국(大英国)' 사이에 체결되었고, 조문에 '제국'은 없었다. 그러나 1895년 청일강화조약(시모노세키조약)은 '대청제국'과 '대일본 제국'이 맺은 조약이고, 이 조약의 결과로 이씨 조선은 청조의 책봉체제를 벗어나 '대한제국'이 되었다. 또한 1932년 건국된 만주국은 2년 후에 '만주제국'이 된다. 동시기의 반세기는 일본의 국가체제도 격동의 시대이고, '제국 일본'이 '대일본 제국'으로 확실히 달라졌던 것은 두말할 필요가 없다.

기묘하게도 영일동맹이 맺어진 해의 텍스트 중에서 '대영 제국'이라는 단어를 사용한 것은 청일전쟁과 러일전쟁 사이에 활약한 다카야마 조규(高山樗牛)이다.[15] 조규는 메이지 내셔널리즘이 형성되는 흐름 속에서 『데이코쿠분가쿠(帝国文学)』 발행에 관여하고 종합잡지 『다이요(太陽)』 주필로 활약하였으며, 1894년 익명으로 발표한 역사소설 『다키구치

14 千葉正史, 「天朝「大清国」から国民国家「大清帝国」へ-清末における政治体制再編と多民族ナショナリズムの起源-」, 『メトロポリタン史学』第六号, 2010, pp.89~113.

15 다카야마 조규(1871~1902)에 대한 최근 연구로는 先崎彰容, 『高山樗牛-美とナショナリズム-』(論創社, 2010) 등.

뉴도(滝口入道)』로도 알려져 있다. 이러한 조규가 1902년 9월 발행 『다이요』에 쓴 "감개무량(아네사키 조후[姉崎嘲風]에게 보내는 글)"에서는 '대영 제국'이라는 단어가 '인도제국' '전제국(全帝国)' '대제국주의(大帝国主義)'와 함께 사용되고 있다.[16] 죽음을 눈앞에 둔 병든 조규가 유럽 유학 중인 친구 아네사키에게 보낸 문장이다.

7월 5일 자네의 편지는 이 글을 쓰는 며칠 전에 받았다네. 영황(英皇)의 불예(不豫)[17]에 관한 의견은 대영 제국의 앞날을 예측하는 상세하고 적절하며 통쾌한 의견이라 생각하네. 인도제국에 대한 애니 베전트(Annie Wood Besant)[18]의 연설을 빌려 일본에 적용하면 어떨까. 우리는 이러한 상상을 통해서 하나의 커다란 교훈에 접할 수 있다고 생각한다네. 모든 제국이 전무후무한 자랑으로 삼는 대관의 영예를 앞두고 무익한 보여주기라 매도하고, 적어도 국가의 천직에 대한 명백한 자각에 기초하지 못한 모든 권세와 영화를 무의식과 빈곤한 대제국주의에 취한 영국의 상하 인심을 경각시

---

16 『太陽』第8巻 第11号, 1902년 9월 5일 게재되었고, 瀬沼茂樹 編, 『高山樗牛 齋藤野の人 姉崎嘲風登張竹風集』(筑摩書房, 1970, pp.92~99)에 수록되어 있다. 아네사키 조후는 아네사키 마사하루(姉崎正治, 1873~1949)의 필명.

17 1901년 1월 22일, 약 63년간 통치하던 빅토리아 여왕이 죽고 에드워드 7세가 즉위한 것을 의미한다(옮긴이).

18 1873년 이혼한 후 여성해방운동에 참가하면서 버너드 쇼의 영향을 받아 페이비언 사회주의자가 되었으며, 사회개혁가 C. 브래들로와 함께 맬서스 인구론을 선전, 신맬서스주의자로 유명해졌다. 1893년 인도로 가서 1907년부터 국제신지학협회 종신 회장으로 재직하면서 바닐러스힌두대학을 설립하였으며, 인도의 사회개혁과 교육향상을 위해 힘을 기울였다. 인도의 여성운동가 S. 나이두도 그녀를 도와 활약하였다(옮긴이).

키는 것이 얼마나 통쾌한가. 그리고 제국주의의 정부가 이처럼 언론의 자유를 용인하는 아량도 그렇지만, 그 국민적 허영심에 대한 큰 타격에 대해서도 많은 갈채를 보내는 국민에 이르러서는 저절로 감탄하지 않을 수 없다네. 실로 자네가 말하듯, 영제국의 위대함은 그 풍요로움도 군비(軍備)도 아니라 그 국민에 있는 것 같네.

이것은 문학자의 저서에 '대영 제국'이 등장하는 초창기 사례이다(동시에 '영제국'도 사용). 조규는 서양 열강의 제국주의에 대해 애국적 일본주의를 제창하였다. 청일전쟁에 승리하고 애국적 일본주의가 고양하는 풍조 속에서 아네사키 등과 함께 1895년 1월에 잡지 『데이코쿠분가쿠』를 창간하고, 그 '서사(序詞)'도 썼다. 또한 다음 달에는 『다이요』가 창간되고 같은 해 7월부터 『다이요』의 문학 담당 기자가 된 조규는 평론을 정력적으로 발표하기 시작하였다. 그러나 결핵 때문에 유학을 단념할 수밖에 없었던 그는 마침내 '좌절한 내셔널리스트'로서 니체와 니치렌(日蓮)에 경도되었다. 그러한 조규가 인생 마지막 단계에 '대영 제국'을 비롯한 '제국'이라는 단어를 많이 사용하며 '감개무량'이라고 썼던 것이다. 이 문장을 발표하고 몇 개월 후 그는 사망하지만, 그가 죽고 2년 후 1904년에는 러일전쟁이 시작되었다. '대일본 제국'이 명실상부한 근대적 국민국가로서 '제국'의 위치를 굳힌 시대였다.

3. '제국'의 기억

| 『백과전서』의 '제국' |

문부성 『백과전서』의 사회과학 분야 텍스트에는 '제국'이 자주 등장한다. 구체적으로 1878년 오이 가마키치(大井鎌吉)가 번역하고 오이 준이치(大井潤一)가 교열한 『로마사(羅馬史)』(HISTORY OF ROME), 같은 해 마쓰우라 겐키치가 번역하고 구보 요시토가 교열한 『중고사(中古史)』(HISTORY OF THE MIDDLE AGES)에서 인용해 보도록 하자.

> 오이 가마키치 번역·오이 준이치 교열 『로마사』(HISTORY OF ROME)
>
> 아우구스투스(亜吉士都) 치세 로마제국 의 현황
>
> 아우구스투스 치세 당시, 로마제국 의 판도는 이탈리아(伊太利) 및 각 성(省)을 통속(統属)하는 바 다음과 같은 주군(州郡)이다.
>
> CONDITION OF THE EMPIRE UNDER AUGUSTUS

The Roman Empire under Augustus consisted of Italy and the following countries governed as provinces; (…)

마쓰우라 겐키치 번역·구보 요시토 교열 『중고사』(HISTORY OF THE MIDDLE AGES)

기원 400년대경 유럽 북부의 종족무리가 로마제국 을 침범하여 그 서부를 잠식하고, 전국이 마침내 와해되어 문물과 법규가 크게 무너졌다. 따라서 이른바 이 야만종족과 로마족의 인민이 서로 섞여서 혼란한 시대가 되었다. 하지만 시세 점차 변천하여 마침내 일종의 새로운 제법(制法)과 풍속이 나타난 후 크고 작은 변화를 거쳐 오늘날까지 이르렀다. 이처럼 고대의 선정유풍(善政遺風)과 야만의 관습이 서로 섞인 시대는 마치 고대와 근대 사이에 위치하므로, 당시를 중고(中古)라 칭하고 이 시기를 어두운 시기라 부른다.

During the fifth century of our era, a succession of irruptions of tribes from the north overthrew the western portion of the Roman Empire, and shattered to pieces the organisation of its society. The mingling of these barbarians, as they were called, with the Roman or Romanised inhabitants of the various countries, produced for a time a chaotic confusion; but as the amalgamation proceeded, a reorganisation of society under new forms began to shew itself, and those nationalities gradually emerged which, with greater or less modification, have continued to the present day. It is this reconstruction of society out of the newly infused barbaric elements, together with the fragments of the old civilisation, that forms the transition from the ancient world to the modern; and the period during which the transition took place is called the 'Middle Ages,' the earlier and more chaotic portion being known as the 'Dark Ages.'

이처럼 'Roman Empire=로마제국(羅馬帝国)'이 반복되고, 고대 로마가 '제국'이라는 인식은 일반적이었다고 추측할 수 있다. 고대 로마를 '제국'이라고 부르는 경우에는 'empire=제국'이라는 등가가 정착되었다고 생각해도 좋을 것이다.

1862년에 호리 다쓰노스케(堀達之助)가 편집한 『영화대역수진사서(英和対訳袖珍辞書)』에는 이미 empire의 번역어로 '제국'이 등장하고, 1873년에 시바타 쇼키치와 고야스 다카시가 편집한 『부음삽도 영화자휘』에도 'empire, n. 대권(大権), 제국, 영지(領地)'가 있다. 그러나 헵번의 『화영어림집성』(초판 1867년, 재판 1872년, 제3판 1886년)에서는 모든 판에서 '제국'이 전혀 보이지 않는다. 헵번에게 'empire=제국'은 어색했던 것일까. 그리고 이것은 일본어를 이해하는 영어 모국어화자로서 올바른 감각이었을지도 모른다. 그는 영어의 empire를 '제(帝)'의 '국(国)'라고는 생각하지 않았던 것 같다. 『화영어림집성』의 '영일 편' 초판에서는 'EMPIRE, Kuni; koku', 재판에서는 'EMPIRE, n. Shihai, matsuri-goto; tenka, koku', 제3판에서는 'EMPIRE, Shihai, matsuri-goto; tenka, koku'이다. '일영 편'에서도 초판, 재판, 제3판 모두 'TEIKOKU'라는 항목은 없다. 영어 empire의 어의(語義)를 모국어화자로서 파악하던 헵번은 '제(帝)'가 부재한 '제국(帝国)'이 아니라 '국(国), 지배, 정사(政事), 천하(天下)' 등 단어 본래의 의미로 다루고 있었던 것이다.

| 망각된 '제국'의 시작 |

현대적 용법으로서도 '아메리카제국'이나 '영어제국주의'와 같은 표현이 성립하듯이 '제국'이나 '제국주의'는 문자 그대로 '제(帝)'를 필요로 하지 않는다. 또한 산업혁명을 거쳐 '세계의 공장'이라고까지 불렸던 British Empire에도 황제는 없지만, 그 강대한 제국주의적 정책으로 7대양을 지배했던 '제국'이었다. 즉 '제국'이란 반드시 '제(帝)'가 지배하는 국가가 아니다. 이미지로서의 '제국'은 '제(帝)'의 '국(国)'을 의미하지 않는다. 이것은 무엇을 의미하는 것일까.

이러한 혼란은 '제국'이 번역어라는 점에서 기인한다. 게다가 지상에서 유일한 지배자 '제(帝)'와 도시국가를 본래 뜻으로 하는 '국(国)'의 조합은 본래의 한자어로서도 언어모순이다. 여기에서도 알 수 있듯이 '제국'이라는 한자어는 일본에서 empire의 번역어로 만들어진 것이다.

'제국'은 '제(帝)'와 '국(国)'이라는 한자 2개로 이뤄진, 일본에서 만든 한자어이고 본래는 '제(帝)'의 '국(国)'이라는 의미의 번역어였다. 이 번역어의 시작에 대해서는 로마 제국의 연구자인 요시무라 다다노리(吉村忠

典)가 치밀하게 논하였다.[19] 요시무라의 검증에 따르면, 번역어 '제국'의 성립 과정은 다음과 같다.

> 이것('제국'이라는 단어)은 처음에 아마도 네덜란드어 'keizerrijk'의 직역으로 탄생했지만, 곧 모토키 마사히데(本木正栄, 네덜란드 통역) 책임하에 영어 'empire'의 번역어로 여겨졌고, 안세이(安政, 1854~1860) 쯤부터 난학 대신 영학(英学)이 성행하자 '제국'은 그 시작을 잃어버리고 마치 'empire'의 본래 번역어였던 것처럼 생각되기에 이르렀다. 이 판단이 맞다면, 이렇듯 왜곡된 '제국(엠파이어)'의 관념은 당분간 사람들의 세계사 이해를 매우 혼란스럽게 만들었다.[20]

번역어로서의 '제국'의 기억은 근세에서 근대로의 연속과 비연속의 전형적 사례라고 할 수 있을 것이다. 난학에서 영학으로의 전환이 '제국'의 시작을 망각시키고, 그 결과로서 혼란이 발생한 것이다. 네덜란드어 keizerrijk은 독일어 Kaiserreich와 동일하게 '카이저(황제)의 국가', 즉, 글자의 뜻 그대로 '제국'이다. 난학 다이묘(大名)로 알려진 후쿠치야마번(福知山藩)의 번주 구쓰키 마사쓰나(朽木昌綱)가 1789(寛政1)년에 저술한 『태서여지도설(泰西輿地図説)』에서도 '제국'이라는 단어가 사용되고 있다. 하

---

19 吉村忠典, 「「帝国」という概念について」, 『史学雑誌』第108巻 第3号, 1999, pp.344~367. 나중에 吉村忠典, 『古代ローマ帝国の研究』(岩波書店, 2003, pp.39~76)에 수록.

20 吉村忠典, 「「帝国」という概念について」, p.353.

지만 당시 해외사정과 관련된 18세기의 주요 서적, 예를 들어 아라이 하쿠세키(新井白石)의 『채람이언(采覧異言)』과 『서양기문(西洋紀聞)』, 니시카와 조켄(西川如見)의 『증보화이통상고(增補華夷通商考)』, 마에노 료타쿠(前野良沢)의 『러시아본기(魯西亜本紀)』와 『러시아대통약기(魯西亜大統略記)』, 하야시 시헤이(林子平)의 『삼국통람도설(三国通覧図説)』과 『해국병담(海国兵談)』, 시즈키 다다오(志筑忠雄)의 번역서 『쇄국론(鎖国論)』 등에는 '제국'이 전혀 등장하지 않는다. 1810(文化7)년의 네덜란드어-일본어 사전 『야쿠켄(訳鍵)』에는 'Keizerdom, 왕민(王民), 제국, 왕위(王威)'라고 되어 있지만, 근세 서적에서 '제국'은 그다지 일반적 용어가 아니었던 것 같다.

단, 한자어로서의 '제국'이라는 단어는 한서(漢書)에 있고, 그것이 근세 일본으로 전해졌다는 설도 있다.[21] 수나라의 유학자 왕통(王通)의 언행록 『문중자중설(文中子中説)』의 '문이(文易)'에 '제국'이라는 한자어가 등장하기 때문이다. 이것의 일본어 번각본은 에도 중기에 출판되어 당시의 난학자들이 읽었다. 모로하시 데쓰지(諸橋轍次)의 『대한화사전(大漢和辞典)』에도 '제국'에 대한 설명으로 왕통의 용례인 "왕국은 의를 다투고(王国戦義), 제국은 덕을 다투며(帝国戦徳), 황국은 무위를 다툰다(皇国戦無為)"가 인용되어 있다. 그러나 여기에서 '제국'이란 '5제(帝, 황제(黄帝)·제전욱(帝顓頊)·제곡(帝嚳)·제요(帝堯)·제순(帝舜))'가 거점으로 삼은 도시를 가리키는 특수한 용법이다.[22] 난학자가 이 단어의 출전을 알고서 네덜란

---

21 平川新, 『開国への道』, 小学館, 2008, p.129.

22 本村凌二·鶴間和幸, 「帝国と支配-古代の遺産-」, 『岩波講座 世界歴史五 帝国と支配』,

드어 번역어에 적용했다고 해도 본래의 뜻과는 관계가 없다.

한편, 근세 일본에서 네덜란드어 'keizerrijk'의 번역어로 만들어진 '제국'이란, 구체적으로 어디를 가리키는 것이었을까. 난학자의 저서 중에서는 1794(寛政6)년 가쓰라 호슈(桂川甫周)의 『북사문략(北槎聞略)』에 나오는 7제국(帝国) 설, 1807(文化4)년 오쓰키 겐타쿠의 『환해이문(環海異聞)』의 6제국 설 등이 등장한다. 모두 유럽 각국의 해외정보를 표류민에게 들어서 적은 것으로, 이러한 저서에서는 근세 일본도 '제국' 중 하나로 인식되고 있었다. 참고로 7제국이란 러시아, 신성로마, 터키, 중국, 페르시아, 무갈, 일본이고, 6제국의 경우에는 1796년에 멸망한 페르시아제국이 제외된다.[23] 이러한 국가들은 모두 카이저가 군림하는 'keizerrijk'이자 전근대적 '제국'이었다.

난학에서 keizerrijk의 번역어로서 근세 일본에서 탄생한 '제국'을 계승한 것은 난학에서 영학으로 활약의 장을 넓힌 막말의 통사(通詞, 막부의 통역번역자)들이었다. 네덜란드어 통역사 모토키 마사히데가 편찬하여 1814(文化11)년에 완성한 일본 최초의 영일사전 『암액이아어임대성(諳厄利亜語林大成)』에서는 영어의 empire에 '제국'이라는 번역어를 채용하였다. empire의 원어는 라틴어 imperium까지 거슬러 올라가는데, 군지휘권을 비롯한 더없이 높은 '명령권'을 의미하고, 이로부터 뜻이 변하여 공간적으로 '로마의 명령이 미치는 범위'라는 의미가 되었다고 한

岩波書店, 1998, pp.3~59.

23 平川新, 『開国への道』, pp.122~146.

다.[24] 따라서 empire는 rijk나 Reich이기는 해도, 반드시 keizerrijk나 Kaiserreich는 아니었던 것이다.

난학에서 영학으로 번역어가 전용된 결과, '제' 부재의 'empire=제국'이 출현한 것이다. 그리고 '제국'이 본래 네덜란드어 keizerrijk의 번역어를 계승했다는 기억을 우리들은 언제부터인가 소거시켜버렸던 것이다.

| '제국'의 정착과 확대 |

막말에 흑선을 타고 우라가(浦賀) 만에 내항한 페리 제독이 지참한 필모어 대통령의 친서를 받을 사람은 His Majesty, The Emperor of Japan이라고 적혀 있었다.[25] 그리고 이듬해에는 Convention of Peace and Amity between the United States of America and the Empire of Japan(일본어 정식명칭은 '일본국 아메리카합중국 화친조약', 통칭 Treaty of Kanagawa, 가나가와 조약)이 맺어졌다. 이 조약의 시작을 영어와 일본어로 보면,

---

24 吉村忠典, 『古代ローマ帝国の研究』, 岩波書店, 2003, pp.8~9.

25 앞의 『開国への道』, p.144에 따르면, 여기에서 Emperor는 '쇼군(将軍)'을 가리키고, 미일화친조약에서는 the August Sovereign of Japan(일본대군[日本大君])이라고 되어 있다.

> The United States of America and the Empire of Japan, desiring to establish firm, lasting, and sincere friendship between the two nations, have resolved to fix, in a manner clear and positive, by means of a treaty or general convention of peace and amity, (…)
> 아메리카합중국(亜墨利加合衆国)과 제국일본 양국의 인민은 성실히 영원한 화목(和睦)을 맺어 양국 인민의 교친(交親)을 주로 하며 (…)

United States of America와 Empire of Japan 사이에 체결된 불평등조약에서 미국은 일본을 empire라고 인식하고, 일본도 대외적으로 '제국일본'이라 칭했음을 알 수 있다. 이제 막 근대화를 시작한 일본이었지만, 미숙한 국민국가체제와는 관계없이 'empire=제국'이라는 개념화가 정착되어 있었던 것이다.

한편 중국에서는 19세기 말까지 '제국'이라는 단어를 사용하지 않았다고 한다. 원래 '제(帝)'는 천하를 지배하는 자이기 때문에 한정된 지역의 '국(国)'을 다스리는 이미지와는 연결되기 어려웠기 때문이다. 앞에서 언급한 요시무라에 따르면, 『패문운부(佩文韻府)』 또는 중국의 정사(正史)인 『사기(史記)』부터 『명사(明史)』에 이르기까지 '제국'이라는 단어는 등장하지 않고, 1927년 완성된 『청사고(清史稿)』에 이르러서야 마침내 '대청제국'이 등장한다고 한다. 막말 일본에서 영어 empire의 번역어로 성립한 '제국'이라는 단어는 '제국일본'이 판도를 넓혀가는 것과 궤를 같이 하면서 그 사용되는 영토를 확대해 갔던 것이다.

4. '인종'을 둘러싼 대일본 제국

| '인종'이라는 제국의식 |

19세기 후반에 이르러 후발적 근대화를 시작한 '제국일본'이 우선 그 모델로 삼았던 서양 열강 중 하나가 영국이었다. 막말부터 메이지 초년에 유학생을 파견한 국가나 고용 외국인의 출신국뿐만 아니라 1871년부터 약 2년에 걸친 이와쿠라 사절단이 방문한 국가 중 체재일수와 그 보고서 『미구회람실기』의 분량 등을 보더라도 영국을 중시하는 경향은 분명하다.

그러나 '제국일본'의 제국의식과 이미 이 시기에 제국지배의 오랜 경험을 지닌, 빅토리아왕조에서 정점을 찍고 있던 '대영 제국'의 제국의식은 동일할 수 없었다. 게다가 일본의 경우는 지리적으로도 '인종'적으로도 가까운 지역의 사람들을 지배 대상으로 삼았기 때문에 그 제국의식은 굴절된 것일 수밖에 없었다. 근대적 제국의 의식에는 제국주의를 정당화하는 것으로 '인종'이라는 개념이 중요한 요소로 포함되어 있었다. 영국의 제국의식에 관해서는 기바타 요이치(木畑洋一)가 다음과 같이 설명한다.

> 민족적·인종적 차별의식과 대국주의적 내셔널리즘이 결합된 곳에서 제국의식은 소위 '문명화의 사명'감을 만들어 냈다. 우월한 위치에 있는 자신들이 대국 영국의 비호 아래 어떤 사람들에게 문명이라는 은혜를 주고, '열등한' 존재인 그들을 문명이라는 높은 곳으로 또는 그것에 가까운 곳까지 끌어올리는 것이라는 사명감이다.[26]

즉 '문명' 대 '야만'이라는 도식 속에서 뛰어난 '인종'이 열등한 '인종'을 진보로 유도한다는 '문명화의 사명'(civilizing mission)이 제국의식에는 포섭되어 있다.[27] 이러한 견해는 우승열패의 인종론과 사회진화론이라는 당시의 사상 경향에 의해서 강고한 지지를 받았다. 그리고 서양 열강이 지닌 제국의식을 근대 일본도 뒤쫓아 갔다.

도미야마 이치로(富山一郎)는 근대 일본의 일본 인종론을 '아이누(アイヌ)'나 '류큐인(琉球人)'을 통해서 형성된 '일본인'이라는 국민에 대

---

26 木畑洋一,「イギリスの帝国意識」, 木畑洋一 編,『大英帝国と帝国意識-支配の深層を探る-』, ミネルヴァ書房, 1998, p.9.

27 앞에서 언급한 도다 마사히로(東田雅博)의 저서에서는 홉스봄의『제국주의론(帝国主義論)』에서 나오는 '문명의 사명(a mission of civilization)'이라는 개념을 영국 빅토리아 왕조의 시대정신으로 재검토하기 위해 '문명화의 사명'이라는 단어를 사용하고 있다.

한 인류학적 언설로 고찰하고 있다.[28] '제국일본'이 그 판도를 확대하는 제국의식의 전제에는 1875년 가라후토(樺太)·지시마(千島) 교환조약과 1879년 류큐 처분으로 확정된 영토의 남북 국경선이 있었다. 그리고 1886년 창설된 도쿄인류학회를 중심으로 하는 학문적 활동에서는 타자와의 대비 속에서 '일본인'의 자기동일성 확인과 보증이 추구되었다. 이러한 학문의 방법은 식민지의 타자를 과학적으로 분류하고 측정하는 기법을 원용한 것이다. 도미야마는 인골 측정에 의한 '일본원인설(日本原人說)'을 제창한 기요노 겐지(清野謙次)의 지적을 들고 있다.

> 그(기요노 겐지)는 에도 중기의 천문학자 니시카와 조켄의 『42국 인물도설(四十二国人物図説)』 등의 '인물도보(人物図譜)'를 일본 인종학의 전사(前史)로 평가하면서도 "진정한 의미의 인종학 저서는 에도 시대에 끝내 나오지 않았다"고 평가하였고, 초역한 것을 필요에 따라 모아 1874년에 간행한 『세계인종론 상·하』(아키야마 쓰네타로 번역)에 기재되어 있는 블루멘바흐(J. F. Blumenbach)의 유명한 인종분류 소개야말로 일본 최초로 인종학이 등장한 것이라고 평가한다.[29]

여기에서 '일본 최초의 인종학'으로 등장한 것은 간행 연도와 번역자를 추측하건데, 문부성 『백과전서』의 해당 서적이라고 생각해

---

28 冨山一郎, 「国民の誕生と「日本人種」」, 『思想』第11巻, 1994, pp.37~56.

29 冨山一郎, 「国民の誕生と「日本人種」」, p.38.

도 좋다. '초역한 것을 필요에 따라 모은 것'이라는 설명은 맞지 않고, *Chambers's Information for the People*의 PHYSICAL HISTORY OF MAN-ETHNOLOGY의 전체 번역이 맞다.

기요노 겐지 등은 에도 시대의 니시카와 조켄의 『42국 인물도설』과 블루멘바흐[30]의 '과학적' 인종론의 차이를 "다섯 인종의 언어 체질을 각별히 기재하고, 체질에 대해서는 특히 피부, 모발, 눈색, 두개골, 신체 비율, 체중, 신체의 힘 등"에 주목한 점이라고 생각하였다.[31]

18세기 말 저작 중에서 블루멘바흐는 주로 두개골 비교를 근거로 백색인종 '코카서스인', 황색인종 '몽골인', 흑색인종 '에티오피아인', 적색인종 '아메리카인', 갈색인종 '말레이인'과 같이 다섯으로 분류하고, 코카서스인종이 가장 아름다운 두개골을 지녔다고 주장하였다. 본래 스티븐 제이 굴드(Stephen Jay Gould)도 지적하고 있듯이 블루멘바흐 자신은 평등론자이다. 하지만 "다섯 인종안(人種案)을 기본으로 하여 린네의 지도학(地図学)에서 추정된 가치에 따라 직선적 위계를 만드는 방향으로 인류 질서의 기하학이 변화한 것"도 현실이었다.[32] 분류학자 린네(Carl von Linne)는 경건한 크리스트교도이고, 모든 '인종'이 아담과 이브의 자손이라고 생각했었던 같지만, 그 인류의 다양성이 블루멘바흐의 분류와 서로

30 블루멘바흐(1752~1840)는 독일의 박물학자이며, '자연인류학의 아버지'로 일컬어진다.

31 平野義太郎·清野謙次, 『太平洋の民族 = 政治学』, 日本評論社, 1942, p.353.

32 スティーヴン·ジェイ·グールド 著, 鈴木善次·森脇靖子 訳, 『増補改訂版 人間の測りまちがい-差別の科学史』, 河出書房新社, 1998, pp.508~521.

작동하여 계층적 서열로 결정적인 이행을 하였던 것이다.[33]

제국의 존재에는 '인종'이라는 개념에 따른 사람들의 서열화가 필요하다. 왜냐하면 우생학이라는 '과학'적 개념으로 식민지 사람들을 선별하고 제국체제로 편입시켜야만 했기 때문이다.[34] 하지만 메이지 초기에는 서양어 race의 번역어로 '인종'이 정착되지 못했던 것도 분명하다. 예를 들어 후쿠자와 유키치의 『세계국진』에는 '인종'이라는 단어에 '히토타네(ひとたね)'[35]라는 루비가 달려 있고, 우치다 마사오(内田正雄)의 『여지지략(輿地誌略)』은 문명의 단계로 분류한 집단을 '민종(民種)'이라 적고 있다. 구메 구니타케의 『미구회람실기』에서는 '인종' '민종(民種)' '종족' '종속(種属)' '족민(族民)' '족류(族類)' 등이 함께 사용되던 것이 실상이었다.[36]

요나하 준(與那覇潤)은 메이지 시기 일본의 '인종'이라는 개념과 동시기의 '인류학'이라는 학술분야에 대해 고찰하고 다음과 같은 흥미로운

---

33 坂野徹, 「人種分類の系譜学—人類学と「人種」の概念」, 廣野喜幸·市野川容孝·林真理 編, 『生命科学の近現代史』(勁草書房, 2001, pp.167~197) 등도 참조하길 바란다.

34 eugenics(우생학)은 1883년에 다윈(Charles Robert Darwin)의 사촌 프랜시스 골턴(Sir Francis Galton)이 제창한 조어(造語)이다. 훗날 우생학에 기초한 인종 개량 사상은 나치 정권의 만행으로 이어졌다고 비판받았지만, 최근 유전자공학의 진보에 따라 다시 우생학의 윤리적 측면이 문제시되고 있다. 우생학 전반에 대해서는 ダニエル·J·ケヴルズ 著, 西俣総平 訳, 『優生学の名のもとに-「人種改良」の悪夢の百年-』(朝日新聞社, 1993)을 참조하길 바란다. 또한 후쿠자와 유키치의 인종개량론을 비롯한 일본의 우생사상은 鈴木善次, 『日本の優生学-その思想と運動の軌跡-』(三共出版, 1983)이 상세하다.

35 인종(人種)의 일본어 훈독에 해당한다(옮긴이).

36 太田昭子, 「幕末明治初期の近代日本における「人種」論—久米邦武の「人種」論を中心に」, 『近代日本研究』第25巻, 2008, pp.125~149.

하나의 역설을 제시한다.

> 오늘날 '인종'은 어떤 의심도 없이 "Race"의 번역어로 사용되고 있지만, 실은 '인종'이 계통적인 의미에서의 "Race"라는 의미를 획득하는 것은 쓰보이 쇼고로(坪井正五郎, 1863~1913)라는 '인류학자'가 '인종문제'라는 언설을 무효화하려는 -'날조하자'는 것은 아닌- 작업에 의한 것이었다.[37]

쓰보이 쇼고로는 도쿄인류학회의 창시자 중 한 명인데, 그 전신인 인류학회의 최초 모임은 1884년에 열렸다. 쓰보이가 생각하는 인류학은 인류라는 총체의 본질을 연구 대상으로 삼는 것이고, '인종'의 분류는 부차적인 것에 불과하였다. 본래 '인(人)의 종(種)'이라는 의미의 '인종'이란, 그때까지는 '동일한 종류의 인(人)'을 가리키는 정도의 일본어였다. 하지만 일단 번역어 중에서 'race=인종'이라는 등가가 성립되어 버리자 '인종'이라는 근대 일본어는 서양적으로 서열화된 race의 의미로 불가역적으로 정착되어 여기에서도 사후적인 이야기가 가능하게 되었던 것이다.

---

37 與那覇潤, 「近代日本における「人種」観念の変容」, 『民族学研究』第68巻 第1号, 2003, p.85.

|『백과전서』의 ‘인종’|

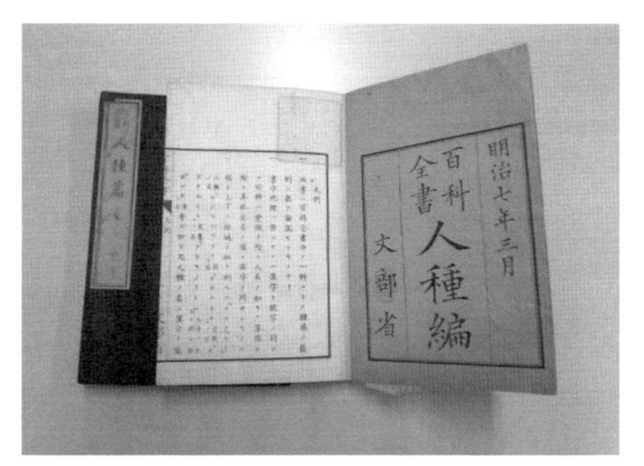

『인종편(人種篇)』(책 면지에는 인종편[人種編]으로 표기)

후쿠자와 유키치의 『장중만국일람(掌中萬国一覧)』의 ‘백인종 즉 유럽 인종’ ‘황색인종 즉 아시아 인종’ ‘적색인종 즉 아메리카 인종’ ‘흑색인종 즉 아프리카 인종’ ‘차색인종 즉 제도(諸島) 인종’도 내용은 분명히 블루멘바흐의 5분류를 받아들인 것이지만, 학설사(学説史)에서의 설명은 아니다.[38] 따라서 기요노 겐지가 언급한 바와 같이 블루멘바흐에 대한 언급은 문부성 『백과전서』가 일본 최초일지도 모른다. 해당하는 곳을 번역어라는 관점에 주의해서 다시 읽어 보도록 하자.

1874년에 목판 화장본 상하 2책으로, 아키야마 쓰네타로가 번역하고 우치무라 고노스케가 교정한 『인종편(人種編)』이 간행되었다. 『백과전서』 중에서 초창기에 간행된 번역 텍스트 중 하나인데, 이는 이 주제에 대해 당시의 관심이 높았음을 말해준다. 분책본의 범례에는 “이 책은 백

38 福澤諭吉, 『掌中萬国一覧』, 福澤蔵版, 1869. 또한 우치다 마사오의 『여지지략』에서도 동일한 인종론을 펼치고 있지만, 블루멘바흐에 대해서는 직접 언급하고 있지 않다.

과전서 중 하나로서 종족의 구별에 대해 논설한 것이다"라고 적혀 있는데, 이는 PHYSICAL HISTORY OF MAN-ETHNOLOGY의 번역임을 확인할 수 있다. 여기에서는 ethnology를 '인종'이라고 번역하고 제목으로 삼고 있다. 즉 'race=인종'이라는 등가는 아직 성립하지 않은 것이다. 본문에서는 어떠했을까.

> 인종론이라는 학과(学科)는 가장 근세에 생긴 것으로, 여러 측면에서 아직 확정되지 않고 잠정적인 상태이다. 단, 처음 인종을 구별한 것은 독일인 블루멘바흐이다. 즉, 그는 동물학과 해부학을 이용하여 만들어 내고, 그 구별의 명목을 널리 세상에 알렸다. 오늘날까지도 이용하고 있는 그 대략을 설명하자면, 블루멘바흐는 인종을 다음과 같이 구분하였다.
>
> 첫째 코카서스(高加索) 인종 (…) 두 번째 몽골(蒙古) 인종 (…) 세 번째 아프리카(亜弗利加) 인종 (…) 네 번째 아메리카(米利堅土) 인종 (…) 다섯 번째 말레이(馬来) 인종
>
> Ethnology, as a science, being of quite recent origin, is in many respects in an unsettled and provisional condition. The first classification of the races or varieties of the human species, was that of Blumenbach, which was made from the zoological and anatomical point of view. As it obtained great currency, and many of its terms continue in use, it may be convenient to give a short sketch of it. He divides the species into five varieties, as follows:
>
> 1. Caucasian Variety(…) 2. Mongolian Variety(…) 3. Ethiopic(African)

Variety(…) 4. American Variety(…) 5. Malay Variety(…)

여기에는 '인종'이라는 단어가 반복적으로 사용되고 있지만, 기점 텍스트에 race가 등장하는 것은 한번뿐이다. 게다가 races or varieties of the human species라는, 직접적이 아니라 에둘러 표현하는 방식이다. race를 varieties of the human species라고 바꿔 말하는 것은 race라는 개념자체의 애매함을 보여주지만, '인종'을 논하면서 메이지 초기의 번역 텍스트에서는 'race=인종'이라는 등가가 반드시 성립하지는 않았음을 알 수 있다. 그러나 블루멘바흐의 분류가 '인종'의 계층적 서열로 이행했듯이, 쓰보이 쇼고로의 '인종'도 또한 '대일본 제국'의 언설에 이용될 수밖에 없는 것이 되고, 'race=인종'의 개념은 근대의 제국의식으로 확실히 접속되어 갔던 것이다.

CHAMBERS'S INFORMATION FOR THE PEOPLE.

nose, and small mouth. The moral feelings and the intellect are of the highest order. This variety extends from the Ganges to the Atlantic, including all the inhabitants, ancient and modern, of Europe (except the Fins); in Asia, the Hindoos (of high class at least), Persians, Assyrians, Arabians, Jews, Phœnicians, inhabitants of Asia Minor, and of the Caucasus, &c.; and in Africa, the Egyptians, Abyssinians, and Moors.

2. *Mongolian Variety.*—In this division, the skin is commonly of a sallow or olive tint, and in some cases nearly yellow; the hair is black, long, and straight, seldom curling; the beard, usually scanty; the iris, black; the nose is broad and short, and the cheek-bones broad and flat, with salient zygomatic arches; the skull is oblong, but flattened at the sides, so as to give an appearance of squareness; and the forehead is low. In intellectual character, the Mongolians are by no means defective, but they are more distinguished for imitative than inventive genius. This faculty, at the same time, renders them highly susceptible of cultivation. In many cases, however, tribes of this variety have arrived at considerable proficiency in literature and the arts. Their moral character is decidedly low. The Turkish and Mongol Tatar tribes have been great conquerors in past times, and have often even vanquished the Caucasians; but in most cases their victories have only been temporary. The Fins and Laplanders appear to be a remnant of some primitive Mongolian people, whom the Caucasians originally pushed to the extreme verge of the arctic seas, and were content to leave there. The Eskimos, as well as the people of Finland and Lapland, have some physical peculiarities distinguishing them from other Mongolians, but these seem to be the effect chiefly of local position.

3. *Ethiopic (African) Variety.*—The black skin and woolly hair of the negro form the well-known characters of this race. The forehead is low and retreating, and the lower part of the face projecting like a muzzle; the nose is thick and flat, and the lips thick. The class comprises all the inhabitants of Africa, except those above mentioned as being Caucasian.

4. *American Variety.*—This includes all the native Americans except the Eskimos. A reddish-brown complexion, long, black, lank hair, deficient beard, eyes black and deep-set, receding brow (sometimes from artificial compression), high cheek-bones, prominent aquiline nose, small skull, with the apex high and the back part flat, large mouth and tumid lips, with fine symmetrical frames of middle height, form the chief physical characteristics of this race.

5. *Malay Variety.*—They are characterised by tawny or dark-brown skins, coarse black hair, large mouth, short broad noses, seeming as if broken at the root, flat expanded faces, with projecting upper jaws and salient teeth. The skull in this race is high, and squared or rounded, and the forehead low and broad. The moral character of the Malays, generally speaking, is of an inferior order. They are a race differing much in some respects from the negro and Red Indian, being of peculiarly active temperaments, and fond of maritime enterprise. They exhibit considerable intellectual capacity, and are an ingenious people. Borneo, Java, Sumatra, the Philippine Islands, New Zealand, part of Madagascar, and various Polynesian islands, are inhabited by this variety of men.

2

Cuvier, still proceeding on physical appearance and structure, reduced the primary varieties to three—the Caucasian, Mongolian, and Ethiopian—holding the American and Malay to be only sub-varieties of the Mongolian. Dr Prichard was the first to bring a competent knowledge of physiology and of language to bear on the subject, and in his work on the *Physical History of Man*, may be said to have laid the real foundation of ethnology. He recognises a greater number of varieties than even Blumenbach. What Blumenbach had called Caucasians, Dr Prichard makes to consist of two independent groups, or varieties, grounding on a radical difference of language. One of these is the Syro-Arabian or Semitic race, speaking languages akin to the ancient Hebrew and modern Arabic. The other is the Indo-European race, embracing most of the nations of Europe, together with the inhabitants of Northern India, Afghanistan, and Persia, all whose languages have marked affinities with one another, and are generally traced to the ancient Sanscrit, or sacred language of Hindostan, as their root or type. The Mongolians of Blumenbach are called Turanians by Dr Prichard; he also divides the natives of Africa into two races, making the Hottentots and Bushmen distinct from the negroes, and considers the Australian tribes distinct from the Papuas of Polynesia.

The spirit of investigation on this subject, which Dr Prichard's writings were a great means of awakening, has been rapidly accumulating facts, and extending the basis of the science; and these new facts tend in some instances, as was to be expected, to modify previous theories. In giving a sketch of the more interesting facts and recent views on the subject of ethnology, we shall follow the classification given in the *Natural History of the Varieties of Man*, by Dr R. G. Latham, one of the chief promoters, and highest living authorities in this science.

NATURE OF THE SCIENCE—ITS SUBJECTS AND METHOD.

The natural history of man deals chiefly with two questions—the relations of man to the other mammalia (see PHYSIOLOGY—THE HUMAN BODY), and the relations of the different varieties of mankind to each other. The first is Anthropology; the second, Ethnology proper.

Ethnology differs from history in dealing chiefly with the effects of *physical* influences; it also goes back beyond the dawn of history, by reasoning from effect to cause. Ethnology is thus a palæontological science, analogous to geology. It does for the peoples that inhabit the earth's surface something similar to what geology has done for the strata composing it; enabling us to determine their affinities, and throwing light on their movements and migrations long before the existence of written records.

It is important to observe that in arranging the varieties of mankind, those peoples are classed together that are believed, from whatever evidence, to be of common origin. We do not make a class of black skinned and woolly haired people, wherever they may be found; nor yet one of all men that speak the same language, and have the same beliefs and habits. Such common characteristics must concur with geographical

PHYSICAL HISTORY OF MAN-ETHNOLOGY

5. 갱신되어 지속하는 '제국'

막말유신을 거쳐 19세기 후반의 '제국일본'에서 서양 열강을 모범으로 한 근대화가 진행된 시대, 산업혁명을 가장 빠르게 경험한 '대영 제국'은 서양 각국 중에서도 특별히 메이지 초기의 신정부가 지향한 모델 중 하나가 되었다고 우리들은 기억하고 있다. 일본 근대사의 이야기 속에서는 '대영 제국'을 우러러보는 메이지 정부가 문명개화, 부국강병, 식산흥업 등 근대화 정책을 책정했다고 한다. 실제의 실태가 그대로라고 할지라도, 본장에서 문제시 삼았듯이 이 이야기는 도착되어 있다. 본래 역사란 사후적인 이야기이고, 메이지 초기에는 British Empire를 가리키는 '대영 제국'이라는 단어는 정착하지 않았다.

'제국일본'이 우러러본 British Empire는 '대일본 제국'에 의해서 '대영 제국'이 되었던 것이다. '제국일본'이 근대 국가 '대일본 제국'으로 전환했을 때, '대영 제국'을 둘러싼 언설도 편성되었다. 'British Empire=대영 제국'이라는 등가를 당연시하는 한, 이 점을 우리들은 놓쳐버리게 된다.

British Empire의 등가로서의 '대영 제국'이라는 개념이 메이지 초기에는 아직 성립하지 않았다. 흥미롭게도 마루젠 합본 문부성 『백과전서』의 마지막을 장식하는 별책 『색인』이 간행된 지 10년 후인 1898년부터 하쿠분칸(博文館)이 『제국백과전서(帝国百科全書)』라는 시리즈로 전 200권의 백과전서를 출판하였다. '백과전서'라는 서명에서 '제국'이라는 단어가 없다가 나타나는 것으로의 이행은 근대 천황제 국가 '대일본 제국'이 판도를 확대하는 시대를 표상하고 있는 듯싶다. '대일본 제국'이라는 단어를 뒤쫓아 가면서 '대영 제국'이라는 언설이 출현하기 시작하였다. 메이지 중기 이후의 '대일본 제국'이라는 국민국가체제 속에서 비로소 '대영 제국'이라는 근대 일본어가 눈앞에 펼쳐져 보이기 시작한 것이다.

본래 네덜란드어 keizerrijk나 독일어 Kaiserreich가 '제(帝)'의 '국(国)'인 것에 비해 영어 empire는 황제를 요건으로 삼지 않는다. '제국'이라는 근대 일본어는 난학에서 영학으로의 계승과 단절 속에서 어의(語義)의 혼란이 발생해버린 번역어이다. 그렇다고 해도 선행 연구에서 밝혀진 바와 같이 그 시작은 명확하였다. 이에 비해 '대영 제국'이라는 언설은 조사할수록 석연치 않다. 문부성 『백과전서』의 하나로서, 요코세 후미히코가 번역하고 1878년에 간행된 『영국제도국자』는 'British Empire=대영 제국'이 시작된 것이라고 할 수 있는 번역 텍스트이지만, 다른 동시대 텍스트를 살펴본 바와 같이 당시 이 번역어가 일반적이었다고는 할 수 없다.

홉슨이나 레닌의 제국주의론 등을 거쳐 역사학자 홉스봄은 1789년 프랑스혁명부터 1914년 제1차 세계전쟁 발발까지 이른바 '긴 19세기'

를 『혁명의 시대』 『자본의 시대』 『제국의 시대』라는 3부작으로 저술하였다.[39] 이 3부작의 마지막 권에서 그는 '새로운 형태의 제국 시대, 식민지 시대'를 주제로 삼는다. 이 시대의 제국주의 중에서 지구상의 육지 전체의 거의 1/4를 지배한 British Empire는 융성을 구가한 끝에 쇠락하였다. 일찍이 초강대국이었던 British에 '대영(大英)'이라는 단어를 붙이는 통례는 'British Empire=대영 제국' 이외에도 'British Museum=대영박물관'이나 'British Library=대영도서관' 등이 있다. 그럼에도 '대영'과 '제국'의 조합은 번역어 '제국'의 시작의 망각과 교환되었다는 점에서 특별히 주목할 필요가 있다.

현대의 세계정세 속에서 동서 냉전의 종언을 계기로 시작된 글로벌화의 조류에서 미국의 패권이 강해지고, 이것을 배경으로 한 포스트 냉전의 '제국'을 둘러싼 논의가 활발해지고 있다. 최근의 새로운 제국론과 함께 일본에서도 '제국'을 주제로 하는 다수의 연구서가 나오고 있다.[40]

안토니오 네그리(Antonio Negri)와 마이클 하트(Michael Hardt)가 2000년에 간행한 저서 *Empire*는 『제국-글로벌화의 세계질서와 다중

---

39 エリック·ホブズボーム 著, 野口建彦·長尾史郎·野口照子 訳, 『帝国の時代 1875~1914』, みすず書房, 1993~1998.

40 중요한 성과만 열거해도 山内昌之·増田一夫·村田雄二郎 編, 『帝国とは何か』(岩波書店, 1997) ; 北川勝彦·平田雅博, 『帝国意識の解剖学』(世界思想社, 1999) ; 山本有造 編, 『帝国の研究-原理·類型·関係-』(名古屋大学出版会, 2003), 山内昌之, 『帝国と国民』(岩波書店, 2004), 歴史学研究会 編, 『帝国への新たな視座』(青木書店, 2005), 木畑洋一·南塚信吾·加納格, 『帝国と帝国主義』(有志舎, 2012), 秋田茂·桃木至朗 編, 『グローバルヒストリーと帝国』(大阪大学出版会, 2013) 등 다수.

의 가능성-』이라는 제목으로 일본어로 번역되어 출판되었다.[41] 이 일본어 번역의 제목에는 원제에 없는 기묘한 괄호가 붙어 있는데, 필자는 이것이 이전부터 신경이 쓰였다. '역자 후기'에 따르면, 종래의 제국주의적 국민국가가 아니라 "중심 없는 탈영역적인 지배장치"로서의 '〈제국〉'이 논점이기 때문이라고 한다. 'empire=제국'이라는 등가에는 새로운 어색함이 여전히 갱신되어 지속하고 있는 것이다.

41 アントニオ·ネグリ·マイケル·ハート 著, 水嶋一憲·酒井隆史·浜邦彦·吉田俊実 訳, 『〈帝国〉グローバル化の世界秩序とマルチチュードの可能性』, 以文社, 2003.

| 제7장 |

'골상학'이라는 근대

—타자를 보는 눈길

天文学　気中現象学　地質学　地文学　植物生理学　植物綱目　動物及人身生理　動物綱目　物理学　重学　動静水学　光学及音学　電気及磁石　時学及時刻学　化学篇　陶磁工篇　織工篇　鉱物篇　金類及錬金術　蒸汽篇　土工術　陸運　水運　建築学　温室通風点光　給水浴澡掘渠篇　農学　菜園篇　花園　果園篇　養樹篇　馬　牛及採乳方　羊篇　豚兎食用鳥籠鳥篇　蜜蜂篇　犬及狩猟　釣魚篇　漁猟篇　養生篇　食物篇　食物製方　医学篇　衣服及服式　人種　言語　交際及政体　法律沿革事体　太古史　希臘史　羅馬史　中古史　英国史　英国制度国資　海陸軍制　欧羅巴地誌　英倫及威爾斯地誌　蘇格蘭地誌　愛倫地誌　亜細亜地誌　亜弗利加及大洋州地誌　北亜米利加地誌　南亜米利加地誌　人心論　骨相学　北欧鬼神誌　論理学　洋教宗派　回教及印度教仏教　歳時記　修身論　接物論　経済論　人口救窮及保険　百工倹約訓　国民統計学　教育論　算術及代数　戸内遊戯方　体操及戸外遊戯　古物学　修辞及華文　印刷術及石版術　彫刻及捉影術　自然神教及道徳学　幾何学　聖書縁起及基督教　貿易及貨幣銀行　画学及彫像　百工応用化学　家事倹約訓

1. 인체해부도와 번역

본 장에서는 문부성『백과사전』속의 한 편인『골상학』을 동시대 텍스트와 함께 읽고, 타자를 보는 자명성을 일본 근대화의 콘텍스트 속에서 다시 묻고자 시도한다. *Chambers's Information for the People*의 PHRENOLOGY를 기점 텍스트로 하는『골상학』은 하세가와 야스시 번역, 고바야시 헤이오가 교정을 담당한 번역 텍스트이다. 1867년에 문부성 간행의 분책본으로, 그 후에도 유린도나 마루젠에 의한 합본에 포함되어, 당시 어느 정도 널리 읽혔다고 생각해도 좋을 것이다.

'phrenology=골상학'은 고래의 한자어인 '골상'(骨相)과는 단절되고 있다. phrenology는 뇌기능에 기초한 학설로, 두개골의 형태로부터 사람의 성격이 유추될 수 있다는 이해하기 쉬운 점이 대중에게 받아들여져 19세기 전반 서양에서 일시 대유행했다. 그리고 개화기 일본에서도 번역을 통해 소개되었던 것이다.

정신이라는 눈에 보이지 않는 것을 뇌라는 해부학적 실체로 설명하

는 언설은 근대 일본의 눈길에 무엇을 가지고 왔던 것일까. '눈길(まなざし)'은 시선이라고 바꿔 말해도 좋지만, 사물의 파악 방식이나 세계의 견해 등 정신 활동을 표상한다.[1] 다른 문화를 가교로 해서, 우리들의 내면에까지 영향을 준 번역 텍스트의 독해를 계기로 하여, 일본의 근대화와 골상학적 눈길의 문제를 다각도로 논해 보고자 한다.

근대가 되면서, 그때까지 육안으로는 포착할 수 없었던 세계가 망원경이나 현미경 등 광학렌즈를 통해 열리게 된 것뿐만이 아니라, 사람들의 시선의 욕망은 인체의 내측까지 향하게 되었다. 바바라 마리아 스태포드(Barbara Maria Stafford)의 표현을 빌리자면 '보이지 않는 것의 이미지화'로서 인간의 육체로부터 가차없이 피부조직을 벗긴 인체해부도가 다수 그려진 까닭이다.[2]

근대 일본의 여명에 앞서, 그림이 들어간 해부학의 번역서 『해체신서』가 1774년에 간행된 것은 시선의 근대화와 번역의 관계에서 상징적인 사건이었다고 할 수 있다. 인체의 내측을 그리는 해부도는 일상적으로는 눈에 닿지 않는 장기의 구조와 배치를 가시화한다. 그러한 인체해부도에 관한 번역 텍스트가 난학시대의 개막을 알린 본격적인 번역서의

---

1 예를 들면 영어의 I see는 '보다=알다'로, 일본어에는 '話がみえない(옮긴이: 직역하자면 '말이 보이지 않는다'는 뜻)' 즉 '말(의 내용)을 이해할 수 없다'라는 표현이 있다. 이 정도로 시각은 정신활동에 직결된다.

2 대저 バーバラ·M·スタフォード, 高山宏 訳, 『ボディ·クリティシズム—啓蒙時代のアートと医学における見えざるもののイメージ化』(国書刊行会, 2006)의 서장에서는 '볼 수 있는 지(知)'(pp.17~74)를 말하고, '해부[切解]'(pp.76~180)의 장에서는 18세기 서양의 패러다임으로서 해부학과 그 은유를 관상학도 포함해 논하고 있다.

효시인 것이다. 의학자 요한 아담 쿨무스(Johann Adam Kulmus)에 의한 독일어 원서의 네덜란드 번역판 『타펠 아나토미아(打係縷亜那都米)』를 주된 저본으로 해서, 마에노 료타쿠(前野良沢), 스기타 겐파쿠(杉田玄白), 나카가와 쥰안(中川淳庵) 등이 센주(千住) 코즈캇파라(小塚原)(고쓰가하라(骨ヶ原))에서 죄인의 해부(腑分け)를 견학한 것을 계기로 번역에 착수했다.[3]

그들이 번역 프로세스에서 직면한 고심에 관해서는 만년의 겐파쿠가 쓴 『난학시사』에 생생하게 묘사되어 있는데, 그 책에서 "혹은 번역하고, 혹은 대역하고, 혹은 직역, 의역(義訳)으로 다양하게 노력"한다는 번역론도 전개되고 있다. 또한 『해체신서』의 범례에서도 "번역에 세 가지 등급"이 있어, "번역, 의역(義訳), 직역"이라는 번역의 3분법에 대한 언급이 있다. 겐파쿠의 '번역·대역(対訳), 의역(義訳), 직역'은 현재의 '직역, 의역(意訳), 음역(音訳)'에 해당한다.[4] 예를 들면 네덜란드어 zenew를 번역한 '신경'은 신기(神気)와 경맥(経脈)으로 조어된 전형적인 '의역'(義訳)(현대어로는 의역[意訳])의 사례로 보는 것이 통설이다. 그전까지 zenew는 '世奴'(세이니)라는 '직역'(현대어로는 음역)이었지만, 『해체신서』에서는 "世奴(세이니). (이를 번역하면 신경.) 그 색은 희고 강하다. 그 근원은 뇌에서 나와 등으로 나간다. 시청언동(視聴言動)을 주관한다"라고 하고 있다. 즉 "世奴

3 岩崎克己(片桐一男 解説), 『前野蘭化③ 解体新書の研究』(平凡社, 1996); 杉本つとむ, 『解体新書の時代-江戸の翻訳文化をさぐる』(早稲田大学出版部, 1997) 등에 상세하다. 현대어역으로는 酒井シズ, 『新装版解体新書』(講談社学術文庫, 1998)이 있다.

4 역어의 3분법은 『和蘭医事問答』, 『解体新書』, 『重訂解体新書』에 공통되는데, 의미하는 바에는 차이도 있다.

(세이니), 이를 신경으로 번역한다"라고 하여 '世奴(세이니)'를 대신해 '신경'이라는 역어를 사용한 것을 할주로 설명하고 있는 것이다.[5]

그러나 통설에는 어느새 신화도 섞여들게 된다. 스기모토 쓰토무(杉本つとむ)는 양학 연구에서 "신화가 지나치다"는 고언을 내보이는데, 그 일례로서 『난학사시』 저술 내용의 허구성을 규탄하고 있다.[6] 스기모토에 의하면 『해체신서』 간행에 앞서 이미 100년 전, 1682년경에 모토키 료이(本木良意, 독일인 의사로서 『일본지(日本誌)』의 저자 엥겔베르트 켐퍼(Engelbert Kaempfer)와 친교가 있었던 통역사)가 번역한 『화란전구내외분합도(和蘭全躯内外分合図)』라는 인체해부도가 이미 출판되고 있다.[7] 따라서 남만(南蠻) 의술에서도 nervo(=zenew=nerve)의 존재는 '筋(네르보)'로서 알고 있었고, 그렇다면 스기타의 번역에 대한 고충 이야기는 반은 의심스러운 것이 된다. 그렇다고 근대 일본이 만들어낸 시선을 생각할 때 '신경'이라는 번역어의 탄생이 색이 바라는 것은 아니다. 겐파쿠 등에 의한 '신경'으로서의 '의역'(義訳)된 근대 일본어가 점차로 정착하여 『해체신서』로부터 거

5 '신경'으로 번역한 경위에 대해서는 다테베 세이안(建部清庵)과의 사이에 나누었던 서한집 『和蘭医事問答』에 기록되어 있다. 다케베 세이안은 이치노세키번(一関藩, 이와테현[岩手県] 이치노세키시[一関市])의 명의로서 알려져, 그 문하생으로는 오쓰키 겐타쿠(大槻玄沢)도 있다. 1795년의 『和蘭医事問答』은 沼田次郎·松村明·佐藤昌介 校注, 『洋学 上』(岩波書店, 1976)에 수록. 吉田忠, 「『解体新書』から『西洋事情』へ」, 芳賀徹 編, 『翻訳と日本文化』(山川出版社, 2000) 등도 참조 바란다.

6 '杉本つとむ, 『日本翻訳語史の研究』, 八坂書房, 1983.

7 '신경'의 역어에 관해서는 杉本, 杉本つとむ, 『解体新書の時代-江戸の翻訳文化をさぐる』, p.23. 『蘭学事始』의 허실에 관해서는 杉本つとむ, 『日本翻訳語史の研究』, pp.315~317.

의 백 년을 거쳐, 메이지의 눈길과 교차하게 되기 때문이다.

| '신경'이라는 근대 |

메이지 초기의 번역 텍스트인 문부성 『백과전서』의 『골상학』에서는 'nerve=신경'이라는 번역의 등가가 확실히 정착되고 있다. 이 텍스트에 출현하는 '신경' 대목을 읽어 보자.

> 신경도 또한 마찬가지다. 개의 후신경(嗅神経), 독수리의 시신경(視神経)이 큰 것은 이와 같다. 어린아이의 뇌는 성인보다 작아 그 신경의 힘이 약하다. 또 어른의 뇌가 매우 작은 것은 분명 어리석음의 징표이다. (…) 구라파인의 머리[頭首]는 평균적으로 중등의 인도토인과 비교하면 어른과 어린아이와 같다. 서구[歐]인 겨우 3만으로 능히 인도인 10만의 무리를 정복함은 이 때문이다
>
> The same is true of a nerve. Some species of dogs have very large nerves for smelling, eagles for seeing, &c. A child's brain is smaller, and its mental power weaker, than those of an adult. A very small brain in an adult is the invariable sign of idiocy. (…) The average European head is to the average Hindoo as the head of a man to that of a boy; hence the conquest and subjection of a hundred millions of the latter by thirty thousand of the former.

골상학의 이론에서는 'nerve=신경'이나 'brain=뇌'의 발달이 중요하다. 후각이나 시각을 관장하는 것은 각각 '후신경', '시신경'이고, 그 크기에 착목하는 것이다. 그리고 유럽인의 '머리'의 크기를 근거로 인도의 식민지화도 정당화되고 있다.

이에 앞서 뇌가 기관들의 집합이라는 점을 "뇌는 하나의 기관이 아니라, 여러 기관[衆器]이 서로 모인 것"(the brain is not single, but a *cluster of organs*)으로 설명하고, 정신 활동과 뇌의 크기와의 상관관계에 관해서는 "서로 다른 정신이 발동하는 강약과 민첩함, 둔함은 뇌의 각부의 크기, 즉 그 팽창과 서로 대칭한다. 따라서 이 각부와 서로 간섭한다"(particular manifestations of mind are proportioned, in intensity and frequency of recurrence, to the *size* or expansion of particular parts of the brain)라고 쓰고 있다.

그런데 산유테이 엔초(三遊亭円朝)가 1859년에 창작한 「가사네가부치 후일괴담(累ヶ淵後日怪談)」은 메이지 시기가 되어 당시 유행어였던 '신경'을 내걸어 '진경(眞景)'을 엮어내는데, 1888년에 「진경 가사네가부치(真景累ヶ淵)」으로 다시 이야기된다. 그 서두에는 문명개화기의 합리성에 의해 유령을 신경병의 산물로 보는 이야기가 나온다.

> 오늘부터 괴담 이야기를 할텐데, 괴담 이야기는 최근에는 크게 사라져 좀처럼 사석에서 이야기되는 일이 없습니다. 왜냐하면 유령이라는 것은 없다, 모두 신경병이다라는 식으로 되어 버렸기 때문에, 괴담이라면 개화선생 쪽에서는 싫어하는 일이 되었기 때문입니다. (…) 여우에게 홀린다던지

하는 일은 있을 리 없기 때문에 이건 신경병이다, 혹은 텐구에게 잡혀 가는 일도 없기 때문에 역시 신경병이다라는 식으로, 무언가 무서운 일은 모두 신경병 때문에 일어나는 것이 되어버렸는데, 현재 깨어 있는 위대한 사람들에게 유령이란 반드시 없는 것이지만, 코앞에 이상한 것이 나타나면 '앗'하고 놀라면서 엉덩방아를 찧는 것 역시 신경이 다소 이상하기 때문이겠지요.[8]

괴담이나 유령이라는 오컬트는 근대를 대표하는 '개화선생'에게는 '신경'병으로 비친다. 서양 근대가 가져온 '과학'에 의한 개화 때문이다. 또한 동시에 잇칸사이 호슈(一筆齋宝洲)의 「신경암개화괴담(神経闇開化怪談)」(1884)이라는 각본 형식의 읽을거리도 나오고 있다.[9] '신경'과 '개화'의 결합이 매력적인 책 이름이 되는 시대였던 것이다.

---

8 三遊亭円朝(小相英太郎速記), 「真景累ケ淵」, 『三遊亭円朝集』, 筑摩書房, 1965, p.212. 1859년에 엔초가 21세 때 「가사네가부치 후일괴담」으로 발표했는데, '신경'과 '진경'을 연관시킨 것은 엔초의 후원자인 한학자 시노부 죠켄(信夫恕軒)에 의한다.

9 一筆齋宝洲, 『神経闇開化怪談』(平凡社, 2005). 복각판의 해제에서 사토 유키코(佐藤至子)는 그 내용을 "구 사족이었던 남자가 게이샤에 빠져 아내와 이혼하고, 아내는 투신, 그 후 남자와 게이샤는 처의 유령에 고통받는데 실은 아내가 살아있었다는 이야기를 개화 풍속의 묘사 속에서 쓴 각본 형식의 소설"로 소개하고 있다.

2. 서양 근대의 '과학'

| 서양 근대의 phrenology |

골상학이라는 번역어는 메이지 초기에 phrenology를 번역한 결과로서의 근대 일본어이다. phrenology는 뇌기능과 정신의 관계를 논한 학설로서, 18세기 말 서양에서 태어났다. 이것은 당시 '과학'적 이론이었는데, 두개골의 형태로부터 그 사람의 성격이 판단될 수 있다는 명쾌함과 맞아떨어져 대중에게도 침투한 것이었다. 하지만 19세기 후반부터 대뇌생리학의 진전에 의해 phrenology는 유사과학으로서 사라지게 되버렸다.[10]

---

10 골상학의 전체상에 관해서는 スティーブン·シェイピン,「エディンバラ骨相学論争」, ロイ·ウォリス 編, 高田紀代志·杉山滋郎·下坂英·横山輝雄·佐野正博 訳,『排除される知-社会に認知されない科学』(青土社, 1986); ジャネット·オッペンハイム, 和田芳久 訳,『英国心霊主義の抬頭-ヴィクトリア·エドワード朝時代の社会精神史』(工作舎, 1992); 上山隆大,「身体の科学-計測と器具」, 大林信治·森田敏照編,『科学思想の系譜学』(ミネルヴァ書房, 1994) 등에 상세하다.

아이러니하게도 phrenology는 종언을 맞이하지만, 이 학설이 주장한 뇌기능의 국재론(局在論)을 보여주는 증거는 착실히 축적되어 갔다. 예를 들면 제1차 세계대전에서 총을 맞은 병사에게 뇌의 손상부위와 후유증에 의한 장애에는 관계가 인정된다든지 보다 최근의 fMRI[11]를 사용한 이미징 수법에서도 인지기능이 뇌의 특정 부위에 국재한다는 데이터가 얻어지고 있다.[12] phrenology가 주장하는 두개골의 형태와 성격의 단순한 관계성에 대해서는 부정되지만, 뇌기능의 국재라는 것은 올바른 전제였다.

phrenology는 스위스의 요한 카스퍼 라바타(Yohann Kaspar Lavater)에 의해 physiognomy(관상학), 즉 얼굴의 표정으로 그 인물의 성격을 판단하는 주관적 방법으로 거슬러 올라갈 수 있다.[13] 가장 신체적인 외면과 정신적 내면 사이에 무언가 대응 관계가 있다는 착상 자체는 오래전인 기원전 히포크라테스나 아리스토텔레스도 논하고 있다. 그러나 적자생존이나 약육강식을 기둥으로 하는 사회 다윈주의에 공통되는 phrenology나 physiognomy 논의 속에는 광인, 범죄자, 어린이, 여성, 열성 인종이라는 배제된 타자에 대한 선입관이 극도로 증폭되어 버리는

---

11 기능적 자기공명영상(옮긴이).

12 マイケル·オーシェイ, 山下博志 訳, 『脳』, 岩波書店, 2009, pp.29~30. 또한 실어증 연구에서는 브로카(Pierre Paul Broca)의 이름을 따 '브로카 실어증'이나 칼 베르니케(Carl Wernicke)의 '베르니케 실어증' 등의 존재도, 뇌기능 국재설을 강화하는 것이다.

13 鈴木七美, 『癒しの歴史人類学-ハーブと水のシンボリズムへ』, 世界思想社, 2002, pp.110~112.

것이 특징이다.[14]

뇌와 정신활동을 연결한 근대의 '과학'적 사고는 독일에서 태어난 의사 프란츠 요제프 갈(Franz Joseph Gall)과 그의 제자 요한 스프루츠하임(Johann Spurzheim)에서 시작되었다. 갈은 뇌신경계의 해부학과 생리학을 연구해, 뇌가 정신활동에 대응한 27개의 기관(그 수는 후계자에 의해 확장)의 집합이라고 주장했다. 그리고 뇌의 특정 부위에서의 발달이 뇌기능에 영향을 끼쳐, 뇌를 둘러싼 두개의 크기나 형상으로부터 정신활동을 알 수 있다고 보았다. 두개골의 정밀한 계측이 실시되어, 정말 그럴듯한 두개골 지도도 작성되고, 뇌에 국재한 기관과 각 기능의 위치관계가 그림으로 제시된다.

이렇게 타자의 내면을 눈에 비친 머리 모양으로 시각화하여 유추하고자 한 것이다. phrenology는 19세기 근대과학 이데올로기와 시각장치로 통속적인 이해를 구현함으로써, 다양한 계층의 사람들에게 널리 받아들여지게 되었던 것이다.

갈 자신은 phrenology라는 말이 아니라, Schädellehre(craniologie, 두개학[頭蓋学])이나 Organologie(기관학[器官学]) 등 복수의 용어를 스스로의 학설에 대응시키고 있는데, 1815년에 영국인 토마스 포스터(Thomas Forster)가 갈의 학설을 영어로 소개할 때 phrenology라는 명칭이 조어

14 '여성'에 관해서는 シンシア·イーグル·ラセット, 上野直子 訳, 『女性を捏造した男たち-ヴィクトリア時代の性差の科学』(工作舎, 1994), '범죄자'에 관해서는 ピエール·ダルモン, 鈴木秀治 訳, 『医者と殺人者-ロンブローゾと生来性犯罪者伝説』(新評論, 1992)이 상세히 논술하고 있다.

된 이후, 이 말을 스프루츠하임이 계승하게 된다. 하지만 미국 독립선언에도 그 서명을 남긴 벤자민 러쉬(Benjamin Rush)가 이미 1850년 필라델피아에서 phrenology라는 말을 사용했다고도 전해져, 말의 출처 자체는 분명하지 않다.[15]

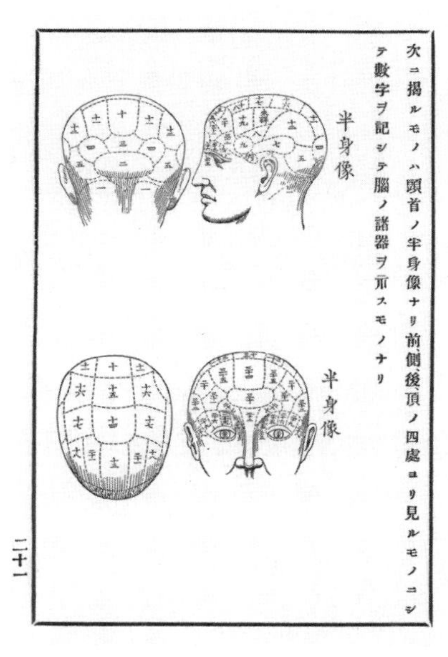

『골상학』에서

갈의 학설은 서양 근대의 한 시기를 석권했는데, 그 중에서도 빅토리아 왕조의 영국에서 열렬한 지원자를 얻어 약진하게 되었다. 영국에서 phrenology를 보급한 이는 스코틀랜드의 온건한 사회개혁파 변호사 조지 쿰(George Combe)이다. 에든버러에서 스프루츠하임의 강의를 계기로 해서 '에든버러 골상학 논쟁'이 일어났는데, 이때 그의 강의를 청강해 phrenology를 처음으로 알게 되었던 쿰은 한 순간 이 학설에 심취해 버린 듯하다. 쿰은 1820년 에든버러 골상학협회를 창립해 전문잡지의 창간에까지 열의를 쏟았다. 또한 당시 갈과 결별한 스프루츠하임의 phrenology는 사회개혁까지도 시야에 집어넣어, 생득

---

15 Clarke E. and Jacyna, L. S. (1987). *Nineteenth-century origins of nuro scientific concepts*, Berkeley and Los Angeles, CA: University of California Press.

적으로 우수한 능력을 받은 자가 노력해서 인류사회가 진보한다고 생각했다. 따라서 쿰의 언설 또한 뇌기능의 균형을 이룬 발달로 사람들이 행복하게 되고, 그에 따라 사회도 발전한다는 것이었다.[16] 이러한 빅토리아 시대의 phrenology는 사회진화론이나 발달사관과 친화성이 높았다.

쿰이 1828년에 간행한 *The Constitution of Man Considered in Relation to External Objects*는 1847년 8판까지 8만 부 이상 출판한 베스트셀러가 되었고, 이는 『성서』, 『천로역정』, 『로빈슨 크루소』 다음으로 많이 팔린 것이었다고 한다.[17] 다윈의 『종의 기원』 발행부수가 1859년 초판부터 1879년 6판까지 2만 부에 달했던 점과 비교하면, 이 학설의 높은 인기를 예상할 수 있을 것이다.

이 phrenology라는 유물론적 학설은 영국뿐만 아니라 19세기 서양의 근대지를 종횡무진 뛰어다녔다. 예를 들면 헤겔, 콩트, 마르크스, 스펜서 등 저명한 사상가들로부터 주목을 받았고, 발자크, 에드거 앨런 포, 허먼 멜빌, 귀스타브 플로베르, 쥘 베른, 코난 도일 등 쟁쟁한 문학가들의 표현에도 현저한 영향을 끼쳤던 것이다.[18] 자연과학을 넘어, 이 눈

---

16 松永俊男, 『ダーウィン前夜の進化論争』, 名古屋大学出版会, 2005, p.67. 또한 '에든버러 골상학 논쟁'에 관해서는 샤핀의 위의 논문이 상세한데, 스코틀랜드에서 사회적 이해를 배경으로 하는 대립이 있었다고 한다.

17 Cooter R. (1984). *The cultural meaning of popular science: phrenology and the organization of consent in nineteenth century Britain*. Cambridge: Cambridge University Press.; 松永俊男, 『ダーウィンの時代~科学と宗教』, 名古屋大学出版会, 1996, pp.237~286.

18 上山隆大, 「身体の科学-計測と器具」; Cooter R. *The cultural meaning of popular science: phrenology and the organization of consent in nineteenth century*

길은 동시대의 사회나 문화 속에 편재하고 있다. 특기할 만한 것은 이탈리아의 범죄학자 체사레 롬브로소(Cesare Lombroso)가 주장한 생래성(生來性) 범죄자설로, 이것은 phrenology를 범죄자의 분석에 응용한 것이다.(그의 주저 *L'uomo delinquente*[『범죄자론』]은 일본어 번역이 없고, 일본에서는 *L'uomo di genio*[『천재론』]이 유명하다). 막스 노르다우(Max Nordau)의 *Die Entartung*(퇴화론)이 롬브로소에 헌사를 바치고 있는 것으로부터도 알 수 있듯이 생래성 범죄자설에는 범죄자를 외견으로 판단해, 퇴화한 인간이라 간주한 것이었다. 덧붙여 말하면 그 범죄자의 외견은 몽골 인종의 특징과 가까운 것이었다.[19]

| 'phrenology=골상학'이란 |

phrenology라는 유행 '과학'은 막말 개국기의 일본에도 소개되어, 다양한 분야로 확산되고 있다. 당시의 일본은 스펜서로 대표되는 사회진화론의 강한 영향 아래 있어,[20] phrenology가 말하는 서양 근대의 시선을 수

Britain.

19 ロンブロオゾオ, 辻潤 訳,『天才論』, 植竹文庫, 1914.『천재론』에 관해서는 나쓰메 소세키『문학론』(1907), 아쿠타가와 류노스케,「길위」(1919년에 오사카 마이니치신문에 연재된 미완의 장편소설), 미시마 유키오『문장독본』(1959) 등에서도 언급되고 있다. 노르다우의 초역으로서 나카지마 고도(中島孤島) 번역『현대의 타락』(대일본문명협회, 1914)이 있고, 그 서문은 쓰보우치 유조가 쓰고 있다.

20 山下重一,『スペンサーと日本近代』, 御茶の水書房, 1983.

용하기 쉬운 토양이 정비되어 있던 것이다.

phrenology라는 단어는 phreno와 logy라는 두 개의 형태소로 이루어진다. 전반부의 phreno는 그리스어 유래로, "심(心), 정신, 횡격막"을 나타낸다. 이에 '~학, ~론'이라는 후반부의 logy가 조합되어, phrenology는 말하자면 '심학', '정신론'이라는 의미가 될 것이다. 그렇다면 어째서 근대 일본에서는 'phrenology=골상학'이 되었는가. 앞서 phrenology에는 '골상학' 이외의 역어도 있었고, 한자어로서의 '骨相'에는 phrenology 이전의 역사가 있어, 'phrenology=골상학'이라는 등가는 명백하지 않다. 그렇다면 서양 근대의 phrenology라는 '과학'적 학설은 어떻게 해서 '골상학'으로 일본의 근대화 속에 성립되었던 것일까.

메이지 일본을 대표하는 계몽사상가 니시 아마네(西周)는 사숙 이쿠에이샤(育英舍)를 개설해「백학연환」 등을 강의한다. 네덜란드 유학 경험을 가진 니시는 서양의 학문을 백과사전적으로 체계화해 해설하는데, '성리학(性理學)'(psychology)을 논할 때 phrenology의 옆에 루비로 '뇌학'이라고 설명하고 있는 것이다.

> 독일에 갈(1756~1828)이라는 사람이 있다. Phrenology(뇌학)을 발명했다. 이 사람의 설에 의하면 사람의 재능 및 성질(性)은 머리(頭)에 관계한다고 말한다. 이 설은 실로 그럴듯한데 머리의 크고 작음, 뇌의 코고 작음에 의해 그 사람의 재능이 있고 재능이 없음은 분명하다.
>
> 무릇 세계 안의 5개 인종 중에, 백석(白晳)인종이 최상이다. 그 용모와 골격이 아름답고, 정골(頂骨)이 크고 이마가 높고, 정심총명(精心聰明)해서 문

명에 통달하는 성질이 있다.

다음으로는 황색인종으로 머리 모양이 가는 사각형이고, 이마가 낮다. 다음으로 적색인종으로 정골이 작고 시골(腮骨)이 높은데, 남북아메리카의 인종이 그렇다.

다음으로 흑색인종은 머리 모양이 가늘고 길고, 시골이 높고, 시골(顋骨)(턱)이 돌출해 이마가 낮고, 다소 짐승류에 가까워 그 성질이 나태해서 개화진보의 맛을 알지 못한다. 아프리카 사막의 남쪽에 있는 토민이 그렇다.

다음으로 다색(茶色)인종은 아프리카의 해안에 가까운 섬들 및 동인도의 말라카 땅의 토민이 이 유형이다.

그러나 머리의 크고 작음에 의해 누구라도 장단점이 있어, 짐승과 같은 것은 머리가 크지만 뇌가 작다. 사람 역시 머리의 크고 작음은 뇌의 크고 작음에 의하지 않는다.

갈의 학문은 해부로 사람의 성리를 얻고자 하는 것으로 마침내 성리를 얻기에 이르렀다. 사람의 성질이 두뇌의 다소에 의하는 것같이, 모두 인체의 발명을 이룸이 심히 많다.[21]

당시의 사전으로서 시바타 쇼키치·고야스 다카시 편『부음삽도 영화자휘』(1873)에 'phrenologic, phrenological 골상학의, 심학의' 'phrenologist 골상학자, 심학자' 'phrenology 골상학, 심학'으로 되어 있다. 이 영일사전에는 'phrenology=골상학'이 먼저 나타나지만, 동시

21 西周,「百学連環」,『西周全集 第四巻』, 宗高書房, 1918, pp.149~152.

에 '심학'도 병용되어, 동요하고 있음을 알 수 있다. 헵번의 『화영어림집성』 초판(1867)과 재판(1872)에는 phrenology나 '골상'에 해당하는 항목이 없다가 제3판(1886)에 'Kossōron 코츠사우론(コツサウロン) 골상론 n. Phrenology'(일본어-영어 부분), 'Phrenology, n. Kossōron'(영어-일본어 부분)이 추가되고 있다. 『철학자휘(哲学字彙)』(1881)에서는 'phrenology 골상론'이지만, 『철학자휘(영독불화)(哲学字彙(英独仏和))』(1912)에서는 'Phrenology (독일어. Phrenologie, 프랑스어. phrénologie) 골상학'이 되고 있다. 다만 전문적인 사전에서는 이와카와 도모타로(岩川友太郎)의 『생물학어휘(生物学語彙)』(1884)와 같이 'Osteology 골상학'(덧붙여 현재 osteology의 번역은 '골학(骨學)')으로 하는 예 등도 있다. 1886년에 완성된 오쓰키 후미히코(大槻文彦)의 『언해』에서는 "코츠사우가쿠(こつさうがく). 명사. 골상학. 두개골의 모습을 보고 사람의 성질 운명을 아는 기술"이라고 해, 일본어 사전에서도 메이지 전반기에는 '골상학'이 항목에 들어가고 있다.

이 학설에 관해서 상세한 내용을 메이지 초기 일본에 소개한 것이 문부성 『백과전서』의 하세가와 야스시 번역, 고바야시 헤이오 교정의 『골상학』이라는 번역 텍스트였던 것이다. 현재 국립국회도서관에 소장된 자료 속에서 '골상'이라는 키워드를 포함한 것으로서는 가장 오래된 책이다.

3. '골상학'이란

| 골상학과 로버트 체임버스 |

이미 상세히 말한 것처럼 문부성『백과전서』의 기점 텍스트는 19세기 영국의 에든버러에서 출판사를 일으킨 형 윌리엄 체임버스와 동생 로버트 체임버스 형제가 편집 간행한 대항목의 백과사전적 계몽서 *Chambers's Information for the People*이다. 실은 동생인 로버트가 1859년 다윈의 『종의 기원』에 앞서, 다윈 이상으로 큰 물의를 일으킨 진화론을 익명으로 발표한 인물이기도 했다는 사실은 강조될 가치가 있다.

1884년에 런던 출판사로부터 *Vestiges of the Natural History of Creation*이라는 책의 초판이 간행되어, 저자명은 숨겨진 채 출판이 계속되어 판을 거듭하다가, 체임버스 형제 사후 제20판(1884년)의 권두에서야 처음으로 로버트 체임버스의 이름이 노출되고 있다.[22] 이 책은 우주·생명체·인간사회를 포함한 모든 creation(창조물)의 발전가설에 대해 natural history(자연사, 박물학)의 관점에서 vestige(흔적)를 해설한 일반 대중용이었는데, 이후 스펜서류의 사회진화론적 내용도 함께 삽입되고 있다.

로버트는 골상학을 열심히 지지했다고 한다. 골상학이 그의 사상적 지주였던 것은 이 학설이 자신이 생각한 사회개혁과 관련된 것이라 확신하고 있었기 때문이다. 따라서 당연한 것이지만 앞서 *Vestiges of the Natural History of Creation*에는 골상학의 영향이 곳곳에 보인다. 과학사가인 마쓰나가 토시오(松永俊男)는 "골상학의 사회개혁론과 만물의 진화관을 결부시켜, 이를 과학적 견지에 의해 입증하고자 한 것"이라고 그 내용을 총괄하고 있다.[23]

버킹엄 궁전의 빅토리아 여왕 부부, 심지어 젊은 날의 나이팅게일도 이 책의 열성 독자였다고 전해지지만, 동시에 과학자와 종교인들로부터 많은 비판이 속출했으며 특히 스코틀랜드 복음파 과학자들의 분노를 자아낸 문제의 책이었다고 한다. 저자가 살아있지만 익명의 책이었던 것은 그 때문일 것이다. 이러한 같은 저자의 동시대 텍스트가 문부성 『백과전서』의 기점 텍스트인 것이다.

---

22 Secord, J. A. (2000). *Victorian sensation: The extraordinary publication, reception and secret authorship of vestiges of the natural history of creation*. Chicago, IL: University of Chicago Press.

23 松永俊男, 『ダーウィン前夜の進化論争』, p.68.

|『골상학』이라는 번역 텍스트 |

체임버스 형제가 편집한 *Chambers's Information for the People*의 한 항목인 PHRENOLOGY는 골상학에 전도되었던 로버트 자신이 스스로 집필했을 가능성이 높다고 생각된다. 그 번역이 문부성『백과전서』의 하세가와 야스시 번역, 고바야시 헤이오 교정『골상학』이고, 1876년에 분책본으로 간행되었다. '골상학 이론'(PRINCIPLES OF PHRENOLOGY)에서 시작하여 뇌기능의 35개 분류에 관한 상술을 포함하는 내용으로, 이 학설의 미세한 세부 사항까지 파고드는 해설이 되고 있다.

우선 이 텍스트의 전체상을 파악하기 위해 그 목록을 제시한다.

골상학 이론	PRINCIPLES OF PHRENOLOGY
뇌중 기관들과 연결되는 정신의 원기재지(原基才智)	PRIMITIVE FACULTIES OF MIND, AS CONNECTED WITH THEIR ORGANS IN THE BRAIN.
지혜의 구별	DIVISION OR CLASSIFICATION OF THE FACULTIES.
제1류(類) 지각	ORDER FIRST.-FEELINGS.
제1종(種) 기호	GENUS I.-PROPENSITIES.
제1 연모(恋慕)하는 것	No. 1.-Amativeness.
제2 아이를 사랑하는 것	No. 2.-Philoprogenitiveness.
제3 거주하는 것, 항결(頏結)하는 것	No. 3.-Inhabitiveness-Concentrativeness.
제4 점착(粘着)하는 것	No. 4.-Adhesiveness.
제5 쟁투하는 것	No. 5.-Combativeness.
제6 살육하는 것	No. 6.-Destructiveness.
제7 숨기는 것	No. 7.-Secretiveness.
제8 탐욕하는 것	No. 8.-Acquisitiveness.
(1) 인류 및 하등동물에 보통(普通)되는 의견 I. SENTIMENTS COMMON TO MAN AND THE LOWER ANIMALS.	
제10 자부	No. 10.-Self-esteem.

제11 명예를 좋아함	No. 11.-Love of Approbation.
제12 근신하는 것	No. 12.-Cautiousness.

(2) 특히 인류에게만 고유한 의견
II. SUPERIOR SENTIMENTS, PROPER TO MAN.

제13 자비	No. 13.-Benevolence.
제14 존경	No. 14.-Veneration.
제15 강강(剛強)	No. 15.-Firmness.
제16 공명(公明)한 것	No. 16.-Conscientiousness.
제17 희망	No. 17.-Hope.
제18 경해(驚駭)	No. 18.-Wonder.
제19 상상	No. 19.-Ideality.
제20 골계(滑稽)	No. 20.-Wit, or the Ludicrous.
제21 모의(模擬)	No. 21.-Imitation.
제2류 지식성(知識性) 재지(才智)	ORDER SECOND.-INTELLECTUAL FACULTIES.
제1종 외지각(外知覚)	GENUS I.-EXTERNAL SENSES.

제2종 체외 만물의 이학성정(理学性情) 및 제반의 간섭을 인식하는 지식성 재지
GENUS II.-INTELLECTUAL FACULTIES, WHICH PROCURE KNOWLEDGE OF EXTERNAL OBJECTS, OF THEIR PHYSICAL QUALITIES, AND VARIOUS RELATIONS.

제22 각물(各物)	No. 22.-Individuality.
제23 형상	No. 23.-Form.
제24 대소	No. 24.-Size.
제25 경중	No. 25.-Weight.
제26 색	No. 26.-Colouring.
제27 거소(居所)	No. 27.-Locality.
제28 수(数)	No. 28.-Number.
제29 순서	No. 29.-Order.
제30 현사(現事)	No. 30.-Eventuality.
제31 시간	No. 31.-Time.
제32 음조	No. 32.-Tune.
제33 언어	No. 33.-Language.

변식장기(弁識臓器)에 내적 자극인 논의
Internal Excitement of the Knowing Organs-Spectral Illusions.

제3종 고려성(考慮性) 재지	GENUS III.-REFLECTIVE FACULTIES.
제34 비교	No. 34.-Comparison.
제35 원유(原由)	No. 35.-Causality.

체외 만물인(萬物人)의 지식성 재지와 서로 적응하는 논의
Adaptation of the External World to the Intellectual Faculties of Man.

뇌의 기능은 뇌의 구조와 서로 관보(関涉)한다는 논의 Relation between the Functions and the Structure of the Brain.
재지를 표시하는 천연 언어, 즉 그 특징인 표명(表明) 및 면모(面貌)의 논의 Natural Language of the Faculties, or Pathognomical and Physiognomical Expression.
재지의 기관들은 서로 군집해서 무리를 이룬다는 논의 The Organs arranged in Groups.
골상학(骨相学)은 완전한 성리학(性理学)이라는 나머지 논의 CONTINUATION OF PHRENOLOGY AS A COMPLETE PHILOSOPHY OF MIND.

다음 텍스트 본문의 첫머리를 인용해보자.

프레놀로지(フレノロジー)는 희랍어로 정신론이라는 뜻이다. 특히 이 명칭으로 통행하는 학과는 1757년에 태어난 독일[日耳曼] 의사 닥터 요제프 갈 씨가 발명한 바로서, 이 사람은 일찍이 학생인 때 다른 학우의 기억이 자기보다 뛰어난 이들은 모두 안목(眼目)이 현저히 돌출되어 있음을 목격해, 이로서 각기 다른 재능은 뇌의 각 부분과 서로 관계함을 관찰했다. 또한 기억에 재능이 있는 다른 무리에게도 또한 동일한 형상을 발견하여, 단지 기억뿐만이 아니라 다른 성질, 재지 역시도 외부의 기표가 있어 이를 표시한다는 생각을 갖게 되었다. 성질의 현저한 상태를 관찰하고 각기 그 현저함을 검사해, 이에 따른 형상이 각각 달라서 갑에서는 을에 보이지 않는 돌기 및 함몰[凹溝]이 있고 이에 따라 그 성질이 서로 다름을 밝혔다.

PHRENOLOGY is a Greek compound, signifying a discourse on the mind. The system which exclusively passes by this name was founded by Dr Francis Joseph Gall, a German physician, born in 1757. Dr Gall was led, when a school~boy, to surmise a connection of particular mental faculties with particular parts of the brain, in consequence of observing a marked prominence in the eyes of a companion who always overmatched him in committing words to memory. Finding the same conformation in others noted for the same talent, he reflected that it was possible that other talents might be accompanied by external marks, and that dispositions might also be so indicated. He devoted himself to observing marked features of character; and on examining the heads, was struck with differences in their forms, there being prominences and hollows in some not found in others, with corresponding variations of character in the individuals.

이 첫머리에서 '골상학'이란 말이 등장하지 않고, "프레놀로지(フレノロジー)는 희랍어로 정신론이라는 뜻이다"(PHRENOLOGY is a Greek compound, signifying a discourse on the mind.)라는 설명으로 시작하고 있는 점은 간과할 수 없다. PHRENOLOGY는 우선 음역되었다. '프레놀로지'는 '정신론'(a discourse on the mind)인 것이고, '골상학'은 아닌 것이다. '골상학'에 '프레놀로지'로 루비를 달아 조합하는 것도 가능했겠지만, 그러한 선택은 이뤄지지 않았다. 즉 첫머리에서는 'phrenology=골상학'이라고 하는 번역의 등가는 출현하지 않으며, '골상학'이 번역어로서 성립되지 않는 상황에서 이 번역 텍스트는 시작하고 있는 것이다.

그렇다면 어떻게 해서 번역 행위가 'phrenology=골상학'을 텍스트의 전개 속에서 완성해 갔던 것일까.

첫머리에서 '프레놀로지'를 '정신론'이라고 정의한 후에 학설의 창설자 갈의 일화—갈 소년에 의한 '뇌의 각 부분'(particular parts of the brain)에 착목—가 삽입되었다. 즉 학우들의 "서로 다른 재지는 뇌의 각 부분과 서로 관계가 있다"(a connection of particularmental faculties with particular parts of the brain)라는 발견이다. 그는 '외부의 기표'(external marks)와 '성질, 재지(性質才智)'(talents)를 연결할 수 있다고 생각하고 머리의 '돌기 및 함몰'(prominences and hollows)을 관찰했다. 해부학적 견지에서가 아니라 머리 모양으로 대표되는 '골상'에서 학우의 재능을 발견하려는 시선이다. 이렇게 해서 갈을 phrenology의 창설자로서 위치 짓는 문맥 안에서, '프레놀로지'는 '골상'에 한없이 접근하고 있는 것이다.

인용한 첫머리 부분에 이어지는 텍스트에서는 갈이나 그의 제자인 스프루츠하임에 더하여 학설 보급에 공헌한 쿰 형제(조지와 앤드루)를 축으로, 학설사의 개요를 간결하게 정리하고 있다. 그리고 "Dr Gall never took any particular step for making phrenology known in our island"라는 문장이 있는데, 이것이 "갈은 골상학을 펼치기 위해 대영 제국에 온 적이 없다"라고 번역되어, 여기서 'phrenology=골상학'이 처음 등장한다.

이러한 'phrenology=골상학'이라는 등가의 출현은 갑작스러운 것이라 생각되지만, 앞서의 일화를 생각하면 이미 복선이 쳐져 있었던 것이라고 이해할 수도 있을 것이다. 이후 이 텍스트에 자주 등장하는 phrenology라는 키워드는 모두 '골상학'으로 반복되어 텍스트 내에서 정착되어 간다. 이 학설을 면밀히 해설하면서, 동시에 'phrenology=골상학'을 성립시키는 것이 바로 성립 사정을 번역하는 과정인 것이고, 문부성 『백과전서』의 『골상학』이라는 번역 텍스트는 이를 리얼하게 기억하고 있는 것이다.

| 동시대 텍스트 속에서의 골상학 |

문부성 『백과전서』의 『골상학』은 메이지 초기의 번역 텍스트이지만, 동시대의 출판물로 1876년에 문부성에서 간행된 존 하트 저, 카스티엘 번역, 고바야시 헤이오 교정의 『학실요론(学室要論)』이 있다.(기점 텍스트는 1868년에 미국 필라델피아에서 출판된 *In the School~room: Chapters in the Philosophy of Education*) 네덜란드인 카스티엘(『체조 및 호외유희[体操及戸外遊戲]』, 『호내유희방[戸内遊戲方]』의 번역자)이 번역한 것을 문부성 『백과전서』의 『골상학』의 교정자 고바야시 헤이오가 교정한 교육이론서로, 그 서문은 문부성의 오이 가마키치(大井鎌吉)(『로마사[羅馬史]』, 『화원[花園]』의 번역과 『논리학』의 교정도 담당)가 쓰고 있다. 단 본서의 〈제 23편 골상학〉(XXIII. PHRENOLOGY)은 학설 그 자체를 해설한 것은 아니다.

일본에서 갈의 학설에 대한 언급은 에도 막부 말기의 난학서에도 이미 언급되었지만, 거기서는 '골상학'이란 단어는 사용되지 않았다. 예를 들어 시마무라 겐추(島村鉉仲, 호는 데이호[鼎甫]) 번역 의학서 『생리발몽(生理發蒙)』(1866)의 「뇌와 척수 효용의 논의(脳脊髄効用之論)」에서는 '상뇌

학(相脳学)'으로 번역되고 있는 예가 있다.[24]

또한 모리 오가이(森鷗外)의 「갈의 학설」이라는 소론이 있는데, 이는 「전신경계 해부생리의 개론 및 뇌해부생리의 세론(細論)」(Anatomie et Physiologie du Systèm nerveux en général, et du cerveau en Particulier)의 개요를 '총설', '해부설', '생리설'로 나눠 설명하고 있다.[25] 곳곳에 전문용어를 사용한 소론의 첫머리에서 "프란츠 요셉 갈은 남독일인 사람으로, 일찍이 비엔나에 있으면서 의(醫)를 업으로 삼았다. 기관학 Organologie의 강연은 공중의 갈채를 받은 한편, 오스트리아 정부의 혐의를 받기도 했다"라고 해, Organologie를 '기관학'으로 번역하고 있다. 모리는 '골상학'이라는 말은 사용하고 있지 않지만, 원래 갈 자신도 phrenology라는 단어를 사용하지 않았음은 앞서 쓴 대로이다.

|『골상학』의 번역자와 교정자 |

『골상학』을 번역한 사람은 의학자이자 정치가로 활약한 하세가와 야스시였다. 문부성 『백과전서』에서 또 다른 한 편 『식물강목』의 번역도 담당하고 있다. 그는 한의사 하세가와 소사이(長谷川宗斎)의 장남으로

---

24 佐藤達哉, 『日本における心理学の受容と展開』, 北大路書房, 2002, p.26.

25 森林太郎, 「ガルの学説」, 『公衆医事』, 第4巻 第2号~10号, 1900, 같은 잡지 第5巻 第7号, 1901(『鷗外全集著作篇 第25巻』, 岩波書店, 1953, pp.311~329에 수록).

1842년에 에치고국(越後国) 고시군(古志郡) 후쿠이촌(福井村)에서 태어나 한학자 스즈키 야조(鈴木弥蔵)에게 사사하고 아버지에게 한의학을 배웠다. 그리고 1862년 서양의학 습득을 위해서 시모우사(下総) 사쿠라시(佐倉)의 준텐도(順天堂)에 입학해, 사토 다카나카(佐藤尚中)·마쓰모토 준(松本順)에게 사사했다. 1869년에 대학동교(大学東校)의 소조교가 되고, 1874년에 나가사키 의학교 교장에 취임한다. 1876년에는 도쿄 혼고 모토마치(本郷元町)에 사립 의학교인 사이세이학사(済生学舎)를 개교하여 다수의 의사를 배출하고 도쿄부 병원장·내무성 위생국장 등도 역임하면서 의사 행정에 공헌했다. 1890년에 중의원 의원, 1892년에 도쿄시회의원이 되었으나, 1903년에는 정부의 학제 강화로 사이세이학사를 폐교하고 은거하였다.[26]

하세가와 야스시의 번역을 교정한 것은, 고바야시 헤이오(병약했기 때문에 '헤이오[病翁]'라는 호를 사용)로, 본명은 도라사부로(虎三郎)이다. 고바야시는 문부성 편서과(編書課) 과원이었으며 『백과전서』에서는 이외에도 『법률연혁사체(法律沿革事体)』의 교정을 담당했다. 사쿠마 쇼잔(佐久間象山) 문하에서 공부하고, 보신전쟁 후 나가오카번(長岡藩) 대참사를 지낸 인물이다. 나가오카에서의 인재육성을 위해 1869년에 고칸학교(国漢学校)를 개설하고, 또 이듬해에는 기증된 쌀 100섬(米百俵)을 기초로 하여 현재의 나가오카 고등학교의 원형을 설립했다. 이 쌀 백섬에 얽힌 일

---

26 武内博 編, 『日本洋学人名事典』(柏書房, 1994); 湯本豪一 編, 『図説明治人物事典 政治家·軍人·言論人』(日外アソシエーツ, 2000) 등에 의한다.

화는 훗날 야마모토 유조의 희곡 『쌀 백섬(米百俵)』으로 유명해져 후세에 전해지게 되었다.[27]

하세가와 야스시라는 의학 전문가가 번역을 하고 고바야시 헤이오라는 국학과 한학에 밝은 유자가 교정을 더한 것이 문부성 『백과전서』의 『골상학』으로, 의학 전문지식과 전통적인 교양이 융합된 번역 텍스트이다.

---

27 고바야시 헤이오의 활약에 관해서는 坂本保富, 『米百俵の主人公 小林虎三郎―日本近代化と佐久間象山門人の軌跡』(学文社, 2011)에 상세하다.

4. 말하는 눈길

19세기 전반에 서양에서 유행했던 phrenology가 일본에 처음 소개된 시기는 명확하게 특정할 수 없지만, 앞서 서술한 것처럼 막부 말기의 난학자들에게도 어느 정도 알려져 있었던 것 같다. 한자어로서 '인상(人相)', '관상(觀相)', '골상(骨相)' 등의 바탕이 있었다고 하더라도, phrenology는 일본에서 서양 유래 학설로 받아들여졌다. 메이지 초기에 '골상학'으로 번역된 문부성 『백과전서』 『골상학』편은 'phrenology=골상학'이라는 번역어의 첫 출현에 한없이 가깝고, 이 학설을 상세히 쓴 것으로서 근대 일본의 '골상학'을 생각하는 데 획기적인 번역 텍스트이다. 근대적 과학성으로 견인된 문명개화 속에서 뇌나 신경으로 표상되는 해부학적 시선이 확산되어 타인의 내면을 가시화해 갔다. 그리고 문학 표현도 그 예외는 아니었다.

| 사실과 골상학 |

골상학은 일본 근대문학을 변화시켰다.

근대적 사실주의는 쓰보우치 쇼요에서 시작한다는 것이 일본문학사의 정설일 것이다.[28] 다만 쇼요 자신은 '사실(写実)'이 아니라 '모사(摸写)'라는 말을 사용하고 있다. 문학사(文学士) 쓰보우치 유조(坪内雄蔵, 쓰보우치 쇼요)의 『소설신수』(1885~86년)는 "소설이 미술(美術)인 까닭을 분명히 하려고 하자면, 우선 미술이 무엇인지를 알지 않으면 안 된다"라고 '소설'을 '미술'이라고 한 뒤, '미술'이란 무엇인가를 묻는 것으로 시작하는 문학이론이다(여기서의 '미술'은 현대의 '예술'에 해당한다. 제9장 참조). 쇼요는 문부성 『백과전서』의 『수사 및 화문』 등을 토대로 '미술'로서의 문학론을 전개했다. 그리고 소설의 종류에 대해 '모사 소설'(artistic novel)을 통속적인 권선징악[權徵] 소설과 대비하면서 이렇게 설명한다.

> 모사 소설(아티스틱 노벨)은 소위 권징(權徵)과는 그 성질을 완전히 달리하며 그 주의는 오로지 세태를 베껴 내는 데에 있다. 그렇기 때문에 인물을 만들 때에도 또 줄거리를 설정할 때에도 앞에서 말한 주안을 체현하여 오로지 가공의 인물로 하여금 가공세계에서 활동하도록 하여 진(真)에 육박하려고 힘쓰는 것이다. 예를 들면 시인이 노래를 지어 진경(真景)을 베껴

---

28 三好行雄, 『写実主義の展開』, 岩波書店, 1958; 江藤淳, 『リアリズムの源流』, 河出書房新社, 1989, pp.7~43.

진정(真情)을 토로하고, 화공이 물감을 가지고 화조산수(花鳥山水)를 그리고, 조각가가 끌을 가지고 사람이나 짐승의 형태를 조각하는 것처럼 오로지 진에 육박함을 주로 하여 일종의 줄거리를 마련하고 열전을 설정하여 인정세태를 천착하는 것이다.[29]

이와 함께 쇼요는 등장인물의 성질 묘사에 대해 '음의 수단'(陰手段)과 '양의 수단'(陽手段)이라는 두 가지 방법을 설명하면서 "노골적으로 인물의 성질을 서술하지 않고 언행과 거동을 통해 은연중에 그 성질을 알리는 방법"이 일본의 전통적 묘사 방식으로 이것이 음의 수단이라 불리는 것이고, 반면 양의 수단에서는 "우선 인물의 성질을 노골적으로 지문으로 서술해 이를 독자들에게 알리는 방법이다. 서양의 작자들은 대개 이 법을 사용한다"라고 한다. 그리고 양의 수단을 위해서는 "미리 심리학의 강령을 알고 인상(人相), 골상의 학리를 납득하고 있지 않으면 이룰 수 없는 일이다"라고 하고 있다.[30] 이 문학이론을 실천했던 같은 해 쇼요의 『당세서생기질(当世書生気質)』에서는 주인공 고마치다 산지(小町田粲爾)가 다음과 같이 묘사된다.

그 용체(容体)는 어떤가. 나이는 한 21살에서 22살. 몸은 말랐고 키는 중간. 피부는 하얗다. 수려하다. 창백하다고 할 정도. 아이의 얼굴색 같다. 콧대

29 坪内逍遥, 「小説神髄」, 『坪内逍遥集』, 筑摩書房, 1969, p.21.

30 坪内逍遥, 「小説神髄」, p.58.

는 높고 눈이 맑다. 입가 역시 심상치 않다. 아주 뛰어난 용모였지만, 빰은 약간 움푹 패인 상태. 한쪽으로 자는 버릇이 있는 듯. 신경질적인 인물 같다. 흔히 말하는 이른바 잔걱정이 많은 성격으로 옆에서 보면 웃음을 금치 못한다.[31]

인물의 나이 짐작과 체격을 대충 말한 후 용모로 옮겨, '콧대는 높고' '빰이 약간 움푹 패였다'는 얼굴의 골상에 의거해 '신경질'적이 아닐까 추측하는 것이다. 이야기꾼은 양의 수단을 이용해 주인공의 용체라는 겉모습을 드러냄으로써 그의 성질이라는 내면을 표현하려 한다. 가메이 히데오(亀井秀雄)는 쇼요의 문학이론 『소설신수』와 그 이론에 기초한 실제 작품인 『당세서생기질』에서의 문부성 『백과전서』 『골상학』의 영향을 지적했다.[32] 기쿠치 다이로쿠 번역 『수사 및 화문』이 『소설신수』에 길게 인용된 것을 보면 쇼요가 같은 『백과전서』 중 한 편인 『골상학』도 알았음이 분명하다.

또 후타바테이 시메이의 평론 「소설총론」(1886년)에는 "모사라는 것은 실상을 빌려 허상을 내보인다는 것이다"라고 쓰여 있고, 이는 "쇼요의 리얼리즘론의 비판적 심화"로 보아도 좋다.[33] 그래서 시메이의 『뜬구름(浮雲)』(1887~89년)이 근대 일본의 소설의 효시가 된 것이다. 이 흐름

---

31 坪内逍遥, 「当世書生気質」, 『坪内逍遥集』, 筑摩書房, 1969, pp.61~62.

32 亀井秀雄, 『身体·この不思議なるものの文学』, れんが書房新社, 1984, p.24.

33 江藤淳, 『リアリズムの源流』, p.8.

은 겐유샤(硯友社)를 거쳐 언문일치운동과 연동되어, 메이지 40년대의 자연주의로 접속되어 간다. 쇼요의 『당세서생기질』보다 더 극명하게 얼굴 생김새를 묘사함으로써 인물의 성격과 운명까지도 표현하려 했던 것이 『뜬구름』이다. 그 첫 회에서 두 등장인물은 고유명사를 부여받지 않고 다음과 같은 외모를 가진 남자로 소개되고 있다.

길가에 사람이 좀 한가해졌을 무렵, 그 미쓰케에서 두 명의 젊은이가 이야기를 나누며 걸어 나왔다. 하나는 나이 스물두셋쯤 되는 청년, 안색을 보니 창백이 칠할에 사색이 삼할, 아무래도 심상치 않은데, 수려한 눈썹에 부리부리한 눈, 그리고 시원스런 콧날, 단 한 가지 아쉽다면 입매가 약간 이상할 뿐. 하지만 야무진 구석도 있어 뵈니 책가게 앞에서 야한 그림 쳐다보며 입을 헤 벌리고 있을 것 같지는 않을 터. 어쨌든 턱이 뾰족하고 광대뼈가 튀어나온데다 매우 초췌한 탓인지 표정까지 가시가 돋친 듯 날카롭고 사근사근한 구석이라고는 털끝만치도 없어 보인다. 못생기지는 않았지만 어딘가 험상궂은 구석이 있다. 키는 훤칠한 게 그렇다고 큰 편도 아니지만 말라서 그런지 전봇대라는 별로 듣기에도 기분 좋지 않은 별명이나 어울릴 듯했고, 해묵은, 그것도 이불 밑에 깔아 폈는지 다다미 자국이 져 있는 희끗희끗한 스카치 양모 신사복에 띠가 둘려진 챙 넓은 검은 나사 모자를 썼다. 그리고 또한 남자는 두세 살 위의 형뻘인 듯, 적당히 살찐데다 중간키의 희고 둥근 얼굴, 어딘가 평범해 보이는 입매와 둥글둥글한 눈매가 호남형이지만 얼굴이 좀 오목조목해 왠지 품격 있어 뵈지는 않는 남자.[34]

한 사람은 '콧날'이 시원스럽고, '턱'이 뾰족하고, '광대'가 튀어나오는 등 얼굴의 골상에 집착해 묘사된 결과, '가시가 돋친 듯 날카롭고' '어딘가 험상궂은 구석이 있다'고 이야기된다. 제2화에서는 이 남자에게 '우쓰미 분조(内海文三)'라는 이름이 부여돼 '성질이 내성적'이라는 것도 동시에 내보인다. 다른 한 사람은 '둥근 얼굴'에 '좀스러운', '품격 없는 남자'로 주인공 분조와 대비적인 윤곽의 얼굴을 갖는다. 그의 성이 '혼다'(本田)라는 것이 판명되는 것은 훨씬 뒤인 5화까지 읽어 나갈 필요가 있지만, 그 다음 제6화에야 '혼다 노보루'(本田昇)라는 풀네임으로 등장해 아첨에 능한 점 등 분조와는 정반대의 요령 좋은 성격이 그려져 두 사람의 앞날을 암시한다. 회를 거듭하여 읽어나가는 가운데, 첫 화에서 그들의 골상으로부터 상상된 내면이 드러나게 되고, 결말은 골상학적 기대를 저버리지 않는다. 이야기꾼과 독자가 골상학적인 눈길을 공유하면서 『뜬구름』이라는 문학 텍스트는 전개되는 것이다.

이렇게 얼굴 모양을 관찰해 골상을 묘사하고, 그 인물의 내면을 표현하는 방법이 일본 근대문학에서 획득되었다. '있는 그대로 모사한다'(쇼요)는 것을 이상으로 한 사실주의 소설에서 골상학적으로 타자를 살펴봄으로써 그 성격과 운명을 가늠할 수 있는 것이다. 등장인물의 외면, 특히 얼굴의 골상을 극명하게 모사한 문학이 내면을 발견하기 시작한 것이다.

---

34 二葉亭四迷, 「浮雲」, 『二葉亭四迷 嵯峨の屋おむろ集』, 筑摩書房, 1971, p.4.

| 사생(写生)과 골상학 |

골상학적인 눈길에 의한 표현 방법은 마사오카 시키(正岡子規) 등의 '사생문(写生文)(서사문[叙事文])에도 통하는 점이 있다.[35] 시키의 주장을 계승한 사무카와 소코쓰(寒川鼠骨)는 1900년 5월 『호토토기스(ホトトギス)』에 사생문 「신수인(新囚人)」을 발표하고 있다. 이 소코쓰의 작품은 사생문으로서 높이 평가되고 있으며, 시키는 "옥중의 일은 당신의 문장으로 전해지고, 당신의 이름은 옥중담으로 남겨질 정도로 대단한 문장"(1900년 6월 11일자, 소코쓰에게 보내는 서한)이라 칭찬했다. 당시 소코쓰는 신문 『일본』의 서명인이었는데, 고쿠분 세이가이(国分青厓)의 사설이 야마가타 아리토모(山縣有朋) 수상을 비방했다는 이유로 관리 모욕죄로 스가모(巣鴨) 감옥에 수감된 바 있다. 이때의 모습을 그린 체험기인 「신수인」에 골상학이라는 말이 반복 사용되는 장면이 있다.

> 그 사람은 스물일곱, 여덟 살의 이와다타미(岩畳)에서 온 남자로, 나의 미숙한 골상학 지식으로 판단하는 바에 의하면, 결코 나쁜 짓을 할 만한 얼굴이 아닌, 외려 지극히 착한 사람이고 지극히 자상한 아버지인 것 같다.

---

35 '사생'이라는 말 그 자체는 중국 송대의 화론에서의 술어에서 유래하는데, 시키의 '사생'론은 이탈리아인 풍경화가 폰타네시에게 공부 미술학교에서 지도를 받았던 서양 화가들의 차세대, 특히 나카무라 후세쓰(中村不折)로부터의 영향이다. 시키의 사생설에 관해서는 北住敏夫, 『写生説の研究』(角川書店, 1953 / 1990), 松井貴子, 『写生の変容―フォンタネージから子規, そして直哉へ』(明治書院, 2002)에 상세하다.

나는 왜 그렇게 착한 사람이 코너에 몰리게 된 것일까, 혹은 나의 골상학은 조금도 진면목을 캐낼 수 없는 것일까, 내가 그를 착한 사람이라고 생각한 것은 완전히 잘못 짚은 것으로, 실은 착한 사람이 아니라 단지 착한 사람인 것 같은 데 지나지 않는, 사실은 외면으로만 보살인 건 아닐까, 결코 그런 것 같지는 않지만, 사람은 겉모습만 봐서는 안 된다는 격언도 있는 법이기 때문에, 등등을 생각하며 마침내 그에게 죄명과 직업을 물었다. 하지만 나의 골상학이 틀린 것도 아니었으니 참 신기하지, 그는 나와 같은 관리 모욕이라는 죄목 아래 투옥되었던 것이다. 그는 내가 상상했던 것처럼 시바하마(芝浜) 근처의 어떤 철공장에 근무하는 정직하고, 근면한 선량한 직공이고, 그가 나에게 답한 것은 조금도 거짓 없는 사실이었다.[36]

여기서는 이미 면밀하게 얼굴 표정을 묘사할 필요조차 없이, 작품 내에서 골상학의 옳고 그름을 묻는 것까지 그 눈길이 전제가 되어 독자와 공유되고 있다. 먼저 작가는 골상학 지식으로 '그'를 '착한 사람'으로 여기지만, 그 직후에 "사람은 겉모습만 봐서는 안 된다"는 격언도 머리를 스쳐 실제로 물어보는 행위를 한다. '그'의 죄목이 작자와 같은 '관리 모욕'으로 판명된 결과, 그 인물은 역시 '선량한 직공'임이 사실로 확인되면서 골상학이 맞았다는 것으로 귀결되는 것이다.

소코쓰의 사생문에서는 '과학'으로서의 골상학에 가탁함으로써 객관적 사생이라는 허구를 성립시켰다고도 할 수 있다. '미숙한 골상학의

---

36 寒川鼠骨, 「新囚人」, 『明治俳人集』, 筑摩書房, 1975, p.302.

지식'이라는 절제된 표현을 쓰면서도 그 판단이 '과학'적 관찰에 기초해 묘사되고, '조금도 거짓 없는 사실'이 골상학이라는 학설을 독자와 공유함으로써 뒷받침하는 것이다.

근대 일본 문학자들이 이상으로 삼은 사실적 묘사는 있는 그대로를 모사하는 것이었다. 등장인물의 외견에서 내면을 발견하기 위해 얼굴 표정을 관찰하고, 이야기꾼의 시신경이 그것을 뇌에 전달해 말하게 했다. 골상학적인 근대의 시선이 허구를 구축하기 시작한 것이다. 쓰보우치 쇼요, 후타바테이 시메이, 그리고 사무카와 소코쓰 등의 문학작품에서 골상학적인 이야기는 등장인물의 외면에서 내면을 발견해 가는 수법에 다름 아니다. 유물론적으로 성격을 뇌에 환원하는 시선이 사실 혹은 사생적 표현에 공통된다. 애당초 사람들의 얼굴이라는 흔한 풍경 등은 과거에는 문학작품의 대상조차 되지 못할 정도로 평범한 일상에 불과했다. 골상학에 의한 타자를 보는 눈길은 일본 문학에 내면과 의미를 가져온 것이다.

5. 유사과학의 근대

| 미신으로서의 골상 |

등장인물의 얼굴이라는 일상을 문학 텍스트에서 이야기하게 한 골상학의 시선은, 근대의 비일상적 세계에도 열려 있었다. 메이지 시기는 심령술이나 최면술과 함께 기억술이 대유행했던 시대이기도 해서, 현대의 수험 참고서의 발단이 되는 기억술에 관한 다수의 저서가, 당시의 입신출세 이데올로기를 뒷받침하고 있었다. 이 유행은 기억술 붐의 배후에 인간의 뇌와 내면에 대한 근대 과학적 관심이 있고 난 후에 비로소 성립된 것이다. 나카무라 마사나오의 『서국입지편(西国立志編)』(1871년)이나 후쿠자와 유키치의 『학문의 권장』(1872~76년)이 베스트셀러가 되었을 때 입신출세를 요청하는 경쟁사회의 원형은 이미 완성되어 있었다.[37] 그 가운

37 竹内洋, 『立志·苦学·出世—受験生の社会史』, 講談社現代新書, 1991, pp.38~60. 다케우

데 승자가 되기 위해서는 효율적인 기억술이 필요했고, 나아가 최면술적 방향 제시도 요청되었다. 타자의 내면을 뇌기능에 기초하여 '과학'적으로 해명하는 것처럼 생각되었던 골상학의 시대는 다른 한편으로 또한 오컬트적인 것으로 접속되어 버리는 위험함도 내포하고 있었던 것이다.[38]

근대 일본에서 골상학의 말로는 의학사적 입장에서 후지카와 유(富士川游)의 해설이 암시하고 있다. 「신앙과 미신에 관한 통속과학 전람회」를 위해 수집한 자료에 기초해, '골상술'을 미신으로 총괄한 것이다.

> 골상술이란 서양에서 행해지는 상법(相法)으로 이를 '프레놀로지'(Phrenologie)라고 한다. 두골 표면의 형상을 보고 그 사람의 정신작용 특성을 판단하는 기술이다. 처음 이 기술을 주창한 것은 오스트리아의 해부학자 갈씨(1758년~1828년)로, 그 말하는 바에 의하면 사람들의 뇌수에는 이해·감정·충동 등 개개의 정신작용을 영위하는 부분이 있다고 하므로, 이것을 정신기관이라고 칭하는 것이다. 그리고 이 부분에 상당하는 두골의 형상 등을 보고, 외부에서 그 발달을 보아 알 수 있으며, 이를 토대로 그 사람의 정신 작용의 특성을 알 수 있다는 것이 골상술의 취지이다. (…) 그 교묘한 선전에 의해 유럽에서 미국에까지 전해져 마침내 의사의 손을 떠나 골상술자의 일이 되었으며, 지금도 여전히 이 상법(相法)은 서양의 세간에 행해

치는 메이지 초기의 주간지 『영재신지(穎才新誌)』에 투고된 청소년의 공부에 대한 언설(「공부는 부귀를 얻는 자본 이야기」나 「공부는 입신의 기본 이야기」 등)을 인용하면서 공부 입신의 시대가 도래한 모습을 분석하고 있다.

38 岩井洋, 『記憶術のススメ-近代日本と立身出世』, 青弓社, 1997.

지고 있는 것이다.[39]

1910년 2월에 도쿄제국대학에서 실시한 심리학 통속 강화회에서의 「골상과 인상」에서도 후지카와는 "신체의 외표(外表)를 보고, 그로부터 그 사람의 성격이나 운세를 판단하는 방술(方術)"이라고 기술해, '술(術)'로서의 측면을 강조하고 있다.[40] 골상'학'이 아니라, 미신을 받아들인 유사과학의 골상'술'로서 관찰하려고 하는 의학사(医学史)의 입장이 느껴진다.

빅토리아 왕조 영국에서 phrenology의 중심 인물이었던 조지 쿰의 *A System of Phrenology*가 나가미네 히데키(永峯秀樹) 번역 『성상학원론(性相学原論)』(1918년)으로 번역 출판된 것도 같은 시기다.[41] 이 역어는 세

---

39 富士川游, 『迷信の研究』(養生書院, 1932)는 『富士川游著作集3』(思文閣出版, 1980, pp.111~310)에 수록.

40 富士川游, 「骨相と人相」, 『心理研究』(第1巻 第1号, 1912)은 『富士川游著作集⊠』(思文閣出版, 1980, pp.351~367)에 수록. 또한 1870년 말부터 1873년경에 걸쳐 니시 아마네가 사숙 이쿠에이샤(育英舎)에서 강의한 내용을 정리한 「백학연환(百学連環)」의 「지설(知説)」에서는, "배움의 요는 진리를 앎에 있다", "술은 그 아는 바의 이치에 따라 이를 행하는" 것으로 '학'과 '술'을 구별한다.

41 永峯秀樹 訳, 『性相学原論』, 洗心堂, 1918. 나가미네 히데키의 생애는 保坂忠信, 『評伝 永峯秀樹』(リーベル出版, 1990)에 상세한데, 나가미네는 누마즈(沼津) 병학교에서 배운 후, 쓰키지(築地)의 해군 병학료와 에타지마(江田島)의 해군 병학교 교단에 선 인물이었다. 그가 만년에 번역한 『성상학원론』은 퇴직 후에 phrenology의 "과학적 근거에 경도" 되었기 때문이라고 한다. 나가미네는 이미 『구라파문명사(欧羅巴文明史)』(프랑스 기조의 원저, 미국 헨리의 번역을 중역, 1874~1877)이나 『폭야물어(暴夜物語)』(아라비안나이트의 첫 일본 번역, 1875) 등의 번역도 있는 당시의 저명한 번역자였다. 柳田泉, 『明治初期翻訳文学の研究』(春秋社, 1961)에서는 나가미네에 관해서 "구 막부 사람으로 가이노쿠니(甲斐) 출생, 유신 후에 해군에 들어가 평생 해군교육에 종사했다. 나가미네는 문학에 소양이 있다. (…) 당시 고명한 번역가였다"(p.10)라고 높게 평가하고 있다.

키 류시(石龍子)가 '성상학회'를 창설해, 기관지 『성상』을 발행한 것과 관계없지 않을 것이다.[42] 세키 가문은 에도 시대에 초대 세키 류시가 의업과 함께 관상학을 시작했는데, 제3대 때 1800년에는 관상학이 의학인지 음양학인지에 관한 소송 기록도 남아 있다고 한다. 또한 메이지 말기부터 다이쇼 말기에 걸쳐 '세키 류시 붐'의 도래도 있었다.[43] 이러한 시대를 거치면서 근대 일본의 골상학은 확산되면서 망각되어 갔던 것이다.

| 과학과 오컬트의 근대 |

우리들의 마음이나 정신이라는 내면은 불가시하기 때문에 신비적이다. 19세기 phrenology는 뇌나 신경이라는 '과학'으로 그것을 가시화하고자 시도했다. 빈의 의사 프란츠 안톤 메스머(Franz Anton Mesmer)가 이론화한 동물자기(animal magnetism)가 '곳쿠리 씨(コックリさん)'[44]를 불러들

42 여기서의 세키 류시는 제5대째(1862~1927년)를 가리킨다. 또한 나가미네 자신은 법화경의 "여시상 여시성(如是相 如是性)"으로부터 '성상'을 가져와, 세키 류시의 '상성'과는 의미가 다르다고 쓰고 있는데(保坂忠信, 『評伝 永峯秀樹』, pp.126~127), 같은 시대 언설인 점은 부정하기 어렵다.

43 中山茂春, 「石龍子と相学提要」, 『日本医史学雑誌』 第55巻 第2号, 2009, p.196, 같은 잡지 第55巻 第3号, pp.371~376. 나카야마에 의하면 제5대 세키 류시는 "성상학의 시조이고, 관상학의 태두"로, "메이지 12년경부터 다이쇼 말기까지 12년간 전국에 세키 류시 붐이 일 정도로 일본에서 명성을 얻었다." 또한 그 '성상학'을 "사람의 용모, 골격을 보고 성격, 운명 등을 판단하는 학문"으로 한다.

44 곳쿠리씨(コックリさん). 서양의 테이블 터닝(table~turning)이나 위저보드(Ouija Board)에

이는 근대 최면술로 이어지고 나아가 사진기술에서 심령사진이 나온다는 식으로, 이 시대는 '과학'이 오컬트적 수상함으로 쉽게 반전되는 심령주의의 시대이기도 했다. 메스머가 주창한 메스머리즘은 동물자기라는 우주적 유체의 존재에 이론적으로 의거하고 있었다.[45]

자넷 오펜하임(Janet Oppenheim)도 지적했듯이 심령주의는 근대 과학의 치장을 언제나 몸에 걸치고 있었다. 영국 빅토리아 왕조에서는 과학 숭배 속에서 "강력한 과학적 증거와 과학적 논의가 전통적 종교적 신념을 갈기갈기 찢어놓으면서도 인간 정신의 요구에 부응하는 새로운 피난처를 주지 않는 것을 보고 공포에 사로잡힌 빅토리아인도 적지 않았다"라고 한다.[46] 거기서 몸과 마음이라는 낡은 논의에 대해 새로운 단서를 준 것이 당시 phrenology와 메스머리즘이었고, 둘 다 19세기 전반 영국에서 왕성한 사조였던 것이다. 둘 다 유물론적임과 동시에 정신까지 두루 살폈다는 점이 공통적이다.

또 phrenology는 현대의 심리학에 공헌이 있었다는 사실도 덧붙여 두자. 이는 뇌가 마음의 기관으로서 사고와 감정의 중심이라는 가설에

기원을 두는 일종의 점술. 테이블에 앉아 손을 올려두고 주문을 외우면 손이 저절로 움직이는 현상을 심령이 일으키는 현상으로 파악한다. 일본에서도 19세기 말 유행했다(옮긴이).

45 ジョナサン·ミラー, 「無意識を意識する」, ジョナサン·ミラー, スティーヴン·ジェイ·グールド, ダニエル·J·ケヴレス, R·C·ルーウォンティン, オリヴァー·サックス, 渡辺政隆·大木奈保子 訳, 『消された科学史』(みすず書房, 1997); 一柳廣孝, 『催眠術の日本近代』(青弓社, 2006)등에 상세하다.

46 ジャネット·オッペンハイム, 和田芳久 訳. 『英国心霊主義の抬頭―ヴィクトリア·エドワード朝時代の社会精神史』, p.261.

따르는 것이다. phrenology의 이론적 기반은 뇌 기능 국재론이며, 뇌라는 육체 기관을 "경험주의적 관찰과 기능적 추론의 대상"으로 삼았다.[47] 이러한 유물관은 마음이라는 문제를 형이상학에서 구해내는 것이라고도 할 수 있다. 뇌기관의 특정 부위나 두개골 형상과 인간의 성격이나 개성과 연결을 선험적으로 상정해 버렸다는 점은 그 이후 비판되지만, 다른 한편으로는 뇌기능에 대한 임상적 관심을 환기시키는 계기가 되고, 심리학이라는 근대적 학지의 선구가 되기도 했다.[48]

| 골상학의 허구 |

사회진화론적인 다위니즘의 시대사조와 맞물려 phrenology는 막말 개국기의 일본에 도래하여 확산되었다. 본 장에서는 서양근대의 '과학'적 학설인 phrenology를 상술한 기점 텍스트와 그 번역 텍스트를 둘러싸고 동시대의 언설과 함께 고찰하였다. 문부성 『백과전서』 프로젝트는 역사의 전환기에 기획된 번역 사업이며, 그중 한 편인 하세가와 야스시 번역·고바야시 헤이오 교정 『골상학』은 'phrenology=골상학'이라는 등가

---

47 ジャネット·オッペンハイム, 『英国心霊主義の抬頭—ヴィクトリア·エドワード朝時代の社会精神史』, p.269.

48 'psychology=심리학'의 성립은 그다지 확실하지 않다. 니시 아마네는 psychology를 일관되게 '성리학(性理学)'으로 번역하고 있는데, 西周 訳, 『奚般氏心理学』(1875~1879)의 기점 텍스트는 조셉 헤븐(Joseph Haven)의 *Mental Philosophy*였다. 역어의 성립과는 별도로 '심리학'은 골상학과 마찬가지로 서양 유래의 것이었다.

를 만든 번역 텍스트였다. 영국 빅토리아조에 유통된 계몽서를 번역하는 행위를 통해 서양의 시선이 '골상학'으로 성립된 것이다.

근대 문학자들이 이상으로 삼은 이른바 사실적 묘사는 있는 그대로 모사하는 것이었다. 등장인물의 외견에서 내면을 발견하기 위해 얼굴의 골상을 관찰하고, 이야기꾼의 시신경이 그것을 뇌에 전달해 말하게 했다. 골상학적인 근대의 시선이 허구를 구축하기 시작한 것이다. '골상학'이라는 근대는 타자를 보는 눈길의 허구화로 열렸고, 또 신비적 내면을 가시화했다. 그래서 신경이나 뇌에 대한 골상학적 관심은 오컬트나 심령주의와도 이어졌다. 의사 과학이라고 낙인찍힌 후 지금은 그 흔적조차 잊혀져 버렸지만, 'phrenology=골상학'이란 시각이 다른 감각을 능가하여 지배적으로 우위를 점한 시대였기 때문에 유행했던 지극히 근대적인 학설이었다.

| 제8장 |

‘물리’·‘화학’이라는 근대
—궁리와 세이미에서의 픽션적 이탈

天文学　気中現象学　地質学　地文学　植物生理学　植物綱目　動物及人身生理　動物綱目　物理学　重学　動静水学　光学及音学　電気及磁石　時学及時刻学　化学篇　陶磁工篇　織工篇　鉱物篇　金類及錬金術　蒸汽篇　土工術　陸運水運　建築学　温室通風点光　給水浴浴掘渠篇　農学　菜園篇　花園果園篇　養樹篇　馬　牛及採乳方　羊篇　豚兎食用鳥　籠鳥篇　蜜蜂篇　犬及狩猟　釣魚篇　漁猟篇　養生篇　食物篇　食物製方　医学篇　衣服及服式　人種　言語　交際及政体　法律沿革事体　太古史　希臘史羅馬史　中古史　英国史　英国制度国資　海陸軍制　欧羅巴地誌　英倫及威爾斯地誌　蘇格蘭地誌　愛倫地誌亜細亜地誌　亜弗利加及大洋州地誌　北亜米利加地誌　南亜米利加地誌　人心論　骨相学　北欧鬼神誌　論理学　洋教宗派　回教及印度教仏教　歳時記　修身論　接物論　経済論　人口救窮及保険　百工倹約訓　国民統計学　教育論　算術及代数　戸内遊戯方　体操及戸外遊戯　古物学　修辞及華文　印刷術及石版術　彫刻及捉影術　自然神教及道徳学　幾何学　聖書縁起及基督教　貿易及貨幣銀行　画学及彫像　百工応用化学　家事倹約訓

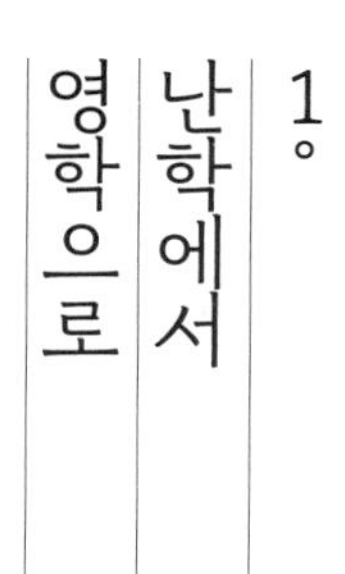

본장에서는 문부성 『백과전서』의 자연과학 분야에 초점을 맞춘다. 예를 들면 '물리'나 '화학'과 같은 현대의 학교 교육을 받은 우리들에게도 익숙한 타이틀의 존재를 실마리로 근세로부터 학문의 계승과 단절을 메이지 시기의 번역 텍스트에서 찾아보고자 한다.

여기서 탐구를 시도하는 것은 '궁리(窮理)'가 '물리'로, '세이미'(舎密)가 '화학'이 되었다는 사실 그 자체는 아니다. 이 점에 관해서는 이미 일본 과학사의 선행 연구가 밝히고 있는 그대로이다.[1] 여기서는 그러한 방

1 예를 들면 '화학'이라는 말의 출처에 관해서 총괄하자면, 상해의 런던 전도회가 발간한 월간지 『육합총담(六合叢談)』에서 사용되어 일본에 전해져 '세이미'를 대신하게 되었던 경위는 沈国威, 「訳語「化学」の誕生-『六合叢談』に見える近代日中語彙交流」, 沈国威 編, 『『六合叢談』(1857~1858)の学際的研究』(白帝社, 1999, pp.95~116)에서 상세히 검증되고 있다. 또한 나카무라 구니미쓰(中村邦光)는 「科学史入門-日本における「物理」という術語の形成過程」, 『科学史研究』(第Ⅱ期 第42巻 第228号, pp.218~222)에서 유학 용어였던 '물리'가 서양어의 번역어로 채용되었던 과정을 밝히고 있다.

식이 아니라 번역어라는 사건으로서, 이로부터 무엇이 질문될 수 있는가로 바꿔 생각해 보고자 하는 것이다.

서양의 학문이란 것은 난학의 시대에 다양한 자연과학의 개념이 네덜란드어로부터의 번역을 매개로 근세 일본에 소개되었다. 에도 막부에 의한 쇄국정책이라는 제약하에 있었지만, 의학이나 천문학 등을 중심으로 이과계 용어는 난학서의 번역에 의해 근대 일본어의 어휘를 풍부하게 만들어 왔던 것이다.[2]

하지만 얼마 지나지 않아 그러한 흐름에 변화가 일어났다. 세계사의 큰 파도—프랑스 혁명 후 프랑스, 영국, 네덜란드의 역학 관계의 변화, 그 여파가 1808년 일어난 페튼호 사건이 있었던 것인데—를 배경으로 막말 개국기의 일본의 학문은 난학에서 이탈한다. 잘 알려져 있는 일화로 후쿠자와 유키치의 자서전에서 회상한 다음의 한 구절이 생각난다.

> 그리하여 난학 사회의 수준을 대충 알게 되자 안심할 수 있었지만, 또 하나 큰 걱정거리가 생겼다. 내가 에도로 온 이듬해인 1859년 5개국 조약이라는 것이 발포되어 요코하마의 문호가 개방된 직후, 나는 그곳에 구경을 갔다. (…) 요코하마에서 돌아온 나는 다리가 피곤한 것보다도 낙담이 컸다. 이래 가지고는 안 되겠다. 이제까지 몇 년이나 필사적으로 네덜란드어 서적 읽기를 공부했는데, 그것이 지금은 아무런 쓸모가 없다. 가게의 간판

2 난학관계의 사전이나 문전을 복각 집성한 마쓰무라 아키라(松村明)·후루타 도사쿠(古田東朔) 감수에 의한 「近世蘭語学資料」 全37巻(ゆまに書房, 1997~2000) 등을 참조.

을 보고도 읽을 수가 없다. 그러고 보니 정말로 쓸모없는 공부를 한 셈이로구나 하며 정말로 낙담하고 말았다. 그러나 결코 낙담만 하고 있을 때는 아니었다. 그곳에서 사용되는 말, 적혀 있는 문자는 영어나 프랑스어임에 틀림없었다. 그런데 지금 전 세계에서 영어가 널리 쓰이고 있다는 사실은 이미 알고 있었다. 아마도 그것은 영어였을 것이다. 지금 일본은 조약을 맺고 개방을 시작하고 있다. 그렇다면 앞으로는 틀림없이 영어가 필요해질 것이다. 양학자로서 영어를 모른다면 아무 소용이 없다. 앞으로는 영어공부를 하는 수밖에 없다고 결심했다. 요코하마에서 돌아온 이튿날, 일시적인 낙담과 함께 새로운 뜻을 품고, 그 후로는 무엇보다도 영어가 최우선이라고 각오를 다졌다. 그런데 영어를 배우려면 어떻게 해야 좋을지 막연했다.[3]

1858년에 미국, 네덜란드, 러시아, 영국, 프랑스 4개 나라와 체결한 통상조약을 계기로 일본의 빗장은 세계를 향해 크게 열렸는데, 이 안세이 5개국 조약은 영학(英学)으로 전환을 촉진한 것이기도 했다. 이 조약을 체결한 결과, 외교교섭에서 영어 사용이 요청되게 되었다. 예를 들면 영일수호통상조약 제21조에는 영국 외교관이나 영사관으로부터 일본측에 보내는 공문서는 영어로 쓸 것을 정하고, 조약 체결 후 5년간은 일본

---

3 福澤諭吉·松崎欣一 編, 「福翁自伝」, 『福翁自伝 福澤全集緒言』, 慶應義塾大学出版会, 2009, pp.120~122.

어나 네덜란드어 번역서를 첨부하는 것으로 했다.[4]

이러한 상황하에서 영어의 필요성을 민감하게 알아차린 사람은 후쿠자와뿐만은 아니었다. 다만 그들의 영학에는 난학의 지식이 크게 도움을 준 것도 사실이다. 앞서 인용한 「후쿠자와 자서전」의 대목은 다음과 같이 이어진다.

> 처음에는 일단 영문을 네덜란드 문자로 번역하는 일을 시도했다. 한 글자 한 글자, 사전을 찾아서 네덜란드어로 옮겨 적으면, 그럴싸한 네덜란드 문장이 되어 문장의 뜻을 이해하는 데는 어려움이 없었다. 단지 그 영문을 제대로 발음하느라 고심했지만, 이것도 조금씩 실마리를 풀어가자 그다지 어렵지는 않았다. 결국 우리가 처음으로 난학을 포기하고 영학으로 옮겨가려 하면서, 완전히 난학을 버리고 몇 년씩 공부한 결과도 헛되게 다시 한 번 간난신고를 각오했던 것은 큰 오산이었다. 실제로는 네덜란드어건 영어건 모두 알파벳이고, 그 문법도 대부분 비슷하여, 난서를 읽는 능력이 자연히 영서에도 통용되어 무익한 것이 아니었다.[5]

난학의 소양을 힘찬 지렛대 삼아, 양학자들은 영학으로 도약했던 것이다. 메이지 초기 문부성 『백과전서』에 관련된 번역자들도 예외 없이, 거의 양학자로 원래는 난학에 뜻을 두었다. 예를 들면 국가적 사업을

4 沼田次郎, 『幕末洋学史』, 刀江書院, 1951, pp.200~220.

5 福澤諭吉·松崎欣一 編, 「福翁自伝」, p.128.

기획했던 미쓰쿠리 린쇼도, 난학자인 할아버지 미쓰쿠리 겐포로부터 어린 시절 네덜란드어를 배우고 나서, 그 후 영어와 프랑스어를 배운 인물이다.

메이지 시기에 활짝 개화한 번역 실천으로의 발판 속에서 난학을 위치 짓는 가토 슈이치(加藤周一)는 "19세기 후반 일본이 서양 문헌 번역에 착수하기 전, 대략 1세기에 걸쳐 일본인은 서양어 이해의 기초를 만들고 번역어를 발명하는 기술을 준비하고 있었다"고 지적하고 있다.[6] 확실히 난학의 계승은 근대 일본의 번역에 있어서 중요한 기초 다지기가 되었음에 틀림없다. 하지만 동시에 제국 일본이 '대영 제국'을 모범으로 하는 근대화를 흉내내기 위해서는 난학으로부터의 이탈이 이야기되지 않으면 안 되었다. 그 허구성, 즉 픽션적인 이탈이야말로 간과할 수 없는 사실이며, 본 장의 테마인 것이다.

6 加藤周一, 「明治初期の翻訳」, 加藤周一·丸山真男 校注, 『翻訳の思想』, 岩波書店, 1991, p.352.

2. 자연과학의 번역

지금까지도 기술해 왔듯이 문부성 『백과전서』에는 영국 빅토리아 왕조의 말 그대로 백과(百科)에 가까운 지의 영역이 모여 있다. 근대 일본의 영학이 근세의 난학에서 이탈한(그렇다고 생각되는) 흔적을 특히 자연과학 분야의 텍스트에서 찾아보자.

지의 영역에 명확한 경계선을 그을 수 있는 것은 아니지만, 『백과전서』의 91편 중 거의 절반에 가까운 41편을 우선 자연과학적 분야로서 편의적으로 분류해 두어도 좋을 것이다. 기점 텍스트의 항목명도 병기해 확인해 보자.

> 천문학(ASTRONOMY) 기중현상학(気中現象学, METEOROLOGY) 지질학(GEOLOGY) 지문학(地文学, PHYSICAL GEOGRAPHY) 식물생리학(VEGETABLE PHYSIOLOGY) 식물강목(SYSTEMATIC BOTANY) 동물 및 인신생리(ANIMAL PHYSIOLOGY—THE HUMAN BODY) 동물강목(ZOOLOGY) 물리학(NATURAL

PHILOSOPHY) 중학(重学, MECHANICS—MACHINERY) 동정수학(動静水学, HYDROSTATICS—HYDRAULICS—PNEUMATICS) 광학 및 음학(OPTICS—音学, ACOUSTICS) 전기 및 자석(ELECTRICITY—GALVANISM—MAGNETISM—ELECTRO~MAGNETISM) 시학 및 시각학(時学, CHRONOLOGY—時刻学, HOROLOGY) 화학편(CHEMISTRY) 도자공편(FICTILE MANUFACTURES) 직공편(TEXTILE MANUFACTURES) 광물편(MINING—MINERALS) 금류 및 연금술(金類, METALS— METALLURGY) 증기편(THE STEAM~ENGINE) 토공술(CIVIL ENGINEERING) 건축학(ARCHITECTURE) 온실 통풍 점광(WARMING—VENTILATION—点光, LIHTING) 급수 욕조 굴거편(SUPPLY OF WATER—BATHS—掘渠, DRAINAGE) 농학(AGRICULTURE—CULTURE OF WASTE LANDS —SPADE HUSBANDARY) 채원편(菜園篇, THE KITCHEN GARDEN) 화원(THE FLOWER GARDEN) 과원편(果園篇, THE FRUIT GARDEN) 양수편(養樹篇, ARBORICULTURE) 마(THE HORSE) 우 및 채유방(牛及採乳方, CATTLE—DAIRY HUSBANDRY) 양편(羊篇, THE SHEEP—GOAT—ALPACA) 돈토 식용조 농조편(豚兎食用鳥籠鳥篇, PIGS—RABBITS—POULTRY—CAGE~BIRDS) 밀봉편(THE HONEY-BEE) 견 및 수렵(THE DOG—FIELD-SPORTS) 어렵편(漁猟篇, FISHERIES) 양생편(PRESERVATION OF HEALTH) 의학편(MEDICINE—SURGERY) 산술 및 대수(代数, ARITHMETIC—ALGEBRA) 기하학(GEOMETRY) 백공 응용 화학(百工応用化学, CHEMISTRY APPLIED TO THE ARTS)

현대 일본물리학회에서는 이들 『백과전서』 속의 『전기 및 자석』,[7]

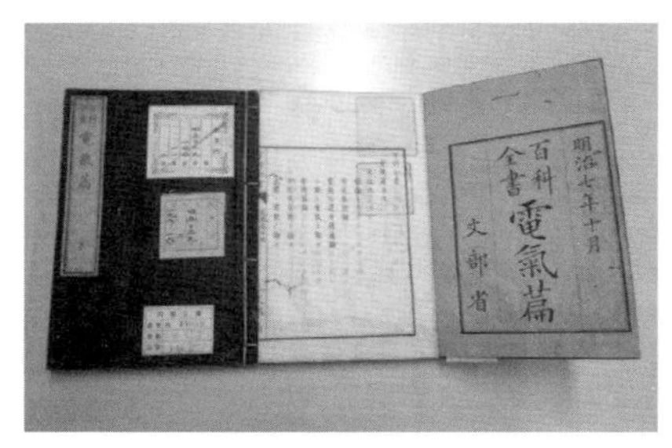

화장본 상하 2책 『전기론』
(후에는 『전기 및 자석』으로 책명 바뀜)

화장본 상하 2책
『동정수학』

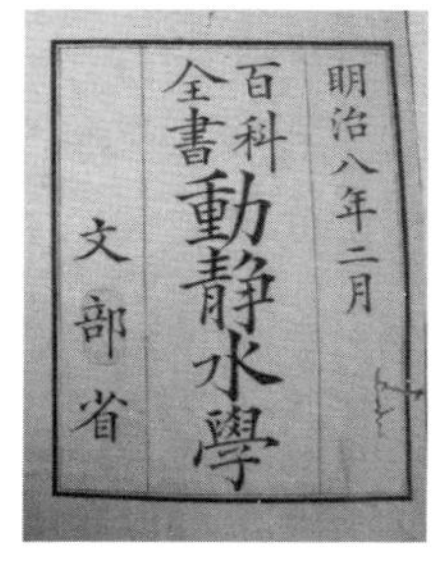

『동정수학』, 『기중현상학』, 『시학 및 시각학』, 『광학 및 음학』, 『물리학』, 『중학』 7편을 메이지 초기의 물리 관계 서적으로 제시하며, 일본의 물리학사에서 "수식은 다루고 있지 않지만, 당시로서는 가장 자세한 물리학서의 하나이며, 아마도 일본인의 물리 지식의 보급, 향상에 상당한 역할을 했을 것으로 생각된다"라고 회고하고 있다.[8] 이러한 물리 관계서를 다수 포함하는 자연과학 분야의 41편에는 현대용어로서는 위화감을 느끼는 제목도 몇 가지 섞여 있다. 예를 들어 『기중현상학』은 METEOROLOGY의 번역이고,

7 실제로 일본 물리학회가 내걸었던 것은 『전기편(電気篇)』인데 이는 1874년 간행된 화장본 2책의 타이틀로, 후에는 『전기 및 자석(電気及磁石)』으로 제목이 바뀌었다.

8 日本物理学会 編, 『日本の物理学史 上 歴史·回顧編』, 東海大学出版会, 1978, p.77.

현재에는 '기상학'이라 불리는 분야이다.[9] 또한 『지문학』은 PHYSICAL GEOGRAPHY의 번역어로, 이는 세계를 '천문', '인문', '지문'이라는 세 개로 나누는 고대 중국사상의 구별법의 영향을 받은 것인데, 지금의 '자연지리학'에 해당되며 나아가 '지학'의 영역도 커버하고 있다.[10] 각각의 첫머리를 살펴보자.

> 고바야시 요시나오 번역, 시미즈 세이신 교정, 『기중현상학』(METEOROLOGY)
>
> 기중현상학은 천기(天気) 사시(四時) 및 기후에 관계한 법칙을 논하는 학문으로, 특히 분위기(氛囲気)의 고찰, 즉 분위기의 크기 및 그 지면상의 높이, 중량, 즉 압력 및 탄력의 높고 낮음의 도수, 집합의 성분 및 방법의 한열에 의하여 받는 변화 및 전기상의 경황을 논설하는 것이다.
>
> METEOROLOGY explains the laws which regulate weather, seasons, and climates. It involves particularly the consideration of the atmosphere — its magnitude and height above the surface of the earth; its weight or pressure and elasticity, and gradations of these as we ascend; the materials and manner of its composition;

---

9 '기상학'의 어원에 관해서는 八耳俊文, 「「気象学」語源考」, 『青山学院女子短期大学紀要』(第61号, 2007, pp.111~126)에 상세하고, 문부성 『백과전서』의 『기중현상학』에 대한 언급도 있다.

10 亀井秀雄, 『明治文学史』(岩波書店, 2000, pp.81~101)의 「지문학의 계보」에서는 『백과전서』의 『지문학』도 다루면서, 시가 시게타카(志賀重昂)의 『일본풍경론』으로 경도된 근대 일본의 자연관을 논하고 있다.

the alterations made upon it by heat and cold; and its electrical condition.

세키토 나루오 번역, 구보 요시토 교정, 『지문학』(PHYSICAL GEOGRAPHY)

지학의 어원은 제오그라피(ゼオグラヒー)라고 하며, 희랍의 지구를 기록(誌)한다는 말에서 온 것이다. 그 학문의 요지는 우리 지구상 사물 형세를 연구하는 학문으로서 그 중에 2종류의 구별이 있어 그 하나는 지문학이라 하고, (…) 다른 하나는 방제지학(邦制地学)이라 한다. (…)

GEOGRAPHY—from gé, the earth, and *grapho*, I write~in its simple and literal signification, is that science which describes the superficial appearance and conditions of our globe. It naturally divides itself into two great branches~1. *Physical Geography*, (…). 2. *Political Geography*, (…)

여기서 인용한 『기중현상학』과 『지문학』 두 텍스트 모두 해당 학문에 관한 기본적인 설명으로부터 시작한다. 『기중현상학』에서 "기중현상학은 천기(天気) 사시(四時) 및 기후에 관계한 법칙을 논하는 학문"(METEOROLOGY explains the laws which regulate weather, seasons, and climates.)인 것이다. 그리고 『지문학』에서 그 상위 분야인 GEOGRAPHY의 어원에 관해서 서술한 부분에서는 기점 텍스트에 없는 "지학의 어원을 제오그라피라 하며"라는 한 구절을 번역자가 추가하고 있다. 즉 GEOGRAPHY를 '지학'이라 이미 번역한 후에 '제오그라피'라는 음역은 잉여이지만, 'GEOGRAPHY=지학'이라는 등가를 매개하는 역할을 음역이 담당하게 된다.

앞서 들었던 자연과학에 관한 41편 중에 『중학』은 MECHANICS을 번역한 텍스트이지만, 현재는 '기계공학', '메커닉스' 등으로 하지 않으면 잘 모를 것이다. 이러한 타이틀도 섞여 있지만, 그 절반은 우리도 거의 이해할 수 있는 자연과학 분야의 학술명이 연이어 나온다. 문부성 『백과전서』의 후세에 대한 공적으로서 "이로부터 각 학문 분야의 술어가 굳어져, 학문의 기초적 지식이 확산되는 등 큰 성과를 올렸다"(『일본국어대사전』 제2판)는 평가가 들리는 까닭이다.

특히 현대 일본의 고등교육을 받은 사람들의 눈을 끄는 것이 대학입시센터 시험의 교과목인 '물리', '화학'도 이미 문부성 『백과사전』에 등장하는 것이 아닐까. 근세의 난학에서 '궁리', '세이미'로서 알려져 있던 학문 영역과 꽤 중복되지만, 메이지 이후의 학교 교육제도가 확립하는 가운데 '물리', '화학'이 되었던 이력을 갖는 분야이다. 즉 난학을 연상시키는 '궁리'나 '세이미'가 아니라 새로운 '물리', '화학'이라는 명칭이 근대 이후에 정착해 현재에 이르는 영역이다.[11]

메이지 초기에는 과학 입문서가 대유행해, 그것이 '궁리열(窮理熱)'이라 불리던 시기도 있었다.[12] 이 궁리붐의 마중물이 되었던 것은

11 엄밀히 말하면 '물리'와 '물리학'은 다르다. 학문분야로서 '물리학'과 학교 교육에서 '물리'라는 사용 구분이 되어 있는 곳도 있다. 이 점에 관해서는 板倉聖宣, 『日本理科教育史』(第一法規出版, 1968)을 참조 바란다. 단 영어의 physics(혹은 natural philosophy)의 역어로서는 '물리' '물리학' 둘 다 사용되고 있다.

12 桜井邦朋, 『福沢諭吉の「科學のススメ」-日本で最初の科学入門書「訓蒙窮理図解」を読む』(祥伝社, 2005)에서는 『훈몽 궁리도해』의 현대어역과 함께 해설을 덧붙이고 있다.

1868년 간행 후쿠자와 유키치의 『훈몽 궁리도해(訓蒙 窮理図解)』이고, 이외에도 '궁리'라는 말을 책 이름으로 내건 과학 계몽서가 몇 권이나 출판된다.[13] '궁리'라는 말은 오락소설의 좋은 소재가 될 정도의 유행어로, 예를 들면 가나가키 로분(仮名垣魯文)의 『아구라나베(安愚楽鍋)』에 "조그만 힘을 합해 큰 힘으로 삼는 것을 궁리라고 할 수 있다"라는 한 구절을 일부러 쓰고 있을 정도이다. 급기야 한때의 열병 같은 유행은 잦아들었고 이 말도 슬그머니 사라져 버렸다. 그 대신에 보급된 것이 '물리'라는 근대 일본어다. 물론 새로워졌다고는 해도 '물(物)'의 '이(理)'라는 뜻으로는 오래전부터 사용되어 온 개념이며, 거슬러 올라가 보면 유학 용어이다. 그런 한자어가 재사용되면서 근대 서양의 natural philosophy나 physics의 번역어가 되었다.

니시 아마네의 「백학연환」에서 "심리상과 물리상의 다른 점은 심리가 으뜸으로 삼는 바는 성리(性理)이고, 물리가 으뜸으로 삼는 바는 격물(格物)이다"로 대표되듯이, 물리는 계몽가들의 책에서 출현하면서, 서서히 그 의미가 동양의 유학에서 서양의 자연과학으로 경도되고 있다. '궁리'도 '물리'도 유학의 '격물궁리(格物窮理)'에서 유래하는 한자어라는 점을 생각하면 큰 차이가 없는 것처럼도 생각되지만, 난학자의 손때가 묻은 '궁리'로는 문명개화를 제창한 메이지 정부의 근대 학문과 잘 어울리지 않았던 것일까. 그럼에도 아이러니한 점은 '궁리'를 대신한 '물리'도

13 예를 들면 後藤達三 訳, 『訓蒙 窮理問答』, 内田晋斎, 『窮理捷径 十二月帖』, 東井潔全, 『窮理日新 発明記事』 등.

유학 용어의 재래라는 점이다. 근대 일본어로서의 번역어 '물리'는 유학의 시니피앙으로 서양 학문의 시니피에를 취하고자 한 것이었다.

근세 난학의 '궁리'가 근대 서양의 자연과학으로서의 '물리'로 표지를 바꾸기 조금 전, 막말에 '화학'이라는 말이 한서(漢書)로부터 전해지고 있다.[14] 불편하게도 '화학(化學)'을 일본어로 음성화할 때 우리는 종종 '바케가쿠'라고 발음해야 한다. '과학'이라는 동음이의어와 혼동되기 때문이다.[15] 게다가 콘텍스트로부터도 구별할 수 없는 경우도 많은 귀찮은 용어이다. 이 점에서는 '화학'이라는 명칭은 일본어로서 그다지 좋은 네이밍이라고 생각되지 않지만, 근세 난학의 전통적인 '세이미(舍密)'가 아닌, 새로운 중국어 유래의 '화학'이라는 한자어로 결국은 낙착되어 버렸다.[16] 참고로 중국어 발음은 화학(huàxué)과 과학(kēxué)가 되므로 음성식별에 문제가 없다.

---

14 菅原国香, 「「化学」という用語の本邦での出現·使用に関する一考察」, 『化学史研究』 第38号, 1987, pp.29~40.

15 원래는 가가쿠로 읽지만 음이 같은 가가쿠(科學)와 혼동되는 것을 막기 위해 바케가쿠로 읽기도 한다(옮긴이).

16 메이지 중기에 들어서도 '화학'과 '세이미' 사이의 흔들림은 결착되지 않았다. 도쿄 화학회의 1885년 2월 월례회에서는 화학을 세이미학으로 바꾸는 가부가 물어져, 개정에 필요한 3분의 2 찬성을 얻지 못해 부결이 되었다. 1891년 나왔던 『화학역어집(化学訳語集)』에서는 'Chemistry 화학, 세이미학''Chemical 화학적, 세이미의' 등 양쪽을 병기해 타협을 하고 있다.

3. '물리', '화학'으로의 도약

| '궁리'에서 '물리'로라는 픽션 |

이미 소개한 메이지 초기의 '궁리열'의 계기가 되었던 『훈몽 궁리도해』의 후쿠자와는 "우선 그 물(物)을 알고, 그 리를 궁리해 일사일물(一事一物)도 버리지 않는다. 물의 리에 어두우면 몸의 양생도 불가능하고, 부모의 병을 돌볼 길도 알지 못하고, 아이를 기르는 가르침의 방편도 없다"고 쓰고 있다. 그 전해에 두 번째로 미국에 건너갔을 때 다수의 양서를 구입하여, 『훈몽 궁리도해』의 범례에서는 다음의 자연과학서 7권에 의거해 저술했다고 기록하고 있다.

영국판 체임버스 궁리서(1865년)
미국판 콰켄보스 궁리서(1866년)
영국판 체임버스 박물서(1861년)

미국판 스위프트 궁리초보(1867년)
미국판 코넬 지리서(1866년)
미국판 미첼 지리서(1866년)
영국판 본 지리서(1862년)

이들 양서는 순서대로 체임버스 형제의 *Natural Philosophy*라는 '궁리서', 조지 페인 콰켄보스(George Payne Quackenbos)의 *A Natural Philosophy*라는 '궁리서', 체임버스 형제의 *Introduction to the Sciences*라는 '박물서', 메리 스위프트(Mary Swift)의 *First Lessons on Natural Philosophy for Children*이라는 '궁리초보(窮理初歩)', 소피아 코넬(Sophia Cornell)의 *Cornell's High School Geography*라는 '지리서', 새뮤얼 미첼(Samuel Mitchell)의 *Mitchell's Geographical Reader: A System of Modern Geography*라는 '지리서', 헨리 조지 본(Henry George Bohn)의 *A Pictorial Handbook of Modern Geography*라는 '지리서' 총 일곱 권이다. 세 번째 책인 체임버스의 '박물서'는 1869년에 오바타 도쿠지로(小幡篤次郎) 번역 『박물신편보유(博物新編補遺)』로서 단독의 국역이 간행되었을 때, 그 범례에서는 "이 책은 영국의 챔블 씨 저서 「인트로독션 투 더 사이언스」라는 책으로 만학소인(万学小引)이라는 책이다"라고 소개되고 있다. 여기서 '체임바'나 '챔블' 등으로 표기된 것은 문부성 백과전서를 편집 출판한 체임버스와 동일한 인물이라는 점에 유의하기 바란다. 즉 체임버스 형제의 자연과학 관련 서적은 『백과전서』 이외에도 후쿠자와와 그의 문하생에 의해 메이지 초기의 일본에 소개되고 있었다. 문부성 『백과전서』가 「챔블의 백과전서」로 속칭된 것처럼 그들은 당시 일본 출판계에서 상당한 인지도가 있었을 것으로 생각된다.

후쿠자와의 『훈몽 궁리도해』는 이러한 영미의 책에 의거한 내용이었지만, 책 이름에는 에도 말기의 호아시 반리(帆足万里)의 『궁리통(窮理通)』 등의 난학서를 연상시키는 '궁리'가 채용되어 있다. 그러나 후의 회상에서는 후쿠자와 자신도 '물리'라는 말을 사용하고 있는 점은 흥미롭다. "여러 가지 물리서를 모아 그 중에서 통속교육을 위해서 필요하다고 인정되는 것을 발췌하여, 원글자 원문을 여러 곳에서 오직 그 본의만을 취해, 마치 국민초학입문을 위해 새로 만든 물리서(物理書)인 궁리도해 3책이다"라고 자신의 저서를 해설하고 있다.[17] 즉 후쿠자와는 『훈몽궁리도해』를 '물리서'로 스스로 나중에 다시 규정하고 있는 것이다.

그런데 1872년 가타야마 준키치 번역 『물리계제(物理階梯)』는 메이지 초기에 가장 널리 보급된 '물리' 교과서로, 일본 전국에 60종 이상 이판이 존재한다고 한다.[18] 『물리계제』의 기점 텍스트가 된 것은, 리처드 그린 파커(Richard Green Parker)의 *First Lessons in Natural Philosophy* 였다. 이에 더하여 번역자 가타야마는 앞에서 언급한 콰켄보스의 *A Natural Philosophy*도 참조하여, 특히 물성론(物性論)에 중점을 두고 『물

17 福澤諭吉·松崎欣一 編, 「福澤全集緒言」, 『福翁自伝 福澤全集緒言』, 慶應義塾大学出版会, 2009, p.456.

18 牧野正久, 「小学教科書『物理階梯』翻刻版調査の報告~明治初期における出版の成長と変容の事例」, 『日本出版史料』(第7号, 日本エディタースクール出版部, 2002, pp.49~136) 및 岡本正志, 「『物理階梯』物性論に見られる物理学の基礎概念受容過程」, 実学資料研究会 編, 『実学史研究Ⅶ』(思文閣出版, 1991, pp.157~181)에 상세하다.

리계제』를 편역하였다. 이 책은 초판 이후 개정 증보판이나 (보론이 붙은) 표주(標註)판 등도 간행되어 널리 읽힌 상황을 알 수 있다. 학교 교육에 사용된 교과서는 자연과학으로서의 '물리'라는 말의 정착에 적지 않은 영향을 끼쳤을 것이다.

1877년에는 문부성 『백과전서』의 『물리학』이 간행되었고, 그 2년 후에는 가와모토 세이이치 번역 『사도화씨 물리학(士都華氏物理学)』이나 이이모리 데이조(飯盛挺造) 번역 『물리학』 등 '물리'라는 말을 책 이름에 넣은 번역 텍스트의 출간이 이어지고 있다.[19] 근대 일본의 학문의 주류가 난학에서 영학으로 불가역적으로 전환하는 가운데, 메이지 10년대에는 '궁리'가 거의 도태되고 '물리'가 정착되었다고 생각되는 사실이 이러한 출판물로부터도 추측될 수 있을 것이다. 그것은 유학의 '물리'와 시니피앙을 공유하지만 'natural philosophy=물리' 혹은 'physics=물리'라는 새로운 번역어로서의 한자어였다.

| '세이미'에서 '화학'으로라는 픽션 |

메이지 정부가 1871년에 반포한 학제에서 '화학'이 교과명으로서 공적으로 사용된 이래, '화학'은 근대 학문 제도 속에서 확실한 위치를 점해

---

19 가와모토 세이이치 번역 『사도화씨 물리학』은 도쿄대학 이학부에서 1879년 간행된 영국의 밸푸어 스튜어트(Balfour Stewart)의 *Lessons in Elementary Physics*의 번역이다.

왔다. 그렇다고는 해도 이 분야의 전문용어의 상당수는 이미 난학자에 의해 소개되고 있었던 것도 사실이다. 스기모토 쓰토무가 지적하듯이 '일본의 근대화와 학술용어'라는 점에서, 메이지 시기 일본의 근대화는 에도기의 난학자에 의한 번역 없이는 말할 수 없는 것이다.[20]

서양 열강으로부터의 위협을 감지한 에도 막부가 국방을 위해 선진의 군사과학을 배우고, 열강에 견줄 수 있는 국력을 목표로 하는 가운데, '화학'적 지식을 필요로 했던 것은 당연하다. 이른바 근대 '화학'의 아버지로 여겨지는 것은 18세기 프랑스에서 '질량보존의 법칙'을 발견한 라부아지에인데, 그가 명명한 전문용어를 일본으로 소개한 것은 난학자들이었다. 따라서 이 분야는 '세이미(舎密)'로서 이미 난학에 체계화된 반석과 같은 내실이 있다.

'세이미'라는 말은 에도 후기 쓰야마번(津山藩) 번의를 지낸 난학자 우다가와 요안(宇田川榕菴)으로 거슬러 올라간다. 우다가와 요안 번역 『세이미개종(舎密開宗)』(1837~47년)은 일본 최초의 근대적 '화학서'로 주목되는 책인데, 기체에 관한 '헨리의 법칙'으로 유명한 영국 화학자 윌리엄 헨리(William Henry)의 *An Epitome of Chemistry*의 독일어 번역(J. B. Tromsdorf 번역)을 네덜란드어(A. Ypey 번역)로 번역한 *Chemie voor Bebinnende Liefhebbers*로부터의 삼중역이었다.[21] 이 번역서에서 요안

---

20 杉本つとむ,『日本英語文化史の研究』, 八坂書房, 1985, pp.467~563.

21 坂口正男,「舎密開宗攷」, 田中実·坂口正男·道家達将·菊池俊彦,『舎密開宗研究』, 講談社, 1975, pp.1~66.

은 네덜란드어 chemie를 음역해 '세이미(舍密, セイミ)'라 한 것이다.

요안은 다음 세대에 속한 난학자 가와모토 고민(川本幸民)(덧붙여 문부성 『백과전서』의 『인심론(人心論)』을 번역하고, 『백공응용화학편(百工応用化学篇)』을 교정한 가와모토 세이이치는 그 차남)이 번역한 1680년의 『화학신서』는 독일인 화학자 율리우스 스톡하르트(Julius Stockhardt)의 *Die Schule der Chemie*(화학의 학교)를 얀 규닝(Jan Willem Gunning)이 네덜란드어로 번역한 *De Scheikunde van het onbewerktuigde rijk*(무기와 유기의 화학)으로부터의 중역이다.(1874년에 『화학독본』으로 제목을 바꿈). 주목할 만한 것은 이 번역서에서 가와모토 고민이 '화학'이란 말을 채용하고, '세이미'는 전혀 사용하지 않은 것이다. 이렇게 고민이 '화학'을 주로 사용하게 된 1860년 이후의 시기는 '화학'이라는 용어가 보급된 무렵과 겹친다. 예를 들어 같은 해에 번서조서에 설치된 '정련방(精煉方)'은 1864년에는 개성소(開成所) '화학방(국)'이라고 개칭되고 있다. 그렇다고는 하나 1867년의 다케하라 헤이지로(竹原平次郎) 번역 『화학입문』, 가쓰라가와 호사쿠(桂川甫策)의 『화학통람』, 『화학문답』 등에서 화학이 사용되는 한편, 관영 연구 교육기관으로 1869년의 오사카 세이미국(舎密局)이나 이듬해의 교토 세이미국의 설립 등 세이미도 여전히 공적인 장소에서 뿌리 깊게 사용되고 있는 점도 간과할 수

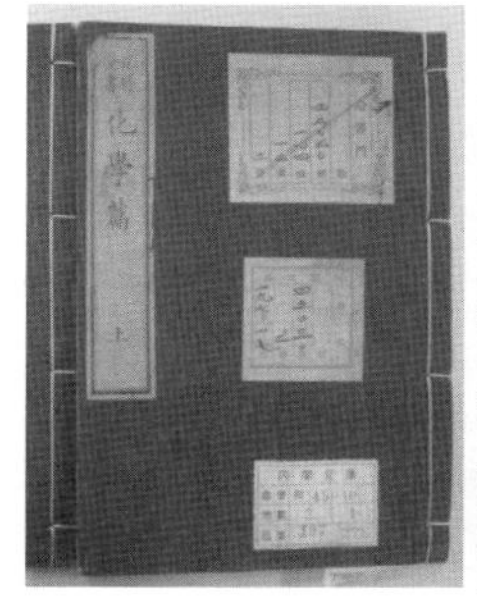

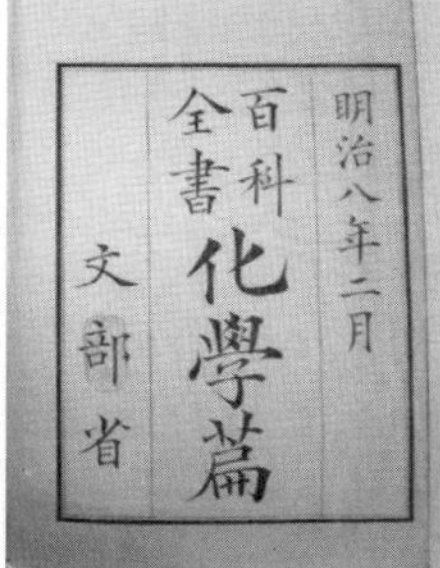

화장본 상하 2책 『화학편』 표지 · 면지

없다. 오사카 세이미국에는 네덜란드인 교사 하라타마(Koenraad Wolter Gratama)가 교두(教頭)에 취임하고 있어 난학의 흔적을 기관명으로 남기고 있었던 것이다.

메이지 정부가 1872년 학제에서 교과명으로 '화학'을 채용해 이시구로 다다노리(石黒忠悳) 번역 『화학훈몽』(1870년)이나 이치카와 세이자부로(市川盛三郎) 번역 『소학화학서(小学化学書)』(1874년) 등이 교과서로 사용되는 가운데, '화학'이라는 말은 공적인 근대학교 교육제도 중에 정착되었다.[22] 그리고 1874년에 도쿄개성학교(東京開成学校)에 '화학과'가 설치되고, 1877년에는 도쿄대학 이학부에 '화학과'가 설치되었던 것도 중요하다. 그 이듬해에 발족한 '화학회'라는 학술단체는 1879년에 '도쿄화학회'로 개칭, 이후 이 학문의 세계를 견인하는 조직이 되었던 것이다.[23]

---

22 『소학화학서』는 영국의 과학자들이 편집한 *Science Primer* 속의 헨리 로스코(Henry Enfield Roscoe)의 Chemistry 부분을 번역한 것이다.

23 廣田鋼蔵, 『明治の化学者-その抗争と苦渋』(東京化学同人, 1988)에는 초창기의 도쿄 화학회로부터 이화학 연구소 창립에 관한 화학계의 내부 사정과 화학 용어 통일의 경위가 상세히 쓰여 있다.

4. 정의하는 텍스트

메이지 초기의 계몽주의는 근세로부터 난학의 전통을 계승하면서도 그것을 일단 단절하고, '물리', '화학'을 비롯한 새로운 학문체계를 욕망했다.

문부성 『백과전서』의 이과계 텍스트에는 유럽이 도달한 자연과학의 지식이 응축되어 있다. 이미 일부 확인한 것처럼 각 편의 첫머리 근처에 각 학문 분야 자체를 정의하는 내용이 배치되어 있는 것이 이들 텍스트군에 공통된다. 두드러진 것은 음역을 매개로 원어와 번역어 사이에 등가관계를 꾸며 내고자 한다는 점이다. 몇 가지 구체적인 예를 보도록 하자.

| '아스토로노미' |

1876년에 분책본이 간행된 니시무라 시게키 번역 『천문학』은 기점 텍스트 제5판의 ASTRONOMY를 저본으로 한다. 이 번역을 담당한 니시무라는 1873년에 문부성 편서과장, 1880년에 문부성 편집국장이 되고, 1886년까지 문부성의 문서 편찬사업의 중심에 있었다. 『백과전서』의 번역 프로젝트에는 특히 문부성 내의 교정자를 총괄하는 입장으로, 미쓰쿠리 린쇼와 나란히 가장 중요한 인물이었던 점은 이미 이야기한 바대로다. 또한 메이로쿠샤 결성에 앞서 모리 아리노리로부터 제안을 받아 적극적으로 진력한 일화도 잘 알려져 있다.[24] 이러한 니시무라가 동서양의 학문에 능통한 지식인이었지만, '천문학'의 전문가는 아니었다.

『천문학』이라는 타이틀은 간행 전에 '성학(星學)'이라 출판 예고되었던 시기도 있었지만(제2장 참조), 실제 간행 시기 처음부터 '천문학'이고, 출판 후 제목의 변경은 없다. 미리 '성학'으로서 제목이 붙었음에도 불구하고 변경된 확실한 이유는 분명하지 않지만, 과거의 '천문(天文)'이 '성학'을 경유해 '천문학'으로 변용하게 된다.

'천문'이라는 말은 『일본서기』에도 등장하는 한자어이고, 에도 막부의 직명으로서도 '천문방(天文方)'(와카도시요리[若年寄][25]에 속해 역술·측량·지지·난서[蘭書] 번역 등을 담당)이 있었다. 에도기에는 통사인 모토키 요시나가(本木良永)가 『화란지구도설(和蘭地球図説)』이나 『천지이구용법(天地二球用法)』에서 지동설을 일본에 소개했고, 시즈키 타다오(志筑忠雄)가 『역상신서(暦象新書)』에서 케플러의 법칙이나 뉴턴역학을 언급하기도 했

---

24 메이로쿠샤 결성의 경위에 관해서 니시무라가 자서전 「왕사록(往事録)」에서 상세히 회상하고 있는데, 본인의 생각도 뒤섞여 있다는 지적도 있다.

25 에도 막부 직명 중 하나(옮긴이).

다. 시바 고우칸(司馬江漢)도 『화란천설(和蘭天説)』에서 지동설 등을 소개하며, 성도(星図) 『화란천구도(和蘭天球圖)』를 작성했다. 또한 에도 막부는 서양의 역법을 도입한 태음태양력을 완성하였으며, 나아가 개력(改暦)도 거듭하였다.[26] 즉 일본의 '천문'이라는 분야는 근세 난학에서 이미 충분히 발달되어 있던 학문이었다.

그리고 이 학문이 '천문'에서 이탈하려 했음을 상징하듯이 '성학'이라는 말도 등장해 한동안 사용되었다.[27] 예를 들어 도쿄제국대학-기원을 거슬러 올라가면 에도 막부의 천문방에 이른다-에서는 1918년까지 강좌명으로 '성학'을 사용하고 있다.[28] 그러나 결국 '성학'은 정착되지 않고, 현대 사전에서는 '천문학의 옛 이름'이라고 설명되는 말이다. 이러한 배경을 가진 학문에 관해 문부성 『백과전서』에서는 '천문학'이 '아스트로노미'로서 다시 정의된 부분이 있다. 니시무라 번역 『천문학』과 ASTRONOMY의 첫머리를 읽어보자.

○천문학은 원어로 '아스트로노미(アストロノミイ)'라 한다. 천상에 나타난 바의 제상을 가르치는 학문이다. 우리들이 거주하는 지구와 같은 것도 천

---

26 広瀬秀雄, 「洋学としての天文学-その形成と展開」, 広瀬秀雄·中山茂·小川鼎三 校注, 『洋学 下』(岩波書店, 1972, pp.419~440 및 中山茂, 「近代科学と洋学」, 『洋学 下』, pp.441~461 등 참조.

27 『화란천설』의 범례에서는 '천문학의 삼도(三道)'로, '성학(星学)' '역산학(暦算学)', '궁리학(窮理学)'을 들고 있다. 여기서의 '성학'은 '천문학'의 하위분야였다.

28 東京帝国大学 編, 『東京帝国大学五十年史 下冊』, 東京帝国大学, 1932, p.468; pp.941~943.

상 제상의 그 하나이다. 지구에 살고 있는 사람이 만약 멀리 지구를 떠나 이를 바라볼 때는 그 전체를 볼 수 있어 그 모양이 반드시 천상의 제상과 조금도 다르지 않을 것이다.

○천문학은 그 전국(全局)이 2개의 강령으로 나누어진다. 하나의 강목은 천상의 상(象)들에 대한 지(誌)로서 상들을 포함해, 하늘의 전체를 논하고 혹은 상들의 거리, 형상, 대소를 논하거나 혹은 그 운행의 상황을 기록하고, 혹은 위치, 배합의 법을 기록하는 것 같은 것들이다. 두 번째 강목은 추리의 천문으로 천상 상들이 운행을 이루는 바의 힘, 그 운행에 대해 생각되는 바의 자연의 법칙 등과 같은 것이다. 또 자연의 법칙에 의거해 운행을 계산하는 방법, 관찰을 하는 요령이다. 기계의 용법 등과 같은 것은 실학의 천문이라 명하고, 이 책에서는 이를 논거한다.

ASTRONOMY teaches whatever is known of the heavenly bodies. The earth itself it regards only as one of them—viewing it as an entire body, such as it would appear were we to behold it from a sufficient distance.

The subject falls naturally under two general heads: 1st, A *description* of the heavenly bodies—the aspect of the heavens as a whole; the distances, shapes, and magnitudes of the several bodies; the figures they describe in their motions; the way in which they are grouped into systems, &c. *2d,* Physical Astronomy, or the nature of the powers or forces that carry on the heavenly motions, and the laws that they observe. The processes of calculating the motions from a knowledge of the laws, with a view to turn them to the use of man, and the management of mathematical instructions for taking the necessary observations, form the art of the practical astronomer; into which we cannot enter.

'천문학은 원어로 아스트로노미(アストロノミイ)라 한다'는 부분에 대응하는 영어는 없고, 일종의 역주 같은 것이 있는데, 이렇게 정의하는 번역의 언어행위가 '아스트로노미'라는 음역을 매개로 해 'astronomy=천문학'이라는 등가를 선언하고, 수행하게 된다. '아스트로노미'라는 가타카나 표기에 더해, 그것을 괄호쳐 놓아 독자는 이 말에 주목하지 않을 수 없을 것이다. 이처럼 음역하는 방법은 언어행위의 수행적(performative) 성질을 감안하면 영어의 음역을 발음한 가타카나어로 한자어를 정의함으로써 기성사실화 한다. 중국 과거의 '천문·인문·지문'이나, 난학의 '천문'에서 이탈해 '아스트로노미'로서의 '천문학'이 번역 텍스트 속에서 창출되는 것이다.

| '내츄럴 필로소피'와 '메카닉스' |

니시무라의 번역 『천문학』에서 '아스트로노미'라는 음역을 매개로 해서 'astronomy=천문학'이라는 번역의 등가가 수행되었듯이 고지마 센사부로 번역, 히라타 무네타카 교정 『물리학』에서는 루비로 '내츄럴 필로소피'에 의해 'natural philosophy=물리학'이 정의되고 있다. 문부성『백과사전』의『물리학』의 기점 텍스트는 NATURAL PHILOSOPHY-MATTER AND MOTION이고, 1877년에 분책본으로 간행되었다. 번역을 담당한 고지마 센사부로와 교정을 한 히라타 무네타카는 양자 모두 그 생몰연대가 불확실하고, 경력도 잘 알려져 있지 않다. 관계자들이 무명이라는 점과 맞물려 이 번역 텍스트는 지금까지 그다지 주목되지 못했는데, 첫머리쯤에 다음과 같은 도입부가 있다. 자연과학분야에서 '물리학'과 '화학'의 분화를 설명하는 중요한 부분이다.

> 현상 중에 혹은 그 자질(資質)을 변화시키기 위해 일어나는 것이 있다. 즉 유황이 약간의 열을 만나 연소하는 것 같다. 대기 중에 포함된 바 산소와 열이 서로 만나 질식가스[窒息ノ気]가 되어, 그 자질을 변화시키게 되는 것이다. 이러한 류의 일은 특히 화학 에 속한다. 또 동식물과 같이 유기체도 일종의 현상을 갖지만, 결국 그 목숨[命]이라는 한 글자로서 생명의 논설은 생리학 에 속한다.
>
> 그렇다고 해도 널리 사물들에 관한 일종의 현상이 있어, 이러한 상은 물류의 자질에 관계한다. 또 유기, 무기체 상관없이 모든 물체에 현존한다. 비유하자면 한 덩어리의 돌, 한 조각의 유황, 한 줄기의 식물, 한 마리의 동물도 지탱하는 것이 없다면 모두 지상에 쓰러진다. 또한 이를 세분하면 모두 분말이 될 수 있다. 혹 이를 광선에 비추면 다소 그 광선을 반사하는 것같이 자질 변화와 관련되지 않는 중리(衆理)를 추구하는 것은 물리학 (내추럴 필로소피)의 본분이다. 요즘은 내추럴 필로소피를 대신해 피직스라는 이름

을 사용한다. 그 의의는 매우 능히 타당하여 그 형체상에 광협, 대소의 차이가 없는 것이라 할 수 있다. 하지만 이 소책자에서 논하는 바는 오직 그 광대한 것만을 들어 순서를 따라 다음 장에 싣는다.

Some phenomena depend upon the peculiar kind of substance of which the body manifesting them is composed, and consist in changes of its constitution; as when sulphur, at a certain temperature, takes fire—that is, unities with the oxygen of the atmosphere, and forms a suffocating gas, changing permanently its constitution and properties. The facts of this class form the separate science of *Chemistry*. Organised bodies—that is, plants and animals—also manifest a peculiar set of appearances which are summed up in the word *life*. The consideration of *vital* phenomena belongs to the department of science called *Physiology*, sometimes *Biology*.

But there is a large and important class of phenomena of a much less special kind, and which belong to matter in general, and to all bodies composed of it, whatever be their peculiar constitution, and whether organic or inorganic. Thus, a stone, a piece of sulphur, a plant, an animal, all fall to the earth if unsupported, are all capable of being divided into small parts, all reflect more or less light, &c. It is the investigation of universal laws of this kind, where no change of constitution is concerned, that constitutes Natural Philosophy, in its narrower sense; for which the term *Physics* is now more generally used, as being more precise. Of those physical phenomena, again, some have a higher generality than others, and it is these most general laws of the material world that naturally fall to be discussed in this introductory treatise. They may be arranged under the heads of *General Properties of Matter, Motion and Forces and Heat*.

여기서는 구체적인 '현상'(phenomena)를 예로 들어, 어떤 학문 분야에 속하는지를 기술하고 있다. '물리학'을 정의하는 때에 'chemistry=화학'과 'physiology=생리학'으로 구별한 후에 협의의 '내추럴 필로소피'라는 용어를 '물리학'이라는 루비로 우선 도입하고, 보다 엄밀히 사용할 때에는 '피직스'(Physics)라는 말이 일반적임을 설명하고 있다. 이 도입부에 이어지는 텍스트는 '물성'(General Properties of Matters)·'동(動)'(Motion and Forces)·'온(溫)'(Heat)의 3부 구성으로 분자운동, 메카닉 역학, 열학 등의 기본 개념을 간략한 그림을 사용해 해설하여, 물리의 기초를 배울 수 있는 계몽적인 내용으로 되어 있다.

이 『물리학』과 관련된 텍스트로서는 앞서도 소개한 고토 다쓰조 번역, 구보 요시토 교정 『중학(重学)』(MECHANICS-MACHINERY)이 있고, 1878년에 분책본이 간행되고 있다. 그 첫머리는 다음과 같이 시작한다.

천조인작(天造人作)의 사물에 운동과 용력(用力)의 법을 사용하는 것은 통례 메카닉스(중학) 혹은 메카니컬 파워(기계력) 혹은 엘리먼츠 오브 머시너리(기계 본원) 등의 부분에서 논하는 물리학 의 일부이다.

THE application of the laws of motion and forces to objects in nature, or contrivances in the arts, constitutes the branch of Natural Philosophy usually treated under the head MECHANICS, MECHANICAL POWERS, or ELEMENTS OF MACHINERY.

'메카닉스'의 뒤에 할주로 '중학', '메커니컬 파워' 뒤에 할주로 '기계력', '엘리멘츠 오브 마시너리' 뒤에 할주로 '기계의 본원'이라고 하여, 할주를 반복해서 사용하는데 여기서는 음역이 선행해 한자어와 가타카나 표기의 주종관계가 통상과는 역전되고 있다. 현대와 마찬가지로 자연과학 분야에서 가타카나어의 우세 경향이 보이는 점은 흥미롭다. 'Natural Philosophy=물리학'의 '일부'(branch)로서 '메카닉스(중학)'(MECHANICS) 기타를 소개하고 있는 것이다.

그런데 과학사의 관점에서도, 이 『중학』이라는 번역 텍스트에 관해서 조금 상세히 보고 싶은 점이 있다.

| 『중학』과 『중학천설(重学浅説)』의 관계 |

한서(漢書) 『중학천설(重学浅説)』도 '물리'에 관한 서적인데, 문부성 『백과전서』의 『중학』과의 관계를 설명해 두자.[29]

우선 『중학천설』이란 2종류의 일본어 판본(관판, 민간판)이 메이지 초기에 널리 유통되어, 초학자에게 읽혔는데, 도쿄대학 총합도서관의 모리 오가이 구장서에도 『중학천설』의 일본어판본(안에는 에도, 교토, 오사카의 서점을 열거한 민간판)이 있다. 독일어로 쓴 글도 보여, 모리가 소년 시기에 사용한 것일지도 모른다. 그리고 놀랄만한 점은 이 『중학천설』의 기점 텍스트는 문부성 『백과전서』의 『중학』과 같은 *Chamber's Information for the People*(하지만 다른 판본)라는 점이다. 즉 영국의 체임버스사가 편집 출판했던 계몽서의 다른 판을 중국과 일본에서 별도로 번역했던 것이다. 두 책의 번역 시기에는 20년 정도의 격차가 있지만, 서학 동점의 시대에 중일 어휘의 교류의 관점에서도 주목된다.

앞서 기술했듯이 『중학』은 MECHANICS-MACHINERY를 일본어로 번역한 것이고, 고토 다쓰조 번역, 구보 요시토 교정으로 1878년에 출판되었다. 다른 한편 『중학천설』은 중국에 들어온 프로테스탄트 선교사 알렉산더 와일리(Alexander Wylie)(한자표기는 '偉烈亞力')가 중국어로 번역해 1858년에 런던 전도회의 상해에 있는 출판기관(묵해서관[墨海書館])에서 간행되었다. 원래는 와일리가 편집한 월간지 『육합총담(六合叢談)』의 일부였는데, 후에 단행출판 되었던 것 같다. 서지를 상세히 조사한 야쓰미미 토시후미(八耳俊文)에 의하면 『중학천설』이 저본으로 한 것은 *Chamber's Information for the People*의 제3판(1848~1849년)에서의

29 橋本万平, 『素人学者の古書探求』, 東京堂出版, 1992; 八耳俊文, 「『重学浅説』の書誌学的および化学史的研究」, 『青山学院女子短期大学紀要』 第50号, 1996, pp.258~307.

MECHANICS~MACHINERY라고 한다.[30]

무엇보다도 '화학'사의 관점에서 『중학』과 『중학천설』 두 책은 중요하다. 『중학천설』은 '화학'이라는 말의 일본에 소개와도 관계되기 때문이다.[31] 『중학천설』에서는 '화학'의 내용이 '중학'과의 대비 속에서 설명되어 차이화되고 있고, 고토 번역 『중학』에서도 마찬가지의 설명이 있다. 여기서는 『중학』의 텍스트로부터 '화학'이라는 말과 연관된 곳을 발췌해 보자.

> 원래 메카닉스 및 메카니컬 파워 등과 같은 말의 근본인 머신(기계)이라는 말의 원뜻을 생각하면 모두 공예 혹은 기술의 뜻에서 나온 것으로, 모두 공효(功效)를 낳는 방술(方術)을 뜻하고, 이 기계란 공효를 낳기 위해 만들어진 기구를 말한다. 또 백물(百物)의 체제에서 변환을 낳게 하는 것 같은 힘을, 기계술에서의 운용이라 칭한다. 따라서 기계술에서 힘은 다른 화학 이치에서의 힘, 또는 생활 이치에서의 힘 등과 큰 차이가 있다.
>
> The original signification of the word *machine*—which is the root of the various terms *mechanic*, *mechanical*, and so forth—was art, contrivance, ingenuity, or, in general, the means of bringing about an effect; hence a machine, in its widest acceptation, is an engine

---

30 八耳俊文, 「『重学浅説』の書誌学的および化学史的研究」, p.292. 또 같은 논문에서 고토 번역 『중학』의 저본을 '제4판 제1권(1857)의 Mechanics–Machinery'라고 확인한 것도 언급하고 있다.

31 菅原国香, 「「化学」という用語の本邦での出現·使用に関する一考察」, p.34.

or instrument devised to produce an effect. The term *mechanical action* is applied to the action of forces that produce no change in the constitution of bodies, and is therefore distinguished from *chemical, vital*, or any other species of action.

가령 한 덩어리의 돌이나 화석을 빻아 분쇄함에 철퇴를 사용하는 것도, 또 흐르는 물의 힘을 이용하는 것도 모두 기계의 작용이다. 이 돌, 화석을 황산으로 분쇄하는 것은 화학 이치에서의 작용이다. 두 기계의 작용으로 인한 것은 화석의 원질이 분말에 있기 때문이다. 화학 작용에 의한 것은 그렇지 않다. 그 원질은 황산의 공용으로서 다른 모습의 복합물로 변화한다.
For example, the pounding of a piece of limestone to powder is strictly mechanical, whether it be effected by the blows of a hammer, or by the silent agency of running water; but the reduction of limestone to a similar state by sulphuric acid, is chemical. In the former case, all the elements of the original limestone remain in the powder; whereas in the latter, it is converted by the action of the acid into a very different compound.

5. 학교제도 속의 자연과학

1869년에 쇼헤이학교(昌平学校)가 대학교가 되었는데, 그 통지문에서 자연과학의 분야로 간주된 것은 '서양의 격물궁리, 개화일신의 학문'이었다. 1870년의 대학규칙에는 '성학, 동물학, 화학, 수학' 등과 함께 '격치학'이 포함되어 있었지만, 이 대학규칙에 따라 같은 해에 정해진 대학남교(大学南校) 규칙에서는 '궁리학'이, 대학동교(大学東校) 규칙에서는 '격물학'이 사용되었다. 1872년의 학제에서는, 대학의 학과에 '이학'과 '화학'이 병렬되었으나, 1877년에 법리문(法理文) 3개의 학부로 설립된 도쿄대학에서는 '이학부'의 학과명에 '물리'나 '화학'이 포함되게 된다. 메이지 정부가 서양 열강을 본보기로 한 개화 정책을 추진하고 서양의 텍스트를 번역한 시대는 학교 교육이 제도화된 프로세스와 겹친다.

| 학제에서의 교과명 |

폐번치현 후 얼마 지나지 않은 1871년 7월에 〈대학을 폐지하고 문부성을 설치한다〉는 태정관 포고로 창설된 문부성은 문명개화 정책 속에서 근대적 학교 교육제도를 모색하고 있다. 당시의 문부성이 정했던 학교 교육의 교과는 교육행정에 그치지 않고, 그 후 학문 분야의 제도화에도 영향력을 미쳤다고 생각된다. 본 장의 테마와 관련에서 중요한 사항으로, '물리'와 '화학'에 주목해 학교 교육 과목명의 변천을 문부성 문서 속에서 확인해 두고자 한다.

이미 보았듯이 '물리학'은 전에 '격물학', '격치학', '궁리학', '이학' 등으로 불렸던 시기도 있었지만, 그것들은 특정의 학문 분야라기보다 넓게 자연과학 전반을 가리키는 영역을 포섭하고 있고, 때로는 철학적 내용에 관련된 경우도 있었다. 원래 '물리'라는 말의 태생은 유학적 개념이었는데, natural philosophy나 physics의 번역어로서 재이용되었던 것이었다. '화학'은 막말에 도래한 한적 속에서 chemistry의 번역어로서 사용되었던 말이다. 그런데 근세의 난학의 전통에서는 chemie를 음역한 '세이미'가 보급되어, 메이지 초기에도 일반적이었다. '화학'이 정착한 것은 1870년대 후반부터 80년대에 걸친, 즉 메이지 10년대 중반이다.

근대 일본의 학교제도로서 우선 "마을에 불학(不学)의 집안이 없고, 집에 불학의 사람이 없게 하기를 바란다"(태정관 포고 제214호)라는 「피앙출서(被仰出書)」(전문)의 문언에서 잘 알려진 학제가 1872년 반포된다. 이 학제에서 교과명으로서 '이학', '화학' 등이 사용되고 있다. '화학'에 관해서는 우선 학제라는 공적 문서에서 전근대적 '세이미'라는 명칭으로부터 이탈하게 된다. 발령시의 학제에서 정해진 교과명(문부성 고시 제13호 별책)은 다음과 같았다.(단 문부성 고시 제22호와 제24호에서 오류 정정되고, '이학'에서 '궁리학'으로 변경)

하등소학-철자, 습자, 단어, 회화, 독본, 수신, 서독(書牘), 문법, 산술, 양생법, 지학(地学)대의(大意), 이학(理学)대의, 체술(体術), 창가
상등소학-사학(史学)대의, 기하학 괘화(罫畫)대의, 박물학대의, 화학대의, 외국어학, 기부(記簿)법, 화학(畫學), 천구(天球)학
하등중학-국어학, 수학, 습자, 지학, 사학, 외국어학, 이학, 화학(畫學), 고언학(古言学), 기하학, 기부법(記簿法), 박물학, 화학, 수신학, 측량학, 진악(秦樂)
상등중학-국어학, 수학, 습자, 외국어학, 이학, 괘화, 고언학, 기하대수학, 기부법, 화학, 수신학, 측량학, 경제학, 중학(重学)대의, 동식지질광산학(動植地質鉱山学)
대학-이학, 화학, 법학, 의학, 수리학.

학제는 한 달도 지나지 않아 두 번이나 오류 정정되고 있다.[32] 그 중에서도 '이학'이 '궁리학'으로 변경되고 있는 것은 후쿠자와 유키치 『훈몽 궁리도해』가 소학교의 교과서로 사용되고 계몽서로서도 널리 읽혔던 시기이고, '궁리'라는 말이 일반적으로 널리 인지되었기 때문이었을까.

---

32 竹中暉雄, 『明治五年「学制」―通説の再検討』(ナカニシヤ出版, 2013)에 상세하다.

학제 반포의 다음해, 1873년의 학제 2편 추가(문부성 고시 제57호)에는 "제189장 외국 교사를 고용해 전문학교들을 여는 것은 오직 그 장기를 취함에 있다. 그 취해야 할 학예기술은 법률학, 의학, 성학, 수학, 물리학, 화학, 공학 등이다. 기타 신교(神教), 수신의 학과는 지금 이를 취하지 않는다"는 추가가 기록되어 있다. 외국어학교와 전문학교의 교과를 정하고 있는데, 수의학교, 상업학교, 농업학교, 공업학교, 광산학교, 제예학교(諸芸学校), 이학교(理学校), 의학교, 법학교 등 전문학교 다수에서 '물리', '화학'이 교과명으로 등장한다.[33] 이 시기부터 문부성은 '물리'를 교과명으로서 정식 채용하게 되었다. 따라서 교과서로서 1872년에 출판된 가타야마 준키치의 『물리계제』는 당초 『이학계몽(理学啓蒙)』이라는 책 제목이었지만, 갑자기 문부성의 교과명에 맞춰 책 제목만 개정했기 때문에 본문에는 '이학', '궁리', '격물' 등이 통일되지 않고 혼재한 채 남게 되어 버렸다. 이 책은 '물리' 교과서로 전국에서 계속 사용되어 1876년 개정증보판에서 본문의 용어도 '물리'로 수정되어 낙착된다.

1879년에는 교육령(태정관 포고 제40호)이 공포되어, 학제는 반포로부터 겨우 7년 만에 폐지된다. 이 교육령에 설정된 소학교의 교과에서는 "독서, 습자, 산술, 지리, 역사, 수신 등을 기초로 삼아 현지의 정황에 따라 괘화, 창가, 체조 등을 더하고, 또 물리, 생리, 박물 등의 대의를 더한다"라고 '물리'가 사용되었다. 그리고 이 다음해 교육령 개정(태정관 포

33 단, 농업학교의 예과 '물리학'에는 '궁리학이라는 것'으로 주석이 붙여져 있는 점에서도 추측되듯이, '물리'보다 '궁리'가 일반적으로 친숙한 명칭이었다고 생각된다.

고 第59호)에 기초해 1881년에 공포된 소학교 교칙강령(문부성 고시 第12호)에는 학제의 내용을 발본적으로 고쳐, 실현 가능한 근대 교과목을 정하고 있다. 따라서 이 강령에서 소학교가 초등과, 중등과, 고등과로 나눠져 "물리는 중등과에서 가르치고" "화학은 고등과에서 가르친다"고 설명되는 점이 중요하다. 메이지 10년대 중반에는 '물리', '화학'이 교과명으로서 정착된 느낌이다.

이 시기는 문부성 『백과전서』의 출판사-1873년부터 분책본의 간행이 시작되어, 마루젠 합본의 별책 『색인』이 나왔던 1885년까지의 시기-와도 겹친다. 그리고 『백과전서』에 한하지 않고, 다수의 번역 텍스트가 메이지 초기의 학교제도 속에서 불가결한 교과로서 소비되었다.[34]

| 교과서라는 근대 |

메이지 초기는 번역 교과서의 시대였다. 가라사와 토미타로(唐沢富太郎)는 "교과서가 일본인을 만들었다"라고 하면서, 근대 일본 교과서의 역사에 대해 1872~79년을 '번역 교과서(개화계몽기 성격의 교과서)'의 시대, 1880~85년을 '유교주의 복고의 교과서(유교윤리 부활의 반동적 교과서)'의 시대, 1886~1903년을 '검정 교과서(내셔널리즘 육성의 교과서)'의 시대로

34 제9장에서 상세히 다루지만, 문부성 『백과전서』 안에는 학교용(교과서)로서 번각된 각종 이본이 포함된다.

삼분하고 있다.[35]

학제 반포 직후인 1872년 9월에 나온 '소학교칙'(문부성 고시 번외)에서는 다수의 번역 교과서가 지시되고 있다. 예를 들면 상등 소학교의 「이학윤강(理学輪講)」에서는 "박물신편화해(博物新編和解) 동보유(同補遺) 격물입문화해(格物入門和解) 기해관란광의(気海観瀾広義)와 같은 것들을 보고 와서 윤강(輪講)하게 하여 교사가 미리 기계를 이용해 그 설을 실연한다" 같은 설명이 있다. 즉 『박물신편화해』, 『박물신편보유』, 『격물입문화해』, 『기해관란광의』가 '이학'의 윤강(輪講)용 교과서였던 것이다. 이들 번역 교과서는 난학의 전통을 계승하고 있는 것이었다.

『박물신편화해』의 기본이 되는 『박물신편』은 1855년 중국에 있던 영국인 선교의사 벤자민 홉슨(한자표기는 '合信')이 한문으로 펴낸 과학서이다. 이것이 막말 일본에도 전래되어 훈점이나 주석을 붙인 것이 여러 종류 출판되어 널리 읽히게 된 것이다. 1869년에 나온 오바타 도쿠지로(小幡篤次郎) 번역 『박물신편보유』는 책 이름이 비슷해 헷갈리기 쉽지만 『박물신편』과 직접 관계는 없는, 앞서 말한대로 체임버스 형제가 편집한 교육 총서 속의 *Introduction to the Sciences*를 번역했던 것이다. 『격물입문』(1868년)은 미국인 선교사 마틴(한자표기는 '丁韙良')의 과학서이고, 『격물입문화해』는 일본어판 주석서이다. 가와모토 고민 『기해관란광의』(1851~1858년)은 일본 최초의 '물리'학서로 여겨지는 아오치 린소(青地林宗)의 『기해관란(気海観瀾)』(1825년)의 증보판으로, 그 범례에서 "'히시

35 唐澤富太郎, 『教科書の歴史-教科書と日本人の形成』, 創文社, 1956.

카(ヒシカ)'는 네덜란드에서 이를 '나츄루 큔데(ナチュールキュンデ)'라고 하고 선철이 이를 번역해 이학(理学)이라 한다"고 말한 대목이 있다. 또 『기해관란』에 대해서도 '이과 대강 가운데 요점을 발췌한 것'이라고 언급해, 1886년 소학교령에서 교과명으로서 사용된 '이과'라는 말도 이미 등장하고 있다.[36] 즉 '물리', '화학'이라는 근대는 난학의 '이과'와 용이하게 반전가능한 픽션이었던 것이다.

| 제도로서의 번역어 통일 |

막말부터 메이지 초기에 걸쳐 방대한 서양의 근대 과학서를 번역하는 중에 복수의 번역어가 범람했기 때문에, 번역어의 통일이라는 움직임도 시작되었다. 각각의 학술 분야의 번역어회가 속속 결성되어, 전문용어의 사전이 편찬된 것이다. 물리학 번역어회, 화학 번역어회, 수학 번역어회, 공학 번역어회 등이 메이지 10년대에 적극적으로 활동하고 있다.[37]

'물리'에 관해서는 1883년에 기쿠치 다이로쿠를 회장으로 해서 결성된 물리학 번역회의 활동을 받아, 1883~1885년에 걸쳐 『동양학예잡지』에 번역어회의 결의가 게재되어 있다. 그리고 1888년에는 물리학 번

---

36 1886년의 소학교령(칙령 제14호)에서는 소학교는 심상소학교(의무교육)과 고등소학교로 나누어 '박물·물리·화학·생리'는 통합해 '이과'라는 고등소학교의 교과가 되었다.

37 日本科学史学会 編, 『日本科学技術史大系 第一巻 通史一』, 第一法規出版, 1964, pp.531~549.

역어회 편 『물리학술어 및 영불독 대역자서(物理学術語和英仏独対訳字書)』(博聞社)가 간행되었다.

'화학' 관련으로는 1881년에 도쿄 화학회에서 화학 번역어 위원을 선발해, 화학 번역어의 선정을 시작하고 있다. 1884년의 『동양학예잡지』 제28호에 사쿠라이 죠지(桜井錠二)가 「화학 명명법을 정하는 논」에서 화학 용어 중 특히 화합물의 번역어의 번잡함이 혼란을 초래하고 있음을 지적하며 화학 명명법의 통일을 이야기했다. 또한 다음해 1885년 같은 잡지 제45호에는 나이토 지소(内藤耻叟)가 「번역문 원어를 두어야 한다」를 써서 "서양의 책을 번역함에 그 사물 명목(名目)의 성어(成語)에서 한자 및 일본어를 대용하는 것이 자주 그 원어의 의의를 그르쳐 크게 후학을 미혹시키는 바가 있다"고 논하고 있다. 1891년에는 『화학역어집』이 간행되는데, 번역어의 선정에 난항을 겪었던 이유로서 "획수 많은 글자를 조합시켜 가장 어려운 역어를 만들지 않으면 학자로서 부끄럽게 여기는 풍조도 있었다"고 말한다.[38] 이 때문에 『화학역어집』에서는 Chemistry의 번역어로서 '화학'과 '세이미'가 병기되었다. 그리고 최종적으로는 1900년에 다카마쓰 도요키치(高松豊吉)·사쿠라이 죠지 『고본 화학어휘(稿本化学語彙)』가 영독일 대역으로 간행되어 일단의 수습을 본다.

이러한 번역어 통일이라는 움직임은 다양한 전문 서적과도 호응해, 지의 제도화에 접속되었다고 할 수 있다. 예를 들면 다음과 같은 사전류에 의해 각각의 분야에서 번역이 규범화해, 즉 번역의 등가라는 환상이

38 日本科学史学会 編, 『日本科学技術史大系 第一巻 通史一』, p.548.

공유되었던 것이었다.[39]

오노 쓰쿠모(大野九十九) 편역, 『해체학어전(解体学語箋)』, 1871년

*오쿠야마 도라후미(奥山虎章), 『의어유취(医語類聚)』 초판, 1873년, 증정재판 1878년

*이토 유즈루(伊藤謙), 『약품명휘(薬品名彙)』, 1874년

미야자토 마사야즈(宮里正静), 『화학대역사서(化学対訳辞書)』, 1874년

간노 토라타(管野虎太), 『라틴7과자전(羅甸七科字典)』 1877년

마쓰오카 가오루(松岡馨), 『영화통상자전(英和通商字典)』 1880년

요코이 도키쓰네(横井時庸), 『기관명칭자류(機関名称字類)』 1880년

이노우에 데쓰지로(井上哲次郎), 『철학자휘(哲学字彙)』 초판 1881년, 재판 1884년

참모본부, 『오국대조병어자서(五国対照兵語字書)』, 1881년

이와카와 도모타로(岩川友太郎), 『생물학어휘(生物学語彙)』, 1884년

*공학협회, 『공학자휘(工学字彙)』, 초판 1886년, 제2판 1888년

*미와 간이치로(三輪桓一郎), 『화영불독 물리학대역자서(和英仏独物理学対訳字書)』, 1888년

---

39 豊田実, 『日本英学史の研究』(岩波書店, 1939, pp.110~130), 森岡健二 編, 『近代語の成立-語彙編』(明治書院, 1991, pp.391~392) 등 참조. 또한 내무성 도서국이 1878년 1월부터 1887년 6월까지 정기적으로 간행한 「출판서목월보(出版書目月報)」 제1호부터 제114호(明治文献資料刊行会 編, 『明治前期書目集成』 수록)에는 매호 200점 이상의 서적이 열거되고 있고, 1878년 10월의 제10호부터 출판서목이 분류되어, 사전류는 '자서' 혹은 '자서·어학'의 항에 구별되어 수록되고 있다.

*고토 분지로(小藤文次郎), 『광물자휘(鉱物字彙)』, 1890년

*후지사와 리키타로(藤沢利喜太郎), 『수학에 사용하는 말의 영화대역자서(数学ニ用ヰル辞ノ英和対訳字書)』, 1891년

마쓰무라 진조(松村任三), 『화한양 대역본초사전(和漢洋対訳本草辞典)』, 1892년

*가 붙어 있는 것은 유세이도(有精堂)가 복각판(1985년)을 간행

메이지 시기에는 그 밖에도 엄청난 수의 사전류가 간행되었는데, 특히 분야에 특화된 전문사전은 학술용어의 제도화와 깊은 관계가 있다. 학술용어집을 의식한 전문사전의 등장은 역어 통일을 희구했다는 증거이다. 서양어와 일본어의 관계에 있어서 특히 추상어나 전문용어를 일대일의 등가관계로 고정하기 위해서는 학교제도와 함께 사전이라는 장치가 필요하다고 간주된 것이다. 이러한 각 분야의 전문사전류와 문부성 『백과전서』와의 관계에 대해서는 좀 더 연구가 필요하다.

| 제9장 |

'백과전서'라는 근대
— 제도의 유통과 소비

1. '백과전서'란

『브리태니커 백과사전』은 원래 『대영백과전서(大英百科全書)』라고 불렸다. 프랑스의 디드로 등을 '백과전서파'라고 부르는 관례는 지금도 남아 있지만, '백과전서'라는 번역어의 근대는 문부성의 『백과전서』에서 발단되었다.

그렇다고 하더라도 두꺼운 백과사전에서 지식을 얻는 습관은 이미 구식이 되었다. 세계적으로 정보화된 현대사회에 살고 있는 우리에게 구식의 백과사전만큼 가치가 떨어진 것도 없을 것이다. 인터넷에 접속하면 순식간에 최신 데이터에 접할 수 있기 때문에, 갱신되지 못하고 낡아버리게 되는 백과사전은 잊혀질 운명에 있는지도 모르겠다. 하지만 여기서 근본적인 질문을 던지고 싶다. 문부성의 『백과전서』란 애초에 백과사전이었던가.

문부성의 『백과전서』를 거론할 때 반드시 참조되는 선행연구로 『메이지 초기 백과전서의 연구』가 있다. 거기서 저자 후쿠카마 다쓰오는 다음과 같이 설명한다.

> 니시 아마네나 후쿠자와 유키치 등으로 대표되는, 말 그대로 백과전서와 같이 다양한 분야에 걸친 언론 활동과는 별도로, 혹은 그것과 서로 호응하면서, 때로는 오히려 앞서가면서 서양의 신지식의 섭취와 보급이라는 계몽운동의 추진에 일조했던 것이 메이지 신정부의 문부성 당국이었고, 또한 1871년의 창설 이래 10여 년간 직속의 번역기관에서 다수의 인재를 거느리고 기획, 번역, 출판된 간행물 중 가장 규모가 큰 하나로서 『체임버스 백과전서』라는 이름으로 세상에 선전된 백과사전이 있었다는 사실은 오늘날 거의 잊혀지고 있다.[1]

후쿠카마의 표현을 빌리면 『체임버스 백과전서』란 망각된 백과사전인 것이다. 여기서 유의할 것은 문부성의 『백과전서』가 기초한 텍스트는 *Chamber's Information for the People*이었고 encyclopedia가 아니었다는 점이다. 이 점은 메이지 중기에 출판된 『일본사회사휘(日本社會事彙)』 발문에 수록된 다구치 우키치[호는 데이켄(鼎軒)]의 「일본사회사휘의 권말에 쓴다」에서 정확하게 지적되고 있다.[2]

---

1 福鎌達夫, 『明治初期百科全書の研究』, 風間書房, 1968, p.19.

2 経済雑誌社 編 『日本社会事彙』의 초판은 1890~1891년, 재판은 1901~1902년. 발문의 날짜는 1891년 5월이다.

이제 태서정사유전(泰西政事類典)도 생기고, 대일본인명사서(大日本人名辭書)도 생기고, 일본사회사휘(日本社会事彙)도 생겼다. 그리고 이와 별도로 우리 문부성에서 백과전서[진정한 백과전서가 아니라 체임버스의 「인포메이션(インフヲメーション)」이다]의 번역이 있다. 따라서 서구의 정치 및 경제를 알려고 하는 사람은 태서정사유전을 보고, 일본의 기전(紀傳) 및 사실이 궁금한 사람은 인명사서 및 사회사휘를 보고, 그리고 서구의 역사 및 학술이 궁금한 사람은 문부성의 백과전서를 보면 된다. 이 네 가지 책은 실로 일본의 백과전서라 할 수 있다.

다구치 자신이 기획한 메이지 중기의 『태서정사유전』, 『대일본인명사서』, 『일본사회사휘』(모두 도쿄경제잡지사에서 발행)에 문부성의 『백과전서』를 추가하면서 "이 네 가지 책은 실로 일본의 백과전서"라고 인정하고 있는 것이다. 여기서 주목하고 싶은 것은 "우리 문부성에 백과전서"라는 구절에 덧붙여진 할주에서 "진정한 백과전서가 아니라 체임버스의 '인포메이션'이다"라고 정확하게 보충하고 있는 점이다. 문부성의 『백과전서』가 기초한 텍스트는 encyclopedia가 아니었고 알파벳순으로 배열된 근대적 사전의 체재를 갖추고 있지도 않았다.

다구치 우키치

지금은 인터넷 사회의 도래로 알파벳순은 그다지 중요하지 않게 되었다. 현대사회에서는 오히려 '정보'(information)가 가치를 갖는다. 여기에서 문제는 그것이 근대 이후 어떻게 체계화되어 제도가 되었으며, 사회 안에서 유통되고 소비되었는가라는 점이다.

메이지 시대를 대표하는 지식인의 한 사람인 니시 아마네는 막부 말기에 네덜란드에 유학한 경험이 있었고 메이지 신정부에도 출사했다. 또한 1870~73년경에 사숙 이쿠에이샤(育英舎)에서 학문의 체계화를 시도한 바 있었다. 제자인 나가미 유타카(永見裕)가 필기한 강의록의 시작 부분에서 니시는 이렇게 말했다.

> 영국의 Encyclopedia의 어원은 그리스의 Ενκυκλιος παιδεια에서 온 것으로, 그 의미는 아동을 바퀴[輪] 안에 넣고 교육시킨다는 것이었다. 따라서 지금 이를 백학연환(百學連環)이라고 번역한다.[3]

영어의 encyclopedia와 관련해 니시는 그리스어의 어원까지 거슬러 올라가 "아동을 바퀴 안에 넣고 교육시킨다"는 뜻으로 이해한 후 이를 "백학연환"이라고 번역했다. 그가 만든 '백학연환'이라는 말은 번역어로서 훌륭한 것이었지만 결국 정착되지 못했다.[4] 또한 당시의 사전, 예를

---

3 大久保利謙 編, 『西周全集第四巻』, 宗高書房, 1981, p.11. 그러나 고이즈미 다카시에 의하면, 나가미는 그리스어를 오기하고 있다(『西周と欧米思想との出会い』, 三嶺書房, 1989, p.85).

4 吉見俊哉, 「新百学連環-エンサイクロペディアの思想と知のデジタル·シフト」, 石田英敬 編 『知のデジタル·シフト—誰が知を支配するのか?』(弘文堂, 2006, pp.50~74)에서는 니시의 「백학연환」을 재평가하고 있다.

들어 시바타 쇼키치와 고야스 다카시가 편찬한 『부음삽도 영화자휘』에서는 '절용집, 학술자림(節用集, 学術字林)'이라 표현되었다. 다른 사전에도 이 시대에는 '백과전서'라는 말이 등장하지 않는다. 어쨌든 '백과전서'라는 말은 encyclopedia의 번역어로 시작된 것이 아니었다.

중국에서는 청나라 말기부터 현재에 이르기까지 '백과전서'라는 말이 사용되고 있다. '백과'나 '전서'라는 말은 있었지만, 그것을 합친 조어의 등장은 일본의 영향이었다고 한다.[5] 이시카와 요시히로(石川禎浩)에 따르면 중국에서 '백과전서'라는 말이 처음 나온 것은 1898년의 『일본서목지(日本書目志)』에서였다. 이것은 캉유웨이가 편찬한 도서목록으로, 대부분 문부성의 『백과전서』의 분책판이었다. 요컨대 근대 중국에서 사용된 '백과전서'라는 말은 문부성의 『백과전서』를 연원으로 하는 것이었다. 또한 상하이의 회문학사(會文學社)에서 1907년에 간행된 『보통백과전서(普通百科全書)』(총 100권)는 메이지 시대 일본의 복수의 '백과전서'를 편역한 것이다. 저본이 된 것은 후잔보(冨山房)의 『보통학전서(普通学全書)』(총 31책, 1891~94)와 『보통학문답전서(普通学問答全書)』(총 21책, 1894~98), 하쿠분칸(博文館)의 『제국백과전서(帝国百科全書)』(총 200책, 1898~1910) 등 총서 시리즈 외에 문부성 『백과전서』의 『시학 및 시각학』과 『기중현상학』도 포함되어 있었다.[6] 이런 점에서 중국의 '백과전서'가 일본의 '백과

---

5 石川禎浩, 「近代日中の翻訳百科事典について」, 石川禎浩·狭間直樹 編, 『近代東アジアにおける翻訳概念の展開』, 京都大学人文科学研究所, 2013, pp.277~305.

6 さねとうけいしゅう, 『中国人日本留学史』, くろしお出版, 1970, pp.268~272.

전서'로부터 큰 영향을 받은 사실을 확인할 수 있다.

다시 일본의 이야기로 돌아가면, 1889년 6월 11일자 『도쿄 니치니치신문(東京日日新聞)』에는 하쿠분칸의 『실지응용기예 백과전서(実地応用技芸百科全書)』(총 12책, 한 책 400쪽)와 『실용교육 신찬백과전서(実用教育 新撰百科全書)』(총 24책, 6100쪽)에 대한 광고가 다음과 같이 실려 있었다.

> 학술과 기예는 수레의 양 바퀴와 같다. 만약 한쪽으로만 기울어져 다른 한쪽을 잃게 되면 사회의 진보발달은 도저히 바랄 수 없다. 본관(本館)은 일찍이 이 점에 주목하여 앞서 신찬백과전서를 공간하여 문화진보에 크게 공헌한 일이 있었다. 이번에 다시 이 점에 주목하여 새롭게 기예백과에 관한 책을 편찬했다. 앞서 낸 신찬백과전서와 아울러 완전한 기예교육을 전국의 실업 사회에 시행하고 이로써 크게 국가 부강의 원천을 다지고자 한다. 특히 가격이 상당히 저렴한 점은 본관 특유의 기량을 발휘했다. 대방(大方)의 고객분들의 일독을 권한다.

이처럼 문부성의 『백과전서』 뒤로 다수의 '백과전서'가 이어졌던 것이다.

1895년 2월부터 「키재기」를 『문학계』에 발표하기 시작한 스물 네 살의 히구치 이치요(樋口一葉)가 그해 5월에 쓴 일기 「물 위의 일기(水の上につ記)」에는 "하쿠분칸 백과전서의 예식 부분"에 대해 언급한 구절이 있다.[7] 하쿠분칸의 『제국백과전서(帝国百科全書)』는 이보다 조금 더 뒤인 3년 후에 출판되었기 때문에 이 일기에서 히구치 이치요가 언급한 것은

하쿠분칸의 『실지응용 기예백과전서』 아니면 『실용교육 신찬백과전서』였다고 생각된다. 그가 참조했던 '백과전서'가 이제 문부성의 것이 아니었던 것은 시대의 흐름이 그만큼 빨랐기 때문일까.

세기가 바뀐 메이지 30년대에는 '백과전서'를 둘러싼 또 다른 사건이 신문에 보도되었다. 1903년 10월 15일자 『요미우리신문』 조간에 실린 "백과전서 사기, 대영백과전서를 번역하여 다른 이름으로 발행, 강매했던 3명이 연행되었다"는 기사가 그것이다.

백과전서 사기

백과전서를 미끼로 사기를 치는 무리들이 있음은 앞서 보도했는데, 이는 시타야구(下谷区) 니시마치(西町) 1번지 거주 와타나베 세시로(渡邊政四郎, 26세), 혼조구(本所区) 요코아미초(横網町) 1쵸메 21번지 거주 다나카 요시지로(田中芳次郎, 36세), 지바현(千葉県) 가토리군(香取郡) 사사카와촌(笹川村) 672번지 거주 이가라시 사부로(五十嵐三郎, 21세) 등의 공모로 밝혀졌다. 세 사람은 대영국백과전서를 번역하여 대일본백과전서라고 이름 붙인 후 간다(神田)에 있는 세이소쿠(正則) 영어학교의 하시베 마사오(橋邊政男)라는 자에게 저자가 되어주기를 의뢰하고 다나카의 집을 진인샤(壬寅社)라는 이름의 발행소로 정했다. 이들은 화족의 저택을 방문하여 예약규칙서를 두고 간 다음에 주인의 부재중을 노려 다시 방문하고서는 하인들에게 이미 승낙받은 일이라고 하며 예약서를 가지고 한 책의 정가 2엔 50전으로 정

7 樋口一葉,「水の上につ記」,『樋口一葉集』, 筑摩書房, 1972, pp.206~299.

해 강매를 요구하고, 제본은 슈에이샤(秀英舎)에서 1000부 900엔으로 약속했다는 등 그럴싸하게 퍼뜨리고 다닌 결과 간다구(神田区) 스즈키초(鈴木町)의 보조(坊城) 백작, 시타야구 나카네기시초(中根岸町)의 이시카와(石川) 자작 가문 등을 비롯해 무려 1800명에게 700엔을 모아 시타야 경찰서에서 탐지하게 되었다. 그저께 연행된 세 사람은 지금 취조 중에 있다.

이것은 1902년부터 마루젠(丸善)이 수입하기로 한『대영백과전서』(*Encyclopædia Britannica*)의 예약 판매가 호조였던 점을 노려 일어난 사기사건이다.[8] 이 '백과전서'는 1768~71년에 초판이 영국 에든버러에서 나와 증쇄를 거듭한 것으로, 당시 신문 광고에서는 이토 히로부미(伊藤博文) 등 유명인사의 구입을 강조하고 화려하게 선전했기 때문에 큰 화제가 되고 있었다.

좀 더 내려오면, 또 다른 '백과전서'를 우리는 잘 알게 된다.[9] 구와바라 다케오(桑原武夫)는 프랑스의 '백과전서'에 대한 연구보고를 다음과 같이 시작했다.

역사상 이름만 높고 실은 거의 읽히지 않는 명저가 적지 않지만, 디드로 달랑베르의 '백과전서'는 바로 그러한 예에 가장 적합한 하나일 것이다.

8 덧붙이자면『브리태니카 백과사전』은 2010년 제15판으로 인쇄판이 종료되고, 현재는 온라인판만 존속되고 있다.

9 디드로와 달랑베르에 대한『백과전서』의 초역으로는 桑原武夫 訳編,『百科全書~序論および代表項目』(岩波文庫, 1971)이 있다.

> 프랑스 계몽사상의 피라미드로서, 또한 과장된 표현이지만 프랑스혁명을 발발시킨 탄환의 하나로서 '백과전서'의 이름을 모르는 사람은 없다. 그런데 오늘날 이를 읽는 사람은 전무하다고 해도 과언이 아닐뿐더러 이른바 전문학자의 경우도 그 예외가 아니다. '백과전서'는 그 역사적 및 현재적 의의를 완전히 상실한 것일까. 결코 그렇지 않다. 단 이 피라미드는 너무나도 거대한 것이다.[10]

또 하나의 '백과전서'로서 문부성의 『백과전서』를 여기서 다시 거론하는 것은 부적절할까. 프랑스의 디드로 등을 '백과전서파'라고 지칭하게 된 것은 문부성의 『백과전서』보다 훨씬 뒤의 이야기이기 때문에 이 질문 자체가 역설적이다. 게다가 프랑스의 '백과전서'는 "산업혁명에 도달하는 사회를 대표하는 사상의 총괄적인 표현으로, 말하자면 그 완만한 대하로서 근대의 주류를 이루고 있음은 부정할 수 없고, 이를 무시한다면 근대를 객관적으로 파악할 수 없다"[11]고 말해질 정도로 18세기의 계몽사상을 집대성하여 프랑스혁명을 준비했다. 그런 한편으로 문부성의 『백과전서』는 그만큼 직접적인 '근대의 주류'가 된 것은 아니었을 것이다. 하지만 문화와 언어를 넘나드는 번역 행위라는 관점에서 보면, 18세기 영국의 이프레임 체임버스(Ephraim Chambers)의 텍스트 불어판을 디드로에게 의뢰한 것이 발단이 된 기획도 같은 계보에 있었다고 할 수 있

---

10 桑原武夫 編, 『フランス百科全書の研究』, 岩波書店, 1954, p. ii .

11 桑原武夫 編, 『フランス百科全書の研究』, p.iii.

다. 19세기 영국 빅토리아 왕조의 '정보'를 '백과전서'로 번역하는 행위는 문명개화를 갈망하고 여러 분야에 근대적인 '제도'를 구축하려고 했던 메이지 일본에 있어 획기적인 일이었음은 강조해도 될 것이다.

이 장에서는 문부성의 『백과전서』를 둘러싼 제도라는 관점에서 그 번역 텍스트 전체를 다시 읽어내고자 한다.

2. 『백과전서』의 시각 제도

근대 세계는 다른 감각에서 분리독립한 시각이 우위가 되어, 지배적인 지위로 올려졌다고 할 수 있다.[12] 문부성『백과전서』에서 보는 제도는 어떻게 완성되어 갔는가. 근대와 시각은 중요한 테마로서 제7장과는 다른 각도에서 논의를 깊이 해보고 싶다.

우선 근대의 책을 읽기 위한 시각 제도, 목차와 색인에 대해 확인한다.

| 서적[書物]의 제도-'목차' |

독일의 도시 마인츠 출신의 요하네스 구텐베르크(Johannes Gutenberg)가

12 서양 근대사회와 시각에 대해서는 예를 들면, 大林信治·山中浩司 編,『視覚と近代』(名古屋大学出版会, 1999) 등 참조.

발명한 활판인쇄기는 책의 대량 생산 시대를 열었다. 그 역사는 마샬 맥루한(Marshall McLuhan)의 『구텐베르크의 은하계』를 끌어올 것까지도 없이, 잘 알려진 바다.[13] 단 구텐베르크 성서에는 '페이지'나 '색인'이라는 메타 정보는 없고, 이들을 책의 제도로서 간주하는 것은 15세기 르네상스 시기 베네치아에서 활약한 알두스 마누티우스(Aldus Manutius)의 업적이라 여겨진다. 또한 그가 고안한 8절판은 휴대 가능한 사이즈로서 당시 학자 사이에서 유행해, 학계와 출판사업의 새로운 결성도 낳았다. 활자에 의한 양면 인쇄된 양지를 양장에 제본한 '책'이라는 제도는 시간과 공간을 뛰어넘어 근대 일본에 어떻게 나타난 것일까.

고노 겐스케(紅野謙介)는 책의 의장(意匠) 형식을 '이데올로기 장치'(루이 알튀세르)에 빗대어 '사고와 감성의 생성변화를 말을 읽는 방법에 따라 방향지우는' 것이라 했다.[14]

> 독자가 책을 열었을 때, 거기가 어느 위치에 해당하는지를 아는 지표로서 페이지(페이지 번호)의 인쇄가 있다. (…) 목차를 달아 페이지 수와 조응하도록 하고 읽고 싶은 부분을 수시로 열 수 있도록 한다. 인덱스를 달아 편의를 더해주기도 한다. 그것은 자유로운 접근을 가능하게 하는 것 같지만 동시에 그 부분이 몇 페이지에 해당하는지를 끊임없이 의식케 하고, 전체의

---

13 マーシャル·マクルーハン, 森常治 訳,『グーテンベルクの銀河系—活字人間の形成』, みすず書房, 1986.

14 紅野謙介,『書物の近代』, ちくま学芸文庫, 1999, p.48.

연속된 질서 속에서 자리매김하는 선조성(線条性)을 만들어내기도 한다.[15]

고노에 의하면 일본 종이[和紙]를 봉철(封綴)한 화장본(和装本)의 독서에서도 재독이나 검색이 불가능한 것은 아니지만, 읽기 위한 메타 정보는 충분하지 않다. 반면 서양 근대의 '읽히는 기계'인 양장본(洋装本)에서는 '서론, 목차, 본문, 주, 색인' 등 분절화가 행해져, 책의 제도가 꼼꼼히 구성[実装]되어 있다. 이것은 본문의 새로운 분절화를 재촉하는 동시에, 반대로 '직선적인 독서 행위'로 연결되는 시스템이기도 하다. 그리고 언어수준의 제도로서는 "인칭, 시제를 비롯한 명쾌한 주술관계의 구문을 규범으로 하는 통사론적 코드가 그 분절화와 체계화의 두 축을 뒷받침한다"는 점에 있다.[16] 이 점에서 후타바테이 시메이의 『뜬구름』에서 의장으로서의 새로움은 '목록'(목차) 그 자체가 아니었다. 장 제목을 본문 앞에 열거하는 의장은 에도의 오락소설에도 있었기 때문이다. 오히려 주목할 만한 것은, "각 장의 페이지 수를 대조해 넣고 있는 것"이다. 즉 전통적인 '목록'과의 차이점은 페이지 수가 매겨져 있다는 점이다. 이 때문에 전체 내용을 살펴볼 뿐만 아니라 "서수에 의한 연속성을 받아들일 수" 있고, 각 장이 "재독·참조 가능한 파트로 구성된 체계의 요소가 된다"는 것이다.[17] 『뜬구름』의 주인공 우쓰미 분조가 아르바이트생으로 번역을

15 紅野謙介, 『書物の近代』, p.45.

16 紅野謙介, 『書物の近代』, p.47.

17 紅野謙介, 『書物の近代』, pp.38~39.

하고 있는 것도 무언가 인연이 있는 듯 하다. 서양 서적을 원서로 읽을 줄 아는 입장에 있던 우쓰미는 페이지 수가 매겨진 목차라는 의장의 존재를 아는 인물이었다.

문부성 『백과전서』의 기점 텍스트였던 *Chambers's Information for the People*에는 제1권과 제2권 본문 앞에 CONTENTS로서 92항목의 일람이 페이지 수와 함께 기재되어 있는데, 각 항목의 본문 중에 '목차'로서 본문 앞에 따로 세워진 일람이 붙어 있다. 단 그 양식은 각 편마다 통일되어 있지 않으며, 예를 들어 유린도의 합본은 의장이 통일되지 않은 분책본을 그대로 이어 합책으로 하고 있다. 다듬어진 '목차'가 등장한 것은 최종적인 마루젠의 합본까지 기다리지 않으면 안 된다. 『백과전서』의 각종 이본을 비교해 보면, 최초 시기의 화장본 2책으로 나온 영본(零本)에서 마루젠 합본에 이르기까지 메이지 초기의 10년간 서책 제도가 크게 변모한 점이 뚜렷하다. 책을 읽기 위한 근대적 제도의 사건도 기억하는 것이 문부성 『백과전서』의 출판사(出版史)인 것이다. 고모리 요이치는 '사물[物]로서의 서적'에 대해서, "사물로서의 출판 형태 중에는, 사물의 레벨에서 문명개화의 양태, 일본과 서양을 혼재하는 방식이 각인되어 있음을 알 수 있는 것이다. 그것은 '서적[書物]'이라는 제도를 부각시키고 있다"고 쓰고 있는데,[18] 확실히 『백과전서』에는 근대 일본에서 서적의 제도가 흔들리면서 각인되어 있다고 말할 수 있다.

---

18 小森陽一, 「物としての書物 / 書物としての物」, 北大国文学会 編, 『刷りものの表現と享受』, 北大国文学会, 1989, pp.31~33.

화장본에서도 '초우(丁)'나 '요우(葉)'라는 정보가 각 반지(半紙)의 꺾임새에 기재되었으나, 이들이 책과 실시간으로 '목차'나 '색인'에 이용되지는 않았다.[19] 문부성 『백과전서』의 다양한 이본에서 전근대적인 '목록'과 페이지 수가 붙은 근대적 '목차'가 혼재하는 것은 흥미롭다. 최종적인 마루젠판에서 페이지 수 표기의 '목차'로 낙착된 결말은, 서양 근대의 서적의 제도를 번역했음을 보여준다. 번역 텍스트의 메타 정보로서의 페이지 수 표기가 붙은 '목차'의 유무는, 이 텍스트의 읽히는 방법에도 영향을 주었을 것이다.

| 책의 제도-'색인' |

근대 서적의 '목차'와 대등한 또 하나의 제도로서 '색인'을 들고 싶다.

나쓰메 소세키의 『산시로』에서는 미네코가 산시로에게 이렇게 말한다. "당신은 색인을 가지고 있는 사람의 마음조차 전혀 볼 수 없는 태평한 분인데". 여기서의 '색인'은 무엇인가를 찾아내는 장치로서, 타자의 속마음을 검색하는 것에 대한 비유이다. '색인'이 붙은 서적은 주로 전문적인 학술서이기 때문에 미네코라는 인물은 그런 서적을 알고 있는 세계에 살고 있는 인텔리 여성인 것이다. 그리고 이 대화가 성립되려면 몇

19 나중이 되어서, 예를 들면 『만요슈 총색인』이 합장본의 정보로 작성된 예는 있지만, 서적과 실시간 메타 정보는 아니다.

가지 조건이 갖춰져야만 한다. 원래 '색인'이라고 하는 검색 장치는 메이지 시기의 서적 중에 제도화되고 있었을까.

'색인'이란 영어 index의 번역어다. 중국어로는 음역하여 '인더(引得)'라고 한다. 인명·지명·문헌명·건명·사항명 등의 키워드를 추출하여 오십음순, 알파벳순, 이로하순 등 일정한 순서로 배열하여 본문 게재 페이지 수를 나타내고 권말에 게재되거나 별책으로 총색인이 작성되기도 한다.[20]

문부성 『백과전서』에 앞서 에도 시기 서양 번역 백과사전 『후생신편(厚生新編)』에 관해서 해설하면서 스기모토 쓰토무는 전근대의 일본에서 사전(辞書·事典)의 특색을 다음과 같이 설명하고 있다.

> 일본에도 사전으로서, 중세에 일본의 알파벳인 '이로하' 그룹으로 어휘를 정리해 검색하기 쉽게 한 『절용집(節用集)』 등 국어사전이 편집되고 있다. 또 1484년(분메이 16년) 성립한 『온고지신서(温故知新書)』(대반광공(大伴広公), 3책)는 오십음순으로 항목을 분류, 배열하고 있으며, 『문명본절용집(文明本節用集)』도 분메이 연간(1469~87년)에 성립한 것으로, 이것은 이로하순으로 부(部)를 나누어 각부를 말의 뜻에 따라 더 나아가 문(門)으로 나누고 있다. (…) 에도 시대, 1715년에 출판된 본격적인 백과사전 『화한삼재도회(和漢三才図会)』(데라시마 료안(寺島良安) 105권)에 따라 이로하순으로도 항목

20 稲村徹元, 『索引の話』, 日本図書館協会, 1977.

을 나열하는 색인 첨부 백과사전이 편집 간행된다.[21]

또한 에도기에는 국학자가 '유자(類字)', '유어(類語)', '유구(類句)', '유표(類標)' 등의 명칭으로 고전 검색용 데이터베이스를 개인적으로 작성한 것도 있었다. 그러나 본격적인 'index=색인'이 널리 일반적이 된 것은 근대라는 시대에서였다. 그렇다고 해도 근대적인 '색인'은 좀처럼 정착되지 못했는데, 그 모습은 우치다 로안(内田魯庵)에 관한 일화에서도 엿볼 수 있다.

메이지 말년에 간신히 열강과 어깨를 나란히 하여 근대 국가가 되고 출판문화 분야에서도 대량출판이 일반화되었을 무렵, 문학자 우치다 료안은 마루젠에서 널리 동서지식을 주입하여 출판과 독서문화의 문제에 계몽적 역할을 하고 있었다. 그는 당시 모 출판사가 고서 복각에 즈음해 색인을 붙이겠다고 공약하면서도 몇 년이나 방치한 것을 두고 "일본의 독서계는 아직도 색인 시대에 이르지 않았다"라고 강변하며, 세상 일반도 이를 이상하지 않게 여겼던 것에 대해 "이는 요컨대 '색인'에 대한 인식 부족으로부터 온 것이며, 색인을 포함한 비블리오그래피야말로 서적계의 지리서인 것이다"라고 독서인의 주의를 환기했는데(독서일기 1879년 10월 「학등(学燈)」), 이는 결코 오래된 과거의 이야기가 아니다.[22]

---

21 杉本つとむ 編, 『江戸時代西洋百科事典-『厚生新編』の研究』, 雄山閣, 1998, p.47.

22 稲村徹元, 『索引の話』, p.35.

'색인'이라는 제도에 의해 서적의 검색이 용이해졌다는 점에서 '색인'은 독자의 편의를 도모한 노력이다. 또한 동시에 서적의 관리 시스템이기도 하다. 찾는 것까지 최단거리에 도착할 수 있는 편리함과 맞바꾸어, 도중에 볼 수 있던 경치는 무시되는 것이다. 그렇기 때문에 자연스럽게 읽기의 행위 역시 변화하게 되는

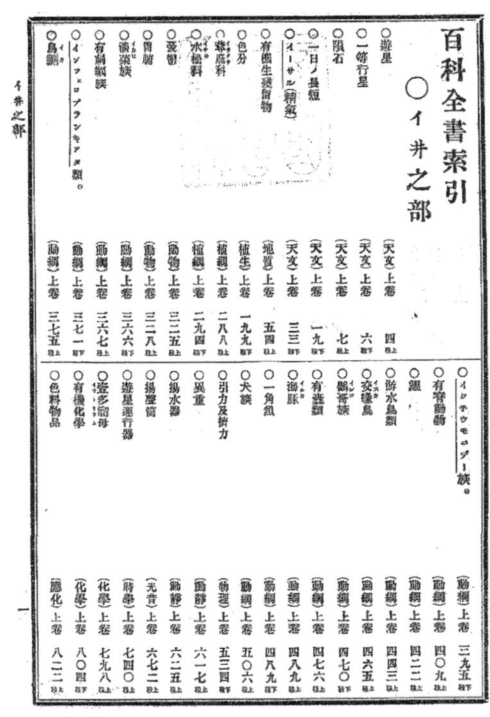

百科全書索引

○イ井之部

○遊星	(天文)	上巻	四 段上
○一等行星	(天文)	上巻	六 段下
○隕石	(天文)	上巻	七 段上
○一日ノ長短	(天文)	上巻	一九 段下
○イーサル(精氣)	(天文)	上巻	三三 段下
○有機生體留物	(地質)	上巻	五四 段上
○色分	(植生)	上巻	一九九 段下
○蕁麻科	(植綱)	上巻	二八八 段上
○水松科	(植綱)	上巻	二九四 段下
○萎縮	(動物)	上巻	三二五 段上
○胃腑	(動物)	上巻	三二八 段上
○淡菜族	(動綱)	上巻	三六六 段下
○有櫛鰓族	(動綱)	上巻	三六七 段上
○インフェロブランキアタ類。	(動綱)	上巻	三七一 段下
○烏賊	(動綱)	上巻	三七五 段上
○イクテウモロデー族。	(動綱)	上巻	三九五 段下
○有脊動物	(動綱)	上巻	四〇九 段上
○鼬	(動綱)	上巻	四二二 段上
○游水鳥類	(動綱)	上巻	四四三 段上
○交喙鳥	(動綱)	上巻	四六五 段上
○鸚哥族	(動綱)	上巻	四七〇 段下
○有蓋類	(動綱)	上巻	四七六 段上
○海豚	(動綱)	上巻	四八九 段上
○一角獸	(動綱)	上巻	四八九 段下
○犬族	(動綱)	上巻	五〇六 段上
○引力及拒力	(物理)	上巻	五三四 段下
○異重	(動靜)	上巻	六一七 段上
○揚水器	(動靜)	上巻	六二五 段上
○揚聲筒	(光音)	上巻	六七二 段上
○遊星運行器	(時學)	上巻	七四〇 段上
○壹多留母	(化學)	上巻	七九八 段上
○有機化學	(化學)	上巻	八〇四 段下
○色料物品	(應化)	上巻	八二二 段上

イ井之部

『백과전서 색인』 마루젠 상사 출판

데, '색인'을 이용한 검색이 특히 유효하게 기능하는 것은 정보의 배열이 알파벳순서도, 이로하 순서도 아닌 경우일지도 모른다.

앞서 썼던 대로 『일본사회사휘(日本社會事彙)』의 발문에 "진정한 백과전서가 아닌 체임버스의 '인포메이션'이다"라고 되어 있는 것은 문부성 『백과전서』의 기점 텍스트가 대항목으로 분류된 *Chamber's Information for the people*의 번역이고, 알파벳순으로 배열된 encyclopedia는 아니라는 의미였다. 이 점에서 체임버스사에서 거의 같은 시기에 나온 *Chamber's Encyclopedia*(1859~1868년 초판)나 18세기

의 이프레임 체임버스에 의한 *Cyclopedia*와는 다르다. 그렇기 때문에 *Chamber's Information for the people*에서는 항목을 검색하는 장치가 필수가 되었던 것이다. 이 기점 텍스트(전2권)에는 제1권과 제2권의 권말에 각각 INDEX, GLOSSARY OF TERMS, TITLES, &C.가 붙는다. 다른 한편 문부성의 분책본, 유린도의 합본, 기타 민간 서점의 번각 분책본에는 '색인'은 보이지 않고, 마루젠의 합본에서 처음 등장한다. 마루젠판의 최종에 『백과전서 색인』이 별책으로 1885년에 출판된 것이다. 이 총색인은 일본어판으로 독자적으로 작성된 별책으로 범례로 6쪽씩 나누어, '색인' 본체가 90쪽에 달한다. 범례의 첫머리에 "이 색인은 백과사전 중 일용수지(日用須知)의 각 건에 대해 수색을 편리하게 하기 위해 이로하로 유찬(類纂)한 것이다"라고 쓰여 있듯이 이로하 순으로 배열되어 있고 '(타이틀) 권·페이지·단'의 기재가 있다. 하지만 『천문학』에서 시작하는 각 편별로 분류되고 있어서 현대의 '색인'에 익숙한 우리에겐 위화감이 있다.

신기한 색인이다. 원래 '색인'이 무엇인가를 생각해 보면, 그 기능을 완수하고 있지 못한 것 아닌가. 서적 전체를 망라해 검색하기 위한 '색인'으로서는 쓸 수 없는 것이다. 작성자는 index에 대해 충분히 이해하고 있지 못했다고 생각되는데, 어쨌든 서양 근대의 서적을 흉내낸 '색인'이라고 하는 제도를 도입해 보고자 한 것일지도 모른다. 안에는 '정가 금오십전'이라고 인쇄되어 있으므로 별매하고 있던 것 같은데, 어느 정도 독자가 이 '색인'을 이용했을까. 곤혹한 독자의 정경이 떠오를 뿐이다.

| 미술이라는 제도 |

'목차'와 '색인'이라고 하는 오로지 서적과 관계되는 장치를 봐 왔지만, 다시 다른 각도로부터 근대가 보는 제도를 논해 보자. 일본미술사에서는 잘 알려진 사실이지만 '미술'이라는 말은 번역어로서의 근대 일본어의 숙명을 맡고 있다. 1873년 6월에 이와쿠라 사절단 일행은 빈에서 만국 박람회를 견학했고, 귀국 후『미구회람실기』「제83권 만국 박람회 견문 기록」에 다음과 같은 구절이 나온다.[23]

> 원래 구주의 화법은 모두 사생(写生)을 주로 해서, 진경진모(真景真貌)를 사출(写出)하여, 법을 천연으로 삼아 산수풍경을 묘사해도 허구의 그림을 취하는 것이 아니라 반드시 그 곳에 가서 실경(実景)을 본다.

서양화를 감상하면서 '사생', '진경', '진모'라는 용어로 그 특징을 나타내고 있다. 기타자와 노리아키(北澤憲昭)의 일련의 저작에 의하면, '미술'이라는 말은 기이하게도 이 1873년의 빈 만국 박람회에 관한 정부 문서에서 처음으로 등장한 번역어이다.[24] 전년 1월의 태정관포고에 첨부된 '오스트리아 빈 박람회 출품 심득(澳国維納博覧会出品心得)' 제2조에 해당

---

23 久米邦武 編·田中彰 校注,『米欧回覧実記(五)』, 岩波文庫, 1982, p.46.

24 北澤憲昭,『境界の美術史-「美術」形成史ノート』, (ブリュッケ, 2000); 北澤憲昭,『眼の神殿-「美術」受容史ノート〔定本〕』, (ブリュッケ, 2010); 北澤憲昭,『美術のポリティックス-「工芸」の成り立ちを焦点として』(ゆまに書房, 2013) 등.

하는 출품 분류표 '제22구'에서 처음 나왔다고 한다. 독일어 원문에는 영어도 곁들여져 있었다.

> Darstellung der Wirksamkeit der Kunstgewerbe — Museen.
> Representation of the Influence of Museums of fine Arts applied to Industry.

독일어 Kunstgewerbe는 Kunst와 Gewerbe—영어에서 art와 trade에 해당하는—로 이루어진 단어로, 오히려 '공예' 같은 이미지에 가깝다. 일본어 번역문은 "미술(서양에서 음악, 화학[画学], 조각을 만드는 기술, 시학[詩学] 등을 미술이라 한다)의 박람장(뮤지엄) 공작을 위해 사용하기 위한 것"이라는 부분에서, '미술'이라는 단어 직후에 주석으로 "서양에서 음악, 화학(画学), 조각을 만드는 기술, 시학(詩学) 등을 미술이라 한다"고 분명히 밝히고 있듯이, 여기서 '미술'은 음악, 문학을 포함한 오늘날 이른바 '예술'의 의미였다. 즉 '미술'은 시각예술에 한정되지 않고, 오늘날의 '예술'이라는 의미로 탄생했다. 덧붙여서 '예술'은 근세에는 '학예·기술'이라고 하는 의미로 사용되고 있던 말이지만, art의 번역어로 메이지 30년대에 정착한다.[25]

번역어 '미술'이라는 말이 현재와 같이 시각예술로 축소된 요인에 관해 기타자와는 "근대화의 추진에서 시각이 중요한 작용을 한다는 인

25 北澤憲昭, 『眼の神殿-「美術」受容史ノート〔定本〕』, pp.151~160.

식이 메이지 이른 시기에 성립하고 있다"는 점을 들어, 당초에는 오늘날 '예술'의 의미였던 번역어 '미술'이 그 의미가 변용되는 과정, 즉 "미술이 시각예술로 축소되어 가는 과정에는 근대화에서 시각의 우위라는 것이 크게 작용하고 있다"고 말한다.[26] 따라서 예를 들어 박람회는 '볼 수 있는 문명개화' 장치로서, 메이지 정부에 의해 적극적으로 개최되었다. 번역어로서의 '미술'의 의미가 축소되면서 그 개념이 어떻게 변화했는가라는 구체적인 과정은 학교나 전람회 그리고 박람회 등의 '미술'을 둘러싼 제도와 연결된다. 박람회·박물관 행정의 리더였던 오쿠보 도시미치(大久保利通)가 "인심이 사물에 닿아 그 감동식별을 낳는 것은 모두 안시(眼視)의 힘 때문이다"라고 쓰고 있듯이 '안시의 힘'에 주목하는 것은 이 때문이었다. "박물관의 분류로부터 '서화(書画)'라는 말이 사라진 것은 메이지 22년(1889) 박물관이 제국박물관이 되었던 때이고, 그것은 '예술'을 대신해 '미술'이라는 말이 큰 분류체계에 등장한 것과 때를 같이 한다"고 기타자와는 지적한다.[27]

문부성 『백과전서』에서 '미술'은 fine art의 등가로서 출현한다. 1878년의 가와모토 세이이치 번역, 구보 요시토 교정 『인심론』(THE HUMAN MIND)에는 아래와 같은 문맥에서 '미술'이 사용되고 있다.

---

26 北澤憲昭, 『境界の美術史-「美術」形成史ノート』, p.11.

27 北澤憲昭, 『美術のポリティックス-「工芸」の成り立ちを焦点として』, p.153.

제2, 지력

지력은 다른 관능과 결합해 작동함에 다소의 도(度)가 있어 학술은 이 힘이 독행전발(独行専発)하는 가장 좋은 예이다. 정(情)의 감응력과 결합하는 때는 미술이 그 최대의 성과가 된다. 또한 실용의 목적에서 의력(意力)의 종[侍婢]이 될 때는 공업직업(工業職業)에 맞아 고상한 것이 된다.

THE INTELLECT

Intellect may work in different degrees of combination with the remaining functions of the mind. Science is the best example of its pure manifestation. When blended with Emotion, the most interesting product is Fine Art; as the handmaid of Volition, directed to practical ends, it yields the higher combinations of Industry and Business.

미술의 감응

오관 중에 시청의 감각이라 위에서 쓴 감응은 미술에 의해 일어나는 기초로서, 그 외에 이에 관계하는 것이 있다고 해도 그 이름에 지나지 않을 뿐이다.

Emotions of Fine Art

The sensations of the two higher senses, Hearing and Sight, and the simple emotions above recited, enter into fine-art compositions; while there are a few additional sources of interest which we can do little more than name.

'지력'(intellect)과 '정의 감응력'(emotion)이 융합해 'fine art=미술'이 라는 성과물이 생성된다. 혹은 '시청(聽視)의 감각'(hearing and sight) 등으로 구성된다는 콘텍스트로부터 '미술'은 분명히 시각에 한정된 것은 아니다. 다음과 같은 예도 있다. 1879년의 기쿠치 다이로쿠 번역 『수사 및 화문』(TRIC AND BELLES-LETTERS)의 한 구절로부터 인용이다.

부려(富麗)(뷰티)

문체의 부려는 대저 그 문장의 전후 조화가 적합하고 조응이 서로 정제함에서 비롯되는 결과임은 의심할 여지가 없다. 전문의 논지에 맞는 것은 조목(條目)이 그 질서를 가지런히 한 것, 체제의 주의에 적합한 것, 어음(語音)의 의미에 상응하는 것, 각각 다른 현란한 경상(景狀)과 영롱한 사운(詞韻)과 서로 맞는 때에 문장이 부려한 근원을 이룰 수 있다. 문장 또한 미술의 일부로서 능히 그 오묘함에 달할 때 부려는 자연히 생겨나지 않을 수 없다.

Beauty

The beauties of style are unquestionably for the most part the result of harmony, fitness, and keeping in the various parts of the composition. The adaptation of the whole to its end, the order and harmony of all the particulars, the suiting of the style to the matter, and of the sound to the sense, all combined with the choice of images pictorially beautiful, and of words and cadences musically melodious, are the leading particulars that constitute the beautiful in literary art. When composition, considered as a fine art, perfectly succeeds in its aim, it must needs be beautiful.

'문체의 부려'(the beauties of style)를 논하면서, 문장이 'fine art=미술'의 일부가 되고 있다. 여기서의 '미술' 역시 시각예술보다 광의의 것이다. 문부성 『백과전서』에서 '미술'은 fine art를 넓게 가리키는 번역어이고, '문학'도 망라한 말이었다.

협의의 시각예술에 관해서는 '화학(画学)'이라는 서양 유래의 교육제도가 실마리가 될 것이다. 'drawing=화학'이란 막말에 도입된(「개성소 계고규칙 각서(開成所稽古規則覚書)」), 메이지 정부가 1872년에 반포한 학제에서 교과이기도 하다. 근대 일본의 '화학' 교육이라는 점에서 문부성 『백과전서』의 우치다 야이치 번역 우치무라 고노스케 교정 『화학 및 조상(画学及彫像)』(DRAWING-PAINTING-SCULPTURE)에 관해 가네코 가즈오(金子一夫)는 다음과 같이 설명하고 있다.

> 『서화지남(西画指南)』으로 번역된 번(Robert Scott Burn)의 *The Illustrated Drawing Book*은 예술적 회화보다는 정확한 묘사기술과 투시화적 표현에 대한 기술 위주로 서술되어 있다. 이에 대해 체임버스의 책은 확실히 미술로서의 회화를 지향한다. 그림 그리는 방법을 체계적으로 논하고 있는 것이다. 이만큼 체계적인 내용이 번역되어 출간된 것은 『화학 및 조상』이 처음이 아닌가 싶다. 그런 의미에서 일본의 근대 서양화에 크게 기여했을 것이다. 그러나 메이지 9년 말 일본 공부 미술학교(工部美術學校)가 개교되고 이탈리아인 폰타네시(Antonio Fontanesi)를 통한 본격적인 서양화 교

육이 시작되었기 때문에 당시 서양화 연구자 상당수는 그 쪽을 주목하여 이 번역서에는 크게 주의를 기울이지 않았던 것으로 보인다.[28]

여기서 '체임버스의 책'이란 『화학 및 조상』을 가리킨다. 기점 텍스트인 DRAWING-PAINTING-SCULPTURE 속에서 DRAWING 부분을 증보한 Chambers's Educational Course라는 시리즈의 *Second Book of Drawing*도 체임버스사에서 1877년 나와, 메이지 시기 '화학' 교육에 활용되고 있다. 『화학 및 조상』에는 광범위하게 서양의 회화와 조각이 해설되어 있고, 가네코는 이러한 평가를 내리고 있다.

르네상스 이후 회화의 거장, 그리스 조각가 등 미술사적 내용에 대해서도 『화학 및 조상』이 처음으로 번역했다고 생각된다. 하지만 안타깝게도 유파(school)를 '화학교(画学校)'로 번역하고, 각각의 대가들이 이곳에서 교편을 잡고 있었던 것처럼 번역하고 있다. (…) 회화 제작에 대한 체계적인 내용이 번역되어 나온 것은 그 의의를 인정하지 않을 수 없을 것이다.[29]

1876년에 『화학 및 조상』을 번역한 우치다 야이치는 '화학' 외에 음악이나 박물학 관계의 번역서도 몇 개 내고 있다. 예를 들면 국립국회도서관에는 우치다 야이치 번역 『소학교본 일용식물편(小学教本日用植物

---

28 金子一夫, 『近代日本美術教育の研究』, 中央公論美術出版, 1992. p.172.

29 金子一夫, 『近代日本美術教育の研究』, p.176.

篇)』, 『박물전지 동물편(博物全誌動物篇)』, 『음악첩경(音楽捷径)』(1883년), 『음악지남(音楽指南)』(1884년), 『악전초보(楽典初歩)』(1887/1895년), 『음악계제(音楽階梯)』(1890년) 그리고 저작으로서 「화학의 유래」(『대일본교육회잡지』 1887년), 『음악독학(音楽独学び)』(1888년) 등이 소장되어 있다.

| 원근법이라는 제도 |

시각제도에서 원근법에는 다양한 종류가 있는데, 르네상스에 기원을 둔 서양 근대의 선원근법(도학(図学)에서는 '투시도법')을 에르빈 파노프스키(Erwin Panofsky)는 '상징(심볼)형식'으로서 제시, 다키 고지(多木浩二)는 이를 '눈의 은유'로서 부른다.[30] 또한 가라타니 고진(柄谷行人)에 의하면 원근법이라는 근대 서양의 시선이 일본의 '풍경' 그 자체를 발견한 것이다.[31] 즉 서양 근대의 원근법에 의해 그려진 것은 있는 그대로의 현실 그 자체가 아니라, 근대에 탄생한 합리적 수법에 의한 '시각 체계'(크리스티앙 메츠)이기도 했다.[32]

---

30 エルヴィン·パノフスキー, 木田元 監訳, 『〈象徴形式〉としての遠近法』, ちくま学芸文庫, 2009; 多木浩二, 『眼の隠喩—視線の現象学』, ちくま学芸文庫, 2008.

31 柄谷行人, 『定本柄谷行人集第⊠巻』, 岩波書店, 2004.

32 '시각 체계'(scopic regime)는 크리스티앙 메츠의 용어로, '시간적 체제(視姦的体制)'로도 번역된다. マーティン·ジェイ, 「近代性における複数の「視の制度」」, ハル·フォスター 編, 榑沼範久 訳, 『視覚論』(平凡社, 2007)을 참조 바란다.

문부성 『백과전서』의 『화학 및 조상』에는 이 수법에 관해 매우 상세히 설명하고 있는 곳이 있다. 그런데 'perspective=원근법'이라는 등가는 성립하지 않는다.

원경사법 (遠景写法)의 일

원경의 사법 이란 화폭의 평면에 여러 풍경을 그려, 보는 이의 안목에 천연과 같은 실경(実景)을 변지(弁知)하도록 하는 묘법을 말한다. 따라서 이 법에 따라 안목에 원근의 도를 익혀 사물의 실형을 그리는 것을 화술의 기본으로 삼는다.

PERSPECTIVE

Perspective is the method by which objects are represented on any flat surface, as a sheet of paper, so that they suggest the true appearance of nature to the eye. It is the basis of the art of drawing, training the eye to discern the visual effects of nature, and giving facility and correctness in their representation.

이 번역 텍스트에서는 perspective를 '원경사법', '원경의 사법'으로 번역하고 있다. 그리고 이 수법을 이용함으로써 풍경화가 '보는 이의 안목에 천연과 같은 그 실경'(the true appearance of nature to the eye)이 된다고 설명한다. perspective의 원리란 관찰자의 시계를 '천연' 그대로 그리는 수법이고, 풍경을 있는 그대로 재현한다고 상정하는 근대 회화 이데올로기의 시각 모델이 제시되고 있다.

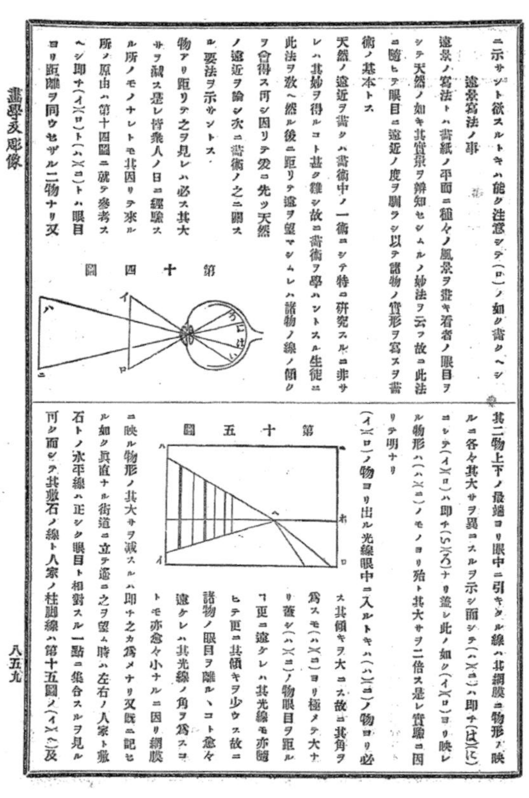
畫學及彫像

ニ示サントﾄ欲スルトキハ能ク注意シテ(ロ)ノ如ク畫クヘシ

遠景寫法ノ事

遠景ノ寫法トハ畫紙ノ平面ニ種々ノ風景ヲ畫キ看者ノ眼目ヲシテ天然ノ如キ其實景ヲ辨知セシムルノ妙法ヲ云フ故ニ此法ニ随ヒテ眼目ニ遠近ノ度ヲ馴ラシ以テ諸物ノ實形ヲ寫スヲ畫術ノ基本トス

天然ノ遠近ヲ畫クハ畫術中ノ一術ニシテ特ニ研究スルニ非サレハ其妙ヲ得ルコト甚タ難シ故ニ畫術ヲ學ハントスル生徒ニ此法ヲ敎ヘ然ル後ニ距リテ遠ヲ望マシムレハ諸物ノ線ノ傾クヲ會得ス可シ因リテ爰ニ先ツ天然ノ遠近ヲ論シ次ニ畫術ノ之ニ關スル要法ヲ示サントス。

物アリ距リテ之ヲ見レハ必ス其大サヲ減ス是レ皆衆人ノ日ニ經驗スル所ノモノナレトモ其因リテ來ル所ノ原由ハ第十四圖ニ就テ參考スヘシ即チ(イ)(ロ)ト(ハ)(ニ)トハ眼目ヨリ距離ヲ同ウセザル二物ナリ又

第十四圖

其二物上下ノ最端ヨリ眼中ニ引キタル線ハ其網膜ニ物形ヲ映ルニ各々其大サヲ異ニスルヲ示シ而シテ(ハ)(ニ)ハ即チ(は)(に)ニシテ(イ)(ロ)ハ即チ(い)(ろ)ナリ並レ此ノ如ク(イ)(ロ)ヨリ映レル物形ハ(ハ)(ニ)ノモノヨリ殆ト其大サヲ二倍ス是レ實驗ニ因リテ明ナリ

(イ)(ロ)ノ物ヨリ出ル光線眼中ニ入ルトキハ(ハ)(ニ)ノ物ヨリ必ス其傾キヲ大ニス故ニ其角ヲ爲スモ(ハ)(ニ)ヨリ極メテ大ナリ蓋シ(ハ)(ニ)ノ物眼目ヲ距ルコト更ニ遠ケレハ其光線モ亦随ヒテ更ニ其傾キヲ少ウス故ニ諸物ノ眼目ヲ離ルヽコト愈々遠ケレハ其光線ノ角ヲ爲スコトモ亦愈々小ナルニ因リ網膜ニ映ル物形ノ其大サヲ減スルハ即チ之カ爲メナリ又既ニ記セル如ク眞直ナル街道ニ立テ遠ニ之ヲ望ム時ハ左右ノ人家ト甃石トノ水平線ハ正シク眼目ト相對スル一點ニ集合スルヲ見ル可シ而シテ其甃石ノ線ト人家ノ柱脚線ハ第十五圖ノ(イ)(ヘ)及

第十五圖

八五九

『화학 및 조상』의「원경사법의 일」

문부성『백과사전』에서의 다른 번역 텍스트 어디에서도 perspective를 '원근법'으로 번역하고 있지 않다. 어디까지나 '원경'을 그리는 수법으로, '원근'이라는 개념화는 이루어지지 않고, 'perspective=원근법'이라는 번역의 등가는 아직 성립하고 있지 않은 것이다. 그렇다면 언제쯤부터 그러한 텍스트에서 근대 일본어의 '원근법'은 나타나기 시작한 것일까.

결론부터 앞서 말하자면 '원근법'이라는 말의 출현과 '사생'이나 '사실'이 문학에서 제도화된 시기가 겹쳐지는 점이 주목할 만하다.

공부대학교(工部大学校)에 부속되어 1876년에 창설된 공부미술학교에서 서양 회화 교육으로서 '사생'이 교습되고 있는데, 이 학교는 일본화를 재평가하는 국수주의적인 기운 속에서 1883년에는 폐교된다. 도쿄 미술학교는 1887년에 설립되어, 그 2년 후 개교를 맞게 되는 교육기관이다. 문부성의 도화취조괘(図画取調掛)와 공부 미술학교를 통합 재편하는 형태로서의 출발이었다. 도쿄대학을 졸업한 후 문부성에 출사했던 오카쿠라 가쿠조(岡倉覺三, 덴신[天心])나 어네스트 페널로사(Ernest Francisco Fenollosa)를 중심으로 일본의 전통적 '미술'을 중시한 복고적인 이념에 기초한 개교였던 점은 잘 알려져 있다. 도쿄 미술학교에서는 당초 전통적인 일본화를 지향했지만 그 커리큘럼에도 '사생'은 포함되어 있다. 그리고 '사생'은 회화만이 아니라 마사오카 시키(正岡子規)의 '사생문'으로 대표되듯이 근대 문학에서 중요한 수법이 되어갔다.

마사오카 시키, 「봉삼매(棒三昧)」, 1895년 『일본』 연재

○ 서양화의 장점은 사생에 있고, 사생에 주어지는 재료는 무한하다. 따라서 서양화는 진부함에 빠지는 폐단이 적지만, 재료를 천연에서 취함으로써 선택이 적당하지 않으면 결국 몰취미의 그림을 그리는 것을 면치 못한다.

마사오카 시키, 「사생, 사실(写生, 写実)」, 1898년 『호토토기스』 제2권 제3호

○ 사생과 사실. 일본의 회화계에서 사생이라는 것이 떠들썩하게 된 것은 100년 전쯤의 일로, 이는 다소 서양화의 영향을 받았던 것으로 볼 수 있다.

마사오카 시키, 「호토토기스 제4권 제1호의 머리말」, 1900년 『호토토기스』 제4권 제1호

가장 뼈를 깎는 것은 사실적인 소품문이었다. 사실의 문장은 근래 엄청나게

유행해 소설은 대개 사실적으로 쓴다는 것은 무엇도 진기한 것이 없다. 하지만 그것을 인사(人事)에도, 천연계의 현상에도, 어디에라도 응용해 한 편으로 정리한 문장으로 하는 것은 어딘가 지금까지와는 다른 점도 있을 것이다.

1895년의 「봉삼매」에서 마사오카는 서양화의 장점을 '사생'으로 돌리고 있다. 그리고 1898년의 『호토토기스』지에서도 서양화의 우위성을 '사생'에서 구하고, '사생이 가능하지 않은데 정신이 덧붙여 질 수 있을까'라고 쓴 후에 '사실과 소설의 관계'와 연결시키는 결론을 내리고 있다. 1900년에는 가히 "소설은 대개 사실적으로 쓴다"는 데까지 '사실적 문장'이 유행했음을 알 수 있다.

마사오카의 '사생문'은 공부미술학교에서 교육을 담당했던 이탈리아인 화가 안토니오 폰타네시의 계통인 나카무라 후세쓰(中村不折)로부터 영향을 받은 것이었는데, 폰타네시 자신은 '사생'을 '풍경사생'의 의미로 사용하고, '스케치'와는 구분했다. '스케치'(이탈리아어 schizzo)는 완성한 작품이 아니라 가치가 낮은 것으로 간주되는 한편, '사생'(이탈리아어로 disegno dal vero)으로서 풍경화는 "자연을 바라보면 누구라도 볼 수 있는 명확한 현실 이상의 무언가를 그린 것"이어야만 한다고 주장한 것이다.[33] 이런 의미에서의 '사생'이 '사실'적 표현이 되는 것이며, '진(眞)'을 '사(寫)'한다는 이데올로기로 접합되는 것이다.

동시대에는 '미학'이나 '미술'에 관한 텍스트가 많이 저술되고 있는

---

33 松井貴子,『写生の変容~フォンタネージから子規, そして直哉へ』, 明治書院, 2002.

데, '원근법'이라는 말이 나오는 것도 이 시기다. 구체적인 예를 인용해 보자.[34]

도야마 마사카즈(外山正一), 「일본회화의 미래」, 1890년
무엇 때문에 일본화는 서양화보다 우월한가. 서양화는 진짜에 가까워짐을 목표로 하는 것이라면 일본화에서는 사물[物]의 정신을 그리는 것을 목표로 한다. 무엇 때문에 서양화는 일본화보다 우월한가. 서양화는 농담(濃淡)이 자재(自在)하고, 원근의 사법(写法)이 완전하다. 어떤 사물의 미술품이라 해도 진짜 물건에 의하지 않은 것이 없고, 어떤 물건의 회화라도 농담사경(濃淡写景)을 다하지 않은 것이 없다. 지금의 회화를 논하는 자는 실로 오리무중에 빠져 있다고 말하지 않을 수 없다.

모리 오가이, 「도야마 마사카즈의 화론을 논박한다」, 1890년
지금의 서양화가라는 자들은 결국 서양문명이 동양문명보다 뛰어나니 그림도 마땅히 그러하다고만 말하고, 또 농담원근법의 정세(精細)함을 들먹이며 스스로 특별한 기량(技倆)이라도 가졌다고 생각하는 것은 아닐까.

구메 구니타케(久米邦武), 「다이헤이키(太平記)는 사학(史学)에 도움이 되지 않는다」, 1891년, 『사학회잡지(史学会雑誌)』에 연재

---

34 土方定一 編, 『明治芸術·文学論集』, 筑摩書房, 1975. 松島栄一 編, 『明治史論集二』, 筑摩書房, 1976. 『鷗外全集第五巻』, 岩波書店, 1972.

물형(物形)은 거리가 멀어짐에 따라 점차 작게 보이는 것으로 일정한 촌법(寸法)이 있어, 이학(理学), 화학(画学), 안과의(眼科医) 등은 정밀히 암기하게 된다. 천 척 이상 떨어진 둥근 달을 어떻게 분간하겠는가. 개별적인 허담(嘘談)에 익숙해지면 언젠가는 화가의 화제(画題)에서도 원근법을 잃지 않아야 하니 이를 논변해도 무익한 것은 아니지 않겠는가.

다카야마 조규(高山樗牛), 「일본화의 과거 장래에 관하여」, 1902년 『태양(太陽)』
대략 회화에서 사실법은 정밀하게 관찰하면 매우 복잡한 항목으로 나눌 수 있지만, 지금은 임시로 형사(形似)와 설색(設色), 원근법, 명암법 4항으로 구분해 고찰하는 것으로 족하다. (…) 원근법의 결핍은 더욱 두드러진 사실이다. 제1시각 상에서 봐도 일본화에는 통례 시점 같은 것도 없고, 보는 바 오직 당면한 물상이 잡연(雜然)하여 진부할 뿐이다. 산수화 같은 것도 극소수 화가의 제작을 제외하고, 전후(前後)의 투시가 매우 두찬(杜撰)하여 지평선 및 이에 대한 시선의 집산(集散)에 대한 관념 같은 것은 거의 그 흔적을 볼 수 없다 할 수 있다.

모리 오가이, 「비타 섹슈얼리스(ヰタ·セクスアリス)」, 1909년 『스바루(スバル)』
미켈란젤로 벽화의 인물도 대담한 원근법을 사용하고 있는데, 이런 그림의 인물에는 그것과는 달리 무척이나 무리한 자세가 취해지고 있기 때문에, 어린 아이들이 어디에 손이 있는지 알아차리기 힘든 것도 무리는 아니다.

1890년에 제국대학 교수 도야마 마사카즈가 행했던 강연「일본회화의 미래」를 받아, 모리 오가이의 반박에 의해 논쟁(이른바 화제(画題) 논쟁)이 일어났다. 도야마는 서양화파가 결성한 메이지 미술회의 간사이기도 했고, 이 강연은 메이지 미술회 제2차 대회이기도 했다. 이는 문부대신 에노모토 다케아키(榎本武揚)를 비롯해 정부 고관도 참석한 정치색이 강한 회합이었다. 당시는 1년 전 일본 제국 헌법 발포 하에 제1회 제국의회가 열렸던 해이고, "바로 국가 레벨에서 미술의 미래를 이야기하기에 적합한 장"이었던 것이다.[35] 이때 도야마가 사용했던 '서양화'와 '일본화'를 대비시키는 강연이『도쿄아사히 신문』에도 게재되어, 메이지 20년대 이 2항대립이 정착하는 데 중요한 사건이 되었다. 동시에 '원근법'이라는 말의 꽤 이른 출현이 이 강연의 처음을 열고 있는 점은 흥미롭다. 우선 도야마가 '원근의 사법'이라고 쓰고 있는 것에 대해 모리가 '원근법'이라는 말로 반박하고 있는 것이다. 활자 미디어에 의해 강연 내용이 유포되었고, 모리는 같은 해『무희』,『덧없는 기록』도 발표한 작가로서의 지명도도 있었기 때문에 영향력은 적지 않았을 것이라 생각된다. 이 화제 논쟁의 다음해 1891년에는 구메 구니타케가 '이학·화학·안과의'라는 관점에서 화제로서의 역사를 들어 '원근법'이란 말을 사용하는 것이다.

모리 오가이와 쓰보우치 쇼요 사이에서 전개되었던 몰이상논쟁(没理

---

35 佐藤道信,『〈日本美術〉誕生—近代日本の「ことば」と戦略』, 講談社, 1996, p.70.「도야마 마사카즈의 화론을 논박한다」,「미술논장의 투쟁은 아직 승패를 결정짓지 못했다」,「도야마 마사카즈의 화론을 재비평해 사람들의 논박에 답한다」로 이어졌지만 도야마가 침묵을 지키다 보니 논쟁 자체는 모리의 일방적 비판이라는 형태가 된다.

想論争)도 동시대의 사건이다. 독일 유학에서 귀국한 모리는 독일 관념론의 하르트만(Karl Robert Eduard von Hartmann) 미학을 소개해, 프랑스 유물론적인 미학과 대립했다. 낭만주의적인 모리와 사실주의적인 쓰보우치의 몰이상논쟁은 1891년부터 다음해에 걸친 것이었다. 모리의 '원근법'은 그 후 1909년 『스바루』 7호에 게재되어 발행금지 처분이 되었던 당시 문제작 「비타 섹슈얼리스」에도 등장하게 된다. 미켈란젤로 부오나로티의 '원근법'과 춘화를 대비하고 있는 장면인데 소설에 사용될 정도까지 정착되고 있다.

그런데 메이지 초에 이미 '미학'의 내용을 언급한 것은 니시 아마네이다. 니시는 「백학연환」을 강의해, 그 속에서 'Aesthetics 가취론(佳趣論)'이란 말을 사용하고 있다. 나아가 니시는 「미묘학설(美妙学説)」을 써, '미묘학(에세티크)', '미술(파인아트)' 등에 관해서도 논하고 있다. 메이지 10년대에 들어서면 문부성 편집국에서 1883~1884년에 나카에 조민(中江兆民) 번역 『유씨미학(維氏美学)』이 간행되어, 그것을 읽었던 쓰보우치 쇼요가 「미란 무엇인가」를 1886년에 『학예잡지(学芸雑誌)』에 발표한다. 또한 페널로사의 『미술진설(美術真説)』은 1882년에 행해진 강연록으로, 그 국수주의적인 논조는 쇼요가 비판하는 바이기도 했다.

다카야마 조규는 1896년에 조민 번역 『유씨미학』을 비판하며 "금일에 이를 보면, 그 선택의 무모함, 번역의 조잡함은 당시 사람들이 얼마나 이 학문의 역사 및 의의에 미숙했는가를 입증하는 하나의 표장(標章)과도 같다"라고 쓰고, 모리도 "일본의 문학 미술에는 거의 영향을 미치지 못했다"라고까지 잘라 말하고 있다.[36] 또한 조규는 "지금의 사생(写生)의 옳고 그름을 말하고, 사의(写意)의 가부를 논하는 것이 거의 다 한쪽으로만 치우친다. 사생을 따라 사의를 얻는 것이 미술의 제일 첫 번째 뜻임을 알지 못하는 것"이라 말하는데, 이는 '사생'과 '사의'를 독일철학의 요한 고트리이프 피히테와 프리드리히 셸링을 흉내내어 논하는 것으로, 이에 대해서 모리가 반론하고 있다.[37]

이처럼 '원근법'이라는 근대 일본어는 메이지 일본의 '미학'이나 '미술'을 둘러싼 콘텍스트에서 출현해 '사생'이나 '사실'이라는 근대문학의 수법과 함께 정착한 것이다.

| 사진이라는 제도 |

'사진'이란 '진(真)'을 '사(写)'한다는 한자 두 자로 이뤄진 한자어이다. '사생'이나 '사실'과도 통하는 '사진'은 '원근법'과 함께 서양의 시선을 표상한다. 한쪽 눈의 고정된 시선에서 입체 공간을 평면적으로 파악하는 선원근법(線遠近法, 투시도법)은 '암실'이라는 뜻의 카메라 옵스큐어(camera obscura)라는 장치의 응용이기도 하다. 이 장치를 과학적으로 발전시킨 기술인 'photograph=사진'이라는 '코드 없는 메시지'(롤랑 바르트)에 의

---

36 青木茂,「解説(一)」, 青木茂·酒井忠康 校注,『美術』, 岩波書店, 1989, p.442.

37 高山樗牛,「写生と写意, 意想と畸形」,『樗牛全集第二巻文芸及史伝上』, 博文館, 1912, pp.342~345; 北住敏夫,『写生説の研究』, 日本図書センター, 1990, p.31.

해 근대 시각은 궁극의 리얼리즘을 획득했던 것일까.

서양에서 '사진'의 발명은 메이지 유신보다 30년 정도 앞으로 거슬러 올라간다. 19세기 전반에 복수의 발명가에 의한 성공 사례가 남아 있는데, 가장 이른 것은 프랑스의 조제프 니세포어 니엡스(Joseph Nicéphore Niépce)가 찍은 풍경사진이었다(현존하는 최고의 작품은 1825년). 하지만 그의 헬리오그라피(héliographie) 수법에서는 화상이 선명하지 않았고, 후에 이름을 남겼던 것은 공동연구자 루이 다게르(Louis Jacques Mandé Daguerre)이다. 다게르는 1839년에 실용적인 사진기법을 공표했다. 이 다게레오타이프(은판사진)가 나가사키의 네덜란드 상관을 경유해 1848년 막말 일본에 도래한 기록이 남아 있다.[38]

그러나 카메라 옵스큐라 장치에 관해서는 그 이전부터 이미 난학자에 알려져 있었다. 1788년에 서(序)·1799년에 간행된 오쓰키 겐타쿠(大槻玄沢, 호는 반스이[磐水])의 『난설변혹(蘭説弁惑)』이나 1798년의 모리시마 주료(森島中良)의 『만어전(蛮語箋)』 등에서는 '사진경(写真鏡)'으로서 등장한다. 이어 1848년 미쓰쿠리 겐포의 『개정증보 만어전(改正増補蛮語箋)』에서는 '돈쿠르 캄루 donker kamer'(dark room)를 '사진경', '다게유로티헨 dageurotypen'(daguerreotype)을 '인상경(印象鏡)'으로 차이화하고 있다(제1권 「기재[器財]」의 항, 40쪽).

근대 일본의 사진 요람기에 은판사진의 기법은 다양한 호칭을 얻고

38 막말 메이지 시기의 일본에서의 '사진'에 대해서는 小沢健志 編, 『幕末-写真の時代』(ちくま学芸文庫, 1996), 小沢健志, 『幕末·明治の写真』(ちくま学芸文庫, 1997)에 상세하다.

있다. 메이지의 사물 기원을 집성한 이시이 겐도(石井研堂)에 의하면 '인상경' 외에도, 서간 등에서는 '인영경(印影鏡)'이라고도 불리고 있다고 한다.[39] 1851년에 가와모토 고민(문부성 『백과전서』의 『인심론』을 번역하고, 『백공응용화학편(百工応用化学篇)』을 교정한 가와모토 세이이치의 아버지)이 은판실험을 했고, 1854년의 가와모토 고민 번역 『원서기기술(遠西奇器述)』에서는 '직사영경(直写影鏡)'으로 다게레오타이프의 은판사진술이 도해되었다. 또한 1862년 우에노 히코마(上野彦馬)의 『세이미국필휴(舎密局必携)』에는 권말 부록에 '촬영술', '촬영석판술'에 대한 설명이 기재되고 있다. 직업 사진사의 시초라 불리는 우에노는 의학전습소에서 폼페(Johannes Lijdius Catharinus Pompe van Meerdervoort)로부터 '세이미'의 지도를 받았던 인물이다.

서양의 사진기법의 진전은 영국의 프레데릭 스코트 아처(Frederick scott Archer)가 1851년에 콜로디온 프로세스(습판사진)를, 그리고 1871년에는 리처드 리치 매독스((Richard Leach Maddox)가 젤라틴 건판을 발표하는 것으로 이어진다. 일본에서는 안세이 년간부터 메이지 중반까지 습식사진이 보급되고, 그 후에는 건판시대로 이행했다. 1867~1868년 야나가와 슌산(柳河春三) 역술 『사진경도설(写真鏡図説)』에서는 1850, 60년대의 서양 각국의 책을 참고해서, 습판기법에 관해 상세히 쓰고 있다.

일찍이 카메라 옵스큐라는 주로 풍경을 피사체로 하지만 다게레오타이프는 사람의 모습을 찍는 도구로서 사용되어 왔다. 따라서 사람의

---

39 石井研堂,『明治事物起原六』, ちくま学芸文庫, 1998, pp.173~206.

모습이라는 의미의 '영(影)'을 사용해 '인영경'으로 번역했던 것이다.[40] 추측에 지나지 않지만 습판기법인 콜로디온 프로세스를 다게레오타이프의 '인상경', '인영경'과 구별하기 위해 '사진'이란 말이 재이용되게 된 것일지도 모른다. 어쨌든 메이지 초기의 습판시대에는 프로 '사진사'도 활약하고 '사진'이라는 시니피앙이 정착되고 있다. 이시이 겐도도 쓰고 있듯이 "개국 만엔[41]의 때에는 나라 사람들 일반에 사진경이 통용되었다"고 할 수 있게 되었을 것이다.[42]

『일본국어대사전』(제2판)의 어지(語誌)에 의하면 '사진'이란 "본래 신불(神仏)이나 귀인 등을 그린 그림"을 가리키고, "서양의 화법이 난학자에 의해 소개된 후부터는 있는 그대로 그린다는 기법, 즉 '사생'의 의미나 그 기법으로 그려진 그림을 가리키기도 했다"고 한다. 그리고 "에도시대 말기에는 있는 그대로의 모습이 기계에 의해 찍히는 화상이 유입되어 영어 photograph의 역어로서 '사진'이 이것에 전용되었다"고 한다. 즉 'photograph=사진'이라는 등가는 번역어로서 재이용된 것이다.

사토 도겐(佐藤道信)은 '사실', '사진', '사생'에 관해서 이들 어의가 겹쳐지면서 어긋나는 점에 대해 논한다.[43] photograph의 역어로서 정착

---

40 諸橋轍次, 『大漢和辞典』(修訂 第二版)에 의하면, '영(影)'에는 '모습(すがた), 모양(かたち), 화상(ゑすがた), 초상(肖像), 환영(まぼろし)' 등의 의미가 포함되어 있다.

41 1860년(옮긴이).

42 石井研堂, 『明治事物起原六』, p.174.

43 佐藤道信, 『明治国家と近代美術-美の政治学』, 吉川弘文館, 1999, pp.209~232. 덧붙여 500년경에 쓰여진 문장독본인 유협(劉勰)의 『문심조룡(文心雕龍)에 "贊曰, 写実追虚, 碑

한 '사진'은 원래 '미술' 용어이고, 서양화의 리얼리티를 말하는 단어로서는 '사생'이나 '사실'과 공존하고 있다. 이 중에서 '미술' 용어로서 가장 새로운 것은 '사실'이다. '사실'은 옛날 한적에도 그 사용례가 있지만 아트의 개념으로서는 메이지 시기 일본에서 성립한다. 근대어로서 '사실'이라는 말의 정착은 '사진'이나 '사생'에 비해 늦고, 메이지 20년대를 기다리지 않으면 안 되는 것으로, 그 이전에 '사진' 혹은 '사생'으로서 말해진 개념을 '사실'이란 말로 대체하게 되었던 것이다. 한적에서의 '사진'은 당대(唐代)에까지 소급되어 송대(宋代)의 '사생'보다 역사가 깊은 것이다.

서양화의 수법에 관해서는 이미 1799년 시바 고칸(司馬江漢)의 『서양화담(西洋画談)』에서 "서양 나라들의 화법은 사진으로 해서, 그 법을 달리 한다"라고 쓰여져 있다. 이 해는 오쓰키 겐타쿠의 『난설변혹』이 출판된 해와 같은 해이고, 시각의 리얼리티에 대해 카메라 옵스큐라와 서양화라는 다른 대상을 같은 '사진'이라는 말로 동시에 사용하게 되었다고 사토는 말한다.[44]

쓰지 노부오(辻惟雄)는 '진경(진산수)론'으로서 산수화에서의 리얼리티를 논하고 있는데, 중국의 산수화는 노장사상에서 '도(道)', '기(気)', '진(真)'의 형상화를 목표로 해, '진경'이란 모양을 닮았다는 차원을 초월한

誅以立"라고 쓰여 있다. 『문심조룡』에 대해서는 北村彰秀, 「仏典漢訳史における劉勰と文心雕龍」, 『翻訳研究への招待』(第9号, 2003, pp.19~28)에 상세하다.

44 佐藤道信, 『明治国家と近代美術-美の政治学』, p.224.

진리의 표상으로 본다.[45] 일본에서 '진경'이란 에도 시대의 남화가(南画家)들이 사용하기 시작한 용어로, "중국에서의 '진경'이 실제 어떤 특정한 장소를 의미하지 않는 것에 비해, 일본에서는 남화가가 스스로 실현한 실경이 그려지고", 실경으로서 명소가 선택된다는 점에서 일본의 '진경'은 "중국 화법에 따른 명소그림(名所絵)"이 되었된 것이다.

한적에서 '사진'은 인물과 깊이 관계한다고 한다. 초상화에는 박진감 있는 리얼리티가 요구되고, 이것이 '사진'(혹은 '진사[真写]')인 것이다. "초상화라는 장르가 그때까지 리얼리즘의 뜻을 포함한 '사진'이라는 말과, 그 후 photography의 역어 '사진'을 연결하는 매체"가 되었다는 사토의 지적은 설득력이 있다.[46]

얼마 안 있어 '사실'이라는 말이 정착되어 간 것은 'photograph=사진'의 보급을 통해 회화의 리얼리티를 '사진'으로서 표현하는 것이 점차 어렵게 되었기 때문이다.[47] 그러나 문부성 『백과전서』에는 '사진'이라는 말이 확실히 흔들리고 있다. 우선 기점 텍스트의 ENGRAVING-PHOTOGRAPHY라는 항목은 니시키오리 세이노신(錦織精之進) 번역,

---

45 辻惟雄, 「「眞景」の系譜-中国と日本(上)」, 『美術史論叢一』, 東京大学文学部美術史研究室, 1985. 辻惟雄, 「「眞景」の系譜-中国と日本(下)」, 『美術史論叢三』, 東京大学文学部美術史研究室, 1987.

46 佐藤道信, 『明治国家と近代美術-美の政治学』, p.216.

47 木下直之, 『写真画論-写真と絵画の結婚』(岩波書店, 1996, p.71)에 의하면, 대표작 「연어(鮭)」 등의 작품으로 유명한 서양화가 다카하시 유이치(高橋由一)는 유화의 특성을 '진을 베낀다(真を写す)'라는 '사진(写真)'(미술용어)으로서, '사진경(写真鏡)'(포토그래피)와의 차이를 강조했지만, 어느 시점에서 회화용어로서는 '사진'을 사용하기 시작했다.

고나가이 하치로 교정 『조각 및 착영술(彫刻及捉影術)』로서 1876년에 간행되는데, 여기서는 'photograph=착영술'이었다. 단 '포토그라피'라는 음역도 추가되어 있다.

착영술

착영술 아래의 명칭은 하나가 아니라, 그 종류를 나눠 착영술의 원명을 '포토그라피[ホトグラヒー]'라 한다. 이는 여러 이름을 총칭하는 것이다. 이 말은 원래 희랍국의 두 자를 조합한 것으로서 이를 직역하면 광선으로 인해 쓰여진 그림이란 뜻이다. 무릇 어떤 물건이라 해도 화술(化術)의 힘을 빌려 그 바깥면에 약을 뿌려 그 효과를 얻음으로써 진경을 찍는 것을 착영술이라 한다.

PHOTOGRAPHY

The various names which it has received serve so far to define its nature. The word photography is the most general and comprehensive of these; it is derived from two Greek words, and means, literally, 'writing or drawing by light;' and it embraces all the processes by which images are obtained through the agency of light acting upon chemically prepared surfaces of whatever kind.

당시 이미 'photograph=사진'이라는 등가가 정착되어 있다는 것을 생각하면 굳이 '착영'이라는 말을 번역자가 선택했던 의도는 명확하지 않다. 1880년 오쓰키 겐타쿠 번역 『인쇄술 및 석판술』(PRINTING—

LITHOGRAPHY)에는 photo—lithography를 '사진석판술'로서 하고 있는 곳도 있다. 또한 제2장의 인용을 반복하면 1884년 간행된 별책 『백과전서 색인』의 범례에는 역어의 통일에 대해 다루면서 "착영술이라는 것은 사진술이라 번역한다"고 쓰고 있다. 그리고 『색인』의 본문에는 '사진석판술', '사진술', '지면(紙面) 착영(사진)술' 등이 혼재하고 있는 것이다.

동시대에 '착영'이 출현하는 희귀한 사례로서는 우치다 마사오(内田正雄)의 『여지지략(輿地志略)』의 범례이다. 우치다는 네덜란드로 간 막말의 유학생 중 한 사람으로 귀국 후에는 개성소(開成所)와 대학을 거쳐 문부성 관리가 되었다. 메이지 초기의 베스트셀러가 되었던 『여지지략』은 1871년에 대학남교에서 초편 3책이 출판되고, 5년 후에 우치다가 사망하면서 니시무라 시게키가 이어받아 전 4편 13책이 완성되었다. 세계 각국의 지리풍속을 삽화로 넣어 소개하는 내용이고, 당초에는 목판만이었지만 후에는 동판이나 석판 삽화도 추가되었다.(최초에 삽화를 담당한 것은 개성소 화학국의 가와카미 도가이[川上冬崖])

> 도화(図画) 중 믿을 만한 것은 착영술(포토그라피) 만한 것이 없다. 내가 일찍이 구주에 있던 때 여가를 내어 각국의 착영화를 모았는데 그 수가 3천, 책수가 20에 가까웠다. 지금 그 중 모사해서 본편 중에 삽입한다. 또한 프랑스에서 매년 간행하는 '세계일주(Le Tour du Monde)', 세계 각지 여행기와 같은 것에서 나온 바는 모두 실제 경험을 그린 것으로 대개 착영화에서 모각(摸刻)한 것이다.

『여지지략』의 범례에서 전체 설명에 이어 도판에 관해 쓰고 있는 한 절인데, '착영화'에 '포토그라피'로서 루비가 달려 있다. 이 이외에 같은 시대 텍스트에서 '착영'이란 말은 사용례가 거의 없다. 드물게 '포풍착영(捕風捉影)'이라는 성어(成語)로 출현하는 정도이다. 한적에 있는 '포풍착영'은 바람이나 그림자를 잡는다는 이미지로부터 상상할 수 있듯이 걷잡을 수 없이 종잡을 수 없다는 의미의 사자숙어이다. '포풍착운(捕風捉雲)', '계풍포영(繫風捕影)' 등도 같은 성어인데, 바바 다쓰이(馬場辰猪) 원저, 야마모토 다다노리(山本忠礼), 아카시 효타(明石兵太) 번역 『조약개정론』(1890)에서 "아아, 또 포풍착영이란 말처럼 되겠네"라는 말에서 걷잡을 수 없는 공허함의 한숨마저 들려온다.

다른 한편 'photograph = 사진'이라는 말이 널리 쓰이게 된 것은 쉽게 상상할 수 있다. 메이지 원년부터 일본 각지에 사진관이 급증하고, '사진사'라는 직업도 나타났다. 이 시대에 마쓰자키 신지(松崎晋二)는 1869년경 도쿄에서 개업한 사람으로, 1874년에는 대만 출병에 일본 최초의 종군 사진사로 동행해, 신문기사를 남기고 있다.[48]

> 사진을 행하는 것으로 산천, 초목, 동물의 종류와 그 모양을 숨기는 바 없이 수만리 밖의 물건이라 해도, 수천년 전의 사람이라 해도 조금도 차이가 없다. 나카바시(中橋) 매립지에 사는 마쓰자키 신지는 오랫동안 이를 업으로 삼아 지금 대만 전쟁에 육군성의 명을 받아 지난 20일 흔쾌히 떠난다.

48 『東京日日新聞』, 第668号, 1874년 4월 23일.

최초의 '사진사'는 고도의 지식과 기술을 가진 엘리트로, 마쓰자키는 1876년 여름 천황의 동북 순행에도 수행해, 이 때 '사진판권'을 제출하고 있다. 그리고 그 직후 '사진판권'의 보호에 관한 '사진조례'(태정관 포고 90호)가 제정된 것은 우연이 아닐 것이다. 조례의 제1조는 "무릇 인물, 산수, 기타 물상을 찍어 전매를 바라는 자는 5년간 전매의 권을 부여해 이를 사진판권이라 칭한다"라는 것이었다. 이 '사진조례'는 『도쿄 니치니치신문』(제1361호, 1876년 6월 19일자)의 일면 톱인 '태정관 기사'에도 전문이 게재되어 있다.(이 조례는 그 후 1887년 사진판권조례로 개정되어 1899년의 저작권법의 제정으로 폐지)

다키 고지는 '천황의 시각화'를 논하면서 '사진'이나 '원근법에 기초한 사실적인 회화'나 모두 서양으로 인해 초래된 시선이고, "이 두 시선이 거의 같은 시기에 동시에 일본인의 시각에 작용해 새로운 인식의 경험을 낳게 하고" 있다는 점은 서양에서 "우선 원근법이 탐구되고, 이에 이어 그 역사 속에서 사진이 탄생해 온 것과는 사정이 달랐다"고 말한다.[49]

메이지 천황이 일반적으로 가장 잘 알려져 있는 초상은 프랑스식 군복을 입은 모습으로, 이는 1888년에 촬영된 것이다. 이 '어진영'은 천황을 직접 카메라로 촬영한 것이 아니라 이탈리안인 화가의 콘테화를 사진 촬영한 초상이었다. 원화를 그린 것은 에드아르도 키오소네(Edorardo Chiossone), 촬영한 것은 '사진사' 마루키 리요(丸木利陽)이다.

1832년 태어난 키오소네는 미술학교에서 배우고, 메이지 정부와도

---

49 多木浩二,『天皇の肖像』, 岩波新書, 1988, p.35.

거래가 있었던 회사에서 지폐나 증권 제조를 거쳐, 대장성의 초청으로 1875년에 방일한 고용 외국인이었다. 대장성 지폐료(紙幣寮)에서 증권, 수표 등의 의장(意匠), 원판 조각, 인쇄 제판의 기술을 지도하는 것이 방일의 주목적이었다. 화가로서는 보통이었던 키오소네는 치밀한 묘사에 뛰어난 장인적 재능을 타고 태어났으며, 그가 그린 초상화는 '사진'과 똑같다는 평판을 받았다. 그렇다기보다 '사진'으로는 불가능한 것, 진짜 이상으로 진짜다운, 그리고 이상화된 초상화를 그렸다. 여기에 '사진'과 '사실'적 회화의 교묘한 의도적 혼동이 있고, 인위적 허구가 생겨나게 되는 것이다.

메이지 천황의 전국 순행은 메이지 20년대에 들어서면 행해지지 않게 되었는데, 그것을 대체하듯이 '어진영'이 전국의 소학교에 하사되기 시작했다. 이상화된 천황의 초상이 '사진'으로서 유통됨으로써, 대일본 제국의 국가원수로서 천황의 시각 이미지가 형성되었던 것이다. 1889년 대일본 제국 헌법이나 1890년 교육칙어와 같은 시기에 '어진영'이 초등교육기관에 하사되기 시작했던 것인데, 이러한 시대에 '어진형'에 대한 취급은 철저히 의례화되어, 거기에서 신성성[聖性]이 태어났다. 고지는 다음과 같이 쓰고 있다.

> 유신 이후 천황을 눈으로 보이는 것으로 만들고자 했던 정치의 기술이 근대화 과정에서 우여곡절을 거쳐 사진에 이르렀고, 이제는 도상 내용 그 자체보다 근대 국가 안에서 그 사진을 사용하면서 천황제국가를 지탱하는 상징적 신체로 느끼게 하는 장치를 만들어내는 기술=정책으로 변용하고

자 했다.[50]

'사진'이라는 복제기술에 의한 '어진영'은 천황의 존재를 전국에 반복케 하는 지배 미디어가 되었다. 콘테화로 그려진 초상화는 동판화로 복제될 수도 있었는데, '어진영'은 '사진'으로서 인식되어 천황의 분신이 되었던 것이다. 메이지 헌법에서 천황의 신성불가침성은 '진짜[眞]를 찍는[寫]'(찍을 수 있다는) 장치가 필요했었다. '착영(捉影)'이 '영(影)을 포착[捉]한다'는 것과 동시에 '없는 것을 있는 것처럼 만들어내는 것의 비유'(『일본국어대사전』 제2판)이기도 하다는 불편한 진실은 잊어버리는 게 좋다.

리얼리티를 그대로 찍는 장치에 의한 '사진'은 성스러운 '초상(심볼)'을 시각화한 것이다.[51] 근세의 우키요에나 아키타 난화(秋田蘭画)에서도 일종의 원근법이 이미 도입되어 있었지만, 메이지 중기 이후에는 '원근법'을 통해 사람들의 시각이 변용되었다.[52] '원근법'이 고정된 소실점을

50 多木浩二, 『天皇の肖像』, pp.191~192.

51 多木浩二, 『天皇の肖像』, pp.187~188에는 1887년, 헌법 초안 제정 작업을 하고 있던 이노우에 코와시(井上毅)가 고용한 외국인에 한 질문장에 "국왕은 국권의 초상(심볼)이다"라는 문장이 있다.

52 2014년 3월 29일부터 5월 11일까지, 도쿄 미드타운에 있는 산토리 미술관에서 「のぞいてびっくり戸絵画—科学の眼, 視覚の不思議」라는 제목의 전람회가 개최되어 필자도 찾아갔다. 오다노 나오타케(小野田直武)의 「불인지도(不忍池図)」(아키타 난화(秋田蘭画)의 대표작), 우타가와 히로시게(歌川広重)나 가쓰시카 호쿠사이(葛飾北斎)의 우키요에(浮世絵) 등에서 새롭게 서양적인 관점을 확인하는 체험이 되었다. 덧붙여 서양의 광학장치에 의한 에도문화의 여러 가지 모습에 대해서는 タイモン·スクリーチ, 田中優子·高山宏 訳, 『大江戸視覚革命-十八世紀日本の西洋科学と民衆文化』(作品社, 1998)에 상세하다. 또한 메이지 중기에 시작한 문부성의 교과서 검정에서 유명한 일본화가의 작품에 서양

갖는 등질적인 공간의 표상이라는 점, '사진', '사생', '사실', '미술'이란 말의 생성의 장임을 정확히 기억해두지 않으면 안 된다.[53]

지금까지 썼던 것처럼 시각적 이미지의 표상 방법은 근대의 시작과 연동하는 인식 모델이다. '본다'는 것을 특권화한 근대는 무엇을 초래했는가. 대상 세계를 시각적으로 인식하고, 있는 그대로 현실을 재현하고자 하는 욕망은 서양에서는 르네상스 이후 절정기를 맞이해, 과학기술에 의한 복제장치가 발명되었다. 이러한 시각의 근대에 관해 일본에서는 번역의 문제를 겹쳐 생각해 둘 필요가 있을 것이다.

있는 그대로라는 것이 '자연'인 것일까. 야나부 아키라는 "'자연' 그대로 '자연'을 그린다"는 것을 '번역어의 마술'이라는 시점에서 논하고 있다.[54] 예를 들면 1889년의 모리 오가이와 이와모토 요시하루(巖本善治)의 논쟁, 1907년 다야마 가타이(田山花袋)의 『이불(蒲団)』로 대표되는 일본 근대문학의 '자연주의', 마루야마 마사오의 『일본정치사상사연구』에서 "자연에서 작위로" 등을 번역어 '자연'이 야기한 혼란으로 간주한다. 형용사나 부사로서도 전통적으로 사용되어 온 '자연'('지넨(ジネン)'이라고 읽는다)과 서양어(영어나 프랑스어로 nature, 독일어로 Natur인데, 모두 고대 그

의 '원근법' 시점에서 수정이 이루어진 점은 中村隆文, 『「視線」からみた日本近代-明治図画教育史研究』(京都大学学術出版会, 2000)을 참조 바란다.

53 회화에서 공간인식에 대해서는 佐藤忠良·中村雄二郎·小山清男·若桑みどり·中原佑介·神吉敬三, 『遠近法の精神史-人間の眼は空間をどうとらえてきたか』(平凡社, 1992), 小山清男, 『遠近法-絵画の奥行きを読む』(朝日新聞社, 1998). 근대 일본의 '사진'과 '회화'의 관계에 대해서는 木下直之, 『写真画論-写真と絵画の結婚』가 상세하다.

54 柳父章, 『翻訳の思想-「自然」とNATURE』, 平凡社, 1977(ちくま学芸文庫, 1995)

리스어 physis를 번역한 라틴어 natura로부터 파생한 말)의 번역어인 명사 '자연'의 의미가 근대 일본어로서의 '자연'에는 혼재되어 있다는 주장인 것이다. nature도 한자어 '자연'도 '인위'와 대립한다는 공통점을 가지면서도 nature가 인위와 대립하면서 양립하는 것에 대해, 한자어 자연은 절대 양립하지 않는다. 이러한 의미의 차이가 있음에도 불구하고, 번역어 '자연'이 그 차이를 은폐하고 있다. 우리들이 평소 이러한 점을 깨닫지 못한 결과 '사고의 왜곡'이 초래된다고 야나부는 말한다.[55]

'photograph=사진'이라는 번역의 등가를 명백히 할 때 간과해 버리는 점이 있다. '빛[光]'(photo)으로 '기록'(graph)한 리얼리티가, 있는 그대로 '진짜를 찍는다'가 될 때, 이상화된 초상화에 대한 시선에는 제도화된 소실점이 이미 고정되어 있는 것이다. perspective에는 '사물을 보는 방법(見方)'이라는 의미도 있다. '원근법'이라는 근대 서양의 '사물을 보는 방법'은 데카르트적 '자연'과학의 인식체계이다. 이는 있는 그대로 '자연'의 눈길은 아닌 것이다.

---

55 柳父章,『翻訳の思想-「自然」とNATURE』, p.50.

3. 제도로서의 학지

근대 국가는 근대적인 지의 틀을 창출하지 않으면 안 된다. 그러한 시대의 요청 속에서 문부성 『백과전서』라는 대규모의 국가적 번역 프로젝트는 시작되었다. 근대지의 제도라는 점에서 현대의 '가정학', '농학', '경제학', '고고학', '건축학'(물론 메이지 초기에는 이러한 명칭으로 제도화되었던 것은 아니다)으로 이어지는 내용을 다루는 번역 텍스트 군에 관해서도, 다소 서두르는 감이 없지는 않지만 간결하게나마 다루고 싶다. 학지의 제도화와 『백과전서』는 어떻게 접합하는가.

| 가정학-젠더 이데올로기로서의 '주부' |

3·11 동일본 대진재 직후 일본 사회는 '가족'의 유대에 관한 이야기로 포화상태였다. 지금 일본에서 '가족'은 우리들이 그 유대를 제일 먼저 확

인해 두어야 할 자명한 준거 집단으로 여겨진다. 그러나 '가족'이라는 말은 family의 번역어이며, 근대 일본이 서양에서 수입한 개념이다.[56]

메이지 초기의 문부성 『백과전서』 시대, '가속(家屬)'과 '가족'은 아직 혼재되어 있으며, 예를 들어 아키야마 쓰네타로(秋山恒太郎) 번역, 구보 요시토(久保吉人) 교정 『접물론(接物論)』(PRACTICAL MORALITY—SPECIAL SOCIAL AND PUBLIC DUTIES)에는 다음과 같은 부분이 있다.

> **가속**에 관한 의무
>
> 혼인. 혼인이라는 것은 천지자연의 이치에서 나온 것으로 조물주가 명하는 바이다. 가령 여기에 한 무뢰인(無頼人)이 있어 그러하지 않다고 의심해도 결코 그렇지 않은 이치를 명징할 수 없다. 왜냐하면 인류라는 것은 특히 군거(群居)하는 성질을 갖고 있을 뿐 아니라 또한 반드시 배필을 맺고, 짝을 짓지 않을 수 없는 것이다. 즉 혼인은 가장 중요한 품부(稟賦), 즉 매우 고상한 감각과 일치하며 이에 어긋날 수 없는 것으로, 이러한 감각이 있다면 반드시 혼인하지 않을 수 없고, 혼인이 있다면 감각이 없을 수 없다. 또 혼인은 일찍이 인류 창조 최초의 맹아로서 인류의 생이 끊이지 않고 전해져 내려오게 하는 것으로 과거, 현재, 미래의 혈족[血胤]을 자기 한 몸에 계통(系統)하는 것도 또한 이로 말미암아서이다.

---

56 広井多鶴子, 「家族概念の形成-家族とfamily」, 『実践女子大学人間社会学部紀要』 第7集, 2011, pp.55~75.

DUTIES IN OUR DOMESTIC RELATIONS

Marriage.— This institution is agreeable to a law of nature, and is an ordinance of the Creator. There are profligates who have doubted this; but they have exhibited no reason on their side. It is obvious that man is not only a gregarious, but a pairing animal. Marriage is consistent with the finest of his feelings—the most notable of his faculties. It began when man began. It is ordered to perpetuate the succession of the human family. It connects him with generations which are gone, with that which is passing away, and with those which are to come.

가족 의 관계

혼인의 일은 실로 사교상에서 극히 영묘하고 극히 긴요한 구조(인스티튜션)들 중 하나로서 가족 을 이루는 바의 기초이다. 원래 가족 이라는 것은 함께 양친이 있어 통할되는 하나의 소국민으로서의 윤리(倫彛)의 정리(正理)로, 한 집의 주인인 부친 내지 지아비의 비호(가디안)와 주재(디렉션) 하에 있는 것이다.

FAMILY RELATIONSHIP

The marriage state is the foundation of one of the most sacred and important institutions in society—that of a family. A family is a little commonwealth, jointly governed by the parents, but under the more special guardianship and direction of the husband and father, who is morally and legally the *head of the house*.

둘 다 'marriage=혼인'에 관해 쓴 부분을 같은 텍스트에서 발췌한 것이다. 'family=가족'이 출현하는 한편, '가속'이 domestics의 역어로서 사용되고 있고, family가 명확히 변역되지 않는 경우도 있음을 알 수 있다. '가족'이라는 말의 흔들림이 번역 텍스트로부터 엿보인다.

'가족' 개념과 떨어질 수 없는 것이 젠더의 역할 규범이고 '양처현모'나 '주부'라는 여성상일 것이다.[57] 이 여성을 둘러싼 근대 일본의 '가족' 이데올로기는 『백과전서』에서 가정학이라는 제도와 관계한다.

문부성 『백과전서』의 『가사검약훈(家事倹約訓)』, 『양생편(養生篇)』, 『식물편』, 『의물제방(食物製方)』, 『의복 및 복식(衣服及服式)』 등은 의식주에 관한 번역 텍스트이고, 근대 가정학의 효시이다. 그 중에서도 나가타 겐스케 번역, 나가카와 신고 교정 『가정검약훈』(HOUSEHOLD HINTS)은 쓰네미 이쿠오(常見育男)가 메이지 시기 번역가정서로서 다루면서 "문부성이 가정과용 교과서로서 번역한 최초의 문헌"으로 소개하고 있다.[58] 또한 다나카 치타코(田中ちた子)와 다나카 하쓰오(田中初夫)는 "가사검약훈은 교과서로서, 여학교나 사범학교 등의 교과서로도 채용되었다. 메이지 초년의 가사가정학 발전에 큰 역할을 담당한 것이다. 그것이 당시 일본의 문화 수준과는 동떨어진 고도의 것이었다고는 해도, 그 가르치는 바는 어쨌든 학교를 통해 점차 일반 대중의 사이에 침투해 갔다. 그 결

57 小山静子, 『良妻賢母という規範』(勁草書房, 1991), 木村涼子, 『〈主婦〉の誕生-婦人雑誌と女性たちの近代』(吉川弘文館, 2010) 등을 참조.

58 常見育男, 『家政学成立史』, 光生館, 1971, p.166.

과 메이지의 큰 발전을 이 방면에서 담당할 수 있었다고 할 수 있다"라고 해설하고 있다.[59] 나아가 『문부성 일지』, 『문부성 연보』 등 당시 문부성 사료에서도 『가사검약훈』이 메이지 시대 학교 교육 현장에서 주로 여학생을 대상으로 한 교과서로 사용된 상황이 뒷받침된다.

메이지 정부의 학교제도가 이렇게 가정학의 교과서로서 활용된 점에서 『백과전서』의 기점 텍스트에 들어와 있던 영국 빅토리아 왕조의 젠더 규범이 번역 텍스트를 통해 근대 일본의 여자 교육에 주었던 영향은 적지 않다고 생각된다. 즉 근세의 가정서, 예를 들면 가이바라 에키켄(貝原益軒)의 『가도훈(家道訓)』(1712)이나 이시다 바이간(石田梅岩)의 『제가론(斉家論)』(1774) 등이 사무라이 작법을 중심으로 남성을 향한 것이었다면, 메이지 초기의 번역 가정서는 여성을 향한 것으로 근대 일본 가정의 존재 방식이 근본적으로 변용되었던 것이다. 『가사검약훈』 내에 '집안일(家務)'에 있어 '주부'의 역할에 관한 부분을 살펴보자.

> 집안일을 논하는 일. 한 집의 주부 인 자는 무릇 그 집의 출납을 일일계산하여 무익한 비용이 없게 하는데 주의함을 그 임무로 한다. 이 일은 실로 집안일 중 가장 긴요한 것이다. 그렇다면 이를 태만히 한 주부 는 아마 그 마음이 방자하고 나태하거나, 교육이 나쁘기 때문이다. 적절한 방법을 세워 가비(家費)의 출납을 계산하면 번거로운 일이 없다.
>
> *Housekeeping.* — Every good housewife is expected to keep a

59 田中ちた子·田中初夫, 『家政学文献集成 明治期 I』, 渡辺書店, 1966, p.318.

> regular and continuous account of her income and expenditure. This is indeed perhaps the most essential in the routine of domestic duties, and she must possess an ill-regulated mind, or have had an insufficient education, who neglects it. When properly set about, and methodically managed, there is little or no trouble in keeping the household accounts.

『가사검약훈』이라는 번역 텍스트 전체가 다루는 내용은 의식주 중에서도 주로 주(住)에 관한 내용으로, 여기서 인용한 것은 가계부의 관리가 'housewife=주부'의 역할로서 설명되고 있는 부분이다. "그 집의 출납을 일일계산"(to keep a regular and continuous account of her income and expenditure)하는 것이 "집안일 중 가장 긴요한 것"(the most essential in the routine of domestic duties)이고, 그것이 불가능한 '주부'는 "그 마음이 방자하고 나태"(ill-regulated mind) 혹은 "교육이 나쁘기"(insufficient education) 때문이라고 쓰고 있다.

화장본 상하 2책『가사검약훈』속지 · 면지

가정이 여성의 담당이 된 것은 영국 빅토리아 왕조의 사회적 특징이었다. 다니구치 아야코(谷口彩子)는 "이전에는 주로 남성을 독자 대상으로 하고 있던 가정서가 여성을 대상으로 한 것으로 바뀌어 가는 것은, 서양에서는 18~19세기 이후, 일본에서는 메이지 시대 이후"라고 말한다.[60] 또한 고바야시 구미(小林久美)와 가타오카 요시코(片岡美子)에 의하면 '대영 제국에서 가정과 교육'은 노동에 구속됨 없이 처나 어머니로서 가정에 머무르는 것을 '여성의 이상상'으로 한다. 특히 보어 전쟁 후에는 "문명화의 사명을 가진 제국 신민을 낳아, 길러내는 '제국의 어머니'에 상응하는 가정 교과 교육이 요구되었던" 것이다.[61] 메이지 시기의 번역 가정서는 이러한 근대 영국의 성역할 이데올로기를 번역한 것이었다.

따라서 1873년 시바타 쇼키치·고야스 다카시 편 『부음삽도 영화자휘』에서 family를 '가속(家屬, かぞく), 친족(親族, シンルイ), 종족(宗族, イツケ), 혈족(血族, ケチミヤク), 종류(種類, シユルヰ), 문지(門地, イヘガラ)'로 Housekeeping을 '가사(家事, クラシカタ), 가무(家務, カム)', Housewife를 '내실(內室, オカミサン), 가사(家事, クラシカタ)에 능한 부인, 봉구상(縫具箱, ヌイダウグイ)으로 항목을 내세우고 있다. 여기에는 또한 '가족'도 '주부'도 등장하고 있지 않다.

가정학의 교과서로서 소학교나 사범학교에서 사용되었던 또 하나의 책은 문부성 『백과전서』의 니시키오리 세이노신 번역, 시미즈 세이신 교정 『양생편』(PRESERVATION OF HEALTH)이다. 흥미로운 점은 이 번역

---

60 谷口彩子, 「明治初期における翻訳家政書の研究」, 1999, 博士論文.

61 小林久美·片岡美子, 「大英帝国下における家庭科教育に関する一考察」, 『教育学研究紀要』 第43巻 第2部, 1997, pp.323~332.

텍스트에는 현대와 통하는 환경 교육의 맹아적인 내용도 포함되어 있다는 것이다. 노다 마치코(野田満智子)는 『양생편』에 관해서 "당시 영국의 대도시 환경 오염이나 노동자들의 건강상태의 개선을 과제로 한 계몽적 색채가 농후한 내용이고, 일본에서 환경교육의 선구"로서, 산업혁명 이후의 공해문제를 다루었던 점을 평가한다.[62]

> 무릇 사람의 신체는 그 질(質)이 어릴 때부터 건강해서 우연히 상해로 그 몸이 다친 바 없다면 양생법을 따라 그 몸을 보호할 때는 백발노안에 이르러도 건전함이 종전과 다르지 않다.[63]
>
> HUMAN being, supposing him to be soundly constituted at first, will continue in health till he reaches old age, provided that certain conditions are observed, and no injurious accident shall befall.

이러한 첫머리에서의 도입부에 이어 '공기의 부'(AIR)에 관한 기술이 시작한다. 사람들의 건강에서 공기의 중요성을 가장 먼저 다루고 있는, 산업혁명의 그림자가 짙게 느껴지는 텍스트이다. 가정학의 젠더 이데올로기와 함께 환경교육이 근대 일본의 『백과전서』에는 싹트고 있다.

---

62 野田満智子, 「明治初期における環境教育の萌芽状況―『百科全書養生篇』における環境教育」『愛知教育大学研究報告 芸術·保健体育·家政·技術科学·創作編』 第52号, 2003, pp.59~64.

63 화장본 분책에서는 '강건(康健)'이었지만, 마루젠본에서는 '건강(健康)'으로 수정되고 있다.

| 고고학—모스와 지볼트에 앞선 '아케올로지' |

일본에서 근대학문으로서 고고학의 연원은 에드워드 모스(Edward Sylvester Morse)의 『오오모리 개허고물편(大森介墟古物編)』(야타베 료키치[矢田部良吉] 구역[口訳], 데라우치 쇼메이 필기)와 하인리히 폰 지볼트(Heinrich von Siebold)의 『고고설략(考古説略)』(요시다 마사하루[吉田正春] 번역)으로 소급되는 것이 정설이다.[64] 인류학자 쓰보이 쇼고로는 1887년 학회잡지에 다음과 같이 적고 있다.

> 일본에서 고(古)를 숭상하고, 고를 좋아하고, 고를 즐기는 우리들 눈을 깨우는 저 모스 씨의 오오모리 개허편과 본회 회원 헨리 지볼트씨의 고고설략 두 책이 인류학에 관한 출판물의 효시이다. 과거 일본에 이 학문을 들여온 것이 거의 10년 전의 일이다.[65]

---

64 오오모리(大森) 패총 발굴로 유명한 에드워드 모스(1838~1925년)는 도쿄대학 이학부의 고용 외국인 교사(당시 표기로는 '모루스[モールス]로 하는 경우도 있다)도 하인리히 폰 지볼트(1852~1908년)는 일본 오스트리아 수호통상항해조약의 비준 교섭에서 통역자로 일했으며, 빈 만국 박람회에서 일본측 대표단에 참가하고 있다.(아버지 프란츠 지볼트[Philipp Franz von Siebold]와 구별하기 위해 '작은 지볼트'라고 하기도 한다). 그들의 고고학의 공헌에 관해서는 佐原真, 「シーボルト父子とモールスと一日本考古学の出発」, 『月刊 文化財』(7月号, 第一法規出版, 1948, pp.32~36), 吉岡郁夫, 『日本人種論争の幕あけ-モースと大森貝塚』(共立出版, 1987), ヨーゼフ·クライナー 編, 『小シーボルトと日本の考古·民族学の黎明』(同成社, 2011) 등에 상세하다.

65 坪井正五郎, 「人類学当今の有様 第一篇」, 『東京人類学雑誌』 第2巻 第18号, 1887, p.273.

시바타 쇼케이

도쿄대학 교수였던 모스의 논고가 대학의 기요 제1호 권두에 화려하게 게재되어 유명해진 것에 비해 지볼트는 외교관계에서는 활약하고 있지만 실제로 학계로부터는 주목도가 상대적으로 낮아 비대칭적이었지만, 이 외국인 두 명은 이르면 메이지 중기에는 제 위치를 부여받고 있다. 이에 비하면 그들 두 책에 앞서 간행되었던 한 번역 텍스트의 그림자는 꽤 엷다.

『오오모리 개허고물편』과 『고고설략』은 두 책 모두 1879년의 간행이지만, 그 2년 전에 문부성 『백과전서』의 한 편으로서 시바타 쇼케이 번역, 구보 요시토 교정 『고물학(古物学)』(ARCHÆOLOGY)이 나와 있었다. 간행 연도로 보면 모스나 지볼트의 대표작보다 빠른 이 『고물학』은 일본에서 처음으로 서양 근대 고고학을 소개한 번역 텍스트인 것이다. 이는 "일본에 체계적인 고고학과 함께 유럽 고고학의 시대 구분인 톰센의 3시대 구분법이 최초로 소개되는" 획기적인 것이었다.[66] 덴마크 고고학자 크리스티안 톰센(Christian Thomsen)의 시대 구분은 석기시대, 청동기시대, 철기시대를 말한다.

번역을 담당한 시바타 쇼케이는 이름 높은 약학자로, 모리 오가이

---

66 安蒜政雄 編, 『考古学キーワード 改訂版』, 有斐閣, 2002, pp.6~7.

의 소설 『기러기(雁)』에서 서양에서 돌아온 대학교수로, 화자인 의학생 '나'와 주인공 '오카다(岡田)'와의 대화에 실명으로 등장한다. 당시에는 저명인이긴 했지만 고고학 전문가는 아니었다. 시간이 지나 쇼와 초기, 와다 치키치(和田千吉)는 일본의 고고학계를 회고하면서, "아케올로지가 일본에 전해져 세상에 널리 알려진 것은 메이지 10년 문부성이 백과전서 92편을 일본어로 인쇄한 때이며, 이 중에 고물학이라는 편이 한 책으로 인쇄되고 있다. 이것은 아케올로지가 시바타 쇼케이에 의해 고물학이라고 번역되었고, 이 책은 외국들의 사실만으로 아케올로지를 일본어로 소개한 최초의 것이다"라고 하고 있는데, 번역을 담당한 시바타 쇼케이에 대한 더 이상의 언급은 없다.[67] 이 점에 관해 쓰노다 분에이(角田文衛)는 "일본의 약학계에서 너무나 유명한 시바타 쇼케이의 이름도 학문의 영역이 다른 고고학계에서는 알려지지 않고 있다"고 말한다.[68] 다만 쓰노다도 시바타 쇼케이에 대해서는 상세하게 설명하고 있는 반면, 『고물학』의 저본은 불명확하다며 "아마 시바타 박사가 유학중에 베를린에서 구입한 것일 거다"라고 쓰고, 독일어로부터 번역한 것이라 오해하고 있다.

실제의 텍스트를 보자. 첫머리에서 기본적인 정의를 하는 곳을 발췌해 본다.

---

67 和田千吉, 「本邦考古学界の回顧」, 『ドルメン』 第1巻 第1号, 1932, pp.10~11.

68 角田文衛, 「柴田承桂博士と古物学」, 『古代学』 第10巻 第1号, 1961, pp.38~44.

아케올로지(アルケオロジ―, 고물학)이라는 말은 그 원뜻이 충분히 명확해서 그 함축하는 바가 자못 광대하다고 해도 근세에 이르러서는 그 사용을 한정해 단지 희랍, 로마의 기술을 논하는 바 학과만을 말한다. 그렇다고 해도 진정한 자의(字義)는 무릇 상고의 사물을 설명하는 뜻을 갖고 있기 때문에 현재는 이 말의 가장 광대한 의의로서 이를 사용하여, 과거의 유적 유물에 근거해서 상고의 연혁, 사기(史記)를 연역하는 바 학과를 총칭하여 고물학이라 부르게 되었다.

THE term Archæology, though sufficiently definite and comprehensive in its original meaning, was confined, until a comparatively recent period, to the study of Greek and Roman art. The word, however, literally signifies the description of ancient things; and it has now been universally adopted in its largest sense to give name to the science which deduces history from the relics of the past.

Archæology의 역어는 '고고학'이 아니었다. 번역 텍스트의 첫머리에서 먼저 '아루케올로지'로 음역한 후에 '고물학'이라는 할주를 삽입하고, 두 번째에는 '고물학'만을 단독으로 사용한다. 사이토 다다시(斎藤忠)의 『일본고고학사』에서는 "Archaeology를 그 어의대로 고물학으로 번역한 것"을 번역자 시바타가 "정말 과학자다운 꼼꼼함"이며 "자연과학자가 충실히 번역한 것은 다행이었다"라고 칭찬하기까지 했다. 그리고 "고고학의 정의와 그 본질·영역에 대해서도 논해, 여기에서 처음으로 과학

으로서의 고고학이 밝혀졌다"는 것이다.[69]

이 번역 텍스트의 2년 후에 출판된 모스의 『오오모리 개허고물편』에서는 "인류학(앤스로폴로지), 고고학(아케올로지), 인종학(에스놀로지) 등의 단체가 곳곳에서 일어나 이 학문은 점차 그 면목을 새롭게 하기 이르렀다"라 하고, 루비로 '아케올로지'가 붙어 있는 '고물학'이 사용되고 있는데, 같은 해 지볼트의 『고고설략』에서는 "고고학은 구주 학과의 일부"이고, 여기에서 '고고학'이라는 명칭의 출현과 조우한다. 다만 한자어 '고고(考古)' 그 자체는 중국 송대(宋代)부터 이미 사용례가 있고, 같은 시대에는 미묘한 분간이 있었던 것이다.[70]

> 고고학 이 세상에 밝혀지게 된 지 오래다. 점차 고물학 의 일파가 서양 각국에서 일어남에 따라 고대의 공양(工樣)을 오늘날에 징험해야 하는 자가 널리 이를 채집해 박물관에 저장하거나 혹은 이를 위해 따로 열품실(列品室)을 세우는 등의 잘못된 일이 없어지게 되었다.

이것은 1877년 12월 문부성의 '부하(府下) 오오모리 촌에서 발견된 고물천람(古物天覽)의 상신'에서 언급된 구절인데, 여기서 '고고학'을 서양의 '고물학'과 대비하여 사용하고 있다. 문맥상 서양에서 유래된 아케

69 斎藤忠, 『日本考古学史』, 吉川弘文館, 1974, pp.87~89.

70 遣見端, 「訳語'考古学'の成立-明治十年初見説をめぐって」, 『日本歴史』 通巻 第457号, 日本歴史学会, 1986, pp.83~92.

올로지가 '고고학'이 아닌 '고물학'에 대응되는 점이 분명하다. 메이지 초기에는 구단(九段)의 초혼사(招魂社)(현재는 야스쿠니 신사)의 경내 등에서 물산회도 열렸다. 그리고 메이지 정부에서 '박람회'나 '박물관'에 전시하고 보존할 수 있도록 '고기구물(古器旧物)'은 중요한 보물이 되어 갔다.[71] 그러므로 한자어 유래의 '고고학'으로부터 일단 단절되기 위해서 서양 근대의 학지인 아케올로지로서의 '고물학'의 개재(介在)가 필요했을지 모른다. 문부성 『백과전서』의 『고물학』은 서양 아케올로지를 소개한 일본 최초의 텍스트이면서도 번역자가 약학 전문가이기 때문에 고고학자들에게 알려지지 못했던 면이 있다. 시바타 쇼케이는 『고물학』 외에도 『백과전서』의 『지질학』, 『과원편(果園篇)』, 『태고사』의 번역도 맡았다. 그는 1869년에 오와리번(尾張藩)에서 선발되어 공진생(貢進生)이 되었고, 1871년에는 문부성 파견 유학생으로 베를린 대학에서 유기화학을 공부하였다. 이와 동시에 전공이 아닌 '법학', '역사학', '고고학' 등도 의욕적으로 배우고 있다. 이런 경험도 시바타가 『백과전서』의 여러 번역을 맡은 것과 무관치 않을 것이다. 독일에서의 귀국 후에는 도쿄의학교 제약교장(도쿄대 약대 전신)의 교수로 취임하는데, 이 시기와 『백과전서』 번역이 겹친다. 그 후, 내무성 위생국 관리(御用掛), 도쿄·오사카 양사 약장장(両司薬場長) 등도 역임했다.

---

71 鈴木廣之, 『好古家たちの十九世紀-幕末明治における《物》のアルケオロジー』(吉川弘文館, 2003)에서 문부성 『백과전서』의 '고물학(古物学)'도 언급하면서, 막말부터 메이지 중반까지의 '낡은 물건의 세계'의 변용을 논하고 있다.

그런데 근대 일본의 지학사(地学史)를 정리한 도이 마사타미(土井正民)는 지학에 관한 『백과전서』 텍스트군을 언급하며 다음과 같이 쓰고 있다.[72]

> 시바타 쇼케이 번역 『지질학』은 지질계통이나 지층의 형성과정에 대한 설명 등 매우 현대적이다. 특히 고생계에 관해서는 '캄브리안', '실리안', '구적색 사암(旧赤砂岩)', '화산계' 등의 구분이 되어 있고, 각각의 암상(岩相)의 특징이 제시된다. 한편 스즈키 료스케의 『광물편』에서는 금석을 "우주 사이에 존재하는 무기 만물의 총칭으로서, 동식물에 대해서 말하는" 것으로 "지피(地皮) 중에서 획득한 것"으로서 토류, 석류, 암류, 광류로 구별하고, 그 중에서 이암(泥岩), 사암(砂岩), 용암(溶岩), 화상암(花商岩) 등도 포함하는데 광물과 암석이 혼재하고 있다. 니시키오리 세이노신 번역 『금류 및 연금술』은 금, 동, 철 등의 유용 금속을 주로, 그것들의 상태나 광석 등에 관해 기술한 것이다.

문부성 『백과전서』가 메이지 초기의 출판물이었던 점을 생각하면 시바타가 번역한 『고물학』에서 톰센의 고고학 유적의 3시대 구분, 『지질학』에서 고생대의 지질 구분 등으로 대표되는 것처럼 그 언설은 꽤 이른 시기의 서양적 학지의 소개였다고 할 수 있다.

---

72 土井正民, 「わが国の十九世紀における近代地学思想の伝播とその萌芽」, 『広島大学地学研究室報告』第21号, 1978, pp.1~170.

메이지 시기 권농정책을 말할 것까지도 없이, 농업은 신정부에 의한 식산흥업의 일환으로서 중요한 위치를 점하고 있다. 그리고 농업 관련 서적도 착실히 집적되고 있다. 1874년에는 내무성 내에 권농료(勧農寮) 농무과(農務課)가 설치되고, 농서의 수집이 본격적으로 시작되고 있다. 행정조직은 개편을 거듭했는데, 1878년에는 권농국 보고과(報告課) 편찬으로 『농서요람(農書要覧)』이라는 소책자가 간행되어 '화한(和漢)의 농서'나 '서양의 번역 사업에서 절실한 것'을 소개하고 있다. 여기서 서양 번역서로서 다루는 38권의 책 중에는 문부성 『백과전서』의 다음 15편을 볼 수 있다.

> 농학(農学) 밀봉편(蜜蜂篇) 조어편(釣魚篇) 어렵편(漁猟篇) 식물편(食物篇) 식물제방(食物製方) 양수편(養樹篇)[73] 식물생리학(植物生理学) 과수편(果園篇) 가축편(家畜篇) 우 및 채유방(牛及採乳方) 돈 토 식용조 농조편(豚兎食用鳥籠鳥篇) 인구구궁 및 보험(人口救窮及保険) 토공술(土工術) 직공편(織工篇) 지질학(地質学)

『농학』과 『가축학』에 관해서는 조금 보충 설명이 필요할지 모르겠다.

마쓰우라 겐키치 번역 『농학』 간행은 1881년, 저본을 제5판으로 바꾸어 개역한 마루젠판 다마리 기조 번역 『농학』은 1884년 간행이었다.

---

73 도쿄대학 농학 생명 과학관에는 「내무성초고용(内務省草稿用)」 괘지에 베낀 필사본 『양수편(養篇)』이 보관되어 있다(농상무성도서).

따라서 1878년 1월에 출판되었던 『농서요람』이 편찬되었던 시점에서는 두 편의 『농학』도 실제로는 미간행이었다. 단 1873년 분책본에서 이미 「백과전서 편명」으로 총목록이 게재되고 있어 『농학』의 간행 예고는 이뤄지고 있었기에 타이틀 정도를 미리 알고 있었으리라는 점도 불가능한 것은 아니다. 또한 『가축편』은 문부성 『백과전서』에는 없다. 1878년 1월까지 간행된 '가축' 관련해서는 1877년의 니시키오리 세이노신 번역, 히라타 무네타카 교정 『마(馬)』가 있다. 총목차 상에 타이틀이라면 이외에도 1882년의 스이타 조로쿠 번역 『양편(羊篇)』이나 1884년 마루젠판 가쓰지마 센노스케 번역 『목양편(牧羊篇)』 등도 해당될 것이다. 둘 다 『백과전서』는 농서에 강한 유린도에서 합본이 나왔고, 농업 관계자로부터 관심이 높았다.

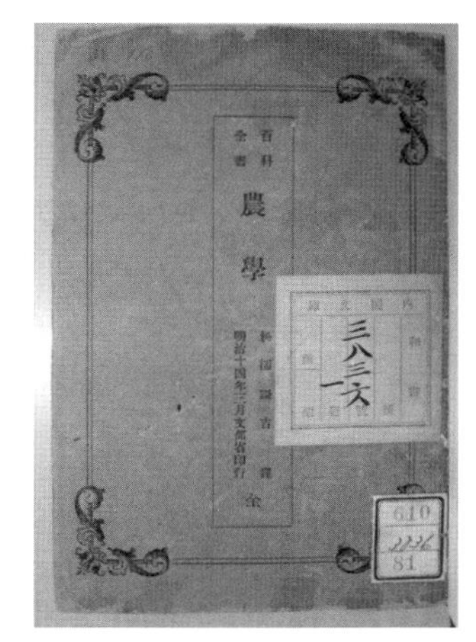

『농학』 표지

그런데 문부성 『백과전서』에 관계한 다수의 번역자는 거의 자신의 전문분야와는 다른 내용을 담당하고 있다. 이 때문에 "꽤 많은 것 중에서 모르는 것이 나왔습니다"라는 격한 비판조차 나왔다.74[74] 그렇지만 이 비판을 있는 그대로 믿을 수만은 없다. 특히 마루젠에 의한 합본의 시대가 되면 전문가에게 번역을 의뢰하는 경향이 보이기 때문이다.

74 石井研堂, 「百科全書の賃訳」, 『明治事物起原 四』, ちくま学芸文庫, 1997, pp.333~334.

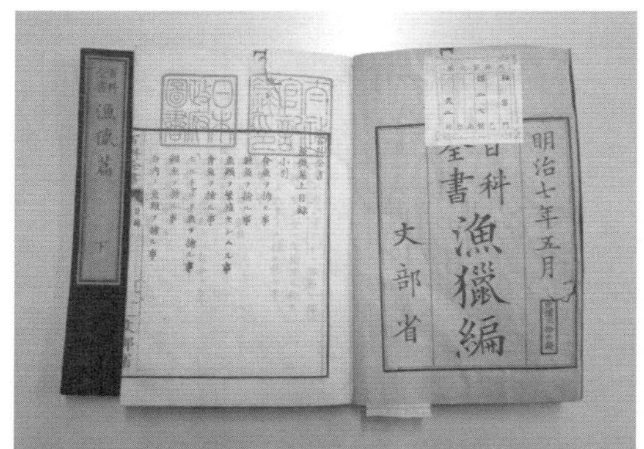

『어렵편(漁猟篇)』 (면지에는 『어렵편[漁猟編]』

『양수편(養樹篇)』 표지

마루젠판 『농학』을 번역한 다마리 기조도 그러한 인선 중의 하나이다. 그는 사쓰마번 번사의 집안에서 태어나, 쓰다 센(津田仙)의 농학사(学農社)에서 공부했다.[75] 그 후 고마바(駒場)의 농학교(도쿄대학 농학부의 전신)의 제1기생으로 1880년에 졸업하고, 모교에 봉직했다. 이 농학교는 1882년에 고마바 농학교로 개칭, 그는 조교로 발탁되었다. 다마리는 1884년에 미국 뉴올리언스 만국 박람회에 파견되어, 그 후에도 이어 유학의 기회를 얻고 있다. 1887년에 귀국한 후에는 도쿄 농립학교(후에는 제국대학 농과대학)의 교수, 모리오카(盛岡) 고등 농업학교(이와테[岩手]대학

75 쓰다 센(津田仙)은 선구적인 서양 농학자로, 빈 박람회(1873년)에 출석해 오스트리아 농학자 다니엘 호이브렌크(Daniel Hooibrenk)에게 농학을 배워, 귀국 후에는 『농업삼사(農業三事)』를 발표한다. 그리고 1876년에 농학사를 창설해 『농업잡지』를 발행, 서양의 야채나 과수의 보급에 몰두한다. 이렇게 쓰다 센은 일본의 전통적인 농업에 영향을 준 인물이다.

농학부의 전신)와 가고시마 고등 농림학교(가고시마 대학 농학부의 전신)의 초대교장 등을 역임했다. 1899년에는 일본 최초의 농학박사가 된다. 다마리는 농학자로서 논문이나 저작도 많다.[76] 마루젠의 『농학』은 1884년의 하권 제4책(12권본)에 들어가 있고, 이는 다마리가 농학교를 졸업한 직후의 시기가 된다. 20대 후반의 젊은 때였지만 그 전문성이라는 점에서는 적임이었다고 생각된다. 『백과전서』에서 전문분야의 학자가 번역을 담당했다는 전형적인 사례 중 하나이다.

이외에도 농업 분야에서 저명한 인물로는 고토 다쓰조가 있다. 그는 『백과전서』에서는 농업 분야와는 관계없는 『중학(重学)』(MECHANICS-MACHINERY)을 번역했는데, 그 후에 농정 관료로서 농업 결사나 대일본농회(大日本農会) 등에서 활약한 인물이다. 도모다 기요히코(友田清彦)는 메이지 농업 결사에서 고토의 역할을 논하면서 "메이지 전기에 전형적인 농업계몽가"라고 평가한다.[77]

산업 계몽서로서 농업에 한정되지 않고, 문부성 『백과전서』는 식산흥업 시대에 요구되었던 산업 전반을 망라해, 공업이나 산업 관계서도 복수 포함하고 있다. 또한 니시키오리 세이노신 번역, 구보 요시토 교정 『조어편(釣魚篇)』처럼 취미로서 조어를 본격적으로 다루었던 것도 있다.[78]

---

76 『玉利喜造先生伝』, 玉利喜造先生伝記編纂事業会, 1974.

77 友田清彦, 「明治前期における一農政官僚の足跡と業績-農業啓蒙家·後藤達三と農業結社」, 『農村研究』 第108号, 2009, pp.1~10.

78 三好信浩, 『近代日本産業啓蒙書の研究-日本産業史上巻』(風間書房, 1992)는 메이지 전기의 산업계몽서에 관해 포괄적으로 논하고, 金森直治 編, 『集成日本の釣り文学 別巻

| 경제학-확립기에 '체임버스' |

잘 알려져 있듯이 일본의 '경제학'은 서양으로부터의 수입학문이다. 1876년 간다 다카히라(神田孝平) 번역, 『서양경제소학(西洋経済小学)』에 이미 '경제'란 말은 출현하고, 제국대학 강좌명이 '이재학(理財学)'에서 '경제학'으로 개칭된 것은 1893년이었다.[79] 말의 출현과 제도적인 정착 사이에는 간극이 있다.

최근 막말부터 메이지에 걸쳐 일본 번역 경제학서에 관한 '일본에서의 경제학 확립기에 주요한 역할을 담당한 문헌'이라는 기획으로 경제사상에 관한 주요한 번역서가 복간되고 있는데[80], 이 시리즈 중에 문부성 『백과전서』의 한 편인 호리코시 아이코쿠 번역, 히라타 무네타카 교정 『경제론』(POLITICAL ECONOMY)도 포함되어 있다. 일본에서 경제학의 확립에 중요한 위치를 점하는 책이다. 이 『경제론』은 1874년 화장본 2책으로 간행되어 『백과전서』 전편 중에서도 이른 시기의 것이었다. 책 이름은 어디까지나 'POLITICAL ECONOM=경제론'이고, 'economics=경제학'이라는 등가는 성립하지 않고 있다. 본문에서는 어땠을까.

二』(作品社, 1997)은 메이지 시기 낚시 관련 문헌을 집성하고, 둘 다 문부성 『백과전서』에 대한 언급이 있다.

79 石井研堂, 「経済学の始め」, 『明治事物起原 四』, ちくま学芸文庫, 1997, pp.142~143.

80 井上琢智 編, 『幕末·明治初期邦訳経済学書』, ユーリカ·プレス, 2006.

경제학은 인간교제(人間交際)의 학으로서, 화재(貨財)의 법칙을 강구해, 교시함으로서 그 취지로 삼는다.

POLITICAL ECONOMY is a social science, having for its object to investigate and teach the laws of wealth.

'경제학'이라는 학술분야를 정의하는 첫머리이다. 여기에서는 'POLITICAL ECONOMY=경제학'이고, '인간교제의 학'(social scinece)로서 설명이 이루어진다.

제2장에서 기술한대로 체임버스 형제 편 *Political Economy, for Use in Schools, and for Private Instruction*은 후쿠자와 유키치의 『서양사정 외편』(1867년)의 밑바탕이 되었던 텍스트였다. 후쿠자와의 「제언(題言)」에는 "영국인 체임버스 씨가 편찬한 경제서를 번역하고, 곁들여 여러 책들을 초역해, 증보하여 3책으로 만들어, 제목을 서양사정 외편이라 했다"고 쓰고 있다. 체임버스사의 경제서는 후쿠자와의 베스트셀러를 통해 막말 유신기의 일본 안에서 널리 읽히게 된 것이다. 후에 『후쿠자와 유키치 자서전』에서도 후쿠자와는 '체임버스의 경제론'을 언급하여, 영국 빅토리아 왕조에서 활약한 체임버스 형제에 의한 출판물과 메이지

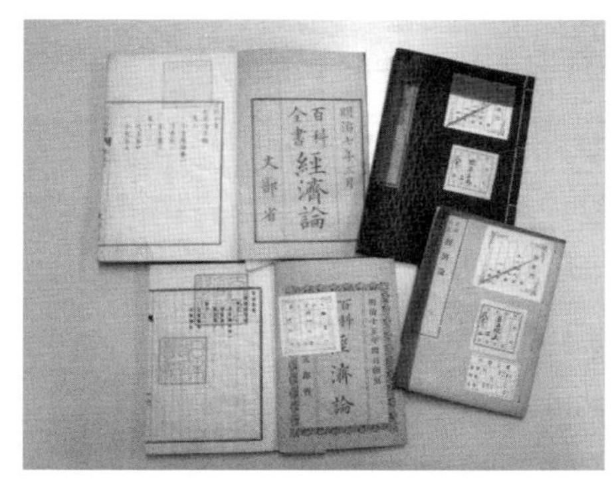

『경제론』 이본

일본의 '경제'와 깊은 관계가 엿보인다.[81]

체임버스의 경제론을 한 권 갖고 있던 나는 무슨 이야기 끝에 고칸조(御勘定)의 유력인사, 즉 현재로 치면 대장성의 요직에 있는 사람에게 그 경제서 이야기를 했고, 그는 무척 기뻐하며 부디 목차만이라도 좋으니 보여달라고 부탁했다. 이에 그 목차를 서둘러 번역하던 중 컴페티션이란 단어에 부딪쳐 이리저리 궁리 끝에 경쟁이라는 번역어를 만들어 처리했다. 이렇게 20장가량의 목차를 번역해 보여주었더니

이외에도 『백과전서』의 번역자가 관계했던 경제서는 다음과 같은 것이 있다.

나가타 겐스케 번역 『옥씨 경제학(宝氏経済学)』 1877년 (Millicent Garret Fawcett, *Political Economy for Begginers*)

나가타 겐스케 편술 『경제설략(経済説略)』 1879년(『옥씨 경제학』의 요약판)

가와모토 세이이치 번역 『피리씨 저 이재원론(彼理氏著理財原論)』 1880년 (Arthur Latham Perry, *Elements of Political Economy*)

오시마 사다마스 번역 『일분사씨 화폐론(日奔斯氏貨幣論)』 1883년 (William Stanley Jevons, Money and the Mechanism)

오시마 사다마스 번역 『리씨 경제론(李氏経済論)』 1889년 (Friedrich List, *Das*

---

81 福澤諭吉, 「福翁自伝」, 『福翁自伝 福澤全集緒言』, 慶応義塾大学出版会, 2009, p.229.

nationale System der Politischen Oeconomics)

다카하시 고레키요 번역 『근업경제학(勤業経済学)』 1885년 (Alfred Marshall and Mary Paley Marshall, *The Economics of Industry*)

스이타 조로쿠 번역 『노동문제(労働問題)』 1893년 (William Stanley Jevons, *The State Relation to Labour*)

'통계학'까지도 시야에 넣는다면 『백과전서』에는 호리코시 아이코쿠 번역, 히라타 무네타카 교정 『국민통계학』(SOCIAL STATISTICS)이 있다. 현대에는 급속히 인터넷이 보급된 결과, 빅 데이터 활용의 관점에서 '통계학 붐'이라고 할 만한 모습도 나타나고 있는데, '통계학'이라는 말도 메이지 초기에 성립한 번역어이다. 1856년에 파리에서 모로 드 존네(Moreau de Jonnès)가 저술한 *Éléments de statistique*를 미쓰쿠리 린쇼가 번역한 『통계학』(1874년)에서 처음 보인다.[82]

메이지 시기 선구적 경제학자로서 저명한 오시마 사다마스(맬서스 인구론과 리스트 경제론의 소개자)나 와카야마 노리카즈(若山儀一)(생명보험의 선구자)만이 아니라, 정계나 재계에서 널리 활약했던 다카하시 고레키요나 나가이 규이치로 등도 젊은 시절 문부성 『백과전서』라는 국가적 번역 프로젝트의 번역자로서 참가하고 있던 점을 부언해 두고 싶다. 학술

82 '통계'라는 개념에 관해서는 鮫島龍行, 「明治維新と統計学-統計という概念の形成過程」, 相原茂·鮫島龍行 編, 『経済学全集 二十八巻 統計日本経済』(筑摩書房, 1971)에 상세하다.

분야뿐 아니라 실업계에서도 메이지 시기 일본의 '경제'와 『백과전서』를 둘러싼 관계는 다층적으로 교차하는 것이었다.

| 건축학-축성에서 '조가(造家)'라는 일반 '건축'으로 |

1914년에 완성된 도쿄역의 설계자 다쓰노 긴고(辰野金吾)는 1879년에 공부대학교(工部大学校) 조가학과(造家学科)가 배출한 최초의 졸업생 중 한 명이었다. 1854년 태어난 다쓰노는 그 밖에도 일본은행 등 많은 설계를 담당했던 메이지 시기 저명한 '건축'가였는데, 그는 '조가'학과의 수석 졸업생이었다.[83] 또한 『건축학회 50년 약사(略史)』에 의하면 지금의 일본건축학회의 전신인 조가학회는 1886년에 설립되어 1897년에 건축학회로 개칭되고 있다.[84] 이 사실만을 보아도 '조가'로부터 '건축'으로 용어가 변천한 듯한 인상을 받을지 모른다.

이 점에 관해서는 문부성 『백과전서』의 세키토 나루오 번역 『건축학』과 쓰즈키 나오키치(都筑直吉) 번역, 오토리 게이스케 교정 『조가법』(마루젠 판)이 반증이 될 것이다. 각각 ARCHITECTURE라는 동일 항목의

---

83 막말부터 메이지 초기의 주요한 설계는 고용 외국인에 의한 것이 많았는데, 일본은행은 일본인이 최초로 설계한 국가적 건조물이 된다. 1914년의 도쿄역의 건축양식은 '다쓰노(辰野)식'이라 부르는 화려함이나 프리 클래식 양식이었다. 初田亨, 『模倣と創造の空間史-西洋に学んだ日本の近·現代建築 新訂第二版』(彰国社, 2009) 등 참조.

84 建築学会 編, 『建築学会五十年略史』, 建築学会, 1936.

별판을 기점 텍스트로서 번역한 것으로, 세키토 번역이 1882년, 나오키치 번역이 1884년 간행되었다. 즉 '건축'이 '조가'에 앞선 것이다. 양 텍스트의 목록을 비교해 보아도 일관되게 '건축'과 '조가'를 구별하여 사용하고 있음이 명확하다.

기점 텍스트 ARCHITECTURE

세키토 나루오 번역, 아키즈키 가즈히사(秋月胤永) 교정 『건축학』(1882년)

목록

아서리(亜西里)의 건축술 ASSYRIAN ARCHITECTURE.

애급(埃及)의 건축술 EGYPTIAN ARCHITECTURE.

희랍(希臘)의 건축양식 GRECIAN STYLE.

명의의 해(名義ノ解) Explanation of Term.

건축술의 분과 Orders.

로마(羅馬) 건축의 양식 ROMAN STYLE.

영낙만(英諾曼)(앵글로노르만) 양식 ANGLO~NORMAN STYLE.

아특(峨特)(고딕)식 즉 첨정(尖頂)양식 GOTHIC OR POINTED STYLE.

각부의 명칭 Definition of Parts.

이태리 양식 ITALIAN STYLE.

사라센, 모루스 및 비잔틴 양식 SARACENIC, MOORISH, AND BYZANTINE STYLES.

지나(支那)의 양식 CHINESE STYLE.

도탁이(都鐸爾)(튜더)식 이리사백(以利沙伯)(엘리자베스)식 및 근세 고딕식

TUDOR—ELIZABETHAN—MODERN GOTHIC.

영국 근세 건축술 MODERN BRITISH ARCHITECTURE.

인가(人家) 시가(市街) Houses and Streets.

기념비주(紀念碑柱) MONUMENTAL COLUMNS.

건축학의 실용 및 가옥의 구조 THE PRACTICE OF ARCHITECTURE—CONSTRUCTION.

기점 텍스트 제5판(1874년) ARCHITECTURE

쓰즈키 나오키치 번역, 오토리 게이스케 교정 『조가법(造家法)』(마루젠 상사 출판, 1884년)의 목록

애급의 조가법 EGYPTIAN ARCHITECTURE.

파비륜(巴比倫) 조가법, 아한륵(亜塞勒) 조가법 BABYLONIAN AND ASSYRIAN ARCHITECTURE.

희랍의 조가법 GREEK ARCHITECTURE.

로마의 조가법 ROMAN ARCHITECTURE.

'고딕' 조가법 GOTHIC ARCHITECTURE.

'비잔틴' 조가법 BIZANTINE ARCHITECTURE.

이태리 조가법 ITALIAN ARCHITECTURE.

인도 조가법

INDIAN ARCHITECTURE.

조가술의 실시

PRACTICAL ARCHITECTURE.

'건축'이라는 한자어는 에도 난학자들도 사용하고 있다. 예를 들면 네덜란드인 폰 오페르메르 피셔(van Overmeer Fisscher)가 1833년에 저술한 *Bijdrage tot de kennis van het Japansche rijk*는 『일본풍속비고(日本風俗備考)』로서 막말에 완역되었다. 천문방(天文方)이었던 야마지 유키타카(山路諧孝)가 감수하고, 스기타 세이케이(杉田成卿), 미쓰쿠리 겐포, 다케노우치 겐도(竹内玄同), 다카스 쇼테이(高須松亭), 우다가와 고사이(宇田川興斎), 시나가와 우메지로(品川梅次郎)와 같은 난학자들의 공역으로, 그 중 1절에서 "다이코(太閤)의 개정(改政)이 있는 후에는 에도의 건축이 극히 장대해" 졌다고 해서 '건축'이란 말이 사용되고 있다. 막말 유신기의 영일사전을 상세히 조사한 기쿠지 쥬로(菊池重郎)에 의하면 당시의 '건축'에는 '축성'이라는 의미도 들어가 있었다고 한다. 그리고 『백과전서』에서 architecture의 역어로서는 '건축'을 '문부성 계열'로, '조가'를 '공부성 계열'로서 분석하고 있다.[85] 또한 '건축'과 '조가'는 교육제도의 변천과도 연

화장본 분책본 『건축학』 『조가학』

85 菊池重郎, 「文部省における「百科全書」刊行の経緯について-文部省刊行の百科全書「建築学」に関する研究·その一」, 『日本建築学会論文報告集』 第61号, 1959, pp.112~119; 菊池重郎, 「明治初期におけるARCHITECTUREの訳語について-文部省刊行の百科全書「建築学」に関する研究·その二のa」, 『日本建築学会論文報告集』 第65号, 1960, pp.142~147; 菊池重郎, 「明治初期におけるARCHITECTUREの訳語について-文部省刊行の百科全書「建築学」に関する研究·その二のb」, 『日本建築学会論文報告集』 第67

결된다. 공학회가 편집한『메이지 공업사 건축편』에 다음의 설명이 있다.

> 건축에 관한 규칙 정식 교육은 공부대학교를 기원[權輿]으로 삼는다. 공부대학교 시대에 건축학을 제창하고, 조가학의 명칭을 사용한다. (…) 조가학의 수업이라 할 만한 것은 1875년부터의 일이다. 이후 계승되어 1885년에 공부성이 폐지되기에 이르러 문부성의 관할로 되고, 도쿄대학과 합병하여 메이지 1886년 3월 1일부터 제국대학이 되고, 그 중 공과대학에 조가학과가 설치되게 된다. 후에 1897년부터 도쿄제국대학의 일부가 된다. 조가학과가 건축학과로 개칭된 것은 바로 1897년이다.[86]

공부성이 폐지된 후에도, 공부대학의 학과명으로서는 잠시 동안, 그리고 제국대학에서도 '조가학과'로서 답습되었다. 도쿄제국대학의 '조가학과'가 '건축학과'가 된 것은 1897년이다. 앞서 기술하였듯이 조가학과가 건축학과로 개칭한 해이다.

앞서『건축학』을 번역한 세기토 나루오가 게이오기주쿠 졸업 후에 문부성에 들어갔던 것에 비해 개역한 마루젠판『조가법』의 교정을 담당했던 오토리 게이스케는 공부성과 관계가 깊은 인물이었다.[87] 오토리는

号, 1961, pp.162~168.

86 工学会,『明治工業史 建築篇』, 学術文献普及会, 1927.

87 오토리의 생애에 관해서는 山崎有信,『大鳥圭介伝』(北文館, 1915), 高崎哲郎,『評伝大鳥圭介―威ありて, 猛からず』(鹿島出版会, 2008), 星亮一,『大鳥圭介』(中公新書, 2011) 등에 상세하다.

1833년 반슈아코(播州赤穂)의 의사 집안에서 태어나 오카야마의 시즈타니코(閑谷校)와 오사카의 데키주쿠(適塾)를 거쳐, 에도의 에가와주쿠(江川塾)에서 병학을 공부해 막부 보병봉행(歩兵奉行)이 되었다. 나카야마 만지로(中浜万次郎)에게 영어를 배우고, 또 '오토리 활자'라 불리는 합금제 활판의 고안자이기도 하다. 그리고 무신전쟁에서는 에노모토 다케아키(榎本武揚)를 따라 고료카쿠(五稜郭)에서 항복해 군무국 규문소에 투옥되었다가, 특사로 출옥한 뒤 신정부에 출사했다. 메이지 초기에는 이와쿠라 사절단에 합류해 미국과 영국을 방문, 공부대보(工部大輔)였던 이토 히로부미와 만나게 된다. 1877년에 공부대학교 공부대서기관에 발탁되어, 그 5년 후에는 공부대학교 교장에 취임한다. 이렇게 공부성 관계자였던 오토리가 교정한 번역 텍스트에서 '조가'라는 역어가 선택되고 있는 것이다. 그는 후에 교육직에서 외교관으로 전직해 청국 공사가 되고 1893년에는 조선 주재공사를 겸무해, 청일전쟁의 발단이 되었던 외교공작에도 관여한 운명을 겪는다.

오토리 게이스케

4. 신문 광고에 의한 유통과 소비

여기서부터는 문부성 『백과전서』의 유통과 소비를 신문 광고라는 제도를 통해 검토한다. 『백과전서』는 대규모의 국가사업으로서 문부성 주도로 시작된 번역 프로젝트이지만 최초의 분책본 간행서부터 약 10년 후인 합본 세트에서는 유린도나 마루젠이라는 민간 서점으로 출판활동의 주체가 이행되고 있다. 관에서 민으로 축을 옮겨, '예약 출판'이라는 새로운 출판제도 역시 도입되고 있다. 또한 학제분포에 따라 교과서의 필요성도 있어, 전국 각지의 민간 서점에 의한 분책본도 번각되고 있다. 각종 이본이 현존하는 까닭이다.

| 대신문과 소신문 |

문부성 『백과전서』는 어떤 광고로 독자를 유인했던 것일까. 신문 광고 텍스트는 독자의 욕망을 어떻게 유발하고자 했는가를 확실히 보여준다. 우선은 당시의 신문에 관해서, 그 독자층에 의한 두 가지 분류를 간단히 확인해 두자.

메이지 초기의 신문은 지면이 넓고 한자 가타카나 혼용의 한문조의 문체로 쓰여진 대신문과 지면이 좁고 3면 기사를 중심으로 서민을 대상으로 루비를 붙인 표기였던 소신문으로 크게 구별되어, 대상으로 삼는 독자층이 나누어져 있었다.[88] 당시 대표적인 독자관으로서는 다음과 같은 투서가 참고가 된다. "니치니치신문 같이 지폭이 넓고 물론 그 의론이 고상하여 중등 이상의 인민이 읽는 것이 있고, 가타카나가 붙은 소신문 같은 것은 평균하자면 하등 사회의 읽을 것이다"(『도쿄 니치니치신문』 1878년 2월 13일). 즉 『도쿄 니치니치신문』을 비롯한 대신문(이외에는 『요코하마 마이니치신문[横浜毎日新聞]』, 『유빈호치신문[郵便報知新聞]』, 『초야신문[朝野新聞]』, 『도쿄 아게보노신문[東京曙新聞]』 등)은 '중등 이상의 신민'인 관리나 교원 등 지식인, 호농이나 호상 등 상층의 독자를 대상으로, 정치·경제를 중심으로 한 기사가 게재된다. 이에 비해 소신문(예를 들면 『요미우리신문[読売新聞]』, 『아사히신문[朝日新聞]』, 『에이리 지유신문[絵入自由新聞]』, 『도쿄 에이리신문[東京絵入新聞]』, 『가타요미신문[仮名読新聞]』 등)은 '하등 사회'를 대상으로 한 지면이었다. 소신문의 기자 자신도 "이 신문은 오직 하등사회를 단골로 해서, 자유의 공기를 흡입한 사람이나 민권가의 눈에 차는 물건은 아니다"(『가타요미신문』 1877년 1월 17일)라고 쓰고 있다.

---

88 山本武利, 『近代日本の新聞読者層』, 法政大学出版局, 1981, pp.60~91.

대신문 『도쿄 니치니치신문』은 후쿠치 오우치(福地桜痴, 후쿠치 겐이치로[福地源一郎])가 입사한 후에 정부의 어용신문이 되었고, 관청에서 우선적으로 강독되어 관리 독자가 다수를 점하게 되었다. 교원인 독자도 많고, 지방 학교에서는 관비로 대신문을 강독해, 관비로 각지에 설치된 신문종람소(新聞縦覧所)나 신문해화해(新聞解話会)에서 음독한다든지 해설한다든지 하는 것은 대개 교원의 역할이기도 했다. 다른 한편 소신문을 읽는 것은 고학력 엘리트는 아니었다. 소신문이었던 『요미우리신문』의 창간호(1874년 11월 2일)에서는 "이 신문지는 여동(女童)을 가르치기 위한 사항을 누구라도 알기 쉽게 쓴 것"이라 하고, 『아사히신문』이 오사카 지사에 제출한 '신문지발행어원(新聞紙発行御願)'에서는 "권선징악의 뜻으로 속인, 부녀자를 교화에 이끈다"(1878년 12월 23일)라고 쓰여져 있는 것처럼 소신문의 독자는 "도시와 시골의 여성부터 하인, 식모, 점원"으로 상정되고 있던 것이다.

| 신문 광고 텍스트 |

달랐던 독자층을 대상으로 한 대신문과 소신문의 광고를 실마리로 메이지 초기에 문부성 『백과전서』가 어떻게 유통되고, 소비되었는가를 구체적인 신문 광고 텍스트에서 찾아보자. 한정된 데이터이지만, 대신문 『도쿄 니치니치신문』과 소신문 『요미우리신문』, 『아사히신문』, 『에이리 지유신문』에서 『백과전서』와 관련된 광고 텍스트를 살펴보자.[89]

가장 이른 시기 신문 광고란에 등장한 것은 1876년 4월 10일 『도쿄 니치니치신문』에 실린 『양생편』(PRESERVATION OF HEATH)로, 그 문면은 이러했다.

『도쿄 니치니치신문』 1876년 4월 10일

문부성번각

백과전서 양생편. 다른 편들도 속속 번각. 양제 소본(洋製小本) 1책

이 책은 원래 문부성의 어장판(御蔵版)으로, 그 귀중함은 이미 세상 군자들에게 널리 알려진 바 이번에 본점에서 문부성의 허가를 받아 다시 양지접양본제(洋紙摺洋本製)로 내어, 관객을 위해 일층 간편을 도모한다. 바라건데 군자들이 이 책을 귀중히 해 간편함을 즐겨 계속 찾기를 바란다.

요코하마 벤텐도리(弁天通) 2쵸메 마루야젠로쿠(丸屋善六)

오사카 신사이바시(心斎橋) 기타큐호지마치(北久宝寺町) 마루야젠하치(丸屋善八)

교토 데라마치도리(寺町通リ) 산조아가루(三条上ル) 마루야젠키치(丸屋善吉)

나고야 혼마치(本町) 8쵸메 마루야젠시치(丸屋善七)

도쿄 니혼바시도리(日本橋通) 3쵸메 마우랴젠쿠라(丸屋善蔵)

---

89 국문학 연구자료관의 「메이지 시기 출판 광고 데이터베이스」는 1872년 2월 창간한 『도쿄 니치니치신문』을 주대상으로(이외에는 『에이리 지유신문』), 1889년 말까지 약 4만 4천 건의 광고 전문을 콘텐츠로서 한 데이터베이스이다(http://base1.nijl.ac.jp/~meiji_pa/). 이에 더해 「요미다스(ヨミダス) 역사관(메이지, 다이쇼, 쇼와)」와 「기쿠조(聞蔵) II 비쥬얼」(아사히신문 축쇄판 1879~1989년)을 자료로 사용한다.

니시키오리 세이노신 번역, 구보 요시토 교정 『양생편』의 문부성 간행은 1874년 4월이고, 문부성에서 『백과전서』 프로젝트가 시작했던 초기의 분책본은 우선 화장본 2책으로 간행되었다. 『도쿄 니치니치신문』은 『양생편』의 번각된 '양제 소본 1책'에 관해 도쿄나 요코하마를 비롯해 대도시권의 마루젠 각사가 광고주가 되고 있다. '다른 편들도 속속 간행'이라는 점에서 마찬가지 번각 출판이 『양생편』 이외에도 계속해 이뤄질 예정임을 알 수 있다. 즉 번역 프로젝트의 초기 때부터 민간 서점에 장정(裝丁)이 다른 번각을 허가하고 있고, 그 때문에 『백과전서』에는 다양한 이본이 유통되게 되었던 것이다. 목판·활판, 화장본·양장본, 마분지 표지본[90], 판형 각종에 걸친 영본(零本)으로서, 고르지 않은 분책본 『백과전서』의 각 이본은 국립공문서관, 국립국회도서관, 각 대학 도서관 등에 소장되어, 조용히 잠들어 있는 것이 현실이다.

이외에도 문부성 간행의 화장본 2책을 민간 서점이 양장본 1책의 합본으로서 번각한다는 취지의 광고로서는 도요샤(東洋社)나 고레이샤(弘令社) 등에 의한 것이 곳곳에 보인다. '1책 양서 제작' 다카하시 다쓰로 번역, 우치무라 고노스케 교정 『교제편(交際篇)』(CONSTITUTION OF SOCIETY--GOVERNMENT), '합본1책 양서 제작' 쓰보이 다메하루(坪井

90 '마분지(ボール) 표지본'이란 화장본에서 양장본으로 전환기에 특히 메이지 10년 전후에서 20년대 전반까지 보급되던 양장본으로, 두꺼운 판지(마분지)를 표지로 사용한 간이 제본 양식의 책. 木戸雄一, 「明治期「ボール表紙本」の誕生」, 国文学研究資料館 編, 『明治の出版文化』(臨川書店, 2002, pp.1~30), 今野真二, 『ボール表紙本と明治の日本語』(港の人, 2012) 등을 참조 바란다.

為春) 번역, 시미즈 세이신 교정, 『의학편(医学篇)』(MEDICINE — SURGERY), '양서 제작 합본 1책' 호리코시 아이코쿠 번역, 히라타 무네타카 교정 『국민통계학(国民統計学)』(SOCIAL STATISTICS) 등의 신문 광고가 그것이다.

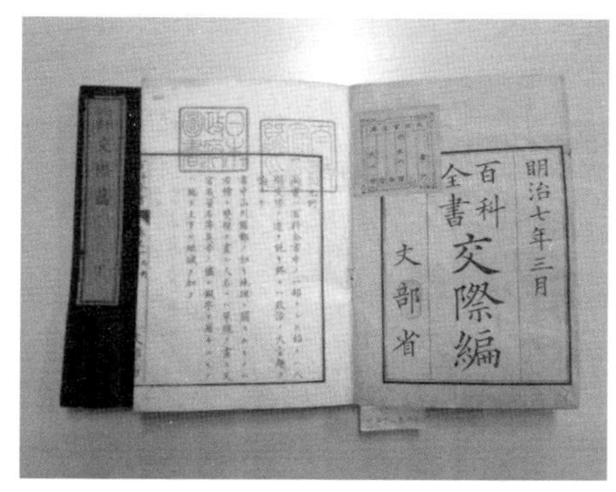

화장본 상하 2책 『교제편(交際篇)』
(면지에는 『교제편(交際編)』)

『도쿄 니치니치신문』 1877년 2월 3일

문부성 어장판

○ 교제편 상하 2책 합본. 1책 양장 제작. 정가 금28전

전서 복간 본월 6일부터 발매. 이 책은 인간교제의 요점을 조금도 부족함이 없이 지요(至要)의 뜻을 설명한 것으로, 즉 족종정치(族宗政治) ○ 동성의 종족(種族) ○ 노예의 상태 ○ 인생의 책임 및 문명의 나라 ○ 도부(都府)의 폐해 ○ 정치총론 정치의 체제(귀족합의. 입군독재 입군정률(立君独裁立君定律). 공화정치) 등에 더해 ○ 정부의 혁명 ○ 행정 및 외국의 사절 ○ 정부의 위력을 사실을 들어 논하는 것으로 쉽게 금일의 서양 각국의 정태를 알고자 한다면 보아 유익할 책이라 할 만하다.

도쿄 긴자 3초메 14번지 도요샤

『도쿄 니치니치신문』 1877년 2월 3일

문부성 어장판

○ 백과전서 의학편. 합본 1책. 양서 제작. 정가 금28전

이 책을 번각 발매하오니 바라건대 강호 제언들의 구매를 바람

긴자 3쵸메 14번지 도요샤

『도쿄 니치니치신문』 1877년 5월 9일

문부성 어장판

○ 백과전서 국민통계학 전(全). 양서 제작. 합본1책. 정가 금35전

이 책을 번각 발매하오니 근처헤서 구매하시기를 바람

도쿄 간다(神田) 고겐쵸(五軒町) 고레이샤(弘令社)

도쿄 시바신메이마에(芝神明前) 야마다이치베(山中市兵衛)

도쿄 도리3쵸메 마루야젠시치(丸屋善七)

도쿄 바쿠로쵸(馬喰町) 2쵸메 시니가와킨쥬로(品川金十郎)

교토 데라마치도리(寺町通) 시조아가루(四条上ル) 다나카지베(田中治兵衛)

민간 서점으로서 마루젠 이외에도 도요샤나 고레이샤 등에서 1877년 초에 이미 양장본 합본1책으로 번각이 나오고 있던 사실이 이들 신문 광고에서 판명된다. 정가도 표시되어 있는데, 문부성 간행의 화장본 2책과 거의 같은 정도로 설정되어 있다.(참고로 화장본 2책으로 『교제편』과 『의학편』는 24전, 『국민통계학』은 36전)

『교제편』의 광고에는 내용까지 다루며 자세히 기술하고 있다. 이 책

이 ‘인간교제’, 즉 사회제도나 정부에 관해 ‘서양 각국의 정태’를 간결히 설명한 것이라는 점을 신문의 독자에게 전달하는 광고가 되고 있다.

다음해 1878년 5월에도 다시 도요샤의 광고가 『도쿄 니치니치신문』에 게재되는데, 이는 『백과전서』 이외의 문부성 관판(官版)의 번각도 포함한 내용이다.

『도쿄 니치니치신문』 1878년 5월 31일

○ 미국 정치논략 서양철 전1책 정가 58전

米国　政治略論　西洋綴　全一冊　定価五十八銭

○ 개정 영사 서양철 전1책 정가 1엔 20전

改正　英史　　　　　同　全一冊　定価一円二十銭

○ 불란서아란타 읍법 서양철 전1책 정가 38전

仏蘭西阿蘭陀　邑法　同　全一冊　定価三十八銭

○ 백과전서 의학편 서양철 전1책 정가 28전

百科全書　医学編　　同　全一冊　定価二十八銭

○ 경제요지 서양철 전1책 정가 30전

経済要旨　　　　　同　全一冊　定価三十銭

위는 문부성 어장판으로 본사에서 번각 출판해 책으로 내 발매한 후 크게 강호의 사랑을 받아 계속된 구매에 실로 감사하기 그지없다. 이로서 이번에 깊이 그 후의를 감사하며 앞으로도 변함없는 사랑과 구매를 바라며 엎드려 사방 제군에게 광고한다.

도쿄 긴자 3초메 14번지

화장본 상하 2책『의학편』(표지, 면지)

5월 서점 도요샤

『의학편』과 나란히 제시되고 있는 것도 모두 번역서이고, 『미국정치논략(米国政治略論)』은 니시키오리 세이노신 번역, 우치무라 고노스케 교정, 『개정영사(改正英史)』는 오시마 사다마스 편역, 『불란서아란타읍법(仏蘭西阿蘭陀邑法)』은 오이 겐타로·간다 다카히라 번역, 『경제요지(経済要旨)』는 니시무라 시게키 번역(오이 겐타로와 간다 다카히라 이외에는 『백과전서』의 번역자와 교정자)이다.

1877년에는 『도쿄 니치니치신문』과 『요미우리신문』에서 『상업편』에 관해 유사한 광고가 수차례 걸쳐 등장하고 있다.[91] 대신문인 『도쿄 니치니치신문』에서는 한자 가타카나 혼용이고, 소신문인 『요미우리신문』은 한자 히라가나 혼용이라는 표기의 차이 이외에는 양 신문 문면은 거의 동일하고, 1874년 화장본 2책으로 간행되었던 마에다 도시키 번역, 나가카와 신고 교정 『상업편』(COMMERCE—MONEY—BANKS)을 '개정증보'한 3책본이 간행된 취지를 광고한 텍스트이다. 이 증보판에 관해서는

91 초판 화장본의 표지에는 「상업편(商業篇)」, 면지에는 「상업편(商業編)」, 유린도나 마루젠의 합본에서는 둘 다 「무역 및 화폐 은행(貿易及貨幣銀行)」이고, 타이틀이 일정하지 않다. 또한 합본판의 목록에서는 개정증보판의 용어가 일부 사용되고 있지만 본문은 초판 그대로이다.

그 후에도 마찬가지 광고가 양 신문에 반복되는데, 꽤 힘을 들여 독자적으로 선전을 하고 있음이 엿보인다.

『도쿄 니치니치신문』 1877년 6월 27일

마에다 도시키 번역 개정증보 백과전서

상업편 전3책

무역론 부분 번각. 정가 금25전

화폐론 은행론 부분은 앞으로 나옴

이 책은 문부성의 간행과 관련된 영국인 체임버스 씨의 백과전서 상업편을 지금 1875년 런던 간행 개정 증보의 책에 의거하여 다시 번역한 것으로, 이 개정은 무역의 진리부터 회사의 구조, 부기법, 기타 화폐, 지폐의 의의 및 은행 설립의 법, 주식 거래의 규칙 등에 이르기까지 그 대강을 기술한 문의가 간명하여 이해하기 쉬운 책으로 학교의 교과서 또는 상업가의 필독의 양서이다.

이번 발행을 빌어 강호의 군자들께서 이 책을 구매해 주기를 바람.

도쿄 혼마치 3쵸메 미즈호우사부로(瑞穂屋卯三郎)

도쿄 시바미시마쵸(芝三島町) 이즈미야 미치베(和泉屋市兵衛)

도쿄 고이시카와다이몬쵸(小石川大門町) 가리카네야세이키치(雁金屋清吉)

'1875년 런던 간행 개정 증보의 책'이란 기점 텍스트 제5판을 저본으로 한 것임을 명시하고 있다. 분책본에서의 특이한 예외로서 최초부터 제5판을 사용한 니시무라 시게키 번역 『천문학』(1876)과 오쓰키 후미히

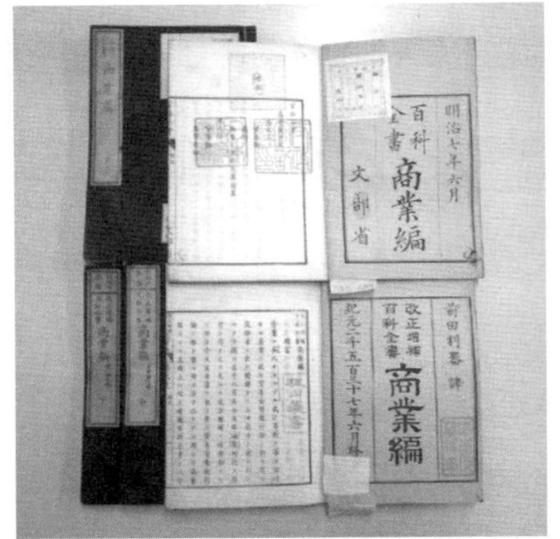

위: 화장본 2책『상업편(商業篇)』
(면지에는『상업편(商業編)』)
아래: 화장본 3책『개정증보 상업편』

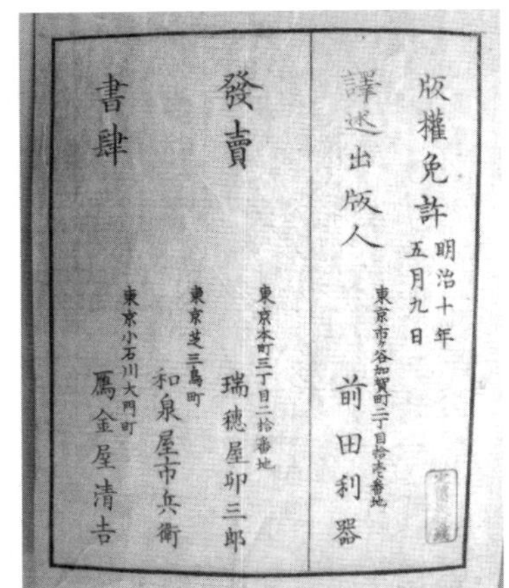
版權免許 明治十年五月九日
譯述出版人 東京市ヶ谷加賀町三丁目拾壱番地 前田利器
發賣 東京本町三丁目二拾番地 瑞穂屋卯三郎
東京芝三島町 和泉屋市兵衛
書肆 東京小石川大門町 雁金屋清吉

『개정증보 상업편』 판권장

코의『언어편』(늦어도 1886년), 혹은 합본이 되어 일부 보정된 1883년에서부터 1885년에 걸쳐 간행된 마루젠판 6편(『유요금석편(有要金石編)』,『경전사(経典史)』,『조가법(造家法)』,『목양편(牧羊篇)』,『농학(農学)』,『기하학(幾何学)』)만이 아니라, 일찍이 이 시기 화장본 분책본에서도 개역의 번역서가 있었다. 이 개정 증보 3책본은 국립문서관에도 소장되어 있고, 상권「무역론」, 중권「화폐론」, 하권「은행론」이 실물로 확인 가능하다.(국립국회도서관에서는 디지털판이 열람 가능). 판권 면허는 1877년 5월 9일, '역술출판인'으로서는 번역자 '마에다 도시키'의 이름이 기록되어 있다. 그 머리글을 인용해 보다.

개정증보 백과전서 상업편 머리글

내가 전에 영국인 체임버스 씨의 백과의 일을 논술한 저서에 대해 무역, 화폐, 은행론의 부분을 번역해 문부성에서 간행하여 세상에 내보이게 되었다. 최근 1875년 런던 간행의 원서를 얻어 이를 보니 개정 증보의 건이 적지 않았다. 따라서 이번에 원서에 의거하여 다시 무역, 화폐, 은행론의 부분을 번역해 책을 나눠 3개로 했다. 제목으로 상업편이라 하고, 그 제목 위에 개정증보 백과전서라는 8자를 더했다. 이 개정된 원서 중 교역의 진리부터 상법, 기타 회사 구조의 순서, 부기법, 화폐, 지폐의 의의 및 은행의 설립 방법, 주식 거래의 규칙 등에 이르기까지 모든 상업상 관계된 것이 기술된 바, 쉽게 그 취지를 모두 망라하여 남은 바가 없다. 세간에 각종 책이 많다고 해도 책수가 많음에 지나지 않아 아직 일찍이 이같이 간략함을 다한 책을 보지 못했다. 초학(初学)에 도움이 됨을 알 수 있다. 만약 초학의 무리가 이 책에 의거해 앞서 말한 바의 상업의 대의를 요득(了得)하고, 다음에 입실(入室)의 밑천이 됨을 얻는다면 어찌 다행이 아니겠는가. 나의 천식누견(浅識陋見)을 두려워하지 않고 이를 번역해 상재하여 세상에 널리 보인 까닭이다. 단 그 번역이 맞지 않아 문의가 통하지 않는 곳이 있다면 앞으로 대방(大方) 군자의 개정을 바라는 바가 심히 깊다.

번역자인 마에다 도시키가 앞선 번역 출판부에 어떤 루트로 1875년 런던에서 나온 신판을 입수하여 개정 부분이 적지 않았기에 새로 번역하여 개정판으로 삼았던 사정이 설명되고 있다. '개정 증보 백과전서'라는 8자를 서명에 더했다고 말하고 있는데, 문부성 프로젝트의 일환이라기보다 번역자 마에다의 개인적인 출판물이라고 말해야 할지도 모른다.

나아가 신문 광고 속에는 특정한 독자를 대상으로 한 것이 있는데, 다음이 그 예이다.

『도쿄 니치니치신문』 1879년 10월 28일

문부성 어장판

백과전서 백공응용화학편. 상하2책

12년 10월 25일 판매시작. 정가 35전

위의 책이 부현의 대소학교에서 행해지고 있음은 여러분들이 알고 있는 바이다. 이 책이 세간에 부족한 것을 사방의 손님들 역시 알아, 번각한 책을 찾아내도 제본이 조잡해서 학자들의 혼란이 적지 않았다. 따라서 이번에 활자판의 대자(大字)를 사용 서양철로 미본(美本)을 수천 부 만들어 번각해 발매한다. 대방의 제언이 계속 구매 열람해 주기를 바라며 삼가 광고한다.

발매서점

도쿄도리 산쵸메 마루야젠시치

도쿄 시바미시마쵸 이즈미야미치베

오사카 신사이바시스지(心斎橋筋) 기타큐호지마치(北久宝寺町) 마루야젠시치

오사카 신사이바시스지 빈고마치(備後町) 우메하라카메시치(梅原亀七)

오사카 신사이바시스지 미나미큐호지마치 마에카와젠베(前川善兵衛)

요코하마 벤텐도리 2쵸메 마루야젠하치

나고야 혼마치 8쵸메 마루야젠하치

도쿄 시바미타 2쵸메 게이오기주쿠 출판사

마키야마 고헤이 번역, 가와모토 세이이치 교정 『백공응용화학편(百工応用化学篇)』(CHEMISTRY APPLIED TO THE ARTS)은 문부성 『백과전서』의 첫 분책본으로서 우선은 1873년 7월에 화장본 2책으로 간행되었다. 같은 해에는 연이어 미쓰쿠리 린쇼 번역 『교도설』(EDUCATION)도 나오는데, 이들 쪽이 2개월 정도 빠르다. 머리글이나 범례가 붙어 있는 『교도설』에 비해 『백공응용화학편』은 본문만 있는 간단한 만듦새였는데, 학제 반포 직후 시기에 우선적으로 필요했던 것은 아닐까 추측된다. 이 신문 광고에는 "활자판의 대자를 사용해 서양철로 미본을 수천 부 만들었다"고, 특별히 수천 부 번각한 것이 기술되어 있다. 『백공응용화학편』 이외에도 교과서로서 특별 제작된 이본의 사례로서는 세키토 나루오 번역, 구보 요시토 교정 『지문학』(PHYSICAL GEOGRAPHY)이 있고, 국립공문서관을 비롯해 전국에 다수의 이본이 소장되어 있다. 실제 손에 넣은 『지문학』의 내표지에 '학교용'이라고 크게 인쇄된 문자가 눈에 띈다.

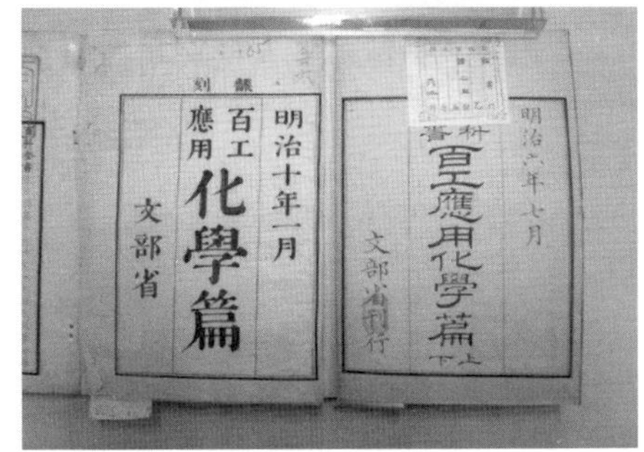

화장본 상하 2책 『백공응용화학편』의 2종류 이본
(위: 표지, 아래: 면지)

『지문학』 6종류의 이본('학교용'이라고 쓰여 있는 것도 있다. 위: 화장본 아래: 양장본)

1879년 1월에 오사카에서 창간된 『아사히신문』의 본문 기사는 소신문의 특징으로서 루비가 붙은 한자 히라가나 혼용으로 쓰여져 있는데, 이 광고란에는 루비 없이 한자 가타카나 혼용 문장도 섞여 있다. 1880년 단기간 6회 연속해 게재된 '백과전서 농업편'의 광고를 보자.

> 『아사히신문』 1880년 10월 23일, 24일, 26일, 29일, 같은해 11월 2일, 3일
>
> 하가 구메조(芳賀久米造) 편찬, 백과전서 농업편
>
> 반지본(半紙本) 2책. 대가(代価) 40전. 우편배송은 세14전
>
> 업을 흥해 나라를 부유케 함은 농업을 융성하는 것만함이 없다. 그런데 백과전서 중 오랫동안 이 편이 없어 이번에 번각하니 각지 서점에서 구매하기를 희망한다.
>
> 오사카 미나미큐호지마치 4쵸메 마에카와젠베

6회 광고 모두 동일한 문면이다. 나아가 다음해 1881년 1월 13일의 『도쿄 니치니치신문』에도 거의 동일한 광고가 게재되고 있다.(발행인 '마에카와 젠베'에, 발매인으로서 '야마카와 시치베'가 추가) 광고의 문면에 '백과전서 중에 오랫동안 이 편이 없었다'라고 하고 있듯이 전편 중에서

AGRICULTURE가 오랫동안 번역되지 못했던 것은 사실이다. 『문부성출판서목』의 공적 기록에는 문부성 『백과전서』의 『농학』이 마쓰우라 겐키치 번역으로 간행된 것은 1883년이 되어서이고(단 국립공문서관에는 '메이지14년[1881] 3월 문부성 간행'의 『농학』을 소장), 제5판을 저본으로 한 다마리 기조에 의한 마루젠판 개역은 1884년의 출판이다.

어느 쪽이든 AGRICULTURE의 번역은 『백과전서』 프로젝트의 전체 최후 시기에 속한 출판물이다. 그런데 '이번에 번각한다'라고 신문 광고 되는 책은 '하가 구메조'가 편찬하고, 오사카 출판인 '마에카와 젠베'가 간행한 것으로, 문부성 『백과전서』의 『농학』은 아니다. 이 『백과전서 농업편』은 국립공문서관에 실물로, 국립국회도서관에 디지털판이 열람 가능하다. 화장본 장정이나 면지의 의장을 비롯해, 또 무엇보다 '백과전서'라는 문언을 타이틀에 집어넣은 점은 꽤 헷갈리기 쉽다. 『백과전서』의 평판에 편승하려 했던 것일까.

신문 광고에는 '품절'에 의한 번각을 고지한 내용도 보인다. 다음

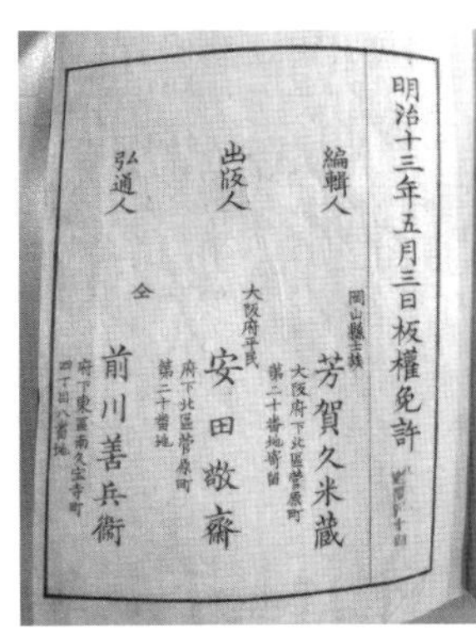
明治十三年五月三日板權免許
編輯人 岡山縣士族 芳賀久米蔵
大阪府下北區菅原町第二十番地寄留
出版人 大阪府平民 安田敬齋
府下北區菅原町第二十番地
弘通人 仝 前川善兵衛
府下東區南久宝寺町四丁目八番地

화장본 상하 2책 『농업편』 (표지, 면지, 판권장)

2개의 광고 텍스트는 둘 다 같은 출판인 우치다 요시베(内田芳兵衛)에 의한 것으로, 가와모토 세이이치 번역, 구보 요시토 교정 『인심론』(THE HUMAN MIND)과 쓰카모토 슈조 번역, 오이 가마키치 교정 『논리학』(LOGIC)에 관해서 '품절'을 이유로 번각을 전하고 있다.

『도쿄 니치니치신문』 1882년 11월 17일
문부성 어장서 칼킨(加爾均) 씨 서물지수(庶物指教). 서양철 상하합본 전 1책. 정가 금95전. 우송료 40전.
동 어장서 백과전서 인심론. 서양철 전1책. 정가 금16전 5리. 우송료 금6전
동 어장서 백과전서 논리학. 서양철 전1책. 정가 20전. 우송료 금6전
이 책은 문부성 어장판이 품절로 인해 각 학교에 지장을 주어 이번에 본점에서 발행하니 바라건데 대방의 제군들의 열람을 바람
니혼바시구 니시가시(西河岸) 13번지 서림(書林) 우치다 요시베

『도쿄 니치니치신문』 1883년 9월 22일
니시무라 시게키 선생 번역
○ 교육사 상하. 합권 전1책. 정가 50전 우송료 포함
이 책은 문부성 어장판으로 방금 품절이 되었습니다. 이번에 본점에서 번각 발행합니다. 구매해 주시기를 바랍니다.
○ 칼킨씨 서물지수 상하권. 전1책. 정가 95전 우송료 포함
○ 가와모토 세이이치 선생 번역 인심론. 전1책. 정가 16전 5리 우송료 포함
위 양책은 모두 앞서 번각 발행했는데 의외로 많은 요청이 있어 품절이 되

어, 이번에 증제본하오니 앞으로도 배전의 성원을 부탁드립니다.

니혼바시구 니시가시 13번지 우치다 요시베

판매처 ○ 시바미즈이치(芝泉市) ○ 도리마루젠(通丸善) ○ 혼마치 긴코도(本町金港堂) ○ 바쿠로쵸 이시카와(馬喰町石川) ○ 요코야마쵸 우치다(横山町内田)

두 개의 광고에는 약 1년의 간격이 있지만 '방금 품절로 인해 각 학교에 지장'이 있다거나 '의외로 많은 요청이 있어 품절'되었다거나 평판이 좋았던 인상을 주는 문구이다.

또 번역자에 붙어있는 '선생'이라는 경칭도 흥미롭다. '니시무라 시게키 선생 번역'(니시무라 번역 『교육사』는 『백과전서』의 편은 아니다. 덧붙여 『칼킨씨 서물지수』는 구로사와 히사토[黒沢寿任] 번역)이나 '가와모토 세이이치 선생 번역'으로 하고 있다는 점에서 번역자인 니시무라나 가와모토에 대한 경의가 나타나고 있다.

| 예약 출판이라는 제도 |

1883년부터 1884년에 걸쳐 『도쿄 니치니치신문』에서는 예약 출판에 관한 광고가 자주 보인다. 같은 시기 일본 출판계에는 예약 출판이 유행하고 있었다는 점을 생각해 둘 필요가 있다.[92] 마에다 아이(前田愛)는 메이지 10년대 중반의 에도 오락소설이 활판에 의한 번각을 예약 출판이라는 방식의 유행과 관련지어 논하면서, 이를 "신문 보급이 가져온 새로운 방식"으로 "출판사→중개점→소매점의 계열화가 미비했던 시기에 지방 독자를 직접 동원할 수 있는 효과적인 방식이었다"고 말한다.[93] 이 시기에는 오락소설뿐 아니라 문부성 『백과전서』라는 번역 텍스트에도 예약 출판의 물결이 일고 있었음을 신문 광고를 통해 알 수 있다.

예약 출판에서는 신문 광고 등을 매개로 출판사가 예약자와 직접 주고받게 된다. 이것은 신문 광고라는 새로운 미디어에 의해 가능해진 새로운 출판유통 방법인 것이다. 근대 그 자체가 만들어지는 '문화의 변곡점'이라는 관점에서, 로버트 캠벨은 메이지 시대의 예약 출판에 대해, "간행에 앞서 구독자를 모집하고, 사전에 징수한 입사금(入社金), 선금 또는 배본(配本)별 대금을 충당하고, 그 인원수 만큼의 부수를 출판 판매하는" 방법을 "당시에 가장 근대적인 미디어 장치"에 의한 유통인 동시에 "새롭고 불안정한 미디어"였다고 말한다.[94]

> 메이지 10년대 중반에 일본에 나타난 예약 출판은 영업대리(에이전트)를 주로 하는 서양의 그것과 유사하면서도 출판사와 독자의 직접 관계를 중시하고, 또 원칙으로서 판매처나 대본소 등 근세적 출판계의 말단기구를

---

92 ロバート·キャンベル, 「規則と読者-明治期予約出版の到来と意義」, 『江戸文学』, 第21号, 1999, pp.112~134. 磯部敦, 『出版文化の明治前期~東京稗史出版社とその周辺』, ぺりかん社, 2012.

93 前田愛, 『近代読者の成立』, 岩波同時代ライブラリー, 1993, pp.71~81.

94 ロバート·キャンベル, 「規則と読者-明治期予約出版の到来と意義」, p.112.

회피함으로써 기반을 다졌다. 독자와의 관계는 신문 광고, 우편 통지, 전단지 배포, 가정방문 등 종래 사용하지 않았던 전파방법에 의한 새로운 규칙을 차차 확립시켰다.[95]

예약 출판에는 리스크도 따랐다. 1882년부터 3년 정도 활동한 도쿄 하이시(稗史) 출판사를 연구한 이소베 아쓰시(磯部敦)에 의하면, 이 출판사는 예약 출판으로 인해 실패를 맛보았다. "예약자의 예약금이나 선금으로 서적을 제작하기 때문에 자기 자금을 그 정도로 필요로 하지 않고, 인쇄 시점에서 발행부수를 조정할 수 있는 장점이 있는 한편 예약자가 송금을 그만두면 본전을 뽑아낼 수 없고, 완수 불가능하게 되어버린다는 단점도 있기" 때문이다.[96]

문부성 『백과전서』는 후쿠자와 유키치에게 배운 하야시 유테키가 1869년에 창업한 노포 출판사의 사사(社史)인 『마루젠 백년사(丸善百年史)』에도 등장한다. 자사에 의한 『백과전서』의 예약 출판을 "아마 일본에서 최고로 오래된 예약 출판의 하나"로서 그에 관한 사정을 다음과 같이 설명하고 있다.[97]

---

95 ロバート·キャンベル, 「規則と読者-明治期予約出版の到来と意義」, pp.112~113.

96 磯部敦, 『出版文化の明治前期—東京稗史出版社とその周辺』, p.35.

97 植村清二, 「第一編」, 『丸善百年史-日本の近代化のあゆみと共に 上巻』, 丸善, 1980, pp.200~201.

메이지 16년(1883) 4월에 예약이 발표되고 예약자가 천 명에 달했을 때는 출판하지만 천 명에 달하지 않을 때는 계획을 파기할 수도 있다는 사실을 미리 알리고, 착수 후에는 1년 내에 완료할 예정이며 불입금은 매월 1엔이었다. 아마도 일본에서 가장 오래된 예약 출판 중 하나일 것이다. 예약 모집은 순조롭게 응모를 받았다. 그래서 메이지 16년 10월에 제1권이 발행되고 이듬해 메이지 17년(1884) 10월에 제12권의 발행을 끝내, 18년(1885) 1월에는 색인이 발행되어 간행은 완성되기에 이르렀다.

마루젠에 의한 『백과전서』 예약 출판에 관해서는 마루젠 합본에 붙어있는 세키네 치도(関根痴堂)의 「백과전서 서」에서도 "사방에 동지를 모으기를 알려 아직 몇달이 지나지 않았지만 체약자가 약 천여 명에 달해 이에 제1판을 낸다"라 쓰고 있고 사사에는 "예약자가 천명에 달한 때는 출판"이라 보증되고 있다.

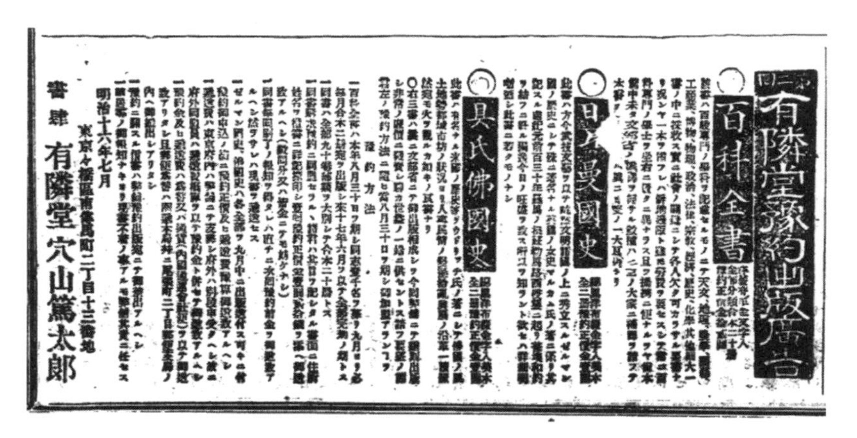
第二回 有隣堂豫約出版廣告

百科全書

具氏佛國史

豫約方法

明治十六年七月

東京々橋區南傳馬町二丁目十三番地

書肆 有隣堂 穴山篤太郎

「제2회 유린도 예약 출판 광고」『도쿄 니치니치신문』 메이지 16년 7월 16일

다른 한편 유린도의 예약 출판에 관해서는 지금까지 선행연구에서의 언급은 없고, 사사 등도 편찬되지 않아 제대로 알려져 있지 않다. 신문 광고를 엄밀히 조사하여 유린도도 예약 출판이라는 방법으로 문부성 『백과전서』를 유통시켰다는 새로운 사실이 확인 가능할 뿐 아니라, 상세한 것까지 말할 수는 없지만, 어느 정도 이 출판물이 소비되었음을 그려볼 수 있다. 예를 들면 마루젠이 예약 출판을 발표한 3개월 후 1883년 7월에는 『도쿄 니치니치신문』에 긴 지면을 사용해 광고가 실린다. 이 광고에서는 '유린도 예약 출판 광고', '백과전서', '게르만국사', '구씨불국사(具氏仏国史)'는 강조된 큰 활자로 되어 있어 전체 지면 중에 상당히 눈에 띄는 것이었다.

『도쿄 니치니치신문』 1883년 7월 16일

제2회 유린도 예약 출판 광고

백과전서 양장척단 금박 글자 삽입(洋装脊単金文字入) 전부 분류 합본 20책. 예약 정가 금12엔.

이 책은 백반 전문의 학과를 기재한 것으로 천문, 지리, 원예, 공상업, 박물, 물리, 정치, 법률, 종교, 경제, 역사, 화학 기타 세대(細大)한 것을 한 책 안에 수록함. 실로 사회의 관건으로서 모두에게 부족함이 없는 요서(要書)이다. 하물며 한 권을 준비하면 벽지 변두리라 해도 노력과 비용[労費]을 요하지 않고 항상 백과전문의 학사를 옆에 끼고 있는 것과 다르지 않다. 또한 제휴에 간편함이야. 본서 중에 아직 문부성의 번역을 거치지 않은 몇 종은 두세 대가에게 보역(補訳)을 청해 본서를 완벽히 한다면 실로 변하지 않는 일대 양서이다.

게르만국사 총흑양포철(総黒洋布綴) 금박 글자 삽입 미본(美本). 전2책 예약정가 금1엔.

이 책은 방금 무기, 문예로서 홀연 문명 제국의 위에 우뚝 선 게르만 나라의 역사에 특히 저명한 영국의 여사 마캄(Mrs. Markham) 씨가 저술한 것이다. 기원전 130년 로마의 뿌리 소르마로(蘇勒馬路) 침습에서부터 보오화약(普墺和約)을 맺어 마침내 독일이 금일의 왕성함에 이르게 된 까닭을 알고 싶다면 상세하고 명석하기가 이 책만한 것이 없다.

구씨불국사 총흑양포철 금박 글자 삽입 미본. 전2책 예약정가 금1엔

이 책은 유명한 미국의 역사가 굿리치(Thomas Day Goodrich) 씨가 저술해 프랑스의 풍토, 지세, 도성, 시방(市坊)의 상황에서부터 인사 민정의 변천, 치란흥폐(治乱興廃)의 연혁을 일목요연하게 명약관화한 양서이다.

위의 세 책은 전에 문부성에서 출판해서 이번에 우리 점포에서 번각 출판해 비상히 염가로 발매, 세익의 일단에 제공하고자 하니 바라건데 필요한 제군들은 아래 예약 방법에 따라 이번 8월 30일까지 가맹하기를 바람.

예약 방법

1. 백과사전은 올해 8월 30일까지 동지 천 명을 모집해 9월부터 필히 매월 합본 2책을 출판해 오는 17년(1884) 6월 전부 완료하기로 한다.
1. 동서는 전부 90권 부류를 대별해서 합본 20책으로 한다.
1. 동서 구매 예약에 동맹하고자 하는 제군은 그 뜻을 기재한 서면에 주소 성명을 모두 정서로 상기 날인하여 일회 예약 정가 금1엔 20전을 첨부

해 송치해야 한다(수회분 또는 일시불로 해도 상관없다).

1. 동서 매회 인쇄가 완료된 통지를 받고 바로 다음회 예약 선금을 송치하면 책을 배송한다.

1. 게르만 국사, 불국사는 각 전부를 9월 중에 출판 송부할 수 있고 예약 신청 전에 예약 정가 및 우송비 예산을 송치해야 한다.

1. 우송료는 도쿄부내는 우리 점포에서 지불하고, 부외는 별도로 받는다. 따라서 부외 동맹원은 우송비 계산해서 예약금과 함께 보내야 한다.

1. 예약금 및 우송비는 송금환 또는 통화(내국 통운회사편)으로 우송해야 한다. 또 우편 송금환은 우체본국 및 미나가쵸 2쵸메 우편지국으로 발행해야 한다.

1. 예약에 관한 편지는 우리 점포 예약 출판처로 보내야 한다.

1. 이사 등 통지가 없어서 책이 도착하지 않은 것은 우리 점포가 책임지지 않는다.

1883년 7월

도쿄 교바시구(京橋区) 미나미텐마쵸(南伝馬町) 2쵸메 13번지

서점 유린도 아나야마 도쿠타로(穴山篤太郎)

이 유린도 광고에는 고바야시 유시치로 번역『게르만국사(日耳曼国史)』와 카스티엘 번역『구씨불국사(具氏仏国史)』편도 함께 있는데(덧붙이자면 고바야시도 카스티엘도『백과전서』번역자), 모두 문부성에서 나온 간행물을 번각해 예약 출판한 것이다.『백과전서』의 내용에 관해서는 '백과전문의 학과'로서 '천문, 지리, 원예, 공상업, 박물, 물리, 정치, 법률, 종교, 경제,

역사, 화학' 등 구체적인 학술 분야의 명칭을 열거해 선전하고, "백과전문의 학사를 옆에 끼고 있는 것과 다르지 않다"라는 비유도 사용하고 있다. 또한 '동지 천 명을 모아'라는 것에서 보면 마루젠의 예약 출판과 같이 천 부를 예정하고 있음을 알 수 있다. 예약 방법으로서는 '예약금 및 우송비는 송금환 또는 통화(내국 통운회사편)으로 우송'한다고 지정하고 있다.

그리고 예약 출판 광고는 이 후에도 계속된다. 같은 해 9월 『도쿄 니치니치신문』과 『요미우리신문』에는 거의 동일한 예약 출판 광고(가타카나와 히라가나의 차이만 있는)이 반복되고 있고 '예약 기한 전에 이미 천 명 만원'이 되어 '5백부 증쇄'된다고 쓰여있다. 나아가 1884년 6월 11일 『도쿄 니치니치신문』과 같은 해 같은 월 17일의 『에이리 지유신문』에도 표기의 차이만 있는 같은 문언의 광고가 게재되고 있는데, 소신문 『에이리 지유신문』을 보자.

『에이리 지유신문』 1884년 6월 17일

우리 점포에서 예약 출판하는 백과전서 제4회분 2책 인쇄 간행함에 선금을 지불한 순서대로 우송합니다. 선금 지불 하지 않은 분은 조속히 송금 바랍니다. 가맹 신청하는 분이 계속 있어 다시 500부 증쇄하여 신청에 상응하고자 하니 바라시는 제언은 빨리 신청하시기 바랍니다.

출판방법 및 견본책이 필요한 분은 우선 2전을 첨부해 신청해 주시기 바랍니다.

도쿄 교바시구(京橋区) 미나미텐마쵸(南伝馬町) 2쵸메 13번지 유린도 예약 출판부

'다시 500부 증쇄'이니까, 앞의 부수에 더해서 유린도판 전 20책의 합본 세트만해도 적어도 2천 부가 예약 출판으로 유통된 것이 된다. 예약으로 우선 1천 건 확보한 마루젠판의 그 후 증쇄에 관해서는 불명확하지만, 그것이 없더라도 유린도판과 합쳐 예약 출판만으로 3천 부가 된다. 당시의 12엔이라는 고액임에도 많은 부수가 한 세트로 구입된 것이다. 이외에도 각종 개별 분책본도 동시에 간행되었던 것으로 보면 문부성 『백과전서』를 손에 넣었던 독자 수는 적지 않았을 터이다.

1886년 8월 유린도의 「백과전서 재판 광고」는 지면 중앙의 한 층 넓은 공간을 사용한 대대적인 것으로 '양장배화(洋装背華) 금박 글자가 들어간 체제'로 장정하여 고급감을 더해, 가격은 '정가 20엔 예약 정가 금 12엔'이다. "이 책 출판은 권질이 엄청나게 많아서 세월이 걸려 금일에서야 완결을 고하기에 이르렀다"고 유린도판 '전부 92권 합본 20책'이 완성한 것을 알리고, 전부 92개의 타이틀(「영길리문전결(英吉利文典欠)」을 포함)이 열거되어 있다.

『도쿄 니치니치신문』 메이지19년 8월 14일

백과전서 재판 광고

재판 백과전서 양장배화 금박 글자 삽입 체제. 모두 문부성 출판과 동일. 전부 92권 합본 20책. 정가 금20엔 예약정가 금12엔.

일본의 근래 문화의 융성은 옛부터 경험해 보지 못했던 바이다. 인지(人智)의 진도(進度)가 그렇지 못했던 것은 태서(泰西) 문물 기예의 수입을 주로 했던 연혁으로 문예의 국가 소장(消長)에 관해서는 실로 많지 않았다. 이에 우리 점포에서 전에 백과전서를 발매했다. 이 책은 소위 백과전문의 학과를 기재한 것으로 천문, 지리, 농학, 원예, 어렵, 박물, 물리, 정치, 법률, 종교, 경제, 역사, 화학 기타 전기, 인쇄, 석판착영 등의 기술을 섭렵하여 이목이 닿는 바, 수리의 극치인 바 모두를 이 책 안에 담았다. 이 책 출판은 권질이 엄청나게 많아서 세월이 걸려 금일에서야 완결을 고하기에 이르렀다. 아직도 동맹을 바라는 자가 여기저기 있고, 판본이 이미 다해 독자들이 제촉함에 서둘러 재인쇄를 하고자 한다. 원본을 모두 구비하여 5개월을 기약해 동맹자 천 명에 한해 오는 9월부터 다음 순차로 차차 송본한다. 가맹에 뜻있는 제군은 오는 9월 15일까지 통지하기를 바란다.

백과전서 총목록

● 제1책 천문학, 지질학, 기중현상학, 지문학 ● 제2책 식물생리학, 식물강목, 동물 및 인체생리, 동물강목 ● 제3책 물리학, 중학 및 기계동정수학, 광학 및 음학, 전기 및 자석 ● 제4책 시학 및 시각학, 화학편, 백공응용화학, 도자공편, 직공편 ● 제5책 광물편, 금류 및 연금술, 증기기, 토공술, 육운 ● 제6책 수운, 건축학, 온실 통풍 점광, 급수 욕조 굴거 ● 제7책 농학, 채밭, 정원, 과원, 양수 ● 제8책 말, 소 및 채유방, 양, 산양 및 백로양, 돼지, 토끼, 식용새, 새장새 ● 제9책 밀봉, 개 및 수렵, 낚시, 어획 ● 제10책 양생, 음식 및 음료, 음식제방, 의학,● 제11책 의복 및 복식, 인종편, 언어편, 교제 및 정체 ● 제12책 법률연혁사체, 태고사, 그리스사, 로마사, 중고사 ● 제13책 영국사, 영국제도국자, 육군군제 ● 제14책 구라파지지, 영국 런던 및 웨일스 지지, 스코틀랜드 지지, 아일랜드지지, 아세아

및 동인도지지, 아프리카 및 대양주 지지 ● 제15책 북아메리카 지지, 남아메리카 및 서인도지지, 인심론, 골상학, 논리학 ● 제16책 자연신교 및 도덕학, 경전사 및 기독교, 양교 종파, 회교 및 인도교 불교, 북구귀신지, ● 제17책 세시기, 수신론, 접물론, 경제론, 무역 및 화폐 은행,● 제18책 인구 구궁 및 보험, 백공검약훈, 국민통계학, 교육론, 영길리문전결(英吉利文典欠), ● 제19책 산술 및 대수, 기하학, 화학 및 조상, 체조 및 호외유희법, 호내유희법 ● 제20책 고물학, 수사 및 화문, 인쇄술 및 석판술, 조각 및 착영술, 가사 검약훈, 통계 92편 합권 20책

● 예약 방법

● 전부 92권을 대별해 합본 20책으로 매회 4책씩 출판해 5회로 전부 완결한다. ● 구매를 원하는 동맹자는 그 뜻을 기재한 서면에 주소 성명을 정서로 상기 날인하여 9월 15일까지 통지할 것 ● 송금은 제본이 나옴에 따라 통지 가능하며 그 때마다 1회 금 2엔 40전씩 회금(回金). 단 전에 수회분 또는 완납 송치하더라도 무방한데 그 경우에는 1책 60전 혹은 2책분 1엔 20전 송부함에 유의할 것. ● 송본은 우편, 통운, 기선편 등 편의에 따라 가맹 통지의 절(節)과 함께 신청해야 함 ● 이사 등의 통지가 없어 책이 도착하지 않는 일이 있어도 우리 점포의 귀책이 아님 ● 금액은 은행 및 우편 송금환 또는 통화(내국 통운 회사편)으로 송치한다. 단 우편 어음 사용은 1할 증가

● 농업서사(農業書肆) ● 유린도 ● 도쿄 교바시구 미나미텐마쵸 2쵸메 ● 아나야마 도쿠타로 ●

이 광고에서는 '백과전서 총목록'으로 제1권부터 제20권까지 '통계 92편 합권 20책'의 개별타이틀이 기재되어 꽤 긴 광고 텍스트가 되고 있다. '예약 방법'으로는 "전부 92권을 대별해서 20책으로 매회 4책씩 출판해 5회로 전부 완결한다", "구매를 원하는 동맹자는 그 뜻을 기재한 서면에 주소 성명을 정서로 상기 날인하여 9월 15일까지 통지할 것" 등 구체적인 설명이 되어 있다.

문부성 『백과전서』의 예약 출판에 대해서는 지금까지 마루젠판 밖에 밝혀지지 않았는데, 이러한 신문 광고를 통해 유린도도 같은 시기에 예약판매를 한 새로운 사실이 판명되었다. 마루젠판과 유린도판이 같은 시기에 예약 출판된 상황에서 서로 다른 장정의 합본 『백과전서』가 경합하여 유통되고 있었던 것으로 보아 각각의 합본에는 특색이 요청되었을 것이다. 마루젠 사사(社史)에는 다음과 같이 쓰여있다.

> 문부성판 『백과전서』는 책 수가 많고 또 제본이 여러가지로 달라 불편한 점이 많았기 때문에, 이를 적당히 정리할 필요가 다방면에서 요청되었다. 마루젠에는 당시 게이오기주쿠 출신의 아카사카 가메지로(赤坂亀次郎)가 장판부장(蔵版部長)으로 있었는데, 문부성판에서 아직 번역되지 않은 부분이 있어 원서를 증정한 제5판의 2권본(1874~75년)을 새로 번역자를 골라 번역하여 전부 12책 또는 3책과 색인 1책으로 나누어 출판하게 되었다.
>
> 상권 제1책~제4책 1490쪽
>
> 중권 제5책~제8책 1442쪽
>
> 하권 제9책~제12책 1518쪽

12책본은 천표지, 3책본은 가죽표지의 장정이었고, 달리 희망자에 의해 모두 가죽표지 3만금의 특제본도 제작되었다. 체임버스의 '인포메이션'은 모두 개설적인 기술이지만, 이 색인에 의해 어느 정도까지 소항목에도 이용하는 것이 가능했다. 총 페이지 4600쪽에 달해 이 시대로서는 실로 놀랄 만한 출판물이다.[98]

여기에는 별책으로서 1885년 1월 출판된「색인 1책」의 정보 90쪽이 추가되었다. 다만 "이 색인에 의해 어느 정도까지 소항목에도 이용하는 것이 가능했다"는 설명은 앞서 말한 것처럼 미심쩍다. 또 "문부성판에서 아직 번역되지 않은 부분"은 분명히 남아 있었지만, "원서를 증정한 제5판 2권본(1874~75년)"을 사용하여 새롭게 번역된 것은 6편 뿐이다(제2장 참조). 마루젠 합본에서는 이미 번역된 3편을 분할하여 2배로 늘었기 때문에 전 93편이 되어 집성되었으나(것처럼 보이지만), 유린도 합본에 들어 있는『언어편』은 미수록이며, ENGLISH GRAMMAR가 번역된 흔적은 어디에도 없다.

근대적 국가 체제를 목표로 하는 메이지 정부의 문부성이 기획한『백과전서』는 다종 다양한 이본이 유통되어 소비되면서도, 실제로는 결정판이 없다. 이 국가적 번역 프로젝트는 미완인 것이다.

---

98 植村清二,「第一編」,『丸善百年史-日本の近代化のあゆみと共に 上巻』, p.200.

| 종장 |

'번역'이라는 근대
—번역된 문부성『백과전서』

1. 번역어의 원근법

흔히 '가로로 된 것을 세로로 한다'('세로로 된 것을 가로로도 하지 않는다' 라는 나태함을 비판하는 비유로부터의 전용)라는 말은 번역 행위를 야유하는 표현이지만, 이 책의 집필에 있어 가로쓰기로 할지 세로쓰기로 할지의 문제는 자신에게 절실하게 다가왔다. 메이지기의 한자와 가타가나가 섞인 문부성 『백과전서』라는 번역 텍스트와 그 기점 텍스트인 *Chambers's Information for the People*의 조합은 세로쓰기든 가로쓰기든 어느 쪽으로 해도 어느 한쪽의 텍스트에 있어서 불편한 장소가 된다. 아마도 가로쓰기로 하면 지금 우리들에게 위화감은 적어졌을지도 모르지만 이 책에서는 굳이 세로쓰기를 시도했다. 이 책을 읽은 후 첫 번째 인상이 목의 피로감이라고 한다면, 그것은 일본에서의 번역의 근원적인 문제와도 무관하지 않다. '번역된 근대'의 행방은 우리들의 현재와 접합하는 것이다.

번역학의 '등가'(equivalence) 개념을 원용하여 문부성 『백과전서』라는 메이지 초기의 번역 텍스트를 동 시대의 콘텍스트 안에서 독해해 왔다. 일본의 근대화와 번역의 문제를 생각하는 데 있어서 이것만큼 적합한 텍스트는 달리 찾기 어려운 것은 아닐까 생각된다. 그러나 착지점을 찾으려고 하면 아무리 달려도 골은 항상 그 앞에, 또 더욱더 앞으로 멀어져버리는 꿈속에 있는 것 같은 느낌이 든다.

요컨대 아직 문부성『백과전서』의 독해는 끝나지 않았다. 아직 일찍이 총체로서 읽혀진 적이 없는 번역 텍스트를 독해한다는 정신이 아득해질 정도로 거의 불가능하다고 생각했던 작업에 착수해버린 이상 과제는 산처럼 쌓여 있다. 그렇다고는 해도 끝없이 풍부한 텍스트군에 물론 지금도 압도되지만 언젠가 어딘가에서 정리하는 일도 중요하다고 생각하게 되었다. 그 자그마한 중간 경과를 되돌아보고자 한다.

메이지 초기에 창설된 지 얼마 되지 않은 문부성에 미쓰쿠리 린쇼와 니시무라 시게키 등이 출사하였고, 느슨하게 형성된 인적 네트워크를 활용하면서 대규모의 국가적 번역 프로젝트가 시작되었다. 이 책에서는 국가적 사업으로서의『백과전서』를 읽으면서 '신체교육', '언어', '종교', '대영 제국', '골상학', '물리', '화학' 등 몇몇 명사(名詞)에 착목했다. 출판 기획의 무대가 된 문부성에서는 서양식 '교육'을 모색하고 있던 시기였다. 그리고 근대 국가에 불가결한 국민으로 사람들의 신체가 교정되는 가운데, '신체교육'으로부터 '체육'이라는 번역어가 성립했다. 그것은 '언어'가 '겐교(ゲンギョ)'나 '곤고(ゴンゴ)'로부터 '랭귀지(ランゲージ)'로서의 '겐고(ゲンゴ)'로 이행하고, '종교'가 그리스도교를 말하며 정착되는 시기이기도 했다. 메이지 14년 정변 이후 메이지 정부가 모범으로 한 체제가 영국에서 프러시아로 선회되었을 무렵 '대영 제국'이라는 말이 싹텄다.

대일본 제국이 사후적으로 언급하는 개념으로서 '대영 제국' 역시 번역어였던 것이다. '제국'이라는 말이 네덜란드어의 번역어라는 출전을 망각하고 반복되었다. 또한 서양에서 19세기의 한 시기에 유행한 '골상학'은 '과학'으로서 타자를 보는 시선을 가져왔다. 원래 자연과학 분야에서는 근세의 난학(蘭学) 시대부터 서양 학문은 널리 알려져 있었고 전문용어도 충실했다. 그렇기 때문에 난학으로부터 픽셔널(fictional)한 이탈이 요청되었다. 학지를 말하는 단어는 학교제도와 함께 정착된 것으로 번역어와 제도사가 부즉불리(不即不離)의 관계에 있었다는 점은 새삼 강조해 둘 필요가 있다.

말 속에 기억된 의미가 떠오를 때 번역어의 기억은 착종한다. 그리고 번역어로서의 근대 일본어는 마치 자명한 의미가 계속해서 존재해왔던 것처럼 우리들이 보통 아무런 의심 없이 사용하고 있는 말이다. 번역어는 재귀적으로 현대적인 말이기도 한 것이었다.

이 책에서는 메이지 정부가 근대 국가체제를 정비하는 콘텍스트 속에서 동 시대 텍스트에도 시선을 돌리면서 번역어가 기억하는 일본의 근대를 논했다. 문부성 『백과전서』라는 번역 텍스트를 총체적으로 조망하면 우리들의 무의식에 가까운 장소에 은폐되어 있던, 아니 의식 그 자체를 만들고 있던 번역어가 어떻게 동요하면서 성립해 왔는지를 볼 수 있다. 따라서 한자어로서의 번역어를 그 어원으로 거슬러 올라가 더듬는 한자어 연구의 수법이 아니라, 이른바 번역어의 원근법—일본의 근대란 무엇인가라는 한 가지 물음을 고정하여 번역어를 투시하는—이라는 방법론을 채용했다. 단 이미 밝힌 것처럼 소실점(消失点)을 한 점으로 정하는 투시도법(원근법)의 픽션은 서양 근대가 낳은 시각제도이기도 하다. 그로 인해 이 책 또한 서양 근대적인 논문작법으로 구성되어 있다. 본 연구는 번역어와 번역문체가 없었다면 집필도 되지 않았을 것이고, 그런 의미에서 번역어에 대한 물음은 재귀적인 것이다. 이와 같은 자각은 말의 자명성을 되묻기 위해서 감수해야 한다.

2。 증식하는 명사

문부성『백과전서』라는 번역 텍스트는 무한하다고도 말할 수 있는 다양한 독해의 가능성을 불러일으키지만, 이 책에서는 주로 번역어로서의 몇 가지 명사에 한정하여 단기간의 문명개화를 급무로 한 메이지기를 콘텍스트로서 고찰해 왔다. 번역 행위에 의해 성립한 근대 일본어에서 눈에 띄는 것은 우선 무엇보다도 한자어 명사의 증식이라는 점이므로,[1] 서양어를 한자어를 통해 번역한 사정을 살피지 않으면 안 된다.

---

1 일본의 어휘사에서 한자어의 증가는 늘 점진적이었는데, 막말부터 메이지 시대 – 미야지마 다쓰오(宮島達夫)가 작성한 그래프에서는 헵번(Hepburn)의『화영어림집성(和英語林集成)』초판(1867)에서 이노우에 주키치(井上十吉)의『신역화영사전(新訳和英辞典)』(1909) 기간 – 에 현저한 급경사적 신장을 보이고 있다. 宮島達夫,「現代語いの形成」, 国立国語研究所,『ことばの研究 第三集』, 秀英出版, 1967, p.12, 그림 참고.

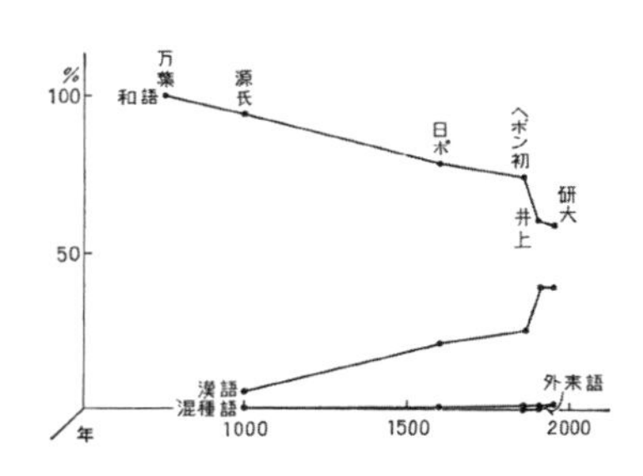

이러한 현상에 대한 시점으로 두 가지 개념장치를 참조할 수 있다. 하나는 일본의 번역연구를 견인해 온 야나부 아키라의 '카세트 효과'이고, 다른 하나는 언어학자 할리데이(M. A. K. Halliday)의 '문법적 비유'(grammatical metaphor)이다. 근대의 학술 텍스트를 특징짓는 추상명사의 빈출은 근대 일본에 고유한 현상은 아니지만, 지나치게 급속한 문명개화를 재촉한 번역 한자어는 구체적 정서로부터 도출되는 추상화가 아니라 텍스트 형성적(생물학 용어로는 계통 발생적) 기억이 결여 혹은 착종하고 있었다는 것이 이 책의 지금까지의 논의로부터 밝혀졌을 터이다. 이 점을 이론화하기 위해 '카세트 효과'와 '문법적 비유'는 유효한 개념장치라고 할 수 있다.

| 카세트 효과라는 장치 |

야나부 아키라에 따르면 일본어에서의 한자와 한자어는 중국어와도 서로 다르며 정체불명이다. 그리고 "메이지 이후에 성립해 온 번역어는 보통 그렇게 생각되듯이 번역이 성공한 결과 생겨나게 된 것이 아니라 사실은 전혀 성공하지 못한 것은 아닐까"라고 문제제기를 한다. "한자, 한자어를 보면 거기에 의미가 있을 것이라고 자연스럽게 무의식적으로 생각해 버리지만 그 형태와 의미는 애당초 끊겨있는 것'이라고 할 수 있다.[2] 거기에 야나부가 말하는 '카세트 효과'(카세트는 프랑스어로 보석함을 의미하는 'cassette'에서 유래)가 생겨난다.

작은 보석함이 있다. 그 안에 보석을 넣을 수 있다. 어떤 보석이라도 넣을 수 있다. 그렇지만 막 만들어진 보석함에는 아직 아무것도 들어있지 않다. 그러나 보석함은 밖에서 보면 그것만으로도 아름답고 매력적이다. 게다가 무엇인가 들어있을 것 같은, 분명 들어있을 것이라는 기분이 보는 자를 끌어당긴다. 이제 막 새롭게 만들어진 말은 이 카세트와 비슷하다.[3]

번역어 의미의 애매성이나 그것을 수박 겉핥기식의 지식으로 사용하는 것의 위험함만이 아니라, 카세트 효과에서는 "의미가 결여되어 있는 단어, 의미가 불충분한 단어가 갖는 효과"를 의미 있는 효과로서 파악하는 것이다. 원래 한적(漢籍)에 있던 말도 기점 텍스트를 번역하는 행위에 의해 재이용되고 의미가 덧씌워지게 된다. 야나부는 번역어의 성립사정을 논하면서 '문화적인 사건의 요소라는 측면'으로부터 번역어를 파악하고, 가령 '사회, 근대, 미(美), 연애, 존재' 등 번역을 위한 신조어나 '자연, 권리, 자유, 그(彼)' 등 기존의 한자어에 새로운 의미가 복합적으로 뒤섞인 번역어를 논했다.[4]

단, 카세트 효과는 단어의 병리현상으로서의 부정적 측면뿐만이 아니라 정상적인 생리현상이기도 하다. 야나부는 '단어 자체의 매력이라고도 말할 수 있는 효과'로서 적극적인 가치도 놓치지 않고, "단어는 생겨

---

2 柳父章, 『未知の出会い—翻訳文化論再説』, 法政大学出版局, 2013, p.228.

3 柳父章, 『翻訳とはなにか—日本語と翻訳文化』, 法政大学出版局, 1976, pp.24~25.

4 柳父章, 『翻訳語成立事情』, 岩波新書, 1982.

나서 처음에는 의미가 매우 부족하다. 의미는 부족해도 단어 자체가 사람들을 끌어당긴다. 그래서 사용되고 머지않아 풍부한 의미를 가지게 된다"라고 잊지 않고 지적한다.[5] 희망은 있는 것이다. 그렇지만 낙관적이 되기 전에 우리들은 정면에서 번역어와 마주해 왔던가. 특히 추상 개념을 포함하는 명사에는 번역과 근대 일본어의 공범관계가 은폐되어 있다. 야나부는 이렇게도 기술하고 있다.

> 추상어는 일상의 구상어(具象語)로부터 그 개념이 추상되어 생긴 단어는 아닌 것이다. 메이지 초년 이래 우리들은 추상적 사고의 개념, 곧 생각하기 위한 단어는 모두 이미 만들어진 완성품으로서 받아들여 왔다. 기본적인 개념이면 일수록 일상어의 개념과는 연이 먼 곳에서 이미 만들어져 있었던 것이다.[6]

메이지 시기만의 문제는 아니다. 지금의 우리들도 추상적인 사고를 하려고 할 경우에 번역어가 불가결해진다. 번역어 없이 사물을 생각하는 일은 매우 어렵다. 이 책에서 다룬 번역어는 이미 그 의미를 깊이 생각할 필요도 없을 정도로 근대 일본어로서 정착하였고, 혹은 생각할 여유도 없을 정도로 우리들은 현실의 문제에 나날이 쫓기고 있다. 이미 만들어진 번역어의 불투명한 의미에 농락당하고 있지는 않은가. 완성품으로서

5 柳父章, 『翻訳とはなにか—日本語と翻訳文化』, pp.1~63.

6 柳父章, 『翻訳語の論理—言語にみる日本文化の構造』, 法政大学出版局, 1972, p.45.

받아들인 번역어에는 카세트 효과가 깊이 박혀 있다.

사물과 사물이 등가 교환될 때처럼 번역 행위에 의해 말이 등가 교환될 때, 야나부가 지적하듯이 "등가여서 교환되는 것이 아니라 기본적으로 교환되는 것이 등가가 되는" 것이고,[7] 거기에서 카세트 효과의 허구가 수행되는 것이다.

| 문법적 비유라는 장치 |

추상 개념이 번역어로서 근대 일본어로 성립하여 번역문체의 중요한 요소가 되었다. 그것은 가령 '주어'로 시작되는 '문(文)'의 탄생과도 연동한다. 전형적으로는 문두에 배치되는 '주어'로서 다용되는 자음어(字音語)나 가타카나어(カタカナ語)는 일본 말과 공약불가능(共約不可能)한 것이다. 일상의 구체적 현상이 추상화된 것이 아니라 번역 행위에 의해 출현한 말인 것이다. 이러한 번역어의 작동은 언어학의 지견에서 봐도 풀어낼 단서가 있다.

선택체계 기능 언어학(Systemic Functional Linguistics)을 창시한 할리데이가 제창한 개념장치에 '문법적 비유'가 있는데, 이것은 1980년대에 처음으로 제창되었다. 런던언어학파인 할리데이는 메타포(metaphor, 은유)·메토니미(metonymy, 환유)·시네도키(synecdoche, 제유)라는 통상의 수

7 柳父章, 『ゴッドと上帝—歴史のなかの翻訳者』, 筑摩書房, 1986, p.9.

사적 전이(rhetorical transference)와 문채(figure of speech)를 설명하면서 새로운 타입의 비유로서 이 문법적 비유를 주장한 것이다.[8]

문법적 비유란 문법과 의미가 일치하지 않는 현상을 보여주는 것인데, 여기서 중요한 것은 명사화(norminalization)이다. 할리데이에 따르면 "명사화는 문법적 비유를 만들어내는 가장 강력한 어휘 문법 자원"이며, "이 문법장치에 의해 (일치된 형식으로서는 동사로 표시되는) 과정과 (일치된 형식으로서는 형용사로 표시되는) 특성이 비유적으로 명사"로서 나타난다.[9] 문법적 비유는 어휘적 비유(lexical metaphor)를 보완하는 것으로 관념구성적(ideational)·대인적(interpersonal)인 문법적 비유가 구별되어 명사화는 전자에 관계된다.[10] 어느 쪽도 의미와 어휘 문법과의 층화(stratification)에서의 구현관계로부터 도출되는 비유이다.

콘텍스트에 포섭된 텍스트에서 의미는 어휘 문법으로 구현된다. 할리데이의 선택체계 기능 언어학에서는 이러한 층화의 기호체계 모델을

---

8 Halliday, M. A. K.(1985). An introduction to functional grammar. London: Edward Arnold. Halliday, M.A.K. and Matthiessen, C. M. I. M.(2004).

9 M. A. K. ハリデー, 山口登·筧壽雄 訳, 『機能文法概説―ハリデー理論への誘い』, くろしお出版, 2001, p.555.

10 선택체계 기능 언어학 이론에서는 언어는 세 개의 메타기능 – 관념구성적(ideational), 대인적(interpersonal), 텍스트형성적(textual) – 을 가진다. 각각의 메타기능은 '무엇을', '누구에게', '어떻게' 의미하는가에 관계된다. 예를 들면 Close the door와 Would you mind closing the door? 라는 발화에서는 어느 쪽도 '문을 닫는다' 라는 행위의 요구를 대인적으로 의미하는데, 후자는 의문법(interrogative mood)이 선택되고 있으므로 의미와 법(mood)이 일치하고 있지 않다. 이것은 대인적 기능의 문법적 비유의 예이다.

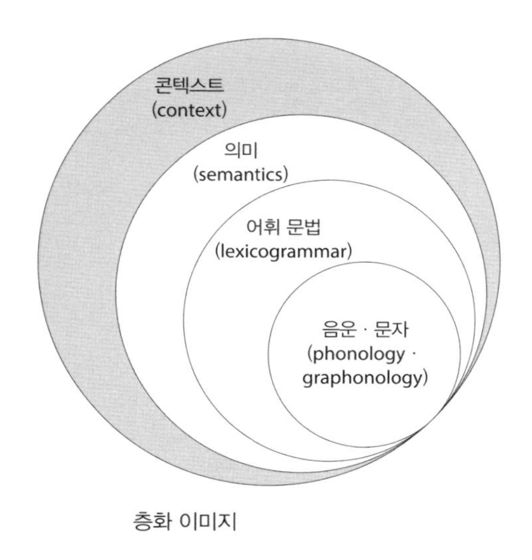

층화 이미지

고안한다.(다음페이지 그림 참조)[11] 층화된 언어모델에서는 어휘적 비유는 소위 '아래로부터'(from below)의 관점이다. 곧 어떤 어휘 항목에 대해 자의(字義) 그대로의 의미와 비유적 의미를 구별한다. 그에 비해 문법적 비유는 '위로부터'(from above)의 관점을 취하게 된다. 의미로부터 출발해 그것을 다른 방법으로 구현하는 어휘 문법에 눈을 돌리는 것이다. 그리고 이 각도에서 볼 때, 비유적이라는 것은 '의미에 관한 표현의 변종'(variation in the expression of meaning)으로 정의된다.[12] '위로부터'의 관점의 주요한 특징은 주어진 의미를 어떻게 어휘 문법으로 구현할 것인가라는 변종으로서 비유를 정의하는 것이다.

이와 같이 문법적 비유는 의미와 어휘 문법과의 이층간(異層間) 관계로부터 생겨난다. 일반적으로 비유란 어떤 관계가 일치된(confruent) 것이 아닌 경우로, 문법적 비유란 의미와 어휘 문법이 일치하지 않는 경우를 말한다. 가령 영어로 예를 들면 I handed my essay in late.나 My kids got sick.라는 어휘 문법이 선택된 경우, 동사를 중심으로 문장이

11 Halliday and Matthiessen, op. cit., p.25에 근거하여 작성.

12 M. A. K. ハリデー.『機能文法概説—ハリデー理論への誘い』, p.321.

구성되고 현실의 사건과 일치된 표현이 이루어지고 있다고 생각한다. 한편 동일한 의미 내용은 the late submission of my essay 나 the illness of my children과 같이 명사화해도 표현할 수 있다. 그리고 명사화의 특성은 '주어'로서 문두에 배치되어 더욱 새로운 정보를 부가한 문장을 생성할 수 있다는 점에 있다. 동사로 표현되고 있는 구체적 현실을 명사화하고, 사건을 사물로서 추상화하는 선택의 장점은 여기에 있다. 특히 학술텍스트에서는 새로운 정보의 추가가 지식의 축적으로 이어진다. 이러한 선택에서는 어휘 문법이 의미와 일치하지 않고 비유적인 것으로, 이것이 관념구성적 기능의 문법적 비유가 된다.[13]

현실세계 속에서 동사로서 발생한 사건을 명사로서 추상화하고, 지식을 축적한다는 문법의 행위가 서양 근대, 특히 뉴턴 이후의 서술에서 현저해졌다고 한다.[14] 명사화는 구체적인 실험과 관찰이라는 데이터를 추상화하고, 그것을 지식으로서 축적하면서 텍스트 형성을 하는 데 있어 없어서는 안 되는 것이기 때문이다. 따라서 명사구문을 쓰면(특히 추상명사나 무생물주어의 타동사구문에서는) 의미의 이해가 어려워지지만 명사화라는 문법적 비유는 법률문서나 과학논문 등 근대 이후의 텍스트에서 즐겨 사용되는 경향에 있다.

그렇지만 구체적인 동사의 사건을 공유하지 않는 경우에는 알기 어

---

13 문법적 비유와 번역 문제에 관해서는 長沼美香子, 「翻訳と文法的比喩—名詞化再考」, 『翻訳研究への招待』第3号, 2009, pp.11~28에서 상세하고 논하고 있다.

14 Halliday and Matthiessen, op. cit., pp.542~547.

려움만이 남게 된다. 근대 일본에서 탄생한 수많은 번역어가 명사(특히 추상명사)였던 것이 상기될 것이다. 서양으로부터 도래한 개념은 일본에서는 구체적인 동사에 의한 사상(事象)으로부터 추상화되는 프로세스를 거치지 않고, 번역 행위에 의해서 근대 일본어의 추상명사가 되었던 것이다. 급조된 근대화는 이미 만들어져 있던 서양어에서의 명사개념을 한자어로서 거두어들였다. 명사에 'する(한다)'를 부가하면 サ변동사[15]가 생성되어, 추상 개념으로부터 구체적인 동작으로 가는 역전도 가능해졌다. 근대 일본어에서는 명사로부터 동사가 탄생한 것이다.[16] 시간의 빨리 감기가 아니라 거꾸로 빨리 감기라는 아크로바틱한 사건마저도 번역어는 수행하였다. 외래개념과의 등가를 의태한 번역 한자어의 대부분은 명사이며 일본의 문명개화 그 자체였다. 일본에서의 근대란 '번역된 근대'인 것이다.

15 サ변동사(変動詞) : 일본어의 구어문법 및 문어문법에서의 동사 활용 형태의 하나로, 활용어미가 일본어 50음도의 サ행(行)의 음을 바탕으로 변칙적인 변화를 하는 것을 말한다. 'サ행 변격활용'이라고도 부른다(옮긴이).

16 신도 사키코(進藤咲子)는 「漢語サ変動詞の語彙からみた江戸語と東京語」에서 구두표현에서의 한자어를 분석했다. 메이지 초기 현저한 한자어 어휘의 증가에 대해서는 '한자어가 권위와 결합하여 발호한 점'이나 '문어문(文語文)에 편중된 교육' 등도 지적하고 있다. 『明治時代語の研究—語彙と文章』(明治書院, 1981, pp.126~152)

3. 번역론적 전회로

문부성『백과전서』는 번역된 텍스트이다. 이 번역 텍스트에는 잉여로 음역(音訳)이 종종 루비(ルビ)를 붙여 추가되어 있었고, 번역자의 이름도 눈에 띄는 위치에 배치되어 있다. 영국 빅토리아조의 기점 텍스트를 의태한 번역이라는 것을 텍스트 스스로가 주장하고 있는 것이다.

| 현재화(顯在化) 번역으로서의『백과전서』|

번역연구자 줄리안 하우스(Juliane House)는 번역 방책을 '현재화 번역'(overt translation)과 '잠재화 번역'(covert translation)으로 분류하였다.[17]

---

17 House, J.(1997). *Translation quality assessment: A model revisited*. Tübingen: Gunter Narr.

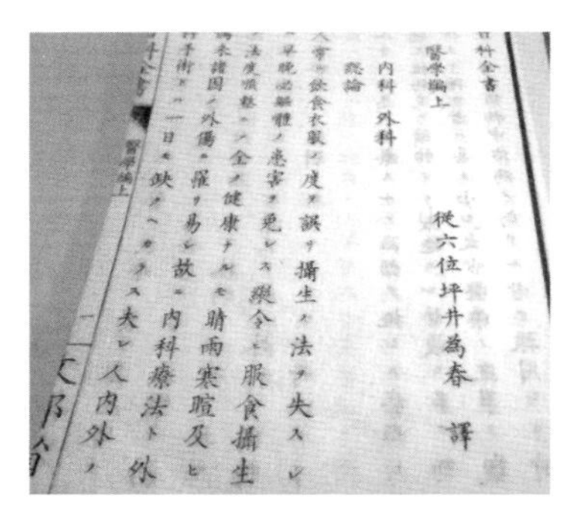
醫學編上
從六位坪井爲春 譯
内科 外科
總論

『의학편』 첫머리 ('종육위 쓰보이 이슌 번역'이 눈에 띈다.)

현재화 번역에서는 번역 텍스트라는 것이 은폐되지 않고 번역이 번역이라는 것을 주장한다. 그에 비해 잠재화 번역에서는 마치 번역이 아닌 듯한 번역 텍스트가 이상으로 여겨진다.

번역이란 시공간을 횡단한 텍스트의 운동이며, 텍스트가 이동할 때에는 언제라도 어느 한 담화세계로부터 다른 담화세계로 전환하여 다른 사회문화적 현실과 관계를 맺는다. 이 담화세계라는 개념을 다른 번역 타입에 적용하면 현재화 번역에서는 오리지널한 사회문화적 틀이 가능한 한 그대로 남겨지므로 다른 언어로 표현할 필요성이 생긴다. 현재화 번역은 이 때문에 명백하게 번역이라는 것을 알 수 있으며 제2의 오리지날이 아니다.[18]

달리 말하면 잠재화 번역에서는 '제2의 오리지널'이 되려고 번역이 마치 번역이 아닌 것처럼 보여주려 한다. 그러므로 번역자는 상대적으로 볼 수 없게 되고, 그 사명은 번역의 출전인 기점 텍스트를 감추는 것이 된다. 이것은 메이지 초기에 출판된 문부성 『백과전서』에는 들어맞지 않는다. 메이지기의 문명개화에는 '오리지널'—설령 '제2'라고 해도—을 주장하는 일 따위는 있을 수 없었다. 근대화를 위해서 서양을 의태해 손

18 House, J.(2009). *Translation*. Oxford and New York: Oxford University Press.

에 넣으려고 했기 때문이다. 그리고 『백과전서』에서는 때때로 번역자의 지위마저도 현재화하고 있다(예를 들면 '종육위 쓰보이 이슌 번역' 이라고 본문 첫머리에 기재됨).

| '혼야쿠(ホンヤク)'의 흔들림 |

이 책을 끝내기 전에 '번역'이라는 말 자체에 철저하게 집착해보고자 한다. 원래 '번역'은 산스크리트어 불전(仏典)을 한역(漢訳)하는 것을 의미한 한자어로 외국어를 일본어로 번역하는 '야와라게(和解, ヤワラゲ)'와는 구별되고 있었다.[19] 흥미로운 것으로 문부성 『백과전서』는 '翻訳', '飜訳', '繙訳'이라는 세 종류의 표기가 모두 나타나는 희귀한 텍스트로 메타 '혼야쿠' 텍스트로서도 독해가 가능하다.

이 말은 유린도 합본의 스이타 조로쿠가 번역한 『성서연기 및 기독교』(1883)와 마루젠 합본의 하라 야이치로가 번역한 『경전사』(1884)라는 성서 번역에 대한 텍스트에서 자주 나온다. 양쪽 모두 성서의 역사를 개관한 내용인데, 제5장에서 이미 설명했듯이 기점 텍스트의 판본과 번역자가 다르다. 이 두 가지 번역 텍스트에서는 히브리어로부터 그리스어로 번역된 성서 「셉투아진트」(Septuaginta, 다른 이름은 '70인역 성서')에 관해 각각 다른 관점에서 '혼야쿠'를 언급하고 있다.

---

19 大野透, 「「翻訳」考」, 『国語学』第139集, 1984, pp.121~132.

기점 텍스트 HISTORY OF THE BIBLE—CHRISTIANITY

스이타 조로쿠 번역 『성서연기 및 기독교』(유린도, 1883)

모세가 쓰지 않은 사류(史類)는 그 繙訳 이 자못 졸렬하고 또 시편, 이사야서 및 다니엘서에 이르러서는 그 繙訳 이 한층 더 졸렬하다. 그 중에서 다니엘서의 繙訳 과 같은 것은 대단히 졸렬하여 테오도티온의 繙訳 이 일찍이 여기에 대용(代用)되기에 이르렀다. 욥기의 繙訳 을 담당한 장로는 희랍어에 정통하였지만, 히브리어에 대해서는 희랍어만큼 정통하지 못해 정밀하지 못하므로 그 결과 문장은 우아하지만 부정확한 繙訳 을 하였다. 이를 요컨대 '셉투아진트'의 자하(疵瑕)는 그 繙訳 이 지나치게 자유로워 이를 繙訳 이라고 말하기보다는 도리어 주석이라고 말하는 편이 적당하다고 왕왕 이야기된다.

The historical books not written by Moses are poorly rendered; whilst the Psalms, Isaiah, and Daniel have been still more unfortunate; the translation of Daniel, in particular, being so bad, that a version by Theodotion was early put in its place. The elder who was engaged upon Job, had been a master in Greek, but comparatively ignorant of Hebrew, and the result is an elegant but inaccurate translation. The general fault of the Septuagint is, that it is too free, approaching often to a paraphrase, instead of a translation.

기점 텍스트 제5판(1875) HISTORY OF THE BIBLE

하라 야이치로 번역 『경전사』(마루젠상사출판, 1884)

70인역 경전의 가장 교묘한 飜訳 을 모세 오경, 특히 레위기, 신명기, 잠언, 에스겔서로 한다. 하지만 그 飜訳 이 아직 히브리, 희랍 두 언어에 숙련되지 않았거나 혹은 조심스럽게 직역(直訳) 을 하려고 한 부분도 있다. 또는 거침없이 분방하게 의역(意訳) 을 하여 함부로 원문을 바꾸어서 비유를 사용하고, 신인동형설(神人同形說)은 일부러 어조를 비하하거나 혹은 완전히 배척해 버렸다. 또 언어가 속되고 거칠어 알렉산드리아(亞歷山大)의 우아한 풍치에 거스르는 것은 모두 거절하여 사용하지 않았다.

Among the most successful versions are those of parts of the Pentateuch, especially Leviticus and Deuteronomy, Proverbs, and Ezekiel. But, on the whole, there is noticeable throughout the Septuagint a want of mastery over both Hebrew and Greek, a striving after minute fidelity in one part, and an unbridled arbitrariness in another; everywhere we see tropical expressions freely changed, anthropomorphic ideas toned down, or left out altogether, and words that were objectionable to the refined taste of Alexandria, quietly ignored.

스이타가 번역한 『성서연기 및 기독교』에서는 인용한 짧은 텍스트 안에 '繙訳'이라는 표기가 여덟 번이나 나온다. 이 번역 텍스트에서는 '繙訳'의 사용이 현저하나, 대응하는 기점 텍스트에서는 translation이 사용된 것은 세 번뿐이지만 translation 외에 render나 version도 '繙訳'으로 번역되었기 때문에 이런 결과가 되었다.

하라가 번역한 『경전사』는 목록에 있는 「飜訳書」(VERSIONS)를 포함해 본문에서도 '飜訳'을 다수 사용하고 있고, 다른 부분에서는 '번역(翻訳)'이라는 표기를 사용한 예도 있다. 인용한 기점 텍스트에는 translation은 한 번도 등장하지 않지만, version을 '飜訳'이라고 번역한 이외에도 '직역'(minute fidelity)이나 '의역'(unbridled arbitrariness)을 사용하여 '70인역 경전'의 '飜訳'에 대해 언급하고 있다. 스이타와 하라의 번역본은 겨우 1년 차이로 출판되었으므로, 이 둘은 거의 동시대 텍스트라고 생각해도 좋을 것이다. '혼야쿠'라는 어휘가 즐겨 사용되며 유행하고 있던 시대였다는 것을 상상할 수 있지만 어느 표기를 채용할 것인지에 대해서는 흔들리고 있었다.

> 飜訳은 원래 翻訳이라고 했다. 翻도 飜도 모두 '뒤집는다' 라는 뜻이다. 訳이라는 한글자로 이미 다른 나라의 언어문자를 그 국어에 맞게 고쳐서 의미를 통하게 하는 것이 되어 있다. 수서(隋書) 『경적지(經籍志)』에 '번역최위통해(翻訳最爲通解)'라고 되어있는 것을 보면 제법 오래된 성어(成語)이다.

이것은 니이 이타루(新居格)의 '번역론'의 첫 부분에서 인용한 문장이다.[20] 니이는 다이쇼부터 쇼와기의 평론가로 펄 벅의 『대지』 등의 번역을 하거나, 서양을 모방한 유행의 선두를 달리는 젊은 남녀를 가리켜 '모

20 新居格, 「飜訳論」, 桜木俊晃編, 『国語文化講座 第四巻 国語芸術篇』, 朝日新聞社, 1941, pp.244~262.

보(モボ)·모가(モガ)'[21]라는 조어를 만든 인물이다. 필자는 니이의 문장을 접할 때마다 현대에는 통상 '翻訳'이라고 쓰고, '飜訳'이라는 표기는 전전까지 사용된 구자체(旧字体)일 것이라는 정도의 추측밖에 하지 않았다. 그러나 1941년에 발표된 그의 논고에서는 '飜訳은 원래 翻訳이라고 했다' 라며, '翻訳' 쪽이 '飜訳'보다도 오래된 것이라고 말하고 있는 것이다. 모로하시 데쓰지(諸橋轍次)의 『대한화사전(大漢和辞典)』(수정 제2판)에서 확인해보자.

> 【翻訳】 혼야쿠. 갑국의 언어를 을국의 언어로 고치는 것. 송(宋)의 고승전(高僧伝)에는 역자불역음(訳字不訳音)·역음불역자(訳音不訳字)·음자구역(音字倶訳)·음자불구역(音字不倶訳)의 네 가지 사례가 보이고, 해체신서(解体新書)에는 직역(直訳)·의역(義訳)·대역(對訳)의 세 가지 사례가 보인다. 繙訳.

이 설명에 이어서 수서 『경적지』와 송대의 범한사전(梵漢辞典) 『번역명의집(翻訳名義集)』을 출전으로 하는 사용례가 제시되고 있다. 여기에서는 먼저 '翻訳'으로 표기되고, 보충으로 '繙訳'이라는 표기도 적혀 있으므로 다음으로 '繙訳'을 살펴보자.

> 【繙訳】 한야쿠·혼야쿠. 일국의 언어·문장을 같은 의의(意義)의 다른 나라의 언어·문장으로 고치는 일. 飜訳.

---

21 모보는 모던 보이(ダンボーイ)의 준말, 모가는 모던 걸(モダンガールー)의 준말(옮긴이).

‘飜訳’의 표기가 마지막에 나타나고 있지만 ‘飜訳’그 자체로는 별도의 항목이 없고, ‘熟語는 翻을 볼 것’이라고 되어 있을 뿐이다. 참고로 ‘翻’, ‘飜’, ‘繙’의 각 글자에 대해서는 각각 다음과 같이 설명되어 있다.

【翻】

①とぶ。②ひるがへる。③ひるがへす。かへす。④解きうつす。訳出する。翻訳。⑤つくる。編述する。或は飜・拚に作る。通じて幡·反に作る。

【飜】

①とぶ。②かへす。がへる。ひるがへる。ひるがへす。③水があふれさかのぼる。④翻に同じ。

【繙】

①みだる。みだす。②かへす。くりかへす。ひるがへす。③たづねる。いとぐちを抽いて其の本をたづねる。④ひもとく。ひらく。⑤繽繙は、旗が風にひるがへるさま。

‘飜’은 ④에서 ‘翻과 같다’고 되어 있듯이, ‘翻’의 이체자(異体字)로 송대의 운서(韻書) 『광운(広韻)』이나 『집운(集韻)』 등의 한적(漢籍)에도 들어 있으며 일본제의 이른바 국자(国字)는 아니다. 그렇지만 ‘飜訳’이라는 표기는 여러 영화자전(英華字典)을 조사해 봐도—주요한 것으로는 로버트 모리슨(Robert Morrison), 월터 헨리 메드허스트(Walter Henry Medhurst), 빌헬름 로브샤이드(Wilhelm Lobscheid) 등이 19세기에 편집한 중국어와 영어의 사전을 검증한 결과—찾을 수 없었다.

예를 들어 모리슨의 *A Dictionary of the Chinese Language*(1822)에서는 'TRANSLATE out of one language into another 翻訳, 訳出'이라고 되어 있고, 명사형 'TRANSLATION'은 '訳言'이다. 1842~43년에 메드허스트가 바타비아에서 출판한 2권으로 된 *Chinese and English Dictionary*에서는 '繙訳'이다. 로브샤이드가 저술하고 이노우에 데쓰지로(井上哲次郎)가 개정 증보한 『정증영화자전(訂增英華字典)』(1883~1885)에서는 '繙訳'과 翻訳' 둘 다 사용되고 있지만 '飜訳'은 없다.

그렇다면 일본의 사전은 어떻게 되어 있는가. 조금 거슬러 올라가 조사해 보자. 일본 최초의 네덜란드-일본어 사전인 『하루마와게(波留麻和解)』(통칭 『에도하루마(江戸ハルマ)』)는 프랑소와 하루마(Francois Halma)의 난불사전(蘭仏辞典)을 저본으로 한 것으로, 이나무라 산파쿠(稲村三伯)에 의해 1796년에 완성되었다. 1814년에 나가사키 봉행소에 헌상된 『앵글리아어림대성(諳厄利亞語林大成)』은 모토키 마사히데(本木正栄)를 중심으로 나가사키 통사(通詞)들이 편역한 것으로, 알파벳순으로 배열된 영어-일본어 사전으로서는 일본 최초의 것이었다. 『앵글리아어림대성』으로부터 약 반세기가 지난 1862년에 호리 다쓰노스케(堀達之助)를 중심으로 편찬된 『영화대역수진사서(英和對訳袖珍辞書)』는 막말부터 메이지 초기에 걸쳐서 보급된 본격적인 영어-일본어 사전이다. 이 사전들도 모두 '翻訳'으로 표기되었고 '飜訳'이 아니다. 이러한 사전의 사례는 앞에서 인용한 니이의 '飜訳은 원래 翻訳이라고 했다'는 말을 증거해 준다.

필자가 아는 한 가장 빠른 시기에 '飜訳'이라는 표기가 등장하는 사전은 1867년 초판 헵번의 『화영어림집성(和英語林集成)』이다. 그 서문에는 메드허스트의 영화(英和)·화영(和英)어휘집과 예수회 간행의 일본~포르투갈 사전을 참고로 하면서도 "오로지 살아있는 교사에게 도움을 받았다"라고 적혀 있으므로, 실제로 당시 '飜訳'이라는 표기가 쓰이고 있었다고 추측할 수 있다. 이 사전에 대해서 마쓰무리 아키라(松村明)는 "막말로부터 메이지 초기에 걸쳐 널리 사용된 일본어—영어 사전으로 일본의 영학사(英学史)에서 보아도 귀중한 문헌인데, 또한 일본어 자료로서도 중요한 가치를 지니고 있다. 일본어 자료로서의 본서의 가치는 영어로 설명된 국어사전으로서 막말부터 메이지 초기에 걸쳐 쓰이고 있던 어휘를 다수 집록하고 있는 점에 있다"라고 해설하고 있다.[22] 영어 사전으로서만이 아니라 '국어사전'으로서 일본어 자료를 수집한 가치를 지닌 헵번의 사전에 '飜訳'이라는 표기가 쓰이고 있는 것이다. 또한 이 사전의 주로 재판(再版)을 저본으로 하여 1877년 출판된 『화독대역자림(和独対訳字林)』에서도 '飜訳'이라는 표기는 그대로 답습되고 있다.

'繙訳'이라는 표기가 등장하는 것은 1873년 시바타 쇼키치·고야스 다카시가 편찬한 『부음삽도 영화자휘』이다. 나가시마 다이스케(永嶋大典)에 따르면, 이 사전의 번역어는 『개정증보영화대역수진사서(改正增補英和對訳袖珍辞書)』나 그 해적판인 『살마사서(薩摩辭書)』 등을 참고로 한 흔적도 있지만 '총체적으로 보면 무시해도 좋을 정도'로 여겨지는 듯하다. 도리어 '계승의 모습보다도 단절의 모습'으로서 "『수진사서(袖珍辞書)』의 번

22 松村明, 「解説」, 『J. C. HEPBURN 和英語林集成 復刻版』, 北辰, 1966, p.1.

역어, 번역문이 나가사키 계열의 『화란자휘(和蘭字彙)』를 계승하여 구어적 성격을 강하게 가지고 있는데 비해, 『영화자휘(英和字彙)』는 극단적이라고 할 만큼 한자어를 선호하는" 경향이 있다고 말한다.[23] 나가시마는 로브샤이드의 『영화자전(英華字典)』으로부터의 영향에 관해서 구체적인 표제어를 들면서 설명하고 있기는 하지만 유감스럽게도 '繙訳'은 포함되어 있지 않다. 번역어만이 아니라 '繙訳'이라는 표기로부터도 『영화자전』과의 관련성은 뒷받침될 것이다.

각종 영화자전에서는 '繙訳'과 '翻訳'은 있지만 '飜訳'이라는 표기는 없고, 막말부터 메이지 초기에 걸친 영어—일본어 사전류에서는 '繙訳', '翻訳', '飜訳'의 표기를 발견할 수 있다. 그리고 '飜訳'은 메이지 중반 이후부터 다이쇼·쇼와 초기에 걸친 일본어 텍스트에서 압도적으로 즐겨 사용되게 된다.[24]

소위 이체자라는 점에서는 '繙', '翻', '飜'은 모두 '뒤집다' 라는 의미와 '한(ハン), 혼(ホン)' 등의 음을 가진 문자이므로 어느 것을 사용해도 큰 차이가 없을 것으로 생각된다. 그러면 어째서 '飜訳'이 근대 일본에서 선호되게 되었던 것인가. 상상력을 구사할 수밖에 없지만 문자의 형태도 무엇인가를 말하고 있을 터이다. 하나의 가능성으로서 우선 이렇게 생각

---

23 永嶋大典, 『蘭和·英和辞書発達史』, ゆまに書房, 1970, pp.73~93.

24 『대정신수대장경(大正新脩大蔵経)』에는 적은 빈도이기는 하나 '飜訳'이 출현한다(「飜訳」三二例 / 「翻訳」一八四八例). 대장경은 중국에서 작성된 것인데, 다이쇼에서 쇼와 초기에 편찬된 『대정신수대장경(大正新脩大蔵経)』은 고려대장경 재조본(再彫本)을 저본으로 한다. 전자판은 도쿄대학의 「SAT大正新脩大蔵経テクストデータベース」가 공개되어 있다(http://21dzk.l.u-tokyo.ac.jp/SAT/).

하면 어떨까. '羽'보다도 '飛'가 획수도 많고 시각적으로 기세가 있어 모양새가 좋은 것은 아닐까. '訳'이라는 문자 단독으로 '어떤 언어를 다른 언어로 변환'한다는 의미를 이미 전달하고 있다고 하면, 조합으로 사용할 문자에 요구되는 것은 무엇일까. '訳' 앞에 놓이는 문자에는 서양으로부터 도래한 사상을 집어넣는 패기를 느끼게 하는 것이 어울린다. 한자에는 형태·음·뜻이 있으며, '형태'도 중요한 요소인 것이다. 서양어로 쓰인 기점 텍스트를 대량으로 번역하여 급격한 근대화에 매진한 시대에 있어서는 '飜訳'이라는 문자의 형태가 사람들을 매료하게 되었다고도 말할 수 있다. 그야말로 야나부의 카세트 효과가 보여주듯이 '飜訳'이라는 보석함 속에는 무엇인가 있으리라는 생각을 주었던 것이 아닐까.

| 에크리튀르(écriture)로서의 한자어 |

서양의 번역학에서는 1980년대에 문화적 전회가 있었고, 번역은 언어행위의 실천일 뿐만 아니라 문화적이고 사회적인 행위로서 위치했다. 더욱이 1990년대에 들어가면 수잔 바스넷(Susan Bassnett)이 '문화 연구에서의 번역론적 전회'를 언급하고, 번역을 광범위한 학제 영역의 중심에 둘 것을 제기하였다.[25] 그와 같은 학설사(学説史) 안에서 언어학적인 '등

25 Bassnett, S.(1998). The Translation turn in cultural studies. In Bassnett, S. and Lefevere, A.(Eds.), Constructing culture: Essays on literary translation(pp.123–140).

가'의 탐구는 어떤 의미에서 금기가 된 경향이 있다. 그러나 한자어라는 에크리튀르를 매개로 한 번역 행위에 있어서는—그것은 일본에 그치지 않고 널리 동아시아 한자권을 시야에 넣을 가능성을 내포하는데[26]—등가 환상이 문제가 된다. 우리들에게 있어 번역의 등가에 잠재된 덫은 서양어를 번역한 한자어가 가져오는 의미의 차이를 깨닫기 어렵다는 점에 있다. 한자어의 권위가 거기에 분명히 있을 차이를 은폐해 버렸기 때문이다.

사이토 마레시가 지적하듯이 가령 『철학자휘(哲学字彙)』(초판 1881, 개정증보판 1884, 영독불화판 1912)에서 이노우에 데쓰지로 등이 욕망했던 것은 "서양의 사상을 서양의 사상으로서 이해하기 위해 등가가 될 수 있는 번역어"로서의 한자어였다. 그들은 영화자전만이 아니라 강희제 칙찬의 『패문운부(佩文韻府)』나 『연감류함(淵鑑類函)』, 나아가 명나라의 『오차운서(五車韻瑞)』 외에 유학 등의 한적을 참조하여 번역어를 정하고 있다. '일상어로부터가 아니라 추상어인 한자어'가 번역어로서 선택되었을 때, "한자어, 한문이 고전으로서의 규범을 떠나 서양 언어들과의 등가성을

Clevedon and Philadelphia: Multilingual Matters. 또한 translation turn 이외에도 translational turn 이나 turn to translation 등이 사용되는 것도 있다. linguistic turn을 보통 '언어론적 전회'로 하는 관례에 비추어 '번역론적 전회'로서 둔다. Bachmann~Medick, D.(2013). Translational turn. In Gambier, Y. and van Doorslaer, L.(Eds.), Handbook of translation studies(pp.186-193). Amsterdam and Philadelphia: John Benjamins 도 참조할 것.

26 齋藤希史, 『漢字世界の地平—私たちにとって文字とは何か』, 新潮社, 2014.

담당하는 말로서 재평가되었던" 것이다.[27]

문부성 『백과전서』라는 국가사업에는 다수의 국학·한학자도 관계하고 있었다. 번역자로서의 양학자만이 아니라 교정자로서 화한(和漢)학자가 관여하고 있던 점은 에크리튀르로서의 한자어가 번역어로서 요청되었기 때문이다. 이 번역 프로젝트에서 번역자와 교정자의 역할 분담이 이루어지고 있던 것은 서양어로부터의 번역에 한자어가 개재하고 있던 것과 깊이 관계된다고 생각해도 좋다.

기점 텍스트를 번역하는 사람과 번역 텍스트를 생성하는 사람과의 협업에 관해서는 전례가 있다. 중국에서 불전(仏典)의 한역(漢訳) 프로세스를 보면, 번역 행위는 고독한 작업이 아니라 전문가 집단이 역할 분담을 하고 있었다. 후나야마 도오루(船山徹)는 '불전은 어떻게 한역되었는가'에 관해서 '역장(訳場)'이라고 일컬어지는 번역 작업장에서의 분업 체제를 상세하게 설명한다.[28] 육조시대 말까지는 '역주(訳主)'(역장의 주도자)와 '필수(筆受)'(필기 담당) 등의 구별에 지나지 않았지만, 수당에서 북송에 걸쳐서는 '역주', '필수'에 '도어(度語)' 혹은 '전어(伝語)', '윤문(潤文)', '증의(証義)' 등도 더해졌고, 세세한 역할 분담의 기록도 남아 있다. 또한 예컨대 북송 982년에 행해진 '역장의식(訳場儀式)'에서는 다음과 같은 세분

---

27 齋藤希史, 『漢字世界の地平—私たちにとって文字とは何か』, pp.169~177.

28 船山徹, 『仏典はどう漢訳されたのか—スートラが経典になるとき』, 岩波書店, 2013, pp.53~86.

화된 분업 체제가 시행되고 있었다고 여겨진다.[29]

역주(訳主) — 범어문(梵語文)을 구술한다.

증의(証義) — 범어문을 토의한다.

증문(証文) — 역주의 구술에 오류가 없는지 점검한다.

서자(書字)의 범학승(梵学僧) — 범어문을 듣고 한자로 받아쓴다.

필수(筆受) — 범어를 한자어로 고친다.

철문(綴文) — 문자의 순서를 바꿔서 의미가 통하는 문장으로 한다.

참역(參訳) — 인도와 중국의 문자를 비교 검토한다.

한역 불전에서의 이러한 복잡한 분업 체제는 메이지기 일본의 번역 프로세스와는 비교할 수 없지만 문부성 『백과전서』에서의 교정자의 역할을 생각할 때 매우 시사적이다. 기점 텍스트와는 직접 교섭하지 않는 교정자가 번역 텍스트를 고친다는 점이다.

한자어를 많이 쓴 번역 텍스트가 생성되기까지의 프로세스에서 양학자가 번역한 것을 완성시키는 교정자로서의 화한(和漢)학자야말로 최종적인 번역어를 결정하는 권한을 가졌던 것이다. 그러한 교정자들을 모았던 이가 문부성의 니시무라 시게키였다. 1873년부터 십수 년을 문부성에서 지낸 니시무라는 당시의 업무를 회상하며 교정이라는 행위를 이렇게 정의했다. 제2장의 되풀이가 되나 다시 인용해보고 싶다.

---

29 船山徹, 『仏典はどう漢訳されたのか―スートラが経典になるとき』, pp.58~59.

이 무렵은 양서를 읽는 사람이 대체로 화한(和漢)의 책에 통하지 않아서 이로써 번역을 할 때마다 반드시 한문에 정통한 사람으로 하여금 그 문장을 수정하게 하였는데, 이를 교정이라고 한다.[30]

문부성 내에서 '화한(和漢)의 책'에 밝은 인물들을 인솔하는 입장에 있던 니시무라 시게키는 『백과전서』의 다음 국가사업도 생각하고 있었다. 제4장에서 다룬 오쓰키 후미히코의 『언해(言海)』도 근원을 추적하면 상사였던 니시무라의 지시에 의해 시작된 사업의 하나였는데, 더욱이 그 앞의 사정도 있다. 그것은 문부성 『백과전서』와 같은 서양으로부터의 번역서가 아니라 일본에서 고대로부터 계승되어 왔(을 터였)던 '전통'을 손에 넣기 위한 '백과사전'이었다.[31]

근대 일본의 사상에서 '전통'과 '근대'라는 이항대립에 있어 니시무라 시게키의 위치는 매우 흥미롭다. 개명파 양학자가 모인 메이로쿠샤의 동인이었던 니시무라가 보수적인 유교도덕에 의거한 『일본도덕론』(1887)도 저술했다는 양면성은 일단 확인할 수 있다.[32] 그런 그가 1879년 어떤 건의서를 제출하였는데, 이 건의서 '고사류원 편찬의 일(古事類苑編

30 西村茂樹, 「往時録」, 『西村茂樹全集 第三巻』, 思文閣, 1976, p.623.

31 이 점에서는 시나다 요시카즈(品田悦一)가 논했듯이 메이지 국가에 의해 『만엽집(万葉集)』이 일본의 국민가집이 되었다는 근대 일본의 '전통의 발명'과 공통되는 부분이 있다(『万葉集の発明—国民国家と文化装置としての古典』, 新曜社, 2001).

32 편의상 이와 같은 단순한 이항대립 도식을 사용했는데, 니시무라 시게키에 관한 최근의 포괄적인 연구에 대해서는 真辺将之, 『西村茂樹研究—明治啓蒙思想と国民道徳論』(思文閣出版, 2009)을 참고할 것.

纂ノ儀伺)'이 『고사류언(古事類苑)』의 시작이었다. 건의한 니시무라 자신 이외에 문부성 『백과전서』의 교정자 사카키바라 요시노와 번역자 오쓰키 후미히코도 『고사류원』의 편찬에 직접 관계하고 있었다(두 사람은 『언해』의 관계자이기도 하다).[33]

니시무라 시게키는 송의 『태평어람(太平御覽)』이나 청의 『연감류함(淵鑑類函)』과 같은 서적을 일본에서도 편찬하고 싶다고 생각했다. 건의서를 제출했을 당시, 문부경은 공석이었고 문부대보(文部大輔)인 다나카 후지마로와 소보(少輔) 간다 다카히라가 채용을 결정하였다고 한다. 그리고 당초의 편찬 담당으로는 수사관(修史館) 어용괘(御用掛)였던 고나카무라 기요노리(小中村清矩)가 주임, 문부성 보고과(報告課)의 나카 미치타카와 사카키바라 요시노라는 국학자 세 명이 우선 지명되어 이 프로젝트가 개시되었다. 국가사업으로서 『고사류원』은 당초의 계획에서 대폭 변경을 하지 않을 수 없게 되면서 1907년까지의 전권 편찬 종료, 나아가 1914년 완성에 이르기까지 이 기간 동안 실로 방대한 공정을 필요로 했다.

---

33 국가적 사업으로서 『고사류원』에 대해서는 熊田淳美, 『三大編纂物 群書類従·古事類苑·国書総目録の出版文化史』(勉誠出版, 2009, pp.81~146)에서 상세히 기술하고 있다. 『고사류원』의 내용은 30부분으로 분류되었고, 화장본 355책, 양장본 51책의 분량(모두 총목록·색인을 포함함)이다. 최근에는 전자화가 진행되어 국제일본문화연구센터의 「古事類苑全文データベース」나 「古事類苑ページ検索システム」 등도 공개되어 있다. 국제일본문화연구센터는 『고사류원』을 '메이지 정부의 일대 프로젝트', '표제어 수가 40,354항목에 이르는 대백과사전'으로 위치 짓고, "여기에는 전근대 문화개념에 관해 메이지 이전의 모든 문헌으로부터의 인용이 게재되어 있으며, 일본 문화를 이해하는 데 있어 매우 유용한 사전"이라고 해설하고 있다(http://ys.nichibun.ac.jp/kojiruien/). 또한 국문학연구자료관 사이트에도 「古事類苑データベース」가 있다(http://base1.nijl.ac.jp/~kojiruien/index.html).

『고사류원』의 편찬사업은 메이지 정부의 제도적, 재정적 이유에 따른 우여곡절을 거쳤는데, 그 고난의 경위는 『백과전서』에 비할 바가 아니다.[34] 가령 1885년 내각제도 발족에 의한 관제개혁의 결과, 편찬 작업이 일시 중단되었으나 이듬해에는 모리 아리노리 문부대신이 도쿄학사회원에 사업을 위촉하여 계속되도록 하였다. 이 무렵부터 오쓰키 후미히코, 마쓰모토 아이주(松本愛重), 이마이즈미 사다스케(今泉定介) 등도 편찬에 참가하였다. 1890년에는 재정상의 문제로 민간의 황전강구소(皇典講究所, 이후 국학원대학의 설립 모체)로 이관되었다. 여기서 관영사업으로서는 좌절되었지만, 편찬 체제의 규모는 확대되어 검열위원장 가와다 다케시(川田剛)를 비롯해 검열위원에 고나카무라 기요노리, 구로카와 마요리, 기무라 마사코토(木村正辞), 모토오리 도요카이(本居豊穎), 이노우에 요리쿠니(井上頼圀), 또 편찬위원으로는 나이토 지소, 고스기 스기무라(小杉榲邨), 마쓰모토 아이주(松本愛重), 이시이 고타로(石井小太郎), 곤도 헤이조(近藤瓶城), 와다 히데마쓰(和田英松) 등이 이름을 올렸다. 그러나 이 체제도 1895년 재정적인 어려움을 이유로 막다른 곳에 다다랐고, 결국 신궁사청(神宮司庁)에서 이어받게 된다. 이듬해인 1896년에는 제1권이 간행되게 되었지만, 전체 부문 1천 권의 간행이 완료된 것은 1913년, 총목록과 색인을 포함한 전권 완성은 1914년으로, 1879년의 착수로부터 35년의 세월과 방대한 비용을 소모했던 것이다.

『백과전서』와 『언해』, 『고사류원』에서 공통적인 것은 문부성이 착수

---

34 熊田淳美, 『三大編纂物 群書類従·古事類苑·国書総目録の出版文化史』, pp.89~103.

하였지만 완결 전에 민간의 사업주체로 옮겨졌다는 점 외에 양학자만이 아니라 '화한(和漢)의 책'에 정통한 국학·한학자의 역할이 주목된다는 점이다. 여기에서 에크리튀르로서의 한자어가 전경화한다. 메이지 초기에 기획되어 서양 근대를 의태한 문부성 『백과전서』의 번역어는 일본 최초의 근대적 국어사전인 『언해』와 동시대에 생성되어, 더 나아가 전근대의 일본을 응축한 문헌사료 『고사류원』을 준비하게 되었던 것이다.

| 번역어의 숙명 |

기무라 기(木村毅)는 '일본번역사개관(日本飜訳史概観)'의 서언을 다음과 같이 쓰고 있다.

> 번역이라는 말이 대개 일상에서 사용되기 시작한 것은 메이지 초 태정관이 번역국을 설치하고, 체임버의 백과전서(Chamber's Information of People)[35]를 여러 학자들에게 명해 한창 번역에 착수시킨 때부터 시작된다고 생각할 수 있다. 그러나 이 말은 오래전부터 있었는데, 수서 『경적지』에 '번역최위통해(飜訳最為通解)'라고 되어 있으며, 번역명의집(飜訳名義集)에 '역범천지어(訳梵天之語), 전성한지지언(転成漢地之言)'이라는 말이 있다고 사전에 나온다. 범천지어(梵天之語)란 산스크리트어를 말하는 것으로,

35 체임버스(Chambers)의 오기(옮긴이).

즉 불전을 가리키는 것이다.[36]

기무라가 말하는 액면 그대로 문부성 『백과전서』를 직접적인 계기로 하여 '번역'이라는 말이 일상적으로 쓰이게 된 것인지 아닌지는 분메이지 않지만, 이 말이 메이지 초기에 일종의 유행어가 되었던 것은 수긍할 수 있을 것이다. 그리고 번역 행위가 수행한 근대 일본어의 성립 프로세스는 근대 국가로서 학지의 제도가 정비되었던 것과 궤를 같이한다. 문부성 『백과전서』를 총체적으로 독해하는 것을 통해 분명하게 된 것은 일본의 사상사를 생각함에 있어서 '근대화=서양화'라는 등가가 아니라 근대화란 번역 행위에 의한 등가(라는 확신)가 허구로서 구축된 사건이라는 것이다. 바로 여기에 번역론적 전회가 있다.

뉴 크리티시즘(New Criticism) 비평가 이보 암스트롱 리처드(Ivor Armstrong Richards)에 따르면 '번역은 우주의 진화상 생겨난 가장 복잡한 사건'이다.[37] 또한 '번역의 존재는 현대 언어학의 스캔들'이라고 단언한 이는 언어학자 조르주 무냉(Georges Mounin)이었다. 왜냐하면 "번역활동은 현대 언어학에 이론상의 문제를 제기"하기 때문이다. "어휘, 형태, 통사의 구조에 관한 통설을 받아들인다고 하면 번역은 불가능할 터라고

36 木村毅, 「日本飜訳史概観」, 『明治飜訳文学集』, 筑摩書房, 1972, p.375. 또한 재차 언급할 필요도 없지만 정확하게 말하면 Chambers's Information for the People이다.

37 Richards, I. A.(1953). Toward a theory of translating. In Wright, A. F. (Ed.), Studies in Chinese thougnt. Chicago, IL: University of Chicago Press. 리처드는 일본 체류 경험도 있다.

주장하게 되어 버린다. 그러나 번역자는 존재하고, 생산하며, 우리는 그들의 생산물을 유용하게 쓰고 있는" 것이다.[38] 또한 프랑크푸르트학파의 비평가인 발터 벤야민의 유명한 '순수언어'(번역은 여러 언어의 불완전한 단편성을 보완하고 '순수언어'를 지향한다) 등, 번역이라는 사건은 서양 언어들에 있어서 이제까지 다양한 논의를 환기해 왔다.

이 책이 대상으로 해 온 시간과 공간에 한정하면 메이지기 근대화가 서양의 여러 나라들을 모범으로 하여 단기간에 조성된 점, 그 과정에서 서양어의 추상 개념이 한자어를 사용하여 번역되어 근대 일본어로서 정착했다는 사건을 몇 번이든 되새기지 않으면 안 될 것이다. 근대 일본에서의 번역이라는 사건이란 대체 무엇을 수행한 행위였던 것인가. 서양어와의 등가 환상을 한자어를 통해 수행한 귀결은 단어의 의미 차이를 은폐한 한자어의 기억을 더욱더 비틀면서 반복했다. 이러한 동요의 공간을 현재에도 우리들은 살아가고 있는 것이다.

---

38 ジョルジュ·ムーナン 著, 伊藤晃·柏岡珠子·福井芳男·松崎芳隆·丸山圭三郎 訳, 『翻訳の理論』, 朝日出版社, 1980, p.21.

후기

이 책은 2015년에 도쿄대학에 제출한 박사논문 〈번역된 근대—문부성 『백과전서』의 번역학〉을 바탕으로 한 것이다.

돌아보면 2011년 4월 동일본 대지진과 후쿠시마 제1원전 폭발사고 후, 여진과 방사능에 대한 두려움을 품고 인생 세 번째 대학원 생활이 시작되었다. 앞이 보이지 않는 불안함 속에서 말이 만들어 내는 현실은 그 말로부터 근본적으로 생각해 보지 않으면 알지 못할 것이라고 느껴졌다. 그것이 이 연구의 원점이다. 언어학, 문학, 역사학, 종교학, 철학, 사상사, 교육사, 과학사 등 기존의 틀을 넘어 번역학의 지평을 모색하면서 문자 그대로 백과(百科)를 사정거리에 집어넣으려고 초조해하고, 좌절하는 날들이 계속되었다. 하지만 학문이라는 끝이 없는 우주에서 다만 고독하지 않았던 것은 매우 근사한 일이었다.

막연한 연구 구상의 윤곽은 지도교수인 고모리 요이치 선생님과 도쿄대 고마바캠퍼스 14호관 6층에서 토론을 반복하면서 조금씩 명확하게 되었다. 여러 가지 의미에서 월경자(越境者)였던 나를 날카로운 통찰력으로 이끌고 격려해 주셨던 고모리 선생님과의 진지한 대화가 없었다면 머릿속에 그렸던 연구 주제를 계속해서 연구하고 또 논문으로 결실을 맺는 일은 도저히 불가능했을 것이다. 또한 고모리 세미나에서 어린 대학원생과 공유한 지적 모험의 시간은 논문 집필이라는 어려움 속에서도 거의 25년의 세대 차를 잊을 정도로 즐거웠다.

박사논문 집필 자격 심사에서 시나다 요시카즈(品田悦一) 선생님과 엘리스 도시코(エリス俊子) 선생님, 그리고 제출 자격 심사와 본 심사에 참여해 주신 사이토 마레시 선생님과 야나부 아키라 선생님의 귀중한 조언으로 논고에 깊이를 넓힐 수 있었다. 여러 선생님들의 지적을 충분히 반영하지 못한 내 자신의 한계에 대해서는 계속해서 도전해 나가는 방법밖에는 없다.

일반적인 기준으로 보면 나는 꽤 늦게 연구생활을 시작했다. 통역이나 번역 세계에서 경험을 쌓으면서 충실한 일에 일정한 보람도 느끼고 있었으므로, 몇 가지 우연이 겹치지 않았더라면 학술 연구의 길에서 헤매는 일이 없었을지 모른다. 실무경험과 거기서의 많은 만남은 지금도 소중한 보물이다.

후발 실무연구자로서 행운이었던 것은 2007년부터 5년간 릿교대학 대학원 이문화커뮤니케이션연구과에 재직하며, 거의 비슷한 시기 일본 통역번역학회의 이사도 역임하면서 통역·번역의 실무와 이론연구에서 제일선에 계신 도리카이 구미코(鳥飼玖美子) 선생님, 미즈노 아키라(水野的) 선생님, 후나야마 주타(船山仲他) 선생님, 다케다 가요코(武田珂代子) 선생님의 활약을 가까이에서 지켜볼 수 있었던 점이다. 현재는 고베시외국어대학을 거점으로 새로운 네트워크도 서서히 확대되고 있다. 그리고 항상 격려해 주신 가족에게는 깊은 감사를 드린다.

마지막으로 2010년 『일본의 번역론—앤솔로지와 해제』에 이어서, 본서의 편집에도 남다른 관심을 가져주신 호세이대학 출판국 고우마 마사토시(郷間雅俊) 씨에게도 깊은 감사의 말씀을 드리고 싶다.

2016년 11월

고베에서 나가누마 미카코

옮긴이 후기

2018년 10월 23일, 일본 정부가 주최하는 '메이지(明治) 150년' 기념식이 도쿄 나가타초(永田町)의 헌정기념관에서 개최되었다. 여기에서 일본 정부는 '메이지 정신'을 강조하고 있다. 그렇다면 '메이지 정신'이란 무엇일까. 다음은 일본 정부가 발표한 〈'메이지 150년' 관련시책의 기본적 사고방식〉의 일부이다.

> 메이지 시기에는 이전에 비해 출신이나 신분과 상관없는 능력본위의 인재등용이 실시되어 기회의 평등이 이루어졌다. 이러한 가운데 메이지 초기부터 중기를 중심으로 청년과 여성, 그리고 학술과 문화를 지향하는 사람들이 해외로 유학하여 탐욕스럽게 지식을 흡수하거나, 국내에서 새로운 길을 개척하기도 하였다. 또한 이 시기에는 외국인에게 배운 지식을 활용하면서도 화혼양재의 정신에 따라 단순히 서양을 흉내 내지 않고 일본의 우수함과 전통을 살리는 기술과 문화를 만들어 냈다. 이러한 것은 지방과 민간에서도 여러 형태로 발전하였다. 특히 일본에 온 외국인 중에는 기술을 그대로 가르치지 않고 일본의 실정을 고려한 내용으로 지도한 자나 일

본 문화를 평가하여 해외에 소개한 자도 있다. (중략)

따라서 '메이지 150년'을 계기로 국내외에서 메이지 시기와 관련된 유산을 새롭게 인식하는 기회를 만들고, 메이지 시대를 살아간 사람들이 근거로 삼은 정신을 습득함으로써 일본의 기술과 문화의 강함을 재인식하고 현대에 되살려 한층 더 발전하는 일본의 기초로 삼는다(밑줄은 인용자).

여기에서 일본 정부가 제시하는 '메이지 정신'은 '화혼양재의 정신에 따라 단순히 서양을 흉내 내지 않고 일본의 우수함과 전통을 살리는 기술과 문화를 만들어 내는 것'이라 할 수 있다. 물론 '일본의 우수함과 전통을 살리는 기술과 문화'라는 서술은 '아베'로 대표되는 전후 일본의 '보수주의 언설'이다. 하지만 근대전환기의 동아시아 각 지역에서 공통적으로 주창되었던 슬로건이 중체서용, 동도서기, 화혼양재였던 점을 감안한다면, '단순히 서양을 흉내 내지 않고 일본의 우수함과 전통을 살리는 기술과 문화를 만들어 내는 것'에서 '메이지 정신'을 찾으려는 시도를 단순히 전후 일본의 '보수주의 언설'이라고 규정하기엔, 일본을 포함한 동아시아의 '근대'가 보여주는 '복잡함'이 존재하는 것 또한 사실이다.

이 책의 제목인 '번역된 근대'는, 동아시아 각 지역의 '근대'가 보여주는 '복잡함'을 풀어 보는 하나의 단서를 보여준다. 그것은 '문부성'이 국가적 차원에서 추진한 '서양' 번역 프로젝트를 통해서 근대 일본이 '선별'한 서양의 근대가 무엇인지, 그리고 그 국가적 번역 프로젝트를 기획하고 번역 과정에 참여한 난학자 · 한학자 · 양학자들이 한자어 두 글자로 '만들어낸' 일본의 근대가 무엇인지 밝히는 작업이다. 따라서 이 책에서 다루고 있는 내용은 '메이지 시대를 살아간 사람들이 근거로 삼은 정신'이 무엇이었는지 알 수 있는 '재료'이다.

하지만 그렇게 한자어 두 글자로 '만들어진' 일본의 근대가 중국 대륙으로, 대한제국으로, 그리고 식민지 타이완과 조선으로 흘러들어가 '번역' 또는 '번안'되었다는 점을 감안한다면, 이 책은 '메이지'와 동시대를 살아간 동아시아 각 지역 사람들의 '정신'이 무엇이었는지 알 수 있는 재료이기도 하다. 이런 의미에서 이 책은 일본의 근대만이 아니라 동아시아의 근대가 지녔던 '복잡함'을 푸는 출발점이라 할 수 있다.

이 책의 번역은 성균관대학교 동아시아학술원의 지원을 받아 진행한 〈근대 동아시아 고전들의 재인식〉 연구팀 세미나에서 김태진 선생님이 강독 텍스트로 이 책을 추천하면서 시작되었다. 이 책은 자료적 측면은 물론이고 다루는 '주제'의 측면에서 실로 방대하여, 그 자체가 '백과전서'라는 생각이 들 정도이다. 때문에 번역 작업은 만만치 않았지만, 이제 한권의 '번역서'를 세상에 내놓으려는 지금, 이 책에 수록된 '백과전서'적 내용들이 동아시아 근대의 '복잡함'을 푸는 하나의 실마리는 될 수 있을 것이라는 기대를 해본다.

2020년 12월.
번역자들을 대신하여
박삼헌 씀.

참고문헌

相原一郎介（1938）「訳語「宗教」の成立」『宗教学紀要』第5輯，日本宗教学会，1–6頁.

秋田茂・桃木至朗編（2013）『グローバルヒストリーと帝国』大阪大学出版会.

秋山勇造（2005）『新しい日本のかたち——明治開明の諸相』御茶の水書房.

安蒜政雄編（2002）『考古学キーワード　改訂版』有斐閣.

姉崎正治（1900）『宗教学概論』東京専門学校出版部.

青木茂（1989）「解説（一）」，青木茂・酒井忠康校注『日本近代思想大系17　美術』岩波書店.

荒川清秀（1997）『近代日中学術用語の形成と伝播——地理学用語を中心に』白帝社.

アリエス，P.（1980）『〈子供〉の誕生——アンシァン・レジーム期の子供と家族生活』杉山光信・杉山恵美子訳，みすず書房.

——（1983）『〈教育〉の誕生』中内敏夫・森田伸子訳，新評論.

アーミテイジ，D.（2005）『帝国の誕生——ブリテン帝国のイデオロギー的起源』平田雅博・岩井淳・大西晴樹・井藤早織訳，日本経済評論社.〔Armitage, D. (2000). *The ideological origins of the British Empire.* Cambridge: Cambridge University Press.〕

アサド，T.（2004）『宗教の系譜——キリスト教とイスラムにおける権力の根拠と訓練』中村圭志訳，岩波書店.

Bachmann-Medick, D. (2013). Translational turn. In Gambier, Y. and van Doorslaer, L. (Eds.), *Handbook of translation studies* (pp. 186–193). Amsterdam and Philadelphia: John Benjamins.

ベイカー，M. サルダーニャ，G. 編（2013）『翻訳研究のキーワード』藤濤文子監修・編訳，研究社.〔Baker, M. and Saldanha, G. (Eds.). (2009). *Routledge encyclopedia of translation studies, second edition*. London and New York: Routledge.〕

Bassnett, S. (1998). The Translation turn in cultural studies. In Bassnett, S. and Lefevere, A. (Eds.), *Constructing culture: Essays on literary translation* (pp. 123–140). Clevedon and Philadelphia: Multilingual Matters.

Bassnett, S. and Trivedi, H. (Eds.). (1999). *Postcolonial translation: Theory and practice*. London and New York: Routledge.

バーバ，H. K.（2005）『文化の場所——ポストコロニアリズムの位相』本橋哲也・正木

恒夫・外岡尚美・阪元留美訳，法政大学出版局.
別宮貞徳（1975）『翻訳を学ぶ』八潮出版社.
ベルマン，A.（2008）『他者という試練——ロマン主義ドイツの文化と翻訳』藤田省一訳，みすず書房.
キャンベル，R.（1999）「規則と読者——明治期予約出版の到来と意義」『江戸文学』第21号，ぺりかん社，112–134頁.
Chambers, W. and R. (1883/2010). *Memoir of William and Robert Chambers*. Memphis: General Books.
千葉謙悟（2010）『中国語における東西言語文化交流——近代翻訳語の創造と伝播』三省堂.
千葉正史（2010）「天朝「大清国」から国民国家「大清帝国」へ——清末における政治体制再編と多民族ナショナリズムの起源」『メトロポリタン史学』第6号，メトロポリタン史学会，89–113頁.
Clarke E. and Jacyna, L. S. (1987). *Nineteenth-century origins of neuroscientific concepts*. Berkeley and Los Angeles, CA: University of California Press.
コーム , G.（1918）『性相学原論』永峯秀樹訳，洗心堂.
Cooter R. (1984). *The cultural meaning of popular science: Phrenology and the organization of consent in nineteenth-century Britain*. Cambridge: Cambridge University Press.
クレイグ，A. M.（1984）「ジョン・ヒル・バートンと福沢諭吉——『西洋事情外編』の原著は誰が書いたか」西川俊作訳，『福沢諭吉年鑑 11』福沢諭吉協会，11–26頁.〔Craig, A. M. (1985). John Hill Burton and Fukuzawa ukichi.『近代日本研究』第1巻，慶應義塾福澤研究センター，218–238頁.〕
ダルモン，P.（1992）『医者と殺人者——ロンブローゾと生来性犯罪者伝説』鈴木秀治訳，新評論.
ディドロ，D.・ダランベール，J. 編（1971）『百科全書——序論および代表項目』桑原武夫訳編，岩波文庫.
ドーク，K. M.（1999）『日本浪曼派とナショナリズム』小林宣子訳，柏書房.
土井正民（1978）「わが国の19世紀における近代地学思想の伝播とその萌芽」『広島大学地学研究室報告』第21号，広島大学理学部地学教室，1–170頁.
エリアス，N.（1995）「スポーツと暴力に関する論文」，エリアス，N.・ダニング，E.『スポーツと文明化——興奮の探求』大平章訳，法政大学出版局.
——（2010）『文明化の過程 上——ヨーロッパ上流階層の風俗の変遷』赤井慧爾・中村元保・吉田正勝訳，法政大学出版局.
——（2010）『文明化の過程 下——社会の変遷・文明化の理論のための見取図』波田節夫・溝辺敬一・羽田洋・藤平浩之訳，法政大学出版局.
江藤淳（1989）『リアリズムの源流』河出書房新社.

フーコー, M.（1977）『監獄の誕生――監視と処罰』田村俶訳, 新潮社.
藤井貞和（2010）『日本人と時間――〈時の文法〉をたどる』岩波新書.
富士川游（1980）『富士川游著作集 3』思文閣出版.
深澤英隆（2004）「「宗教」概念と「宗教言説」の現在」, 島薗進・鶴岡賀雄編『〈宗教〉再考』ぺりかん社.
――（2006）『啓蒙と霊性』岩波書店.
福鎌達夫（1968）『明治初期百科全書の研究』風間書房.
福澤諭吉（1869）『掌中萬国一覧』福澤蔵版.
――（1875）『文明論之概略』著者蔵版.
――（1891/1962）「大槻磐水先生の誡語その子孫を輝かす」, 慶応義塾編『福澤諭吉全集 第19巻』岩波書店.
福澤諭吉・中川眞弥編（2002）『福澤諭吉著作集 世界国尽 窮理図解』慶応義塾大学出版会.
福澤諭吉・松崎欣一編（2009）『福翁自伝 福澤全集緒言』慶應義塾大学出版会.
船山徹（2013）『仏典はどう漢訳されたのか――スートラが経典になるとき』岩波書店.
二葉亭四迷（1887–89/1971）「浮雲」『二葉亭四迷 嵯峨の屋おむろ集』筑摩書房.
――（1906/1985）「余が飜訳の標準」『二葉亭四迷全集 第四巻』筑摩書房.
Fyfe, A.（2012）. *Steam-powered knowledge: William Chambers and the business of publishing, 1820–1860.* Chicago, IL: The University of Chicago Press.
外務省編（1965）『日本外交年表竝主要文書』原書房.
外務省調査部編（1936）『大日本外交文書 第1巻第1冊』日本国際協会.
外務省記録局編（1889）『締盟各国条約彙纂』外務省記録局.
グールド, S. J.（1998）『増補改訂版 人間の測りまちがい――差別の科学史』鈴木善次・森脇靖子訳, 河出書房新社.〔Gould, S. J.（1996）. *The mismeasure of man, revised and expanded*. New York: W. W. Norton.〕
羽賀祥二（1994）『明治維新と宗教』筑摩書房.
Halliday, M. A. K.（1985）. *An introduction to functional grammar.* London: Edward Arnold.
ハリデー, M. A. K.（2001）『機能文法概説――ハリデー理論への誘い』山口登・筧壽夫訳, くろしお出版.〔Halliday, M. A. K.（1994）. *An introduction to functional grammar, second edition.* London: Edward Arnold.〕
Halliday, M. A. K.（2004）. *The language of science*. London: Continuum.
Halliday, M. A. K. and Matthiessen, C. M. I. M.（1999）. *Construing experience through meaning: A language-based approach to cognition*. London: Cassell.
原平三（1992）『幕末洋学史の研究』新人物往来社.
長谷川精一（2007）『森有礼における国民的主体の創出』思文閣.
橋川文三（1960/98）『日本浪曼派批判序説』講談社文芸文庫.

橋川文三・飛鳥井雅道・河野健二（1968）「近代主義と反近代主義」，古田光・佐田啓一・生松敬三編『近代日本社会思想史』有斐閣.
畑有三（2003）「民友社と硯友社」，西田毅・和田守・山田博光・北野昭彦編『民友社とその時代――思想・文学・ジャーナリズム集団の軌跡』ミネルヴァ書房.
橋本万平（1968）「チャンブルス氏百科全書――福鎌達夫氏の死に寄せて」『日本古書通信』第 33 巻第 5 号，日本古書通信社，6–8 頁.
――（1982）「「チャンブルス」氏の『百科全書』――再び」『日本古書通信』第 47 巻第 9 号，日本古書通信社，3–6 頁.
――（1992）『素人学者の古書探求』東京堂出版.
橋本美保（1995）「明治初期における西洋教育書の翻訳事情――オランダ人ファン・カステールを中心にして」『日本の教育史学』第 38 号，教育史学会，24–40 頁.
――（1998）『明治初期におけるアメリカ教育情報受容の研究』風間書房.
Hatim, B. and Mason, I. (1990). *Discourse and the translator*. London: Longman.
初田亨（2009）『模倣と創造の空間史――西洋に学んだ日本の近・現代建築 新訂第 2 版』彰国社.
林董（1910/70）「後は昔の記」，由井正臣校注『後は昔の記 他――林董回顧録』平凡社東洋文庫.
平凡社編（1964）『百科事典の歴史』平凡社.
邉見端（1986）「訳語“考古学”の成立――明治 10 年初見説をめぐって」『日本歴史』通巻第 457 号，吉川弘文館，83–92 頁.
樋口一葉（1895/1972）「水の上につ記」『樋口一葉集』筑摩書房.
土方定一編（1975）『明治芸術・文学論集』筑摩書房.
平川新（2008）『開国への道』小学館.
廣松渉（2007）『もの・こと・ことば』ちくま学芸文庫.
平野義太郎・清野謙次（1942）『太平洋の民族＝政治学』日本評論社.
広井多鶴子（2011）「家族概念の形成――家族と family」『実践女子大学人間社会学部紀要』第 7 集，実践女子大学，55–75 頁.
広瀬秀雄・中山茂・小川鼎三校注（1972）『洋学　下』岩波書店.
廣田鋼蔵（1988）『明治の化学者――その抗争と苦渋』東京化学同人.
星野靖二（2012）『近代日本の宗教概念――宗教者の言葉と近代』有志舎.
ホブズボーム，E.（1993–98）『帝国の時代 1875–1914』野口建彦・長尾史郎・野口照子訳，みすず書房.〔Hobsbawm, E. (1987). *The age of empire, 1875–1914.* New York: Pantheon Books.〕
Holms, J. S. (1988/2004). The name and nature of translation studies. In Venuti, L. (Ed.), *The translation studies reader, second edition* (pp. 180–192). London and New York: Routledge.
本田毅彦（2005）『大英帝国の大事典作り』講談社.

本庄栄治郎（1966）『日本経済思想史研究 下』日本評論社.
——（1969）「洋々社について」『日本学士院紀要』第 27 巻第 1 号，日本学士院，11–14 頁.
保坂忠信（1990）『評伝 永峯秀樹』リーベル出版.
星亮一（2011）『大鳥圭介』中公新書.
House, J. (1977). *A model for translation quality assessment*. Tübingen: Gunter Narr.
—— (1997). *Translation quality assessment: A model revisited*. Tübingen: Gunter Narr.
一柳廣孝（2006）『催眠術の日本近代』青弓社.
伊原澤周（1999）『日本と中国における西洋文化攝取論』汲古書院.
一竿斎宝洲（1884/2005）『神経闇開化怪談』平凡社.
稲村徹元（1977）『索引の話』日本図書館協会.
稲富栄次郎（1956）『明治初期教育思想の研究』福村書店.
井上琢智編（2006）『幕末・明治初期邦訳経済学書』ユーリカ・プレス.
犬飼守薫（1999）『近代国語辞書編纂史の基礎的研究』風間書房.
犬塚孝明（1974）『薩摩藩英国留学生』中央公論社.
磯部敦（2012）『出版文化の明治前期——東京稗史出版社とその周辺』ぺりかん社.
石井研堂（1907/97）『明治事物起原 4』ちくま学芸文庫.
——（1907/97）『明治事物起原 6』ちくま学芸文庫.
石川禎浩（2013）「近代日中の翻訳百科事典について」，石川禎浩・狭間直樹編『近代東アジアにおける翻訳概念の展開』京都大学人文科学研究所.
磯前順一（2002）「近代における「宗教」概念の形成過程」，小森陽一・千野香織・酒井直樹・成田龍一・島薗進・吉見俊哉編『近代知の成立』岩波書店.
——（2003）『近代日本の宗教言説とその系譜——宗教・国家・神道』岩波書店.
磯前順一・山本達也編（2011）『宗教概念の彼方へ』法蔵館.
板倉聖宣（1969）『日本理科教育史』第一法規出版.
板倉雅宣（2008）「刷印から印刷へ——文部省『百科全書』底本と大槻文彦訳「印刷術及石版」」『印刷雑誌』第 91 巻第 1 号，印刷学会出版部，73–78 頁.
岩井洋（1997）『記憶術のススメ——近代日本と立身出世』青弓社.
岩崎克己（1996）『前野蘭化 2 解体新書の研究』平凡社.
伊澤修二（1882–83）『教育学』白梅書屋.
Jakobson, R. (1959/2004). On linguistic aspects of translation. In Venuti, L. (Ed.), *The translation studies reader, second edition* (pp. 138–143). London and New York: Routledge.
ジェイ，M.（2007）「近代性における複数の「視の制度」」，フォスター，H. 編『視覚論』榑沼範久訳，平凡社.
海後宗臣編（1961）「近代教科書総説」『日本教科書大系 近代編 第一巻 修身 1』講談社.

――（1965）『日本教科書大系 近代編 第十五巻 地理 1』講談社.
筧五百里（1928）「大槻文彦博士年譜」『国語と国文学』第 5 巻第 7 号，至文堂，23–38 頁.
亀井秀雄（1984）『身体・この不思議なるものの文学』れんが書房新社.
――（1999）『「小説」論――『小説神髄』と近代』岩波書店.
――（2000）『明治文学史』岩波書店.
亀井俊介編（1994）『近代日本の翻訳文化』中央公論社.
亀井孝・大藤時彦・山田俊雄編（2007）『日本語の歴史 6 ――新しい国語への歩み』平凡社.
上沼八郎（1988）『伊沢修二』吉川弘文館.
金森直治編（1997）『集成日本の釣り文学 別巻 2』作品社.
金子一夫（1992）『近代日本美術教育の研究』中央公論美術出版.
鹿野政直（1999）『近代日本思想案内』岩波文庫別冊.
唐澤一友（2008）『多民族国家イギリス―― 4 つの切り口から英国史を知る』春風社.
唐澤富太郎（1956）『教科書の歴史――教科書と日本人の形成』創文社.
――（1981）『明治教育古典叢書 第 II 期 解説』国書刊行会.
柄谷行人（2004）『定本 柄谷行人集 第 1 巻』岩波書店.
片桐一男（1985）『阿蘭陀通詞の研究』吉川弘文館.
加藤玄智（1900）『宗教新論』博文館.
加藤周一・前田愛校注（1989）『日本近代思想大系 16 文体』岩波書店.
加藤周一・丸山真男校注（1991）『日本近代思想大系 15 翻訳の思想』岩波書店.
川戸道昭（1999）「明治のアンデルセン――出会いから翻訳作品の出現まで」，川戸道昭・榊原貴教編『明治期アンデルセン童話翻訳集成』ナダ出版センター.
経済雑誌社編（1890–91）『日本社会事彙』経済雑誌社.
建築学会編（1936）『建築学会五十年略史』建築学会.
ケヴルズ，D. J.（1993）『優生学の名のもとに――「人種改良」の悪夢の百年』西俣総平訳，朝日新聞社.〔Kevles, D. J. (1985). *In the name of eugenics: Genetics and the uses of human heredity*. Cambridge, MA: Harvard University Press.〕
木畑洋一（2008）『イギリス帝国と帝国主義――比較と関係の視座』有志舎.
木畑洋一編（1998）『大英帝国と帝国意識――支配の深層を探る』ミネルヴァ書房.
木畑洋一・南塚信吾・加納格（2012）『帝国と帝国主義』有志舎.
木戸雄一（2002）「明治期「ボール表紙本」の誕生」，国文学研究資料館編『明治の出版文化』臨川書店.
菊池重郎（1959）「文部省における「百科全書」刊行の経緯について――文部省刊行の百科全書「建築学」に関する研究－その 1」『日本建築学会論文報告集』第 61 号，日本建築学会，112–119 頁.
――（1960）「明治初期における ARCHITECTURE の訳語について――文部省刊行の百科全書「建築学」に関する研究・その 2 の a」『日本建築学会論文報告集』第 65

号，日本建築学会，142–147 頁.
——（1961）「明治初期における ARCHITECTURE の訳語について——文部省刊行の百科全書「建築学」に関する研究・その 2 の b」『日本建築学会論文報告集』第 67 号，日本建築学会，162–168 頁.
木村毅（1969）『丸善外史』丸善.
——（1972）「日本飜訳史概観」『明治飜訳文学集』筑摩書房.
木村吉次（1999）「明治政府の運動会政策——奨励と抑圧の二面性」，吉見俊哉・白幡洋三郎・平田宗史・木村吉次・入江克己・紙透雅子『運動会と日本近代』青弓社.
木村涼子（2010）『〈主婦〉の誕生——婦人雑誌と女性たちの近代』吉川弘文館.
木下秀明（1971）『日本体育史研究序説——明治期における「体育」の概念形成に関する史的研究』不昧堂出版.
木下直之（1996）『写真画論——写真と絵画の結婚』岩波書店.
木坂基（1976）『近代文章の成立に関する基礎的研究』風間書房.
——（1988）『近代文章成立の諸相』和泉書院.
岸本能武太（1899）『宗教研究』警醒社.
岸野雄三・竹之下休蔵（1983）『近代日本学校体育史』日本図書センター.
北村彰秀（2003）「仏典漢訳史における劉勰と文心雕龍」『翻訳研究への招待』第 9 号，日本通訳翻訳学会，19–28 頁.
北澤憲昭（2000）『境界の美術史——「美術」形成史ノート』ブリュッケ.
——（2010）『眼の神殿——「美術」受容史ノート〔定本〕』ブリュッケ.
——（2013）『美術のポリティックス——「工芸」の成り立ちを焦点として』ゆまに書房.
北住敏夫（1953/90）『写生説の研究』角川書店.
狐塚裕子（1994）「明治五年教部省と文部省の合併問題——「学制」とのかかわりを中心に」『清泉女子大学人文科学研究所紀要』第 16 号，清泉女子大学，129–156 頁.
小林久美・片岡美子（1997）「大英帝国下における家庭科教育に関する一考察」『教育学研究紀要』第 43 巻第 2 部，中国四国教育学会，323–332 頁.
小林善八（1978）『日本出版文化史』青裳堂書店.
工学会編（1927）『明治工業史 建築篇』学術文献普及会.
小泉仰（1975）「序論」，比較思想史研究会編『明治思想家の宗教観』大蔵出版.
——（1989）『西周と欧米思想との出会い』三嶺書房.
——（2002）『福澤諭吉の宗教観』慶應義塾大学出版会.
国文学研究資料館編（2002）『明治の出版文化』臨川書店.
国立公文書館（1978）「『訳稿集成』『翻訳集成原稿』解題」『内閣文庫未刊史料細目 下』国立公文書館内閣文庫.
国史大辞典編集委員会編（1979–97）『国史大辞典』吉川弘文館.
小森陽一（1988）『構造としての語り』新曜社.

――（1989）「物としての書物／書物としての物」，北大国文学会編『刷りものの表現と享受』29–36 頁.
――（2000）『日本語の近代』岩波書店.
――（2001）『ポストコロニアル』岩波書店.
――（2010）『漱石論―― 21 世紀を生き抜くために』岩波書店.
今野真二（2012）『ボール表紙本と明治の日本語』港の人.
昆野和七（1988）「日原昌造の新聞論説について（前）――時事新報・倫敦通信の全容」『福澤諭吉年鑑』第 15 号，福澤諭吉協会，130–161 頁.
――（1990）「日原昌造の新聞論説について（後）」『福澤諭吉年鑑』第 16 号，福澤諭吉協会，97–127 頁.
紅野謙介（1992/99）『書物の近代』ちくま学芸文庫.
小山清男（1998）『遠近法――絵画の奥行きを読む』朝日新聞社.
小山静子（1991）『良妻賢母という規範』勁草書房.
クライナー，J. 編（2011）『小シーボルトと日本の考古・民族学の黎明』同成社.
熊田淳美（2009）『三大編纂物 群書類従・古事類苑・国書総目録の出版文化史』勉誠出版.
久米邦武編（1878）『特命全権大使 米欧回覧実記』博聞社.
久米邦武編・田中彰校注（1978）『米欧回覧実記 2』岩波文庫.
――（1979）『米欧回覧実記 3』岩波文庫.
――（1982）『米欧回覧実記 5』岩波文庫.
黒岩比佐子（2010）『パンとペン――社会主義者・堺利彦と「売文社」の闘い』講談社.
桑原武夫編（1954）『フランス百科全書の研究』岩波書店.
Lakoff, G. and Johnson, M. (1980). *Metaphors we live by.* Chicago, IL: University of Chicago Press.
李漢燮（2010）『近代漢語研究文献目録』東京堂出版.
イ・ヨンスク（1996）『「国語」という思想』岩波書店.
ロンブロオゾオ，C.（1914）『天才論』辻潤訳，植竹文庫.
前田愛（1973/93）『近代読者の成立』岩波書店.
牧野正久（2002）「小学教科書『物理階梯』翻刻版調査の報告――明治初期における出版の成長と変容の事例」『日本出版史料』第 7 号，日本エディタースクール出版部，49–136 頁.
真辺将之（2009）『西村茂樹研究――明治啓蒙思想と国民道徳論』思文閣出版.
丸山真男・加藤周一（1998）『翻訳と日本の近代』岩波新書.
丸山信編（1995）『人物書誌大系 30 福沢諭吉門下』日外アソシエーツ.
丸善株式会社編（1980）『丸善百年史 上巻――日本近代化のあゆみと共に』丸善.
――（1981）『丸善百年史 下巻――日本近代化のあゆみと共に』丸善.
増田渉（1979）『西学東漸と中国事情』岩波書店.
松井貴子（2002）『写生の変容――フォンタネージから子規，そして直哉へ』明治書院.

松井利彦（1982）「明治初期における訳書読解辞書の源流」『広島女子大学文学部紀要』第 17 号，広島女子大学，69–80 頁.
松平直亮（1933）『泊翁西村茂樹伝 上巻』日本弘道会.
松村明（1966）「解説」『J. C.HEPBURN 和英語林集成 復刻版』北辰.
——（1970）『洋学資料と近代日本語の研究』東京堂出版.
松永俊男（2003）「チェンバーズ著『科学入門』と小幡篤次郎訳『博物新編補遺』」『桃山学院大学人間科学』第 24 号，桃山学院大学，149–168 頁.
——（2005）「チェンバーズ『インフォメーション』と文部省『百科全書』について」『*Chambers's Information for the People*〔復刻版〕別冊日本語解説』ユーリカ・プレス.
——（2005）『ダーウィン前夜の進化論争』名古屋大学出版会.
松島栄一編（1976）『明治史論集 2』筑摩書房.
松浦玲（監修）・村瀬寿代（訳編）（2003）『新訳考証 日本のフルベッキ』洋学堂書店.
マクルーハン，M.（1986）『グーテンベルクの銀河系——活字人間の形成』森常治訳，みすず書房.
明治文化資料叢書刊行会編（1963）『明治文化資料叢書 7 書目編』風間書房.
明治文献資料刊行会編（1971–75）『明治前期書目集成』明治文献.
ミラー，J.（1997）「無意識を意識する」，サックス，O.・グールド，S. J. 他『消された科学史』渡辺政隆・大木奈保子訳，みすず書房.
三ッ木道夫編訳，（2008）『思想としての翻訳——ゲーテからベンヤミン，ブロッホまで』白水社.
三ッ木道夫（2011）『翻訳の思想史——近現代ドイツの翻訳論研究』晃洋書房.
三浦雅士（1994）『身体の零度——何が近代を成立させたか』講談社.
宮永孝（2004）『日本洋学史——葡・羅・蘭・英・独・仏・露語の受容』三修社.
宮島達夫（1967）「現代語いの形成」，国立国語研究所『ことばの研究 第 3 集』秀英出版.
宮田和子（2010）『英華辞典の総合的研究—— 19 世紀を中心として』白帝社.
宮武外骨・西田長寿（1985）『明治大正言論資料 20 明治新聞雑誌関係者略伝』みすず書房.
三好信浩（1992）『近代日本産業啓蒙書の研究——日本産業史 上巻』風間書房.
三好行雄（1958）『写実主義の展開』岩波書店.
望月信亨（1954）『望月仏教大辞典 第 3 巻』世界聖典刊行協会.
文部省（1873）『文部省第一年報』文部省.
文部省編輯局（1884）『文部省出版書目』文部省編輯局.
森林太郎（1901/53）「ガルの学説」『鷗外全集著作篇 第 25 巻』岩波書店.
森鷗外（1972）『鷗外全集 第 5 巻』岩波書店.
森重雄（1993）『モダンのアンスタンス』ハーベスト社.
森岡健二（1982）「開化期翻訳書の語彙」，佐藤喜代治編『講座日本語の語彙 第 6 巻 近代の語彙』明治書院.

――（1999）『欧文訓読の研究――欧文脈の形成』明治書院.
森岡健二編著（1969）『近代語の成立――明治期語彙編』明治書院.
――（1991）『近代語の成立――語彙編』明治書院.
諸橋轍次著・鎌田正・米山寅太郎修訂（1989-90）『大漢和辞典 修訂第二版』大修館書店.
本村凌二・鶴間和幸（1998）「帝国と支配――古代の遺産」『岩波講座世界歴史五 帝国と支配』岩波書店.
ムーナン，G.（1980）『翻訳の理論』伊藤晃・柏岡珠子・福井芳男・松崎芳隆・丸山圭三郎訳，朝日出版社.
マンデイ，J.（2009）『翻訳学入門』鳥飼玖美子監訳，みすず書房.〔Munday, J.（2008）. *Introducing translation studies, second edition*. London and New York: Routledge.〕
村井実編（1974）『原典による教育学の歩み』講談社.
村上重良（1974）『慰霊と招魂――靖国の思想』岩波新書.
村上陽一郎（1968）『日本近代科学の歩み――西欧と日本の接点』三省堂.
村岡健次（2002）『近代イギリスの社会と文化』ミネルヴァ書房.
村瀬勉・早川亜里・田中萬年（2006）「百科全書「教導説」の検討――箕作麟祥による「Education」の翻訳」『職業能力開発総合大学校紀要 B 人文・教育編』第 35 号，職業能力開発総合大学校，1-22 頁.
ミューレル，M.（1907）『比較宗教学』南條文雄訳，博文館.
長沼美香子（2009）「翻訳と文法的比喩――名詞化再考」『翻訳研究への招待』第 3 号，日本通訳翻訳学会，11-28 頁.
――（2010）「野上豊一郎の翻訳論」『通訳翻訳研究』第 10 号，日本通訳翻訳学会，59-83 頁.
永嶋大典（1970）『蘭和・英和辞書発達史』ゆまに書房.
中村春作（2011）「訓読 あるいは書き下し文という〈翻訳〉」『文学』第 12 巻第 3 号，岩波書店，52-64 頁.
中山茂春（2009）「石龍子と相学提要」『日本医史学雑誌』第 55 巻第 2 号，日本医史学会，196 頁.
――（2009）「石龍子と相学提要」『日本医史学雑誌』第 55 巻第 3 号，日本医史学会，371-376 頁.
ナイダ，E. A.（1972）『翻訳学序説』成瀬武史訳，開文社出版.〔Nida, E. A.（1964）. *Toward a science of translating*. Leiden: E. J. Brill.〕
ナイダ，E. A.・テイバー，C. R.・ブラネン，N. S.（1973）『翻訳――理論と実際』沢登春仁・升川潔訳，研究社出版.〔Nida, E. A., Taber, C. R. and Brannen, N. S.（1969）. *The theory and practice of translation*. Leiden: E.J. Brill.〕
中村邦光（2003）「科学史入門――日本における「物理」という術語の形成過程」『科学史研究』第 II 期第 42 巻第 228 号，日本科学史学会，218-222 頁.
中村隆文（2000）『「視線」からみた日本近代――明治図画教育史研究』京都大学学術

出版会.
中村雄二郎（1993）『中村雄二郎著作集Ⅶ 西田哲学』岩波書店.
ネグリ，A.・ハート，M.（2003）『〈帝国〉――グローバル化の世界秩序とマルチチュードの可能性』水嶋一憲・酒井隆史・浜邦彦・吉田俊実訳，以文社.〔Hardt, M. and Negri, A. (2000). *Empire.* Cambridge, MA: Harvard University Press.〕
Newmark, P. (1981). *Approaches to translation*. Oxford and New York: Pergamon.
日蘭学会編（1984）『洋学史事典』雄松堂出版.
日本物理学会編（1978）『日本の物理学史 上 歴史・回顧編』東海大学出版会.
日本科学史学会編（1964）『日本科学技術史大系 第1巻 通史1』第一法規出版.
日本国語大辞典第二版編集委員会・小学館国語辞典編集部編（2000–2002）『日本国語大辞典 第二版』小学館.
新居格（1941）「飜訳論」，桜木俊晃編『国語文化講座 第4巻 国語芸術篇』朝日新聞社.
Niranjana, T. (1992). *Siting translation: History, post-structuralism, and the colonial context*. Berkeley and Los Angeles, CA: University of California Press.
西周（1875–76）「心理学翻訳凡例」西周訳，『心理学』文部省.
――（1918）「百学連環」『西周全集 第4巻』宗高書房.
西井正造（2003）「西村茂樹の文部省における事業構想――近代日本語の形成と歴史叙述」『教育研究』第47号，青山学院大学，27–40頁.
西田長寿（1945）『大島貞益』実業之日本社.
西田毅・和田守・山田博光・北野昭彦（2003）.『民友社とその時代――思想・文学・ジャーナリズム集団の軌跡』ミネルヴァ書房.
西村茂樹・日本弘道会編（1976）「往時録」『西村茂樹全集 第3巻』思文閣.
野田満智子（2003）「明治初期における環境教育の萌芽状況――『百科全書養生篇』における環境教育」『愛知教育大学研究報告 芸術・保健体育・家政・技術科学・創作編』第52号，愛知教育大学，59–64頁.
野上豊一郎（1921）「飜訳可能の標準について」『英文学研究』第3冊，東京帝国大学英文学会，131–153頁.
――（1938）『飜訳論――飜訳の理論と実際』岩波書店.
Nord, C. (1997). *Translating as a purposeful activity*. Manchester: St. Jerome.
沼田次郎（1951）『幕末洋学史』刀江書院.
沼田次郎・松村明・佐藤昌介校注（1976）『洋学 上』岩波書店.
大林信治・山中浩司編『視覚と近代』名古屋大学出版会.
尾形裕康（1963）『学制実施経緯の研究』校倉書房.
小川原正道（2010）『近代日本の戦争と宗教』講談社.
岡田袈裟男（2011）「異言語接触と日本語のエクリチュール」『文学』第12巻第3号，岩波書店，93–107頁.
岡本正志（1991）「『物理階梯』物性論に見られる物理学の基礎概念受容過程」，実学資

料研究会編『実学史研究 Ⅶ』思文閣出版.
岡野他家夫（1981）『日本出版文化史』原書房.
大久保利謙（1943）『日本の大学』創元社.
——（1988）『大久保利謙歴史著作集 6 明治の思想と文化』吉川弘文館.
——（2007）『明六社』講談社学術文庫.
大久保利謙編（1967）『明治文学全集 3 明治啓蒙思想集』筑摩書房.
奥中康人（2008）『国家と音楽——伊澤修二がめざした日本近代』春秋社.
奥野武志（2013）『兵式体操成立史の研究』早稲田大学出版部.
小野秀雄・杉山栄（1962）『三代言論人集 第 1 巻 柳河春三 岸田吟香』時事通信社.
大野透（1984）「「翻訳」考」『国語学』第 139 集，国語学会，121–132 頁.
大野虎雄（1939）『沼津兵学校と其人材』大野虎雄.
オッペンハイム，J.（1992）『英国心霊主義の抬頭——ヴィクトリア・エドワード朝時代の社会精神史』和田芳久訳，工作舎.〔Oppenheim, J.（1985）. *The other world: Spiritualism and psychical research in England, 1850–1914.* Cambridge: Cambridge University Press.〕
長志珠絵（1998）『近代日本と国語ナショナリズム』吉川弘文館.
尾佐竹猛（1920）『新聞雑誌之創始者 柳河春三』名古屋史談会.
オーシェイ，M.（2009）『脳』山下博志訳，岩波書店.〔O'Shea,M.（2005）. *The brain: A very short introduction*. Oxford: Oxford University Press.〕
大隅和雄（2008）『事典の語る日本の歴史』講談社学術文庫.
太田昭子（2008）「幕末明治初期の近代日本における「人種」論——久米邦武の「人種」論を中心に」『近代日本研究』第 25 巻，慶應義塾福沢研究センター，125–149 頁.
大槻文彦（1907）『箕作麟祥君伝』丸善.
——（1909/28）「大槻博士自伝」『国語と国文学』第 5 巻第 7 号，至文堂，38–52 頁.
大槻如電（1927）『新撰洋学年表』大槻茂雄.
大槻如電原著・佐藤栄七増訂（1965）『日本洋学編年史』錦正社.
小沢健志編（1996）『幕末——写真の時代』ちくま学芸文庫.
小沢健志（1997）『幕末・明治の写真』ちくま学芸文庫.
大山敷太郎編（1940）『若山儀一全集』東洋経済新報社.
パノフスキー，E.（2009）『〈象徴形式〉としての遠近法』木田元監訳，ちくま学芸文庫.
Postgate, J. P.（1922）. *Translation and translations: Theory and practice*. London: G. Bell and Sons.
プルースト，J.（1979）『百科全書』平岡昇・市川慎一訳，岩波書店.
ピム，A.（2010）『翻訳理論の探求』武田珂代子訳，みすず書房.〔Pym, A.（2010）. *Exploring translation theories*. London and New York: Routledge.〕
銭国紅（2004）『日本と中国における「西洋」の発見—— 19 世紀日中知識人の世界像の形成』山川出版社.

Reddy, M. (1979). The conduit metaphor. In Ortony, A. (Ed.), *Metaphor and thought*. Cambridge: Cambridge University Press.
歴史学研究会編（2005）『帝国への新たな視座』青木書店.
Richards, I. A. (1953). Toward a theory of translating. In Wright, A. F. (Ed.), *Studies in Chinese thought*. Chicago, IL: University of Chicago Press.
ラセット，C. E.（1994）『女性を捏造した男たち――ヴィクトリア時代の性差の科学』上野直子訳，工作舎.〔Russett, C. E. (1989). *Sexual science*. Cambridge, MA: Harvard University Press.〕
佐原真（1984）「シーボルト父子とモールスと――日本考古学の出発」『月刊 文化財』7月号，第一法規出版，32–36頁.
斉木美知世・鷲尾龍一（2012）『日本文法の系譜学』開拓社.
齋藤文俊（2011）「漢文訓読の遺産」『文学』第12巻第3号，岩波書店，65–75頁.
齋藤希史（2005）『漢文脈の近代』名古屋大学出版会.
――（2007）『漢文脈と近代日本』日本放送出版協会.
――（2014）『漢字世界の地平――私たちにとって文字とは何か』新潮社.
斎藤静（1967）『日本語に及ぼしたオランダ語の影響』篠崎書林.
斎藤忠（1974）『日本考古学史』吉川弘文館.
齋藤毅（2005）『明治のことば――文明開化と日本語』講談社学術文庫.
坂口正男（1975）「舎密開宗攷」，田中実・坂口正男・道家達将・菊池俊彦編『舎密開宗研究』講談社.
酒井シヅ（1998）『新装版解体新書』講談社学術文庫.
堺利彦（1912）『売文集』丙午出版社.
坂本保富（2011）『米百俵の主人公 小林虎三郎――日本近代化と佐久間象山門人の軌跡』学文社.
坂野徹（2001）「人種分類の系譜学――人類学と「人種」の概念」，廣野喜幸・市野川容孝・林真理編『生命科学の近現代史』勁草書房.
桜井邦朋（2005）『福沢諭吉の「科學のススメ」――日本で最初の科学入門書「訓蒙 窮理図解」を読む』祥伝社.
鮫島龍行（1971）「明治維新と統計学――統計という概念の形成過程」，相原茂・鮫島龍行編『経済学全集28巻 統計日本経済』筑摩書房.
寒川鼠骨（1900/75）「新囚人」『明治俳人集』筑摩書房.
さねとうけいしゅう（1970）『中国人日本留学史』くろしお出版.
三遊亭円朝（1965）「真景累ケ淵」『三遊亭円朝集』筑摩書房.
佐竹明（1976）「スキャンダルの思想――聖書にそくして」『現代思想』第4巻第6号，青土社，110–115頁.
佐藤道信（1996）『〈日本美術〉誕生――近代日本の「ことば」と戦略』講談社.
――（1999）『明治国家と近代美術――美の政治学』吉川弘文館.

佐藤喜代治編（1982）『講座日本語の語彙 6　近代の語彙』明治書院.
佐藤昌介（1993）『洋学史論考』思文閣出版.
佐藤忠良・中村雄二郎・小山清男・若桑みどり・中原佑介・神吉敬三（1992）『遠近法の精神史——人間の眼は空間をどうとらえてきたか』平凡社.
佐藤達哉（2002）『日本における心理学の受容と展開』北大路書房.
佐藤亨（1986）『幕末・明治初期語彙の研究』桜楓社.
——（1992）『近代語の成立』桜楓社.
スクリーチ，T.（1998）『大江戸視覚革命—— 18 世紀日本の西洋科学と民衆文化』田中優子・高山宏訳，作品社.
Secord, J. A. (2000). *Victorian sensation: The extraordinary publication, reception, and secret authorship of vestiges of the natural history of creation*. Chicago, IL: University of Chicago Press.
瀬沼茂樹（1960）『本の百年史——ベストセラーの今昔』出版ニュース社.
瀬沼茂樹編（1970）『高山樗牛 齋藤野の人 姉崎嘲風 登張竹風集』筑摩書房.
先崎彰容（2010）『高山樗牛——美とナショナリズム』論創社.
Shannon, C. E. and Weaver, W. (1949). *The mechanical theory of communication*. Urbana, IL: University of Illinois Press.
シェイピン, S.（1986）「エディンバラ骨相学論争」, ウォリス, R. 編『排除される知——社会に認知されない科学』高田紀代志・杉山滋郎・下坂英・横山輝雄・佐野正博訳，青土社.〔Shapin, S. (1979). The politics of observation: Cerebral anatomy and social interests in the Edinburgh phrenology disputes. In Wallis, R. (Ed.), *On the margins of science: The social construction of rejected knowledge*. Keele: University of Keele.〕
島薗進（2010）『国家神道と日本人』岩波新書.
清水康行（2013）『黒船来航——日本語が動く』岩波書店.
沈国威（1999）「訳語「化学」の誕生——『六合叢談』に見える近代日中語彙交流」，沈国威編著『『六合叢談』（1857–58）の学際的研究』白帝社.
——（2008）『近代日中語彙交流史——新漢語の生成と受容 改訂新版』笠間書院.
品田悦一（2001）『万葉集の発明——国民国家と文化装置としての古典』新曜社.
進藤咲子（1981）『明治時代語の研究——語彙と文章』明治書院.
小学館編（1994）『日本大百科全書』小学館.
Snell-Hornby, M. (1988). *Translation studies: An integrated approach*. Amsterdam and Philadelphia: John Benjamins.
—— (1990). Linguistic transcoding or cultural transfer: A critique of translation theory in Germany. In Bassnett, S. and Lefevere, A. (Eds.), *Translation, history and culture* (pp. 79–86). London and New York: Routledge.
スピヴァック，G. C.（1996）「翻訳の政治学」鵜飼哲・本橋哲也・崎山正毅訳，『現代思想』第 24 巻第 8 号，青土社，28–52 頁.〔Spivak, G. C. (1993/2004). The politics

of translation. In Venuti, L. (Ed.), *The translation studies reader, second edition* (pp. 369–388). London and New York: Routledge.〕
スタフォード, B. M.（2006）『ボディ・クリティシズム――啓蒙時代のアートと医学における見えざるもののイメージ化』高山宏訳, 国書刊行会. 〔Stafford, B. M. (1991). *Body criticism: Imaging the unseen in enlightenment art and medicine*. Cambridge, MA: MIT Press.〕
Steiner, G. (1975). *After Babel: Aspects of language and translation*. Oxford: Oxford University Press.
菅原国香（1987）「「化学」という用語の本邦での出現・使用に関する一考察」『化学史研究』第 38 号, 化学史学会, 29–40 頁.
菅谷廣美（1978）『「修辞及華文」の研究』教育出版センター.
杉本勲（1982）『近世日本の学術――実学の展開を中心に』法政大学出版局.
杉本つとむ（1983）『日本翻訳語史の研究』八坂書房.
――（1990）『長崎通詞ものがたり――ことばと文化の翻訳者』創拓社.
――（1996）『江戸の文苑と文章学』早稲田大学出版部.
――（1997）『解体新書の時代――江戸の翻訳文化をさぐる』早稲田大学出版部.
――（1999）『日本英語文化史の研究』八坂書房.
杉本つとむ編著（1998）『江戸時代西洋百科事典――『厚生新編』の研究』雄山閣出版.
杉村武（1953/67）『近代日本大出版事業史』出版ニュース社.
杉田玄白（1815/2000）『蘭学事始』（片桐一男全訳注）講談社学術文庫.
鈴木廣之（2003）『好古家たちの 19 世紀――幕末明治における《物》のアルケオロジー』吉川弘文館.
鈴木七美（2002）『癒しの歴史人類学――ハーブと水のシンボリズムへ』世界思想社.
鈴木範久（1979）『明治宗教思潮の研究』東京大学出版会.
鈴木貞美（2012）「野上豊一郎の「創作」的翻訳論をめぐって」『文学』第 13 巻第 4 号, 岩波書店, 150–169 頁.
鈴木省三（1985）『日本の出版界を築いた人びと』柏書房.
鈴木敏夫（1970）『出版――好不況下　興亡の一世紀』出版ニュース社.
鈴木善次（1983）『日本の優生学――その思想と運動の軌跡』三共出版.
多木浩二（1982/2008）『眼の隠喩――視線の現象学』ちくま学芸文庫.
――（1988）『天皇の肖像』岩波新書.
田口卯吉・大久保利謙編（1977）『田口鼎軒集』筑摩書房.
高田宏（2007）『言葉の海へ』洋泉社.
高橋昌郎（1987）『西村茂樹』吉川弘文館.
高崎哲郎（2008）『評伝大鳥圭介――威ありて，猛からず』鹿島出版会.
高橋哲哉（2005）『靖国問題』ちくま新書.
高橋義雄（1884）『日本人種改良論』石川半次郎.

高市慶雄（1928）「修辞及華文解題」，吉野作造編『明治文化全集 第12巻 文学芸術篇』日本評論社.
高野彰監修・編集（2003）『明治初期東京大学図書館蔵書目録 2』ゆまに書房.
——（2003）『明治初期東京大学図書館蔵書目録 6』ゆまに書房.
高野繁男（2001）「『百科全書』の訳語——「科学」「天文学」「物理学」による」『神奈川大学言語研究』第24号，神奈川大学，33–54頁.
——（2002）「『百科全書』の訳語——「科学」「天文学」「物理学」による（その2）」『神奈川大学言語研究』第25号，神奈川大学，283–298頁.
——（2004）『近代漢語の研究——日本語の造語法・訳語法』明治書院.
高谷道男編訳，（1978）『フルベッキ書簡集』新教出版社.
高山樗牛（1912）「写生と写意，意想と畸形」『樗牛全集 第2巻 文芸及史伝 上』博文館.
竹中暉雄（2013）『明治五年「学制」——通説の再検討』ナカニシヤ出版.
竹内洋（1991）『立志・苦学・出世——受験生の社会史』講談社現代新書.
武内博編（1994）『日本洋学人名事典』柏書房.
玉利喜造先生伝記編纂事業会編（1974）『玉利喜造先生伝』玉利喜造先生伝記編纂事業会.
田中彰（1976）「岩倉使節団とプロシア——『米欧回覧実記』にみる」『現代思想』第4巻第4号，青土社，166–176頁.
——（2002）『岩倉使節団の歴史的研究』岩波書店.
——（2002）『岩倉使節団『米欧回覧実記』』岩波現代文庫.
田中ちた子・田中初夫（1966）『家政学文献集成　明治期Ⅰ』渡辺書店.
田中牧郎（2011）「近代漢語の定着」『文学』第12巻第3号，岩波書店，136–153頁.
谷川恵一（1993）『言葉のゆくえ——明治二〇年代の文学』平凡社.
——（2008）『歴史の文体　小説のすがた——明治期における言説の再編成』平凡社.
谷口彩子（1991）「永田健助訳『百科全書 家事倹約訓』の原典研究（第1報）」『日本家政学会誌』第42巻号第2号，日本家政学会，103–110頁.
——（1991）「永田健助訳『百科全書 家事倹約訓』の原典研究（第2報）」『家庭経営論集』第1巻，お茶の水女子大学，25–40頁.
——（1999）「明治初期における翻訳家政書の研究」博士論文.
谷崎潤一郎（1934）『文章読本』中央公論社.
田甫桂三編（1981）『近代日本音楽教育史Ⅱ』学文社.
田山花袋（1917/1981）『東京の三十年』岩波文庫.
東田雅博（1996）『大英帝国のアジア・イメージ』ミネルヴァ書房.
時枝誠記（1940）『国語学史』岩波書店.
——（1956）『現代の国語学』有精堂出版.
東京帝国大学編（1932）『東京帝国大学五十年史 上冊』東京帝国大学 .
冨山一郎（1994）「国民の誕生と「日本人種」」『思想』第11巻，岩波書店，37–56頁.
友田清彦（2009）「明治前期における一農政官僚の足跡と業績——農業啓蒙家・後藤達

三と農業結社」『農村研究』第108号，東京農業大学農業経済学会，1–10頁.
Toury, G. (1995). *Descriptive Translation Studies and beyond*. Amsterdam and Philadelphia: John Benjamins.
豊田実（1939）『日本英学史の研究』岩波書店.
坪井玄道・田中盛業編（1885）『戸外遊戯法 一名戸外運動法』金港堂.
坪井正五郎（1887）「人類学当今の有様 第一篇」『東京人類学雑誌』第2巻第18号，東京人類学学会，267–280頁.
坪内逍遥（1885–86/1969）「小説神髄」『坪内逍遥集』筑摩書房.
坪内逍遥（春のやおぼろ）（1885–86/1969）「当世書生気質」『坪内逍遥集』筑摩書房.
土屋元作（1912）『新学の先駆』博文館.
津田雅夫（2013）「宗教」，石塚正英・柴田隆行監修『哲学・思想翻訳後事典 増補版』論創社.
辻惟雄（1985）「「眞景」の系譜——中国と日本（上）」『美術史論叢1』東京大学文学部美術史研究室.
——（1987）「「眞景」の系譜——中国と日本（下）」『美術史論叢3』東京大学文学部美術史研究室.
常見育男（1971）『家政学成立史』光生館.
角田文衛（1961）「柴田承桂博士と古物学」『古代学』第10巻第1号，古代学協会，38–44頁.
上田万年講述・新村出筆録・柴田武校訂（1975）『言語学』教育出版.
上田正昭・西澤潤一・平山郁夫・三浦朱門監修（2001）『日本人名大事典』講談社.
上山隆大（1994）「身体の科学——計測と器具」，大林信治・森田敏照編『科学思想の系譜学』ミネルヴァ書房.
Venuti, L. (1998). *The scandals of translation: Towards an ethics of difference*. London and New York: Routledge.
—— (2008). *The translator's invisibility: A history of translation, second edition*. London and New York: Routledge.
Vinay, J.-P. and Darbelnet, J. (1958/1995). *Comparative stylistics of French and English: A methodology for translation*. Amsterdam and Philadelphia: John Benjamins.
和田千吉（1932）「本邦考古学界の回顧」『ドルメン』第1巻第1号，岡書院，10–11頁.
王暁葵（2005）「明治初期における知識人結社の文化史的意義——洋々社とその周辺」，明治維新史学会編『明治維新と文化』吉川弘文館.
王智新（1999）「中国における近代西洋教育思想の伝播と変容について（1）—— 1860年から1911年まで」『宮崎公立大学人文学部紀要』第7巻第1号，宮崎公立大学，41–65頁.
八木佐吉（1982）「「百科全書」の出版事情」『日本古書通信』第47号第12号，日本古書通信社，10–11頁.

山田孝雄（1935）『漢文の訓読によりて伝へられたる語法』寶文堂.
山口梧郎（1936）『長谷川泰先生小伝』同先生遺稿集刊行会.
山口昌男（1995/2005）『「敗者」の精神史（上）』岩波現代文庫.
——（1995/2005）『「敗者」の精神史（下）』岩波現代文庫.
山口輝臣（1999）『明治国家と宗教』東京大学出版会.
山内昌之・増田一夫・村田雄二郎編（1997）『帝国とは何か』岩波書店.
山本正秀（1965）『近代文体発生の史的研究』岩波書店.
山本正秀編著（1978）『近代文体形成史料集成——発生篇』桜楓社.
——（1979）『近代文体形成史料集成——成立篇』桜楓社.
山本信良・今野敏彦（1987）『近代教育の天皇制イデオロギー——明治期学校行事の考察』新泉社.
山本武利（1981）『近代日本の新聞読者層』法政大学出版局.
山本有造編（2003）『帝国の研究——原理・類型・関係』名古屋大学出版会.
山室信一（1988）「日本学問の持続と転回」，松本三之介・山室信一校注『日本近代思想大系 10 学問と知識人』岩波書店.
山室信一・中野目徹校注（1999）『明六雑誌（上）』岩波文庫.
——（2008）『明六雑誌（中）』岩波文庫.
——（2009）『明六雑誌（下）』岩波文庫.
山中永之佑（1974）「箕作麟祥」，潮見俊隆・利谷信義編『日本の法学者』日本評論社.
山下重一（1983）『スペンサーと日本近代』お茶の水書房.
山内昌之（2004）『帝国と国民』岩波書店.
山崎有信（1915）『大鳥圭介伝』北文館.
山住正己（1967）『唱歌教育成立過程の研究』東京大学出版会.
柳父章（1972）『翻訳語の論理——言語にみる日本文化の構造』法政大学出版局.
——（1976a）『文体の論理——小林秀雄の思考の構造』法政大学出版局.
——（1976b）『翻訳とはなにか——日本語と翻訳文化』法政大学出版局.
——（1977）『翻訳の思想——「自然」と NATURE』平凡社.
——（1978）『翻訳文化を考える』法政大学出版局.
——（1979）『比較日本語論』日本翻訳家養成センター.
——（1981）『日本語をどう書くか』ＰＨＰ研究所.
——（1982）『翻訳語成立事情』岩波新書.
——（1983a）『現代日本語の発見』てらこや出版.
——（1983b）『翻訳学問批判——日本語の構造，翻訳の責任』日本翻訳家養成センター.
——（1986）『ゴッドと上帝——歴史の中の翻訳者』筑摩書房.
——（1995）『一語の辞典——文化』三省堂.
——（1998）『翻訳語を読む』丸山学芸図書.
——（2001a）『一語の辞典——愛』三省堂.

——（2001b）『「ゴッド」は神か上帝か』岩波現代文庫.
——（2002）『秘の思想——日本文化のオモテとウラ』法政大学出版局.
——（2004）『近代日本語の思想　翻訳文体成立事情』法政大学出版局.
——（2013）『未知との出会い——翻訳文化論再説』法政大学出版局.
柳父章・小森陽一・井上健（1992）「シンポジウム 翻訳という起源——近代日本語の形成と翻訳の役割」『翻訳の世界』10 月号，28–41 頁.
柳父章・水野的・長沼美香子編著（2010）『日本の翻訳論——アンソロジーと解題』法政大学出版局.
柳田泉（1936）「明治以降出版文化史話」『冨山房五十年』冨山房.
——（1961）『明治初期翻訳文学の研究』春秋社.
——（1965）『明治初期の文学思想 下巻』春秋社.
安田敏朗（2006）『辞書の政治学——ことばの規範とはなにか』平凡社.
安井稔（2008）「文法的メタファー事始め」『英語学の見える風景』開拓社.
安丸良夫（1979）『神々の明治維新』岩波新書.
八耳俊文（1996）「『重学浅説』の書誌学的および化学史的研究」『青山学院女子短期大学紀要』第 50 号，青山学院女子短期大学，285–307 頁.
——（2007）「「気象学」語源考」『青山学院女子短期大学紀要』第 61 号，青山学院女子短期大学，111–126 頁.
彌吉光長（1972）『百科事典の整理学』竹内書店.
——（1982）『彌吉光長著作集 第 4 巻 明治時代の出版と人』日外アソシエーツ.
湯本豪一編（2000）『図説明治人物事典 政治家・軍人・言論人』日外アソシエーツ.
與那覇潤（2003）「近代日本における「人種」観念の変容——坪井正五郎の「人類学」との関わりを中心に」『民族学研究』第 68 巻第 1 号，日本文化人類学会，85–97 頁.
吉田忠（2000）「『解体新書』から『西洋事情』へ」，芳賀徹編『翻訳と日本文化』山川出版社.
吉見俊哉（1992/99）『博覧会の政治学——まなざしの近代』講談社学術文庫.
——（1999）「ネーションの儀礼としての運動会」，吉見俊哉・白幡洋三郎・平田宗史・木村吉次・入江克己・紙透雅子『運動会と日本近代』青弓社.
——（2006）「新百学連環——エンサイクロペディアの思想と知のデジタル・シフト」，石田英敬編『知のデジタル・シフト——誰が知を支配するのか？』弘文堂.
吉村忠典（1999）「「帝国」という概念について」『史学雑誌』第 108 巻第 3 号，史学会，344–367 頁.
——（2003）『古代ローマ帝国の研究』岩波書店.
吉岡郁夫（1987）『日本人種論争の幕あけ——モースと大森貝塚』共立出版.
朱京偉（2003）『近代日中新語の創出と交流——人文科学と自然科学の専門語を中心に』白帝社.

인명 색인

ㄹ

ㅁ

ㅂ

ㅇ

ㅈ

ㅊ

일반 색인

문부성 〈백과전서〉의 번역학

번역된 근대

1판 1쇄 인쇄 2021년 2월 19일
1판 1쇄 발행 2021년 2월 25일

지은이 나가누마 미카코
옮긴이 김도형 · 김태진 · 박삼헌 · 박은영
펴낸이 신동렬
책임편집 구남희
편집 현상철·신철호
외주디자인 심심거리프레스
마케팅 박정수·김지현

펴낸곳 성균관대학교 출판부
등록 1975년 5월 21일 제1975-9호
주소 03063 서울특별시 종로구 성균관로 25-2
전화 02)760-1253~4
팩스 02)760-7452
홈페이지 http://press.skku.edu

ISBN 979-11-5550-468-0 94080

*저서는 2018년 대한민국 교육부와 한국연구재단의 지원을 받아 수행된 연구임.
(NRF-2018S1A6A3A01023515)